文庫

歴史 上

トゥキュディデス
小西晴雄 訳

筑摩書房

目次

本書はトゥキュディデス『歴史』の全訳である。主にH. S. Jones, J. E. Powell (Eds), *Historiae*, Oxford Classical Texts, 1942を底本とし、その他、さまざまな資料を参照した。行頭に漢数字で示した章番号、行間にアラビア数字で示した節番号も主としてオクスフォード版に則っている。

歴史 上

黒海
ケドニア
トラキア
ビュザンティオン
アブデラ
アンピポリス
ペラ
サリア
ポテイダイア
ヘレスポントス海峡
アビュドス
レムノス
エーゲ海
ミュシア
アイオリス
レスボス
エウボイア
スミュルナ
サルディス
クトス
デルフォイ
テバイ
キオス
テオス
イオニア
リュディア
アテナイ
コロポン
メガラ
コリントス
サモス
ペロポネソス
カリア
ハリカルナッソス
スパルタ
ュロス
メロス
ロドス
テラ
カルパトス
クレタ

ギリシア及びシケリア周辺図

再刊に際して

小西晴雄

　この本は初版からすでに五〇年近くが経っています。その間に世界のトゥキュディデス研究は著しく進歩して来ました。それにつれて私の考えも昔とはずいぶん変って来ましたので、今、改めてこの本を読むとセピア色に褪せた古い写真を見るような気がします。それでもあえて再刊に踏み切るのは、その古写真の中にさえもトゥキュディデスの偉大な面影がはっきり見えると考えたからです。

　五〇年前のトゥキュディデス研究は分析派と呼ばれる学風が主流となって作品の早期部分と後期部分とを区別することをもっぱらとしており、この翻訳もその観点に立っています。しかし現在は、大体、統一論が大勢を占めて、トゥキュディデスの作品の全体を統合された作品として解釈するのが主潮となっています。

　これに加えて、従来はトゥキュディデスの作品は未完の歴史書として扱われて来ましたが、最近では、これは歴史書ではなくて、「力」の概念を哲学的に史実観察した完結作品であると考えられるようになっています。つまり、シューベルトの「未完成」を完結品と見るか否かの問題に似ているといえましょう。この翻訳はもちろん、従来の理解に基づいていますので、この面でもこの本が現況とは異なる点です。

このほかいまだたくさんの違いがありますが、この許された紙面では、とても書きつくすことはできません。しかし最も大切なことは、このような学説の有為転変にもかかわらずこの翻訳に現われるトゥキュディデスにも恒久不変の価値が明らかに見えることです。彼の明晰な頭脳と深い洞察力、そしてそれらを十全に表わす筆力は、後人の理解の相違を超越して私たちに迫って来るように思えます。

第一巻(1)

一　[1]アテナイ人とペロポネソス人との戦いが始まると同時に(2)、その記録を採り始めたのはアテナイ市民トゥキュディデスである。その理由は両者が戦火を交えるやこの抗争が拡大することと、それが過去を通じてもっとも語るに値いするものになると予測したためである。つまり両者が備えのすべての面でその頂点に達して戦いに入った上に、他のヘラス(3)諸都市も両陣営に、ある都市はただちに加わり、他の都市はそれを目ろんでいるのを見て判断したからである。[2]つまりこの事変は実にヘラスと異語族(4)国の一部をも含む、いわばほとんどの人々の上にもたらされたもっとも規模の大きな事変であった。[3]というのは、これより(5)以前の事実や、さらに昔の事実をつまびらかに求めることは閲《けみ》した時間のために不可能ではあったが、できるだけ過去にまで遡って信ずるにたる諸説を検討した結果、昔の事実は戦いの面でもまた他の面でも大した規模ではなかったとの見解に達したからである。

二　[1]そのわけは、現在ヘラスと呼ばれる地域に、かつては一定した居住者がおらず、始めは流浪の民であって、数の上で優勢な一団に圧迫されると彼らはそのつど惜し気もなく各人自分の居所を捨てたように見えたためであった。[2]つまり交易が皆無であった上に、海陸を問わず互いに接触することは危険をともなったので、それぞれ命をつなぐだけの物資を所有するにとどまり、余剰物資も持たず地を耕すこともしなかった。(6)（いつ外敵の侵入があるかわからず、しかも防壁がなかったので、貯えは略奪されるばかりであったろう。）そして日々の生命を保つに必要なだけの物資はどこででも得られると考え、移住の生活を苦にしなかった。このために都市国家としての規模も、また他の蓄財の面でも彼らは強大にならず、[3]とくに地味の肥えた土地は居住者の変動がいつも激しかった。それらの地域は今日のテッサリア地方、ボイオティア地方、それにアルカディアを除くペロポネソスの大部分、およびその他の土壌のよい地域であるが、[4]地味の豊かなために、特定の人々の力が増大すると、内乱が起り、全体の発展がさまたげられ、さらに外部からも策謀が企まれることが間々あった。[5]しかしアッティカ地方はその大部分が痩地であったために内乱がなく、同じ種族の者たちが昔から変ることなく住んでいた。[6]そのよい証拠は、アッティカが外来移住者によって他の面(7)で無類の発展を示したことである。それはヘラスの他の地方から戦争や内乱のために落ちのびてきた人々の中でもっとも勢力のある者たちが、アテナイの安定した状態に惹かれて、そこに定住したからであった。そして彼らがアテナイ市民に加えられたので、アテナイ市の人口がつとに膨脹して、後々アッティカには充分な物資がなかったところからイオニア地方にまで植民を送り出したのである。

三 さらに以下によっても昔は人々がきわめて弱力であったと私には思える。つまりトロイア戦争(8)以前には、ヘラスを総動員するほどの活動は見られず、[1]その上、ヘラス全体を総称する名前がなかったばかりでなく、デウカリオン(9)の息子ヘレンより以前の時代には、ヘレンの名前自体まったく存在していなかったように思われるからである。そのかわりに、ペラスゴイ(10)の名がその大部分を占めはしていたが、各地域ごとに各部族がそれぞれの名称を持っていたようである。ヘレンとその息子たちがプティオティス地方で勢力を揮った上、他の都市へも息子たちを連れて援助に赴いたので、それらの都市は各自、彼らとの関係からヘレン族と呼ばれるようになるのであるが、この名が全体を総称するようになったのはさらに後のように思われる。[2]この点はホメロスが一番よい論拠である。というのは、トロイア戦争よりもはるかに後に生れた彼でさえも、全体を一度もこの名で総称しておらず、この名称は、元来プティオティスからアキレウスと出身地をともにして来た者たちを指す場合のみに限られている。この他の者たちには彼の詩の中ではダナオイ人とかアルゴス人、あるいはアカイア人とかの名称が使用されている。またヘラス人以外の人間を、「異語族」という一つの名で呼んでいないのも、ヘラスの外部をヘラスという一つの名に対応させて区別していなかったためであるように私には思える。[3]このように各都市ごとに別々に交流していたヘラス諸都市に加えて、後代に一括して全体がこの名で呼ばれるようになった諸都市は、トロイア戦争以前には弱小であり、かつ相互の交流がなかったために、一致協力した全体の活動をしなかった。しかし海がもっと利用されるようになると、ようやく共同したトロイア派兵が行なわれた。

四　伝説で知り得る一番最初の海軍の支配者はミノスである。[1]彼は今日のヘラスの海の大部分を掌握してキュクラデス諸島を征服し、しかも多くの植民都市の最初の建設者となった。そしてカリア人を駆逐し、自分の子供たちにその統治権を分与した。また当然のことながら、力の及ぶかぎり領海から海賊を締め出し収益の増大を図った。

五　つまり沿岸や島に住んだ昔のヘラス人や異語族が、[1]船でさらに相互の往来を盛んにするようになると、自己の利益や被護者の扶養のために、影響力の強い者が指導者となって海賊化し、無防壁の都市や聚落を襲っては荒らし、生活の主な収入源としたのである。しかも彼らはこの略奪行為をまったく恥じないどころかむしろこの行為に一種の誉れを感じていたのだ。(11)この事実は、今日でさえも大陸の一部の人々がこの行為に誇りを抱いている[2]ことや、昔の詩人たちがいずこの舟で来る者にも、いつもきまって海賊であるか否かの問いを記して、あたかもこの行為が知られても恥とならないかのように描写しており、訊ねる側もそれを非難する様子がないように描いているところから判断される。他方、内陸でも人々は互いに略奪をしていた。今日になっても、オゾリス地方のロクリス人やアイトリ[3]ア人およびアカルナニア人の住む諸地域を含むヘラスの内陸部では、昔の習慣が残っており、内陸地の帯剣の習慣も、この当時の盗賊行為の名残りである。

六 [1]ヘラスも家屋に防壁がなかった上に、相互の交渉にも危険がともなったために、すべての者が剣を持ち歩いており、ちょうど今日の異語族のように武器とともに暮す生活を習慣としていた。[2]今日でも、ヘラスのある地方にこの風習が残っているのはその昔にはこの習慣がすべてに共通であったことを示している。

[3]最初に武器を持ち歩く習慣をやめたのはアテナイ人で、彼らは生活様式を便利で贅沢なものにした。アテナイの裕福な長老たちが贅沢から着た麻の肌着を捨て、髪の毛の結び目に止めた金の蟬を取ったのはあまり昔のことではない。このため、この金の蟬形髪留めの流行は同血族であった関係からイオニアの長老たちをも捉えて長く離さなかったものである。[4]簡素な現代風の服装を最初に再び着るようになったのはラケダイモン人(12)であったが、彼らは収入の豊かな者も日常生活は他の面で一般の者と同じ様にした。[5]裸体で公に技を競ったのも彼らが最初で、競技の時に油を体に豊富に塗ったが、昔はオリュンピアの競技でさえも選手は腰帯を着けて競技をしたもので、これ(13)が止んだのもあまり遠い昔のことではない。今日でさえも異語族の間では、とくにアジアにおいては、拳闘とレスリングの時は腰帯を着用して勝負を争うように、[6]他の点でも、昔のヘラスの風習が今日の異語族のそれと似ていることを多く発見する。

七 [1]もっとも後期に建設された都市は、すでに航海術も発達していたので、物資に余裕があり、沿岸には防壁を築き、交易と対隣防衛の観点から地峡にそれぞれ位置していた。初期の都市は、島でも大陸でも、長期にわたった盗賊行為のために、海岸線からひっこんだ所に位置を占めていて、今日でもそのままそこにある。これはつまり、海洋民族でなくとも海岸近くに居住する者は、互いに略奪しあったからである。

八 [1]多くの盗賊は島の住民であるカリア人とフェニキア人であった。その証拠は、今次大戦にアテナイ人がデロス島を清めた際に、島で死んだ人間の墓地を片づけたが、その半数以上がカリア人であったことである。この事実は墓地に一緒に埋められてあった武器の様式と、現在でもカリア人が使用している埋葬方式によってわかった。[2]ミノスが海軍を設置すると海上の交渉が増大した（つまりこれは、彼が島々に多くの植民都市を建設してこれらの島から不法者を追放したからである）。[3]そして沿岸の者たちはすでに富を蓄積し、生活の安定を求めていたので、一部の都市は豊かになるにしたがって防壁を都市の周りに廻らすようになった。弱小都市は利益の魅力に強いられて強大都市に隷属し、強大都市は剰余利益を得て、弱小都市を支配下に置くようになり、[4]こうした趨勢を背景に、だいぶ後になって、彼らはトロイアへ征戦した。

九 [1]そこで思うに、アガメムノンが軍勢を集めることができたのは、ヘレネの求婚者たちがテュンダレオス(14)に対する誓いに縛られて率いられたからというよりは、むしろ当時の彼自身の抜群の実力によるものであったようである。[2]すなわち、ペロポネソス人の中でももっとも判然とした伝承を受けた人たちの言によると、ペロプスは、初めにアジアからの豊かな財力を持ってきたから、貧しい人々の間に大いに勢力を揮って、外来者でありながらも、その地方に自分の名をつけたと言われ、(15)後には彼の子孫たちによってこの勢力が更に増大したということである。またヘラクレス一門によってエウリュステウスがアッティカで殺されたため(16)（エウリュステウスにとってアトレウスは母方の叔父に当り、この関係でエウリュステウスは出陣に際してアトレウスにミュケナイとその統治を委託したのであるが、これはちょうどアトレウスがたまたまクリュシッポス殺害事件(17)で母国を亡命してミュケナイに来ていたからであった）、帰国しなかったのでミュケナイ人はヘラクレス一門を恐れ、さらにアトレウスが有能にも見えたし、またアトレウスもミュケナイの大衆をすでに手なずけていたので、アトレウスがエウリュステウスの王位を継承した。こうしてペルセウス(18)の子孫よりもペロプスの子孫の方が強力になったということである。[3]思うにアガメムノンはこれらを受け継いだ上に、他を上廻る数の船舶を持って勢力を揮ったので、人々の好意よりも脅威をもとに大軍勢を結集し、征戦したようである。[4]というのは、彼が一番多くの船を持って参戦し、しかもアルカディア人にも船を提供したらしい(19)。つまりこの事実は、もしもホメロスが論拠として充分ならば(20)、彼が明示しているからである。ホメロスは、アガメムノンが

王笏の継承者であると同時に
数多の島やアルゴスのあまねき君たる(21)

と詠っている。とにかくアガメムノンの王国は島国ではなかったので相当の数の船舶がない限り、近隣の島（しかもそれらを「数多の島」とは呼べないであろう）以外は支配することができなかったであろう。トロイア戦争以前の状態がどれ程の規模であったかはこの征戦から類推しなければならない。

一〇　そこで、[1]ミュケナイが小さかったという観点から、たとえ当時の都市の規模が今日から見れば大したものではないとしても、だからといって、詩人が詠い、かつ伝説が伝えるほどトロイア征戦に派遣された軍隊が大軍勢ではなかったのではないかと疑うことは、資料を正しく使用していないと言えよう。[2]というのも、たとえばもしもラケダイモン人の都市が廃墟となって、神殿や建築物の土台だけしか残されてはいないとすると、永い年月の後には、往時の彼らの名声に比較してその実力に大きな疑問が投げられることになろうと思われるからである（ところが、実際には、彼らはペロポネソスの五分の二を占拠し、しかもペロポネソス全土ばかりでなく、外部の多くの同盟都市をも統率しているのである。それにもかかわらず、密集した都市を作らず、経費のかかる神殿や建造物も作らず、聚落ごとに昔ながらのヘラスの様式で生活しているので、実際よりもはるかに貧しい観を呈することであろう）。また、他方、アテナイがこれと同様の被害を受けたとすると、市の外観から、おそらく実際より二倍もの実力が類推されるだろうと考えられる。[3]だから都市の外観よりも実際の力の方を観察しないで疑念を抱くのは当を得ておらず、トロイア征戦もそれ以前に較べては最大の規模であったが、一方では、今日のそれには劣っていたと考えるべきなのである。この点についても再びホメロスの詩を信頼するならば、詩人としての誇張は当然であるとしても、しかもなお次に述べるように、この征戦が貧弱であったことが彼の叙述から(22)類推できる。[4]すなわち、ホメロスは、千二百隻の中で、ボイオティア人は百二十人乗りの船、ピロクテテスは五十人乗りの船(23)としており、これはホメロスが最大の船と最小の船を挙げているように思われるのであるが、他の船舶の大きさについては、参戦した船舶の目録のくだり(24)でも詠っていないのである。そしてピロクテテスの船では漕ぎ手がすべて同時に戦闘員であったことが、ホメロスが射手全員を漕ぎ手としている(25)からわかるのである。王や高官を除いて、漕ぎ手以外の多くの者が同船していたとは思えない。とくに船は戦闘用具を載せて外洋を渡るのだし、その上、甲板もなく、昔の海賊船の様式を残していたからである。[5]そこで、もっとも大きい船ともっとも小さい船の乗員を平均すると、その軍勢はヘラス全土が共同して派兵したにしてはあまり大人数ではなかったようにみえる。

一一 [1]この理由は、人口が少なかったからというよりむしろ物資が足りなかったからで、糧秣が限られているため、現地で戦いながらしかも食べていけると予測された人数にまでしぼった軍勢が率いられたからであった。現地に到着した後の緒戦に勝った後でも（この緒戦の勝利は明らかである。さもなければ戦場に石垣をめぐらすことは出来なかったであろう）、全兵力が起用されたとは思われず、糧秣不足のためにケルソネソス半島の開墾と略奪に転じたようである。そこで、彼らが分散したために、トロイア人は十年間も彼らの攻略に抵抗でき、残された敵兵力とは常時よく拮抗し得たのであった。[2]もし余分の糧秣を持って来て、耕作や略奪をせず一つにまとまって戦いを休みなく続けたのであれば、おそらく容易に戦いに勝って鎮定してしまったことであろう(26)。しかし、全勢力を集中せずともいあわせた兵力だけで間断なく攻撃して、包囲作戦に固執していたら、より短期間のうちにより簡単にトロイアを陥すことができたであろう(27)。しかし物資が貧困なためにトロイア戦争以前はもちろん、トロイア戦争自体も、それまででは最も有名な戦役であったが、小規模であった。事実から判断すればそれはその名声よりも、また詩人の言葉に影響を受けた今日の一般が理解しているその規模よりも劣っていたことが明らかなのである。

一二 [1]トロイア戦役の後も、ヘラスは移動と入植を続けたので落着いて発展する余裕がなかった。[2]そのわけはヘラス人たちがイリウム(28)から帰るのが遅れたために多くの新しい事態を惹き起こし、ほとんどの都市に内乱があって、そこから追われた人々は、都市を方々に創設したためである。[3]たとえばボイオティア人の祖先もイリウム陥落後、六十年の後にアルネからテッサリア人に追われて、従来はカドメイス地方と呼ばれていた現在のボイオティアに移住して来たのである（もっともこの地方にもそれ以前から彼らの一部がいて、その者たちはイリウムに出兵をしている）。[4]それから更に八十年をへてドリス人がヘラクレス一門と共にペロポネソスを占拠した。かくて非常に長い間かかってヘラスが静かになって落着き変動がなくなると、ようやく植民を送り出すようになった。アテナイはイオニアやその他の多くの島々に植民し、ペロポネソス人はイタリアおよびシケリア島の大部、それに他のヘラス諸地域にも植民した。そしてこれらの植民都市は、トロイア戦争後に建設されたものであった。

一三 [1]ヘラスの力が発展して収入の増加が図られるようになると、僭主[29]がほとんどの都市にも勃興した。僭主の収入が増加するに従って（従来は世襲君主制で、収入は伝統で一定していた）、ヘラスでは海軍力が養成され、海洋に深い関心が向けられるようになった。[2]コリントス人が一番早く現代様式にもっとも近い船の構造を採用し、三重櫓船[30]もヘラスで初めてコリントス人が建造したといわれている。[3]サモス人のために船を四隻建造したのもコリントスの造船家アメイノクレスであったらしい。彼がサモス島に渡ったのは今次大戦の終りから数えてほぼ三百余年前のことである。[4]今日に知られている最古の海戦もコリントスがケルキュラ人に対して行なった戦いで、これは前記の算定で数えておよそ二百六十年あまり前のことである。[5]これはつまり、コリントス人の都市が地峡に位置していて、当時から常に交易が盛んだったからで、往時のヘラスはペロポネソスの内部と外部の往来を、海上よりも陸路によってコリントス市を介して交易していたため、彼らは富んで強力になった。この事実は往時の詩人たちによっても示されているとおりで、彼らはこの土地を「富みたる」[31]と形容している。ヘラス人が盛んに航海するようになると、コリントスは海軍を設立し、海賊を圧迫して海陸両面の通商を振興し、[32]財資の収入で都市を強力にした。
6 そしてさらに時代を下ってペルシア王第一代のキュロスとその子のカンビュセス[33]の世になると、イオニア人の海軍が発達して、一時はキュロス王に抗してイオニア海の制海権を握り、あるいは、サモス島の僭主ポリュクラテス[34]は、カンビュセスの時代に海軍力で勢力を揮うにいたった。彼は他の島々をも支配下に置き、デロスのアポロンに彼が奉献したレネイア島も、彼が獲得した島であった。ポカイア人もマッサリアに植民した折に、カルケドン人と海戦をして打ち破った。

一四 1 以上の諸国は海軍力で最も強力であった。しかしこれらとて、トロイア戦後より幾世代も後であるにもかかわらず、三重櫓船はわずかしか用いられておらず、未だに五十櫓船とか長船とかが従来と同様に使用されていたようである。2 ペルシア戦争の少し前、すなわち、カンビュセスの後を継いでペルシアを治めたダレイオス王が没した頃になって、ようやくシケリア地方の僭主やケルキュラに三重櫓船が多く見られるようになった。クセルクセス来寇[35]以前のヘラスでは、以上に述べた海軍諸勢力が述べるに価いするものである。3 アイギナ人、およびアテナイ人、またその他の一部の都市にもわずかながら海軍はあったが、その多くは五十櫓船から成っていた。アイギナと戦っていたアテナイ人に、異語族の来寇も予測される頃になって、テミストクレスがようやく船を建造することを説得した。そして事実、この船を使用して実際にアテナイ人は戦った。しかしこれらの船とて全体に甲板は張られていなかった。

一五　[1]太古とそれ以後のヘラスにおける海事事情は以上のごとくであった。このような状態にもかかわらず、これに関心を払った者は、収入が増えさらに他を征服して大いに国力を貯えた。つまりとくに充分の領土を持たない者たちは、島々に船で渡ってはこれらを支配下に置いた。[2]一方、陸上では国力を増強させるような戦いは皆無であった。陸上で行なわれた戦争はすべて各自の国境紛争で、ヘラス人は自国を遠く離れて他の征服には赴かなかった。これは、支配される都市が強大な都市を中心にして集まっていなかった上に、諸都市が対等の立場で共同出兵するということも実現せず、むしろ各自の国境を互いに争っていたからである。[3]もっとも、かつてカルキスとエレトリアとの間に戦いが起った時(36)、他のほとんどのヘラス諸都市がそれぞれ両都市のいずれかに与して二つに分かれたことはあった。

一六　[1]種々な困難が種々な地域で起ってヘラスの発達を妨げた。イオニアが強大になると、キュロス王とその王国はクロイソスを降して、ハリュス河からエーゲ海に到る間を平定、沿岸諸都市を服従させた。後にダレイオス王(37)はフェニキア人の船を利用して島々を支配した。

一七　[1]ヘラス諸都市の僭主は、自分の身辺だけが出来るだけ安全で、しかも、自分の一族が繁栄し己れが私腹を肥やすことができるように都市が発展すればよいとしか考えずに治めていた。それぞれの隣国同士の敵対行動以外は（この例外の理由はシケリア地方の多くの僭主が勢力を得たからである）彼らについて述べるに価いする行動は皆無であった。かくのごとくに四方から制限を受けたヘラスは、共同した顕著な企てを何も達成できず、個々の都市は不活発な状態を長く続けた。

一八 [1]アテナイの僭主と、従来、他のヘラスの大部分を治めて来た僭主たちは、シケリアを除いて、ほとんどラケダイモン人によって滅ぼされてその終りをつげた。（この理由は、ラケダイモン人の土地は、現在のドリス人が占めた後、我々が知る限りではもっとも長い間、内乱に悩まされたが、それにもかかわらず彼らは一番古くから秩序を確立し、専制政治をまったく経験しなかった。今次大戦の終りまで四百余年を、やや上廻る年月の間、彼らは同じ政体を保持しており、このために強力になって、他の都市の内政の安定にも参画[38]した。）[2]ヘラスから僭主が姿を消して間もなく、マラトンでアテナイとペルシアの戦闘があった。それからさらに十年を経て、再び異語族は大軍を擁してヘラスを従えんものと来寇したのであった。重大危機が迫ると、最強国であったラケダイモン人がヘラス連合軍を率いた。一方アテナイはペルシアが侵入すると、アテナイの町を放棄することを決意し、家をたたんで船に乗り、海兵となった。共同して異語族を撃退したものの、間もなく、ペルシア王から解放されたヘラス人もヘラス連合軍もアテナイ派とラケダイモン派の二派に分れた。それは両都市が国力の点でヘラスの双璧であったからで、前者は海上、後者は陸上で勢力を揮った。[3]しばらくの間は友交関係が保たれてはいたが、ラケダイモン人とアテナイ人とが仲違いをする度に、それぞれの同盟軍を伴って戦を起した。他のヘラス諸都市も、たとえある都市は一時的には中立政策を取ったにしても、結局いずれかに与した。かくて両者は、ペルシア戦争以来、今次大戦に到るまで、常に休戦条約を結んだり、また戦ったり、あるいは自軍の同盟違反都市を征討したりしてきたために、よく戦備に注意が払われ、さらに戦場で鍛えられたのでいよいよ戦いの経験を積んだのである。

一九 [1]ラケダイモン人が同盟都市に年貢を賦課しないで支配し、諸都市が単にラケダイモン自体に都合のよい政体を維持するように寡頭派を支持したのに対して、アテナイ人はキオス島とレスボス島を除く諸都市から順次船舶を徴発するようになり、年貢はすべての同盟加盟都市から取り立てた。かくて今次大戦においては、一方だけをとってもその戦備は、以前ヘラス同盟に亀裂がなくその絶頂にあった時よりも大きくなった。

二〇 [1]さて、以上が私の探究した過去の出来事であるが、終始、諸説のすべてを信頼することは困難であった。そのわけは、人々が過去の言い伝えを、たとえそれが自分たちの国に関することでも、無批判同然に互いにやりとりするからで、[2]たとえば[39]大部分のアテナイ人は、ヒッパルコスが僭主であったためにハルモディオスとアリストゲイトンに刺殺されたと誤解していて、ヒッピアスがペイシストラトスの長男として僭主であったことも、ヒッパルコスがテッサロスと共にヒッピアスの弟であったことにも無知である。また当日の

その当座になってハルモディオスとアリストゲイトンは仲間の同志がヒッピアスに陰謀を密告したのではないかと考え、もしそうならばこれを予知しているはずのヒッピアスを避け、どうせ捕われる身ならばその前に何か捕えられるにふさわしい危険を冒そうと、レオコレイオンと呼ばれる杜で汎アテナイ祭の行列を差配していたヒッパルコスを不意に襲って殺害したという事情にも人々は疎いのである。[3] さらに現在のことで、時間の経過のために忘れられることがありえないような事柄でも、多くの事実が他のヘラス人たちに正しく理解されていない。たとえばラケダイモンの二王制は二人が一票ずつの投票権を持っているのではなくて、本当は二票ずつである事実や、存在したこともないピタネ兵団を彼らが持っているとすることなどである。このように真理を求めることは人々にとっては億劫なことで、安易に通説に傾いてしまいがちである。

二一　[1] しかしこの困難にもかかわらず、既述の諸説から今まで述べた結論を信じ、それらの事実に関して詩人たちが誇張したり、散文史家が事の真相よりも耳をそばだたせるためにまとめたものなどを信用せず、また古いこととて証す術もないままにお伽話になってしまった事柄などを真実と思わず、古事についてもそれ相応にできるだけ明らかな徴しから真実を求めることを原則とした者に間違いはないはずである。[2] たとえ人間は自分が体験しているその当座の戦いをいつも未曾有の大戦争と考えていて、その戦争が済んでしまうと昔の戦争の方に驚嘆の眼を向けがちなものであるにしても、それらをつぶさに観察すれば今次大戦はそれらのどれよりも大規模であったことが明らかであろう。

二二 [1]演説に関しては、各演説者が戦争直前かあるいは戦争中に発言したものであるが、私自身が実際に聞いた演説も、また後になって人伝てに報告された演説も、発言された言葉をありのままに記録することは不可能であった。そこで演説については、実際に発言された主旨にできるだけ近づこうとつとめた私にとって、それぞれの演説者がその置かれた環境に関してきわめて適切な発言をしていると思えるような仕方で叙述されている。[2]一方、戦争中に行なわれた活動の叙述は、四囲の状況から判断したことや目に適切と映ったようなことにはよらずに、私自身が実際にいあわせた出来事とか、根拠が他の人々にあっても、個々の事実についてそのありのままを私ができるだけ探究した結果とかに基づいて書くことを旨とした。[3]しかしこれは苦労のいることであった。なぜならばそれぞれの場にいあわせた人たちでも、偏見や記憶違いから同じ事実についても同じようには伝えなかったからである。また、この著作には興味本位の話が皆無であるから聴衆(40)にはおそらく面白く聞えないであろう。しかし過去の出来事や、これに似たことは人間の通有性にしたがって再び将来にも起るものだということを明確に知ろうとする人には、この本を有益と充分に認めることができるであろう。耳に一時を競うより、不断の財に、とこの本を書いたのである。

二三 [1]ペルシア戦争は過去においては最大の戦争であったが、それとても二つの海戦と二つの陸戦(41)とで勝負はたちまちついている。ところが、今次大戦は期間においてきわめて長く、しかもこれと同じ長さの期間では、他に類を見ないほどの惨禍をヘラス世界にもたらした。異語族[2]によっても、また、ヘラス人同士の争いによっても、諸都市がこれほどまでに荒され、征服されたことはない。（しかも征服された都市で住民が変わってしまうことさえあった。）さらに、亡命者や死者の数においてもこれまた同様であって、ある者はこの大戦のために、またある者は内乱のために、被害を蒙った。従来[3]、話だけで聞いてはいても実際にははっきりしなかったことまでが、今や疑えない事実となった。事実大地震が大部分の土地を襲い、太陽は従来以上に頻々と日食を起し、旱魃があるかと思えば、それに伴って大飢饉がすぐつづき、ついには、大きな惨害をもたらして地方的には全滅した地域を生むほどの疫病が起った。事実すべてこれらは今次大戦と時期を同じくした。この[4]戦争はエウボイア島陥落後に締結された三十年平和条約を破ったアテナイ人とペロポネソス人とによって始められたのであるゆえ、何から[5]このような大戦争がヘラスに起ったかを、今後誰も求める必要のないように、何ゆえ彼らがその条約を破棄したかという両者の弾劾と紛糾を始めに書いた。事実[6]、真の説明は理解する上にもきわめて困難なものではあるが、アテナイが強大になり、ラケダイモン人に恐怖をもたらしたことが戦争を必然ならしめた、と私は考える。条約を破棄して戦闘状態に入るに到るまでの両者が公表した弾劾は以下のとおりである。

二四 エピダムノス[1]はイオニア湾に入って右岸の都市国家である。その近隣はイリュリア系の異語族タウランティオイ人によって占められている。[2]このエピダムノスに入植したのはケルキュラ人である。しかし、都市の創設者には習慣上ケルキュラの母都市であるコリントスから招かれたヘラクレスの末裔エラトクレイデスの子パリオスがなった。そしてコリントス人と他のドリス系の者が共同して移住した。[3]時とともにエピダムノスは強力になり人口も増大したが、[4]長年月にわたって内乱が起り、その上、伝えられるごとくに、近くの異語族との戦いで疲弊してその国力の低下を招いた。[5]そしてついに今次大戦前には、大衆派が少数派を追放したが、追放された者たちは異語族と一緒にエピダムノスに舞い戻って海陸両方から荒した。[6]エピダムノス市内にいた者たちは圧迫されると、ケルキュラが母都市であるところから、ケルキュラに人を送って、自分たちを見殺しにせず、追放された者と自分たちの間を調停して、異語族との戦いから解放してくれるように要請した。[7]彼らはヘラの杜に縋って(42)このための哀願者となったが、ケルキュラ人はこの要請を容れず彼らを無為のまま送り返した。

二五 [1]かくてケルキュラからは何の助力も得られないことを知ったエピダムノス人は、現状打開に窮し、デルフォイに人を送り、コリントスにエピダムノスを託して、創設者としての彼らから援助を得るようにすべきかどうか神にうかがいを立てた。[2]すると神託は彼らにコリントスに依存し、その庇護の下に入るべしと命じた。そこでエピダムノス人は、神託に従ってコリントスに来てエピダムノスをコリントスの植民都市として委託し、彼らの都市の創設者がコリントス人である点を指摘し、かつ神託を示して自分たちを見殺しにせず庇護してくれるようにと訴えた。[3]コリントス人は、エピダムノスがケルキュラと同じようにコリントスの植民都市であると認めた。その上、ケルキュラが植民都市としての務めをコリントスに果してきていないことによって感情を害していたので、この援助を正しいとして約束した。[4]すなわちケルキュラは、慣例の寄付を共同基金に出資しないばかりでなく、他のコリントス系の植民都市がコリントスに祭礼の際に与える名誉も許さずに、コリントスを軽んじた上、財力では当時のヘラスの最強都市にも比肩するほどであり、かつ軍備においても一流都市に位し、とくにきわめてすぐれた海軍力を誇っていたからである。それは昔、海軍力で有名であったパイエケス人がケルキュラの土地の先住民であったことも彼らのこの誇りを助長していた(そしてこの伝統のゆえに、ケルキュラ人はますます海軍力の充実をはかり、その海軍はすこぶる強力となって緒戦時には百二十隻の三重櫓船を所有していた)。

二六 [1]このように、あらゆる不平を持っていたコリントス人は渡りに船とエピダムノスの要請を入れ、希望者はエピダムノスに移住するように指示し、アンプラキアおよびレウカス、それにコリントス自身の守備隊にも同行を命じたのであった。[2]彼らがコリントスの植民都市アポロニアを通って陸路エピダムノスに向ったのは、海路ではケルキュラからの妨害のあることを恐れたためであった。

[3]ケルキュラは、移住民と守備隊がエピダムノスに到着し、その上、彼らの植民地エピダムノスがコリントスの支配下に入ったことを知って憤慨した。そこでただちに二十五隻の船を派遣し、その後さらに他の船団も送って、高圧的に追放された者の受け入れ方と（つまりケルキュラにはエピダムノスから追放された者が来ていて、祖先の墓地を指してケルキュラとエピダムノス人は血族であることを強調し、彼らをエピダムノスに復帰させるようにと訴えていたからであった）、コリントスが派遣した守備隊および移住民の送還を命じた。[4]エピダムノスがこの申入れにまったく応じなかったので、ケルキュラは四十隻の船と本土送還を名目に追放されていた者たちを伴い、さらにはイリュリア人兵士をもこれに加えてエピダムノスを攻撃した。[5]彼らはエピダムノス市の前に着陣すると、エピダムノス人の中の希望者および非エピダムノス人の安全退去は保障するが退去しない者は敵と見做す、と通達した。この通達も拒否されると、ケルキュラ人は、（地峡に立つ）エピダムノス市に包囲陣を布いた。

二七 [1]この包囲の報せがエピダムノスからコリントスに届くと、コリントスは出兵の準備をし、さらにエピダムノスへの入植希望者には先住者と同等の資格と権利が与えられること、しかも即時渡航をのぞまない者でも移住をのぞむ者はコリントス在住のまま五十コリントス・ドラクマを支払えることを発表したので、渡航者と権利金支払い者の数は多数に上った。[2]ケルキュラに航海を妨害されるのをおそれてコリントスはメガラに船団の同行を求めると、メガラは八隻、ケパレニア島のパレは四隻、エピダウロスもこの要請に応えて五隻、ヘルミオネは一隻、トロイゼン二隻、レウカス十隻、アンプラキアは八隻の船をそれぞれ提供し、テバイとプレイウスには軍資金が要求され、エリスには空船と軍資金の提供が要求された。コリントス自体は三十隻の船と三千の重装兵を整えた。

二八　[1]この準備を察知したケルキュラは、ラケダイモンとシキュオンに使節の派遣を依頼し、その者たちを同行してコリントスに行き、エピダムノスはコリントスにとって無関係であるから、コリントスはその守備隊と移住民をエピダムノスから撤退させるように要求した。[2]そして、もしこれに対して何らかの意見があるならば、コリントスとケルキュラ両都市の合意の上で選んだペロポネソス諸都市の合同調停に持ち込んで、エピダムノスがいずれの国に属すると裁定されようとも、その決定は尊重する意図を明らかにした。これに加えて彼らはデルフォイの神託にこの問題の裁決を委託する意志のあることも表明した。[3]彼らは戦争を好まないが、もし戦いが不可避となって暴力をもって圧迫されれば、存続のためにはやむをえず現在とは異なった都市への接近を余儀なくさせられるであろうとも言明した。[4]これに対するコリントスの回答は、ケルキュラがエピダムノスから船と異語族を撤退させないかぎり考慮の余地はなく、エピダムノスの包囲を解かずに調停は不当であるというものであった。[5]そこでケルキュラはこれに対して、もしもコリントスがエピダムノスから撤退するならばその要求に従うであろうと回答し、さらに現状維持のままで調停成立までの休戦の用意のあることも明らかにした。

二九 [1]しかしコリントスはこれらの申入れにまったく応じなかった。そして船団の乗組完了と、同盟軍の到着を待って、早速軍使をケルキュラに先発して宣戦を布告した。それから七十隻の船と二千の重装兵をもってエピダムノスに向い、ケルキュラ勢に対して戦いを挑んだのであった。[2]船団の指揮者にはペリコスの子アリステウスとカリアスの子カリクラテスとティマンテスの子ティマノルがなり、地上軍の指揮者にはエウリュティモスの子アルケティモスとイサルコスの子イサルキダスがなった。[3]アナクトリオン領のアクティオン（アポロンの神殿の所在地でアンプラキア湾の入口に位置する）に彼らが来ると、ケルキュラは軽船で軍使を送ってその接近を禁じる一方、老朽船には覆いをつけ、航海可能にし、他の船にも手を加えてから乗り込んだ。[4]軍使がコリントスから何の平和的回答も得られずに帰ってくると、彼らはかねて用意していた八十隻の船で（他の四十隻はエピダムノス包囲に使用されていた）[5]船列を組むとコリントス船団を迎撃して海戦を展開し、一方的な勝利を収めてコリントス船十五隻を沈めた。しかもこの海戦のあった日に、エピダムノス包囲軍はエピダムノス在留外人の身柄を引渡し、コリントス人はさらに新しい決定があるまで捕虜とするという条件でエピダムノス降伏条約を成立させた。

三〇 [1]この戦いの後ケルキュラ人はケルキュラのレウキンメ岬に戦勝塚を立て、[2]捕えた者の中からコリントス人を捕虜として残した以外はすべてを殺戮した。後に破れたコリントス人とその同盟軍が船で帰路につくとケルキュラは自領の制海権を完全に掌握し、コリントスの植民都市レウカスまで渡ってその地を荒し、さらに船と物資をコリントスに供給したという理由でエリスの港キュレネを焼払った。[3] また、この戦いの後はほとんど常にケルキュラが制海権を握っていて、海を渡ってコリントスの同盟都市に行ってはそこを荒した。しかしようやく夏も終り近くになって、コリントスは同盟都市の苦境に船と兵士を送り、アクティオンとテスプロティスのケイメリオン近辺に駐営してレウカスおよび他の友好都市の防衛をはかった。[4] ケルキュラ人もレウキンメに海陸ともに軍勢を駐屯させたが相互に戦火を交えることなく、夏の終りまで滞陣した。そして両者がそれぞれ自分の国に帰った時には、すでに冬になっていた。

三一 [1] この海戦の後、コリントスはケルキュラに対する戦いに憤慨し、丸一年とその翌年をかけて強力な船団を建造して準備を進めた。さらにペロポネソスやその他のヘラス諸地域からも漕手を高い報酬をもって集めたので、[2] この様子を知ったケルキュラは敵の戦備に恐れを抱き、アテナイに使節を送りその同盟国となって(つまりケルキュラはヘラスの誰とも盟約はなく、アテナイともラケダイモンとも同盟を結んでいなかったので)、打開策を見出そうと決定した。[3] これを知ったコリントスは、彼らも使節をアテナイに派遣して、企図された戦いの妨げになるアテナイ海軍とケルキュラ海軍の合体を防ごうとした。[4] 議会が開かれると、両者は論争を展開したが、まずケルキュラ人は次のような要旨を述べた。

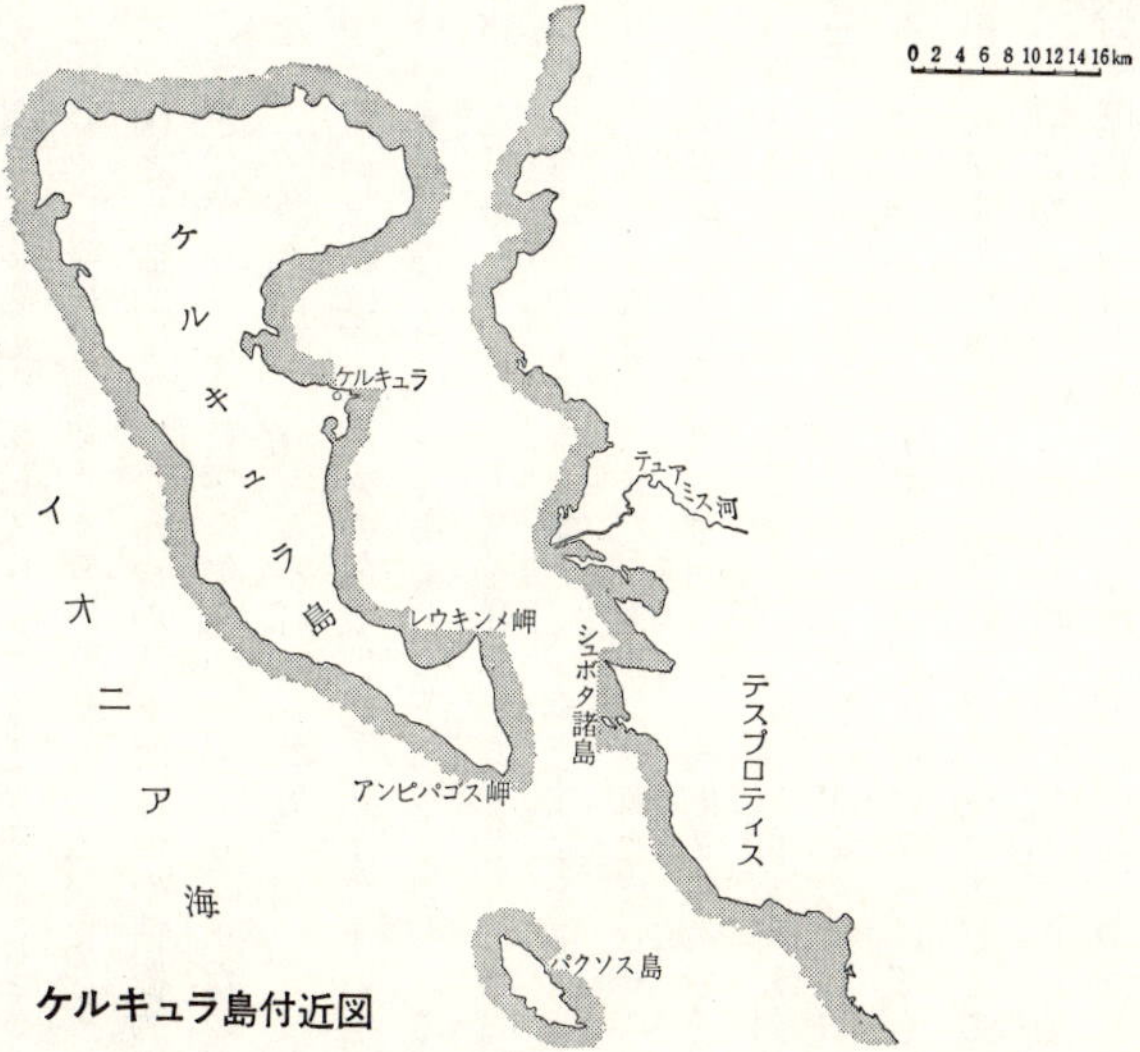

ケルキュラ島付近図

三二 「[1]アテナイ人諸君、同盟国としての誼《よし》みもなく、利益をもたらしたこともない国が、今日の我々のごとくにその隣人に援助を求める場合には、まず第一にいかにその申入れが有利な条件であるか、あるいは少なくともそれが災いをもたらすものではないことを明らかにし、次いでいかに不変の好意をその援助が生むかを明示すべきである。そしてもしまずこの点を納得させることができないならば、たとえその交渉が不成功に終っても憤慨の余地はない。[2]そしてケルキュラは、我々が貴国に信頼される条件を与えることができると信じて、同盟締結の要請と共にここに我々を派遣した。[3]しかし、我々の一貫して変らぬ政策は貴国に対する実際面において我々を矛盾におとしいれ、しかも今日の我々自身にとってもそれは不都合な政策になってしまった。[4]すなわち、今日までいずれの国とも盟約を結ばなかった我々が、今や積極的にこれを他に求めてここに来たということ自体が政策に一貫性を欠くことであり、また現在の対コリントス戦では、このことのために、我々は孤立化して不都合な状態に追い込まれた。すなわち我々の政策、つまり他国と盟約を結ばず、隣人の危険に巻き込まれまいとする政策は、従来賢策とされてきたが、今やそれは愚かで弱点であったようにさえ思われる。[5]前回の海戦では、我々はなるほど、我々だけの力でコリントスを撃退した。しかし彼らが、ペロポネソスや他のヘラス諸都市からさらに強力な装備を集めて、再度攻撃を加えて来れば、我々は自力だけではとてもそれに抵抗しきれまい。また、万が一敗れた場合その結果がどんなに重大かを熟知していればこそ貴国および他の諸都市からの援助を求めざるを得ない。したがって不正の策とは呼べずとも誤算であった従来の孤立政策に敢えて反対する次第である。

三三 [1]我々の要請の線に沿って、貴国が応えられるならば貴国は次のような好機に恵まれることになろう。まず第一に貴国は災いを受けても他を害わぬ国を援助することになる。第二には重大危機に直面している者を受け入れることで貴国は永久に感謝の念を救われた者の心に植えつけることになる。[2]さらにわが国は貴国以外の他のいずれにも劣らない海軍力を擁している。そこでよく注意を願いたいのは、もしも貴国が富や好意よりも「力」の増し加わることをはるかに尊重して来たのならば、その「力」が自発的に危険も代償も求めず自らを貴国に提供し、さらにそれによって貴国が諸国に対して大いに面目をほどこし、諸国の好感と自国の「力」に資せる点である。一体貴国にはこれ以上に稀な幸運であると同時に、敵にとってはこれ以上の強い苦悩をあたえる何があり得ようか？　過去を通じてこれらのすべてが一度にまとまって起った例は少なく、それよりもなお稀なことは、他の国に同盟を申込みながらもその盟主となるものに劣らないだけの安全性と安定性とを、援助を求める国が寄与できる事実である。

[3]しかし我々が役に立つような戦争は起らないと諸君の誰かが考えるならば、それは誤りである。なぜならばラケダイモン人が貴国を恐れて戦いを起そうとしていることも、コリントス人が彼らの陣営に属する強国でしかも貴国の敵であることも、また、現在コリントスが貴国攻略への踏み台として我々を侵略していることをも見落しているからである。つまりこの侵略は、我々が手を結びあい協力して彼らの敵になることを妨げるためであり、我々を滅ぼすか、彼ら自身を強化するかという二つの目的のいずれかを達成しようとして起された行動である。[4]このために我々が同盟締結を要求し、貴国が我々を受け入れ、コリントスに対して先手を取って後手にまわらぬことこそが我々の踏むべき道の第一歩と言えよう。

三四　[1]コリントスの植民都市である我々と貴国が同盟を結ぶことは正しくない、とコリントス人は言うかも知れない。しかしその意見は母都市が植民都市に正当の待遇を与えているならば、すべての植民都市はその母都市に敬意を表するけれども、不当な待遇の前には植民都市は離反するものであるという事実を無視した見解である。つまり植民となったのは、母都市に残った者の奴隷となるためではなく、彼らとは同格なのである。[2]彼らが正しくないことは明らかだ。彼らはエピダムノス問題に関しても、我々の法的調停の申し込みにもかかわらず、法よりも戦争でこの紛争を解決しようと希んだ。[3]貴国が彼らのごまかしに乗らないように、また、彼らの要求に簡単に譲らないように、彼らがその血族である我々になした行動をもって他山の石とされたい。敵に乗ぜられず悔まない策こそ一番安全と言えよう。

三五　さらに[1]貴国が、中立国である我々の要請を容れたとて、ラケダイモン人との条約を破棄することにはならない。[2]なぜならば、この条約には、いかなるヘラス中立都市もその去就に関してはこれを妨げない、と明記されているからである。[3]コリントスは自らの同盟国や他のヘラス諸都市、とりわけ貴国に属する都市出身の者までを自軍の船に乗り組ませておきながら、我々に法的に許されている同盟参加も他国からの援助も妨碍し、あまつさえ貴国が我々に耳を傾けるならば貴国の不正を鳴らそうとしているのは誠に筋の通らぬことである。[4]しかし貴国が我々の要求を拒絶するならば、我々はコリントス以上に貴国を非難するであろう。その理由は、貴国にとって敵であらざる我々が窮地にあるのを見捨て、敵であり、侵略者であるコリントスに何の制限をも加えようとしないばかりか、貴国の領土から「力」がコリントスに流出するのを黙過することになるからである。これが不正ならば、正義とはコリントスが貴国の支配下から傭兵を得られないように対策を講じるか、あるいは必要と思われる救助を我々に送り、そして何をおいてもまず公然とした盟約の下に我々を援助することである。[5]冒頭に指摘したように、我々は貴国にとって多くの利点を持っているが、さらにその最大の利点をあげれば、双方ともに共通の敵を持っていることであって、これ以上に強い両国の絆はない。また、その上、その敵は弱小国ではないだけに、我々が分裂していれば我々を害うに充分な力をもっている。また、同盟を要請する国が陸軍国ではなく海軍国であるからには、それを拒絶することが何を意味するかは陸軍国のそれとは同日の論ではない。貴国にとってももっとも希ましい状態は、できるだけ何人にも海軍力の保有を許さないことであるが、すでにそれを確立している国があるならばその中で最強の海軍国と誼みを通じることであろう。

三六　[1]ただ今、説明したことが有利に見えても、まだラケダイモン人との条約に反することを恐れて我々の要求は容れられないと考える人に知ってほしいことがある。それは自らの恐れを冒した「力」こそ、敵をさらに強くおびやかすものであって、我々の要請を拒絶するような自信は、かえって強者に対して弱体化を招き、敵にとって恐れるに足りなくなることである。また、今度の決議は、ケルキュラに関すると同時に、むしろアテナイに強い影響をあたえる問題であって、貴国が一触即発の戦争を将来のことと考えてそれを無視し、最適の地勢を占めて参戦するであろうわが国の受け入れに逡巡するなら、アテナイの最善の道を予見していないことになろう。[2]つまりケルキュラはイタリアとシケリアに向う沿岸航路の要地を占め、ペロポネソスの海軍がイタリアとシケリアに向うのを妨げ、また、かの地からヘラスに船を送ることをも防ぎ、その他、種々な最適の条件を兼ね備えているのである。[3]さて以上の主旨をここにまとめると、全体としてもまた一々をみても貴国が我々を手離せないことを悟るであろう。つまりヘラスにおいて挙ぐるに足る海軍国は貴国と我々とコリントスの三国である。もし貴国が他の二つの国の併合を許し、コリントスが我々とまず合体するならば、貴国はケルキュラとペロポネソス同盟を同時に海の敵にまわすことになろう。しかしもし我々を貴国が受け入れるならば、貴国は我々の船で敵に優勢を以て戦えるであろう。」

[4]ケルキュラ人が以上の要旨を述べると、コリントス人は以下のような要旨を述べた。

三七 「[1]出席のケルキュラ代表は同盟締結を要求する演説をしたばかりでなく、我々が彼らに害を加え、不当にも我々の方から挑戦したと述べた以上は、この二点にまず触れざるを得ない。そのあとで我々の見解の中より安全な道を貴国が見出されるように、また、道理に悖ることなく貴国が我々の要求に応じられるように、他の点にも言及しよう。

[2]まずケルキュラが今日までいずれとも同盟を結ばなかったのは慎重さの結果であると主

張した。しかしこれは彼らが善よりも悪を追求した結果なのである。つまり彼らは自分たちの悪行に目撃者のあることを好まず、人を喚んで恥をさらしたくなかったからである。[3]また、彼らの都市が孤立したところに位置しているため、他の都市との事件の裁判官を当事国との同意で任命することなく、むしろ自分たちの中から選び、協定に依らず勝手に不正判決を下している。これが許されているのは、彼らが船で隣接諸都市に出向くのがごく稀のために、他の者がケルキュラに寄港せざるを得ないからである。(43) [4]また、体裁のよい中立主義は他国との共犯を避けるために維持されたのではなく、単独で不正を行なって、暴力を振えるところには暴力を振い、隠せることには秘密を択び、利得の前には恥を顧みないからだ。[5]そしてさらにもしも彼らの主張するごとくに彼らが正義の味方であるならば、隣人が彼らに接近しがたくなればなるほど、いよいよ彼らは品行正しく、法を守ることを隣人に明示できたはずである。

三八 [1]しかし、彼らはこれと反対に、我々に対しても、また、他の者に対しても、植民都市でありながら常に疎外政策に終始し、あまつさえ、今日に到るや、災いを蒙むるために移民されたのではないなどと主張して我々に挑戦している。[2]我々が彼らを植民した(44)のは、彼らから侮蔑を受けるためではなく、母都市としてそれ相応の尊敬を受けることを期待したからであり、[3]事実他の植民都市は、我々を尊敬するばかりか、我々を心から愛してさえいる。[4]このようにもしも大部分が我々を愛しているならば、我々を嫌っているのは彼らだけであることも、また我々がとくに何か害を蒙らない限りは理由なく戦いを起すものではないということも明らかである。また、[5]たとえ万一、我々に何らかの落度があったとしても、彼らが我々の感情に逆らわず、また、我々もその謙虚さを踏みにじることがあってはならないのは当然であったはずだ。ところが彼らは、その誇りと財力に酔って、我々に多くの悪事を働き、我々に属するエピダムノスが災害を受けても、何のなすところもなく、しかも一朝我々が来援するやそれを武力で奪取し、占領した。

三九 [1]また、彼らが事前に申し入れたと主張する合法調停の裁判も、それを申し入れた者がすでに目的を達して、安全圏に入っているばあいにはなんらの意味を持っていないと見做さるべきであり、実力を行使する以前に、平等の法の下でその言動を共に付託した者にのみ調停は意義を持つと考えるべきである。[2]彼らが表向きの調停を申し込んだのは、我々がエピダムノスを包囲してから後のことであって、我々がこの事件を黙過しないということがわかったからである。しかも、彼らの過ちはかの地だけにとどまらなかった。この地に来ても、彼らは貴国と同盟の締結を期待するばかりではなく、貴国が共犯者となり、我々と事を構えて彼らを受け入れることを期待しているのである。[3]万事が好調であった時にこそ彼らは貴国に接近すべきだったので、すでに我々に罪を犯してしまって危険に陥った時ではならないはずである。また、貴国がかつて彼らを援助したこともないのに今になって庇護を与えるなら、彼らの過ちになんら関係のない貴国も我々が同様に非難せざるをえないような時機であってもならなかったはずである。従来、国力を共有して来た都市こそ、その成果も共に楽しむべきである。

四〇 このように我々は[1]、当然な苦情をもってここに来た。そして彼らがいかに乱暴で貪欲であるかはすでに明らかである。したがって彼らの要求を拒けることこそ正義であることを知って貰いたい。つまり[2]、たとえ条約が非調印国の去就の自由を認めているにしても、この条文は他国に害を与えるような行動を採る国のためのものではない。自ら叛徒となって他に安全を求めたり、その求めに短慮にも応じた都市に平和どころか戦争を招来するような都市のためにこの条文があるのではない。そして、もし貴国が今、我々の申し入れを拒絶するようなことがあれば、貴国は戦争の災いを受けるであろう。貴国[3]が彼らの庇護者となれば我々にとって貴国も条約に反した敵となろう。つまりもし貴国が彼らと行動を共にするならば、彼らは自らを守るに貴国を必要とせざるを得ないからだ。なるほど[4]中立を保つことこそ、貴国にとってもっとも正しい道ではあろう。しかしそれが不可能ならば、次善は、我々とともに彼らに敵対することである（貴国は、コリントスとは同盟を結んでいるが、ケルキュラとは不戦条約さえ結んだことはない）。他から離反した国を庇護するような慣例を作ってはならない。それゆえ[5]サモス島反乱の時に、我々は貴国にとって不利な票を投じなかった。そしてペロポネソス諸都市の意見がサモスを庇護すべきか否かの二つに分かれた際、自己の同盟国を自らの手で罰するのは当然であるとして我々は実際にはっきりと反論した。[6]このわけは、もしも貴国が悪者を容認して援護すれば、貴国の傘下の国も我々の所に同様に頼って来るようになることは明らかであり、かくして、我々に対するよりも貴国自身に悪例を残すことになるからである。

四一 [1]このようにヘラスの慣例に照らしても、我々の貴国に対する要求は正当なものだ。また一面、貴国にとって我々が害になるほどの敵でもなければ、互いに助け合うほどの交りもない間柄である以上、今日我々が貴国に友誼の返礼を勧告、かつ要求するのは当然と言えよう(45)。[2]すなわちペルシア戦争以前の対アイギナ戦の折に、長船に不足した貴国はコリントスより二十隻を受取っている。しかも我々のこの援助と、ペロポネソス同盟が我々の反対のためにサモスに救援に赴かなかったことが、一方では貴国がアイギナ戦に勝利を得られ、他方では貴国がサモス人をこらしめられた原因であった。そしてその当時我々は、世の人々ならば勝つためには何ものをも顧りみずに己れの敵を攻撃するような絶好な機会にさえ恵まれていたわけである。[3]つまり人々は従来の敵でさえも役に立てば味方と見做し、邪魔者とみればそれがたとえ友であっても敵視する。つまり目先の利得のために身内の者さえも犠牲にするのだ。

四二 [1]これらの事を勘考の上、若い者たちは年長者よりその事情を聞き、返恩の意味でも我々を援護しなければならないとすべきである。また以上がたとえ正論でも、一朝、戦いとなるやそれは運次第などと考えてはならない。[2]事実運勢で一番誤りのすくなかった者こそ最大の福を得るものである。またケルキュラ人が貴国を悪事に走らせようと脅して言った「差し迫った戦争」はいまだその影すらも見えない。これに気を取られ、コリントスに対して、露わに先の見えない敵意を抱いてはならない。それよりもまず従来のメガラ問題のために起こされた疑惑の念を解くことが賢策である[3]（なんとなれば最終に示された好意が時宜を得ていればたとえそれが小さなことであっても、大きな非難を取除く力を持っているからである）。[4]海軍力は大いに増加するかもしれぬがそのような同盟に惹かれてはならない。自らに並ぶ都市に対して正しく振舞うほうが、目先の利に誘われて危険を冒しながら欲望に従うよりは確実な力をもたらすことになる。

四三　[1]我々は以前にラケダイモンにおいて、各都市国家はそれぞれの傘下の都市国家を罰する権利を持っていると主張した。今度は我々自身にそれが適用される番が廻ってきた。当然我々には貴国から我々のために同様の主張がなされる事を期待している。貴国は我々の主張で益を受けたのであるから自分の主張で我々を妨害してはならない。[2]利益をもたらす者とは友となり、逆らう者とは敵となるのはまさにこの時であることを認めて、貴国は我々に同じような返礼をするべきである。[3]貴国は、この、ケルキュラを我々の武力にもめげず同盟国として承認するようなことがあってはならないし、悪を犯す彼らを庇護してもならない。[4]以上の言葉に従えば貴国は貴国にふさわしい行動をとったことになり、また、貴国自身にとって最善の決議をしたことになるであろう。」

四四 [1]コリントス人は以上の要旨を述べた。両者の言い分を聞いたアテナイ人は、二回にわたる議会を招集した。最初の会議ではコリントス人の主張を大いに支持したのであったが、後の会議(46)では意見を変えた。しかし一つの国を同時に敵と味方にすることは不可能であり、ケルキュラを同盟国とすることはできなかったので（つまり、もしもケルキュラが共同してコリントスを攻撃するようにアテナイに要請するような場合には、アテナイはペロポネソスとの条約を破ることになるからである）相互防衛協定(47)を結び、ケルキュラあるいはアテナイもしくは両者の同盟国に攻撃が加えられた場合にのみ相互を援助するように取決めた。[2]そのわけは、ペロポネソス戦争がさし迫っているとアテナイが判断してもいたし、大規模な海軍力を持つケルキュラがコリントスと手を結ぶことを好まなかったからである。かえって両者の激しい争いで双方の疲弊を計っておいて、必要とあればコリントスや他の海軍を持つ国と戦いを始めればよいと考えた。[3]と同時に、ケルキュラ島は、イタリアやシケリア島に向うにはその航路上に位置しているので好都合と判断したからでもあった。

四五 [1]このようなもくろみで、アテナイはケルキュラを受け入れ、コリントス人が去った後、ケルキュラに援軍として十隻の船を派遣した。[2]この船団は、キモンの子、ラケダイモニオス、ストロンビコスの子ディオティモス、それにエピクレスの子プロテアスによって率いられていた。[3]そして、コリントスがケルキュラに航行して上陸を企てたり、土地を荒したりしようとしない限りはコリントスと交戦してはならず、一旦、コリントスがこれを強行するならば力を尽して防禦するように訓令されていた。この訓令は条約を破らないためであった。

四六　こうして[1]アテナイの船がケルキュラに到着すると、コリントスも準備を整えて百五十隻の船をもってケルキュラに向った。その内訳は、エリス十隻、メガラ十一隻、レウカス十隻、アンプラキア二十七隻、アナクトリオン一隻、それにコリントス本国の船九十隻であった。各都市毎に[2]指揮官を立て、コリントスはエウテュクレスの子クセノクレイデスが四人の幕僚と共に指揮官となった。[3]彼らはレウカスを出てケルキュラに面した大陸側に来ると、テスプロティス領のケイメリオンに投錨した。[4]ここには港があって、この港の背後にエライア地方にあるテスプロティスの都市エピュレがあり、アケルシア湖はこの都市に沿って海へと湖口を持ち、テスプロティスを貫流するアケロン河がこれに流入し、アケルシア湖はこの河からその名が取られている。またこの河は、テスプロティスとケストリネの境をなし、その間にケイメリオン岬がある。[5]コリントス人はこの大陸側に投錨して、陣をしいたのであった。

四七　一方[1]このコリントス人の行動を知ると、ケルキュラ人はミキアデス、アイシミデス、エウリュバトスの指揮の下に百十隻の船に乗組んで出航して、シュボタと呼ばれる群島の一つにまで出陣した。その船団にはアテナイの十隻も加わっていた。[2]ケルキュラ側は陸上部隊をレウキンメ岬に配し、ザキュントス市の重装兵千人もこれと行を共にしていた。[3]コリントス人には昔からこの地方の異語族は好意をいつも示して来たので、今回も大陸では多くの異語族がコリントス人に加勢した。

四八　[1]準備がなると、コリントス人は三日分の糧秣を持って、海戦をする目的で夜半にケイメリオンから行動を起し、[2]夜明けに航行しているとすでにケルキュラ船団が外洋にあって彼らに向って来るのを発見した。[3]双方が相手を認めると、戦陣を形成して、アテナイの船はケルキュラ軍の右翼につき、他のケルキュラ軍自体は三団に分れて、三人の指揮官がそれぞれの船団を率いた。[4]このようにケルキュラ軍が布陣をすると、コリントス軍の右翼はメガラとアンプラキアの船団が守り、中央は他の同盟軍がそれぞれの位置を占め、左翼はコリントス軍自体の精鋭船団を以てアテナイとケルキュラ船団に対抗した。

四九　[1]双方に合図(48)があがるや、両軍は接触して戦闘を開始した。しかし両軍ともに甲板上に多数の歩兵、槍兵、射手を乗せて、昔ながらの古めかしい装備であった。[2]海戦は激しかったがそれは操船技術が高度であったためではなかった。戦闘は主に陸戦の相を呈した。[3]すなわち、二つの船が互いに接近して攻撃を始めると、他の船がたくさんいて混雑しているために簡単に離れることができなくなり、勝利の希みを甲板上にいる重装兵(49)だけに託していた。そして船が停っている間だけ、隊列を整えては戦ったので、船衝戦法もなく、技よりも主に力と意志の海戦であった。[4]海戦場はいずこも騒音と混乱に満ちていた。その中にあってアテナイ船団はケルキュラ船団の傍を航行して、ケルキュラ船団が圧迫されている部分があれば、そこに急航して敵に脅威を与えた。しかしアテナイからの訓令のとおりに、将軍たちは進んで戦闘に加わろうとはしなかった。[5]とくにコリントス軍の右翼の苦悩の色が濃くなったのは、ケルキュラの二十隻の船が彼らを破り、ちりぢりになる船を陸地まで追跡し、敵の宿営地に渡り上陸して、無人の天幕を焼き、物資を奪ったからだった。[6]このように、この局面ではコリントスとその同盟軍は敗れ、ケルキュラが勝利を収めた。しかし、コリントス軍だけからなる左翼は、ケルキュラ軍が数において劣っていた上に、今述べた追跡のために二十隻がいなくなったため、完全に優勢に立った。[7]ケルキュラ軍が苦戦しているのを見て、アテナイ船団は今や公然と掩護の態度を見せた。それでも初めのうちは直接攻撃をすることを避けてはいたが、ケルキュラの退却が始まり、コリントス軍の優勢が明らかになると、全員が戦闘に参加した。こうしてコリントス軍もアテナイ軍ももはや斟酌のいとまもなく互いに戦わざるを得ない事態となったのであった。

五〇　[1]敵が潰走したのち、コリントス軍は航行不能になった軽船を拿捕したり、軍船を曳航したりする代りに、船を漕ぎまわして敵を捕虜にするよりは、その殺戮に専念した。ところが彼らは自軍の右翼が敗れていることを知らなかったために、海に浮いている味方までも殺す結果となった。[2]これは、両軍の多数の船が広範囲にわたって海に散らばっていたために、互いに接触して乱戦になると勝者と敗者を見きわめるのが容易でなかったからである。しかもこの海戦がヘラス船団同士の戦いとしてはこれまでになく最大の規模の海戦であった。[3]コリントス軍は、ケルキュラ軍を陸に追いつめると、自軍の難破船と死体の収容に転じた。そして収容した大部分を、異語族の陸勢が来ているシュボタに集めた。このシュボタはテスプロティス領の無人港である。これが終るとコリントス軍は勢揃いをし、再びケルキュラに向った。[4]ケルキュラ軍は、コリントス軍がケルキュラ本土に上陸するのを恐れて、アテナイ船とまだ残っていたケルキュラ船をもってコリントス船団に対し迎撃行動に移った。[5]しかしその頃にはすでに夕方になっていた。それでもケルキュラ勢は交戦の鬨の声をあげたが、コリントス船は突如前向きのまま後退を始めた。このわけは二十隻のアテナイ船が進んでくるのをコリントス勢が認めたからである。このアテナイ船団は先発の十隻の後続としてアテナイから派遣されたものである。アテナイ人はケルキュラが敗れては、わずか十隻のアテナイ船だけでは防ぎきれないと心配したのであった。この予測は正しかったわけである。

五一 [1]コリントス人がまずこの船団を発見したが、見えない海域にもまだアテナイの後続船団があるのではないかと恐れて引揚げ始めたのだ。[2]ところが、ケルキュラ船団は、このアテナイ船団の船影がまだ見えない所を走航していたので、コリントス側の後退に呆気にとられていた。[3]ケルキュラ船団が後退を始めたのは、誰かがアテナイ船団の来援を発見して報告してからであった。それはあたりがますます暗くなったからであったが、コリントス船団が船首をめぐらして退却したからでもあった。こうして両軍が別れ、海戦は夜になって終結した。[4]レアグロスの子グラウコンとレオゴラスの子アンドキデスとに率いられたアテナイ船団二十隻が、死体や難破船の間を通ってレウキンメに宿営しているケルキュラ軍のもとに到着したのは、彼らが望見されてから程ないことであった。[5](夜だったので)ケルキュラ人は初めは敵船ではないかと恐れたが、後にアテナイ船団であることを確認した。そしてアテナイ船団も投錨した。

五二　[1]その翌日、コリントス軍に交戦の意図があるかどうか確かめる計画で、アテナイの三十隻とケルキュラの航行可能な船とはコリントス船団の停泊地シュボタの港に向った。コリントスの船も岸を離れて外洋に戦列を布いたが、攻撃に出て来ることもなかった。[2]彼らは新しい無傷の船がアテナイから加わったことを知り、また船に乗せた捕虜を看視するとか、無人の地域のため船の補修も意にまかせぬとかいうような種々の困難が起きていることも感じていたので、自ら望んで海戦を始める意図を持たなかった。[3]それに何にもまして、すでにアテナイと直接に交戦してしまったからには、アテナイ人が条約は破棄されたものと解して彼らの帰路を阻むのではないかと恐れたため、いかに帰路の安全を図るかという問題に心を奪われていた。

五三　[1]そこでコリントス側は人を小舟に乗せ、軍使としてではなく、アテナイ軍にこれを送って交渉に当ってみることに決めた。派遣された者は次の要旨を述べたのであった。

[2]「アテナイ人よ、戦いを始め、条約を破った諸君は正しからず。我々が我々の敵を打つの

に諸君は武器を取ってそれを妨げたからだ。ケルキュラへでもどこへでも、我々が希むところへ行くのを諸君が邪魔をして条約を破るならば、まずこの我らを捕えて敵として扱われたい。」[3] 彼らがこのように言うと、これを聞いたケルキュラの陣営からはただちに彼らを捕えて殺せとの声があがった。しかしアテナイ人は次の要旨で答えた。[4]「ペロポネソス人よ、我々は戦いを始めるのでもなければ、また、条約を破棄するのでもない。我々がここに来たのは同盟国ケルキュラを助けるためだ。諸君がどこに行こうとも我々の関知するところではないが、ケルキュラとその所領に向うならば実力を行使してでも、それを看過することはない。」

五四 [1] このようにアテナイ人が答えるとコリントス人は帰路の準備をするかたわら、大陸のシュボタに戦勝塚を立てた。これに対して、ケルキュラ人は夜半に起きた風と波で方々に散らばって彼らの岸に打上げられた死体や漂流物を集めて、彼らが勝利を得たとして島のシュボタに戦勝塚を立てた。[2] 双方が勝利を主張したわけは次のとおりである。すなわち、コリントス軍は、夜に到るまでの海戦に勝ったればこそ多くの敵の死体や難破船の漂流物を収容できたのであり、千を上まわる捕虜と約七十隻の船を沈没させることができたので、戦勝塚を立てたのだとした。一方ケルキュラ軍は、約三十隻の船を撃破し、アテナイ軍が来てからはケルキュラ側の死体や漂流物を集め、しかもコリントス軍はアテナイ船団を見て先に退却を始め、アテナイ軍が到着してからはシュボタから反撃にも出なかったゆえに、ケルキュラは戦勝塚を立てたとしたのであった。

五五　このように[1]双方共に自軍の勝利を主張した。コリントス軍は、帰路、アンプラキア湾口にあるアナクトリオンを謀略で奪い（アナクトリオンはケルキュラ人とコリントス人が共営していた）、これにコリントスの植民を入植させて自分たちの都市としてから帰国した。ここに住んでいたケルキュラ人の中、従来奴隷だった八百人は売りはらわれ、二百五十人は捕えられて捕虜にされた。この捕虜たちは、ケルキュラに返還する際ケルキュラをコリントス側に転向させるのに役立つようにときわめて寛大に取扱われた。これはたまたまその大部分がケルキュラの有力者だったからであった。[2]このようにして、ケルキュラは対コリントス戦を切り抜けたのでアテナイ船団もケルキュラから帰途についた。アテナイがコリントスの条約国でありながらケルキュラと手を結んでコリントスに海戦を挑んだことがこの大戦の第一の争点となった。

五六　[1]この直後、アテナイ人とペロポネソス人を戦争に追込んだ次のような紛争が起きたのである。[2]すなわちまずコリントス人はアテナイ人に報復する目的で行動を起したので、アテナイ人は、コリントス人の敵意を想像した。そこでアテナイ人はパレネの地峡にあって、アテナイとは同盟を結んでいてその進貢国でありながら、しかもコリントスの植民都市であったポテイダイアにパレネに面した防壁の除去と人質を要求し、さらにコリントスの行政官を追放して、今後は毎年コリントスから派遣されて来る行政官を拒絶するように

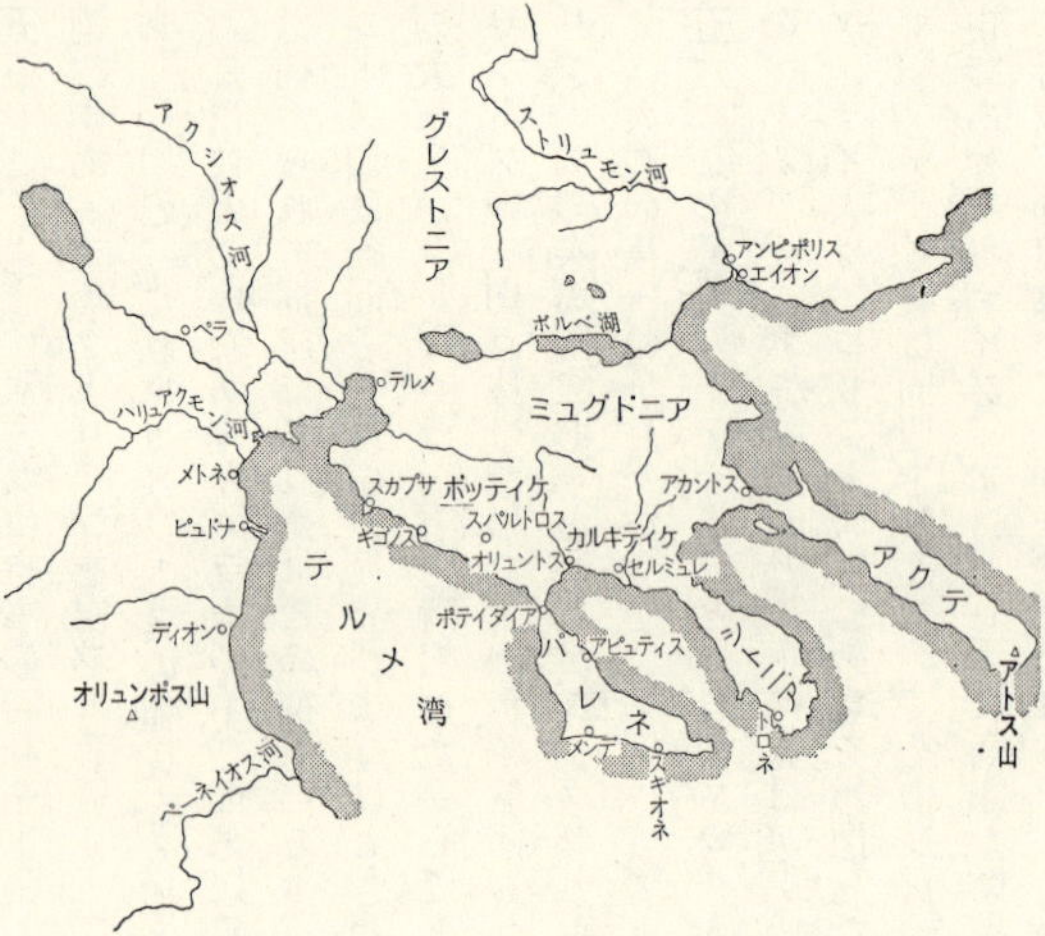

ポテイダイア付近図

と命じた。これはペルディッカス(50)とコリントス人に唆されてポテイダイアが反乱を起し、トラキアの他の同盟国をも道連れにすることを恐れたからであった。

五七　[1]このポテイダイア市の問題はケルキュラ海戦の直後からアテナイ人によってもくろまれていた。[2]コリントスとはすでに紛争が明らかな事実となった上、以前は同盟国として友好を結んでいたマケドニアの王アレクサンドロスの子、ペルディッカスとも、今は敵となっていたからである。[3]そのわけは、ペルディッカスの弟フィリッポスがデルダスと共に彼に叛いた時にアテナイは彼らを助けたからであった。[4] これに恐れを抱いたペルディッカスは、アテナイがペロポネソスに対して戦いを挑むようにと、ラケダイモンと交渉し、ポテイダイアの事件を理由にコリントスがアテナイと手を切るようにと試みたのだった。[5] ペルディッカスは、トラキアのカルキディケやボッティケにも手紙を送って同盟離脱の行動を共にするように唆し、もしも隣国であるこれらの国と手を結べば、戦いを協同して容易に進められようと考えていた。[6] これを察知して、アテナイは同盟離脱の起る前にこれらの都市を押えようと（つまり、ちょうど、アテナイは三十隻の船と千人の重装兵をリュコメデスの子、アルケストラトス他十名の将軍の下にペルディッカスの領地に送っていたので）、船団の将軍に、ポテイダイアから人質を取り防壁を除去し、諸都市の監視を厳にして同盟離脱の起らないように訓令をだした。

五八 [1] ポテイダイアはアテナイに使節を送って新政策の撤回を説得しようとする一方、コリントス人と共にラケダイモンにも行き、必要な場合の援助を確保した。長い交渉の後、ポテイダイアは何の結果も得られなかった。そしてアテナイ船団はマケドニアとポテイダイアの両地に向った。そこでポテイダイア側は、アテナイ人がポテイダイアに来る場合にはラケダイモン人はアッティカに侵入するという約束をラケダイモン政府から取りつけ、これを機会にカルキディケ人およびボッティケ人との同盟を誓ってアテナイ同盟から離脱した。[2] そこでペルディッカスは、カルキディケ人に、海岸線にある彼らの都市から離れてオリュントス市に移住し、そこを一つの強大な都市にするように、また、自分の土地を捨てた移住者にはペルディッカス自身の領地ボルベ湖辺のミュグドニアの一部を与えて、対アテナイ戦の続くかぎり、そこに住むようにと説いた。そこで彼らは都市を破壊して移住し、戦争に備えた。

五九 アテナイ人は、[1]アテナイの三十隻の船がトラキアに到着して始めて、ポテイダイアおよびその他の都市がアテナイ同盟から離脱したのを知った。[2]アテナイ船団の将軍は、現勢力ではペルディッカスと同盟離脱諸都市とを相手に同時に戦うことはできないと判断したので、本来の目的であったマケドニアに向って、フィリッポスや内陸から侵攻して来たデルダスの兄弟と呼応して、設陣の上戦いを続行した。

六〇 [1]この間にコリントスは、ポテイダイアがアテナイ同盟を離脱し、マケドニア近海にアテナイ船団が現われると、この地域に危惧を抱いて、危険を他人事と思えず、コリントス人の志願兵を雇兵として、またペロポネソスの他の部分からも人を集め総勢重装兵千六百と軽装兵四百とを派遣した。[2]この将軍にはアデイマントスの子アリステウスがなった。コリントス軍の志願兵の大部分はこの将軍に対する好意から参加したものであった、アリステウスはいつもポテイダイアの支持者をもって自らを任じてきた者であった。[3]こうして彼らがトラキアに到着したのはポテイダイアが同盟離脱をしてから四十日目のことであった。

六一 [1]アテナイにただちに諸都市の同盟離脱が報告され、さらにアリステウス一行の行動が知らされるとアテナイ人は二千のアテナイ重装兵と四十隻の船を同盟離脱諸都市に向けた。将軍にはカリアデスの子カリアス他四名がなった。彼らはまず[2]マケドニアに着くと、先発の千名がすでにテルメを奪い、ピュドナを包囲しているのを知った。後続部隊もピュ[3]ドナの包囲に加わった。後にポテイダイアのアテナイ軍が彼らを必要とし、しかもアリステウスもその地に到着していたので、やむを得ずペルディッカスと和を結びまず盟約を成立させた。それからマケドニアを発つと、ベロイアに行き、そこからストレ[4]プサに向ってまずこの地を落そうとしたが失敗した。そこで陸地づたいにポテイダイアに進んだ。アテナイの重装兵三千の他に多くの同盟軍が加わり、フィリッポスとパウサニアス麾下のマケドニア騎兵六百も行を共にし、さらに七十隻の船も側航した。行進は捗らず、三日目にギ[5]ゴノスに着いて陣を張った。

六二　ポテイダイア人とアリステウス麾下のペロポネソス人はアテナイ軍を予期して地峡[1]でオリュントスに面した地に陣を築き、市の外に市場を設けた。同盟軍はアリステウスを[2]全陸上勢力の将軍とし、ペルディッカスを騎兵隊の指揮官とした。つまりペルディッカスは再びすぐにアテナイとの同盟を破ってポテイダイア側に参加し、イオラオスをペルディッカスの代理として留守中の指揮をとらせた。アリステウスの計画は、自軍を地峡内にと[3]どめておき、さらにカルキディケやその他の地峡外の同盟軍をペルディッカスの二百の騎兵とともにオリュントスに置いて、前進してくるアテナイ勢を待ち受け、アテナイ軍がいよいよ攻撃をしてきた時に前後から襲って敵を挟撃しようとすることだった。[4]一方、アテナイの将軍カリアスとその僚将は、オリュントスからの敵の出撃を阻むためにマケドニア騎兵隊と少数の同盟軍をオリュントスに送り、本隊は陣を発ってポテイダイアに進攻した。[5]そして地峡まできて、敵の戦闘準備を見てそれに対陣し、時を移さず交戦状態に入った。[6]アリステウスのいた翼と彼の近くにあったコリントス軍およびその他の同盟軍からの精鋭部隊は、それぞれが対峙した敵を破って相当な長距離にわたって追撃をしたが、他の部分ではアテナイ軍がポテイダイア軍とペロポネソス軍を席巻して彼らを防壁の中に追い込んだ。

六三 [1]アリステウスは他の翼が敗勢にあるのを知ると、追撃から転じて戻ろうとした。ところがオリュントスとポテイダイアのいずれに戻るにしても危険が伴うことに気づいた。結局思案の末、自分の麾下を固くまとめて、最短距離を馳足でポテイダイアへ強行することに決意した。海に突出した防波堤に沿って走り抜けて、熾烈な射撃を受けながらも少数の犠牲者を出しただけで大部分を救ったのであった。[2]一方、オリュントスからポテイダイアへの援軍は（オリュントスはポテイダイアから約六〇スタディオン(51)ではっきり見える距離にある）、戦いが始まり信号が上がるとすぐに援勢に出撃した。そこでマケドニア騎兵隊はこれを阻止しようと対陣した。しかし急速にアテナイの勝利が決まり信号が降ろされたので、彼らは防壁内に、マケドニア騎兵隊はアテナイ陣にそれぞれ引き揚げた。こうして両軍共に騎兵隊を使用する機会がなかった。[3]この戦いの後にアテナイ軍は戦勝塚を立てて、休戦して死体をポテイダイアに送還した。ポテイダイアとその同盟軍の死者数は三百を少し下廻り、アテナイ側は百五十名と将軍カリアスを失った。

六四 [1]アテナイ軍はただちに地峡側に防壁を築いて守備隊を置いたが、パレネ側は無防壁のままであった。このわけは地峡側を守備しながらパレネ側に廻って築壁する余裕はないとアテナイ軍は判断し、ポテイダイアとその同盟軍によって兵力が二分されることを恐れたからである。[2]アテナイ市民はパレネ側が無防壁であるのを知って、後から千六百のアテナイ重装兵をアソピオスの子ポルミオンの指揮の下に送ったのであった。ポルミオンはパレネに着くと、アピュティスからポテイダイアに向って軍勢を徐々に進めた。途次の地方を荒したが、誰も挑戦してこなかったので、パレネ側に防壁を築いた。[3]このようにして、今やポテイダイアは武力で両側を塞がれ、海からは船で監視される状態になった。

六五 [1]アリステウスは両面を防壁で塞がれると、ペロポネソスからなり、またはどこか他の地からなりとも何か奇跡でも起らない限りは、救援の希みはないと判断した。そこで糧秣を出来るだけ節約するために五百名以外は全員が風向きの良い折に船で脱出することを提案した。そして彼自身も進んで残留組の一人になることを計ったが賛成を得られなかった。そこで次善の策を講じて外部からできるだけのことをしようと考え、アテナイの監視の目を逃れて船で脱出した。[2]彼はカルキディケに留まって戦いを継続し、とくにセルミュレ人の市に伏兵攻撃をかけ沢山の敵兵を殺した。またペロポネソス側とも交渉して何とか有利な状態になるように計った。一方ポテイダイアに築壁した後、ポルミオンは千六百の兵士をもってカルキディケとボッティケ地方を荒し、その地方のいくつかの小邑を占領した。

六六 アテナイ人とペロポネソス人の間で以下のような苦情が相互に取り交わされた。[1]コリントス側は、ポテイダイアはコリントスの植民都市であって、そこにいるコリントス人とペロポネソス人をアテナイが包囲していると苦情をつければ、アテナイ側はポテイダイアがアテナイの同盟国で進貢国であるにもかかわらずペロポネソスはそれに寝返りを打たせたばかりでなく、彼らと共に公然とアテナイに対戦したと苦情を述べた。しかしながら、戦端はすでに開かれてしまったのではなく、休戦条約はまだ効力を持っていた。なぜならばコリントスの行動はペロポネソス同盟が裁決したものではなかったからである。

六七 [1]ポテイダイアが包囲されると、コリントスは静観してはいなかった。それはポテイダイア市内にコリントス人がおり、しかもこの地に危険を感じたからである。ただちに同盟諸都市をラケダイモンに呼集して、アテナイの条約違反とペロポネソスに対する不正を声を大にして非難した。[2]アイギナは、アテナイに憚って、公には代表を送らなかったが、それでも条約に従った自主権が実際には認められていない点を指摘し、内心では対アテナイ戦に大いに賛成であった。[3]ラケダイモン人は同盟都市とアテナイの不正に不平を持つ都市ならばどの都市でも招集して、ラケダイモン人の議会を開き、慣例に従って発言するように命じた。[4]出席者が順次にアテナイの罪状を数え上げると、メガラは他の重要な紛糾と共にとくに条約違反としてアテナイ領内の諸港とアテナイ市場からメガラ船舶が締め出されている点を強調した。[5]このように、他の諸都市にラケダイモン人をまず刺激させておいてから最後にコリントス人が立って次の要旨を述べた。

六八　「[1]ラケダイモン人諸君、諸君は自らの政治機構と社会機構を過信するあまり、我々が何か発言すればするほど人々に対して不信の目を向けようとする。なるほどこのために諸君は慎重ではあろう。しかし外部事情に関してはますます疎くなっている。[2]つまりアテナイが我々に害を加えようとしているという我々のたび重なる訴えに対して、諸君はその警告に一切耳を傾けようともしなかった。そればかりかこれらの訴えを聞くとそれが私的な紛糾に根ざしていると疑念をさらに深めるのだ。そしてこのために、諸君がこれらの同盟諸代表を召集したのは災いの前ではなく、我々が戦闘状態に入ってからであった。アテナイ人に侮られ、諸君に捨ておかれた我々は、それだけにいかに我々がこの上もなく強い苦情を抱いているか、諸代表の中で我々こそとくにそれを申立てる権利がある。

[3]もしヘラスが暗々裡に毒されているならば、人が気づかぬゆえにそれを指摘する必要があろう。しかし、今や諸君が見ているのは諸都市のアテナイへの隷属である。これらの都市に対し、なかんずく我々の同盟都市に対して彼らが悪計を企んでおり、一旦事あらばと

戦争準備の長きにわたっているのを目にしている諸君に、いったい何の長講をもてあそぶ必要があろうか？ [4]トラキア地方の最大要地たるポテイダイアをアテナイは包囲していないだろうか。ペロポネソス側の海軍力をこの上もなく増強したにちがいないケルキュラを、アテナイは暴力を揮って我々から奪わなかったであろうか。

六九　[1]この責任は諸君にある。諸君はペルシア戦争後アテナイ市にまず統帥権を許し、その後彼らの長壁構築をも阻まなかった。爾来今日に到るまで、諸君はアテナイ傘下諸都市の自由にかぎらず、諸君の同盟都市の自由にも関心を示さなかった。つまり、もしもヘラス解放こそ尊ぶべき義務であるとするならば、その奴隷化を謀った者より、それを阻止する力を持ちながらも傍観している者こそ主犯である。[2]しかるに今やようやくにして我々は一堂に会し得たが、その現在でさえも集った目的が定かでない。我々が不正を受けたか否かをもはや検討する必要はない。問題はいかに我々を守るかにある。[3]すなわちいまだに判断すらもつかない者に対してアテナイ人は計画通りに行動し、しかも何ら躊躇するところもなく着々と事を進めている。我々は、アテナイがどのように隣地を蚕食したか知っている。諸君の迂《う》闊《かつ》さのために気がつかれないと思えばこそ、アテナイも少しは遠慮をしてもいたろうが、諸君が知りながらも黙過していると悟れば彼らは強く攻勢にでてくるであろう。[4]ラケダイモン人諸君、ヘラスの中で諸君だけが力を用いず事を収めて、逡巡のために防衛に終始している。しかも諸君のみが敵の力の発展の芽を摘まずその倍加するのを待って攻撃にでるのだ。[5]それにもかかわらず、貴国は慎重安全な国柄といわれた時もあった。しかしそれは事実よりも評判にとどまったようだ。つまり我々が自ら目撃して知っているのは地の涯《はて》のようなところからペルシアがペロポネソスに侵入した方が貴国が何らかの反撃に出たよりも早かった事実である。さらに現在ではペルシアどころか手の届くようなところにあるアテナイに対してさえ彼らを放置して、積極的な反撃に出ず、彼らの侵略を待って防ごうと諸君は考えている。そしてますます強力になる敵と争って、大局を運に任せようとしている。しかもペルシアの敗退は自滅が主な原因であったと諸君は考え、我々がこのアテナイに抗して生き抜いてこられたのもアテナイ自体の失敗によるものであって、諸君が我々を庇護したからではないと思っている。そしてその証拠に、諸君の救援をあてにした者たちは、[6]準備を怠ったから、その希望的観測のために滅ぼされてしまったと諸君は決めているのだ。しかし何人も我々の言葉を憎しみから出たものと解してはならない。我々は責任を追及しているのだと考えてほしい。つまり敵の不正に対しては糾弾こそすれ、友の誤りにはその責任を求めるに過ぎないからである。

七〇 [1]またこれに加えて、他に誰か隣人としての諸君を非難する者があるとすれば、この我々こそその資格があると信じる。ことにその理由は諸君がアテナイとの問題の重大性を悟っていないように見え、さらにアテナイの性質についても、またこの争いがどれほど諸君にとってはまったく異質なものであり得るかという点を諸君が論理的に今まで考えたこともないように見受けるからである。[2]アテナイ人は進取の気象を持って工夫に富み、計画の遂行に強い行動力をもってあたる。これに反して諸君は現状の維持を慮って新しきを企てず、必要な行動にもこと欠いている。[3]さらにアテナイ人は実力を上廻った目的をさえ抱いて、予想外の危険を冒し、虎穴に虎児を得ようとするが、諸君は自らの能力、知力をさえ十分に活用した行動をとらず、磐石をも疑い、常に戦々兢々とした思いから放たれない。[4]さらに加えれば、彼らは諸君の逡巡に勇断をもって応え、国外発展を求めるに対し、諸君は国内に蟠踞する。すなわち彼らは外地侵略に新しい利益を望むが、諸君は遠征の国内に招く破綻を考えるのだ。[5]アテナイ人は敵を破ってあくまで勝利を利用し、敗れて最小限の後退をする。[6]国のためにはわが身を我とも思わず挺し、国のためとあらば事の遂行にあたって、その目的を決して他人事として扱わない。[7]机上の計画だけで行動に移されなかった事柄をも、彼らは事実上の損失と数える。しかも計画が現実化され、目的が達成されようとも、なさるべき事に対して僅かの前進としか彼らは感じない。そして万が一にも事のなかばにして挫折するや、彼らは常に他の企てをもってその欠損を補う。決定事項をアテナイ人はただちに実践するので、彼らだけが目的を希求するのと同時にそれを実現できるのだ。[8]彼らは労苦も危険さえも厭わず、このすべてに生涯を賭けてはげみ、終始発展に追われて現在を楽しむ暇さえもたない。祭礼でさえも単に義務行為と考え、絶えざる刻苦より無為閑暇をわざわいとする。[9]このように総じてアテナイ人は自他ともに平穏を許さないように生れついているという評は正鵠を得ている。

七一　[1]ラケダイモン人諸君、このような国が眼前に立ちはだかっているのだ。それにもかかわらず諸君は右顧左眄している。そして周到な用意をもって正義を貫く者や、不正の前には断固とした態度を表明している者には平安があると諸君は考えない。諸君は他を傷つけない代りに自らも傷つけられないで守れると思っている。[2]これは、たとえ諸君がラケダイモンに似た国と隣りあわせていたとしても、成就しがたい。先ほども明らかにしたように、諸君のアテナイ政策は今や時代遅れである。[3]新しきが栄えるのは技術のそれと同断の理だ。安閑の都市には不動の律令こそ最善であろうが、多くの問題に直面しなければならない都市には発明工夫が必要である。それゆえアテナイの文物は経験から諸君を遥かに引離した革新を重ねて来たのである。[4]そこで今日限り諸君はその逡巡に終止符を打たなければならない。友好国や同族の国々を敵に渡さず、また諸君の無関心のために我らを他の国との同盟に走らせることのないように計らねばならない。それにはアッティカに侵攻し、[5]ポテイダイアなりいずこなりとも貴国と同盟を結んだ国家に火急に援助を送る必要がある。この行動は、誓いをかけた神々にも証しに立会った人々の目にも、我々が不正を犯したとは映るはずはない。条約破棄の非難は無援のために他に走った者の上にではなく、同盟を結んでおきながら援助を送らない者にむけられるからである。[6]しかし諸君が積極的に行動を採るならば我々は貴国とともにある。変節は我々を汚すであろうし、気心のこれ以上に合った国を得られるとも思えないからである。以上[7]、諸君はよく熟考あって、諸君が先祖から受けついだ従来のペロポネソスの指導者として失格しないように心掛けるべきである。」

七二[1] 以上の要旨をコリントス人は述べた。ところがアテナイの使節団が丁度他の用件でラケダイモンに来合わせていたので、この会議を知るとラケダイモン人の前に立つ必要があると決議した。これは諸都市が述べた弾劾に対する弁明のためではなく、ラケダイモン人はこの問題を時間をかけて検討すべきであって、あわてて決定してはならないことを説明するためであった。またこれと同時に、アテナイ人の都市国家がいかに大きな力を持っているかを示し、成人には昔の経験を思い起させ、若者たちには未知の事実を開示しようとしたのである。そしてこの会議でラケダイモン人を戦いよりは静観に導こうと彼らは考えた。[2]そこでラケダイモン人に連絡して、反対がなければ会議で演説する意志を表明した。ラケダイモン人がその登壇を許可したので、アテナイ人は前に立つと以下の要旨を述べた。

七三 「[1]我々使節は貴国の同盟諸都市に反論するためにここに来たのではなく、アテナイ市が我々を派遣した目的達成のためにここに来ている。ゆえに、我々がここに現われたのは、我々に対する非難の声の小さからぬを知って諸都市の弾劾に反論するためではない。(それは諸君が我々の演説にも、また、他の者の演説に対しても正邪を判断して裁く者として臨んでいるのではないからである。)我々の発言は諸君が重大事項を同盟諸国に説かれて、誤った判断を軽率に下すことのないためである。また、我々に向けられた批判の全般にわたって、我々が獲得して来た物を我々が保持するのは当然であり、我々の都市国家がそれに価いするものであることを明らかにしようと念願している。

[2]伝承だけでその証しとてない過去に触れる必要は認めない。しかし諸君自身もよく知っており、さらに我々にとってたとえ絶えず繰り返すことが煩わしくてもペルシア戦争には言及しなければならない。つまり我々が決起した時、それは福利のための冒険であった。しかも諸君も事実上その余沢に与った以上は、それを語ることが我々にとって利益となる場合に我々の口がまったく封じられてしまうことは不当だからである。[3]ただしこの演説は諸君に訴願するためではなく、証明するためで、もしも貴国が誤って戦いを起せば、いかなる都市を相手にすることになるかを明らかにすることを目的としている。[4]すなわち、我々はマラトン(52)において独力で異語族に対して危険を冒し、再度の来寇の際には、陸上兵員の不足から全員が船に乗ってサラミス沖で海戦をした(53)。そしてこの海戦こそ、敵の進航がペロポネソス諸都市を軒並みに攻略するのを妨げたのである。さもなくばペロポネソス諸都市はその大艦隊に対して自分たちでは援護しあえなかったであろう。[5]この点はクセルクセス王自身がよく証明した。すなわち彼は海戦に破れると、もはや対抗できる力を失ったとして倉皇と主力部隊を引き揚げている。

七四 [1]結果は、まさにこのとおりであった。しかもヘラスの事態を海軍が決したことも、また、我々がその海軍にもっとも多くの船ともっとも才能のある将軍ともっとも果敢なる勇気という三点で最大の貢献をしたことも、きわめて明らかに示された。アテナイ船団は全ヘラス海軍の四百隻に垂《なんな》んとする中の三分の二を占め、アテナイ将軍は海峡作戦の発案者であり、かつ、あきらかに事態の救助の立役者テミストクレスであった。このために貴国でさえも、貴国を訪れた者の中でテミストクレスをもっとも尊敬したのである。さらに[2]我々はもっとも大胆な勇気を示し、陸上では何の援助も得られず、すでに我々の所までペルシア軍が迫って来た時には、我々は都市を離れ、財産さえもかえりみなかった。残れる同盟軍との協力を裏切り、あるいは四散したりして役に立たなくなってはならじと、船に乗組み危険を冒した。その上でしかもなお貴国が我々を援助しなかったことに憤慨もしなかった。[3]それゆえ、我々は諸君から得たよりも遥かに大きな貢献を貴国にしていると言うのだ。諸君は自分の国に財産を確保したまま、先行きそれを楽しめるように、我々のためではなく自国のために援軍を送ったのである（事実、この援軍でさえ、我々が危険にさらされてから初めて来たのであった）。これに反して、我々は都市ならぬ都市からなおかつ勇気をもって起ち、望み少ない都市のために危険を冒して貴国と我々の分とを共に救ったのである。[4]しかし、もし我々が最初から他の都市のごとくに領土に気をとられてペルシアに味方をしていたならば、あるいは、もしも我々が後になって敗色のために意気沮喪し、船にあえて乗ろうとしなかったならば、ペルシアは充分の船を持たなかった貴国と海戦する必要もなく悠々とその希むところを達していたことであろう。

七五 ラケダイモン人諸君[1]、我々のこのような勇気と知恵のために、我々がヘラスの世界に支配圏を保持しているのに対して、これほどの妬みを受けるのは一体ふさわしいことであろうか？　つまり我々は[2]暴力をもって支配圏を獲得したのではない。諸君がペルシア軍の残留部隊に抗して留まることを希まなかったために、同盟軍は我々を頼りにして、統治権の設立を我々に依頼したのである。そしてまさに[3]この事態から、初めはとくに恐怖から、ついで名誉のために、そして最後に利益のために、我々は今日までこの支配圏を統治するようにまず強要されたのである。さらに[4]これほど多くの国から嫌われているのでは安全とも思えず、しかもすでにある都市は叛乱を起しては罰せられていた上に、貴国も我々に以前のような好意を持っておらずに、あるものは疑いと紛糾のみであったので、成行きに任せては危険と判断したのである。さもなくば、我々からの離反者は貴国の手に早速落ちることになったであろう。何人[5]も危険にあって最善を尽すのに非難を受ける理由はない。

七六 ラケダイモン人諸君[1]、まことに貴国も貴国の便宜に従ってペロポネソス内部の諸都市を統率して来た。もしも、貴国がかの時期を通じて統治の首座に留って、我々のごとくに嫌われていたならば、同盟諸都市にとって貴国は現在の我々と同様に憎悪の対象となっており、諸君は帝国主義を強制するか、さもなくば自国を危険にさらす結果になった事は判りきっている。このように[2]我々は決して驚くべきことを為したのでもなければ、人道に悖ったことをしたのでもない。一旦、与えられた支配圏を引き受けた以上は、体面と恐怖と利益の三大動機に把えられて我々は支配圏を手放せなくなったのだ。しかしこの例は我々をもって嚆矢とするのではない。弱肉強食は永遠不変の原則である。そして我々にはその価値があると自負している。しかも諸君でさえこの事実を従来認めて来た。ところが今になって正義論が都合がよくなったためにそれを盾にして我々を攻撃している。力に恵まれれば、それを行使して獲得できる獲物の前を素通りする人間などあり得ない。[3]支配欲は人間の本性であるが、それを力によらず正義に則って満足させる者は真に称讃に価いする。[4]思うに、我々の権力を他の者が持ったならばいかに我々が寛容であるかを証明するであろう。ところが不当にもこの正当さが我々に称揚どころか誹謗を招いている。

七七 [1]たとえば同盟都市との協定下の裁判の不公平を避けて、(54)法的平等なわが国の法廷で我々が自他を決裁すると訴訟好きといわれる。[2]しかも他にも自己の隷属国に対して我々よりも苛酷な態度をもって臨んでいる国々があるというのに、誰も目にとめないし、またなぜ彼らが非難されないのか、考えもしない。その理由は、力をもって圧迫する者には法は不必要なのだ。[3]我々の平等な取引きに慣れた者たちは、採決によろうと統治者の力によろうとも、その欲望に反して彼らを不利な立場に立たせるような場合は、許されている物に感謝するどころか、かえって我々が冒頭から法を無視して明らかに貪欲に振舞った結果よりさらに強く不満を訴える。つまり、他の場合には強者に弱者が従うのは不当であると反論する余地もないからだ。[4]人間は暴力を振われるよりも不正を犯された時の方が強く憤慨するようだ。それは、平等の見地からでは不当の詐取と見えても、強者からの圧力とあれば仕方のないことと諦められるからである。[5]それゆえ、ペルシアのひどい災いには耐えられるのに、我々の帝国統治が重荷に見えるのは当然ともいえる。被支配者にとっては、現在がいつも負担なのだ。[6]もし諸君が我々を倒して支配圏を統治するようなことがあれば、諸君は、諸都市が我々に対する恐怖から現在諸君に寄せている好感を忽ち憎しみにかえることになろう。ことにもし、ペルシア戦争当時、わずかの間、指導的な立場にいた諸君が示したあの態度を今もなお諸君が採っているとすればなおのことである。なぜなら諸君本来の態度は排他的で、個人の態度として外地では通用せず、他のヘラス諸都市も容認できないからだ。

七八 [1]そこでこれは決して簡単な問題ではないのだから諸君の時間をかけた検討が要求される。なかんずく、他人の言葉や訴えに動かされて災いを自らに招いてはならない。戦いに踏切る前に、その予測がいかにつけにくいかよく見きわめる必要がある。[2]つまり長期戦では偶然が大局を支配しがちになり、その偶然の前には彼我の別はないのだから、我々は先行きも不明のままに勝負を賭けることになるからだ。[3]人は後にすべき行動を先にしてまず戦争を始めてしまう。そして痛い思いをするまで冷静に考えようとしない。[4]このような誤りをした事は我々にはないし、諸君もした事はないと思う。それゆえ我々両国に決定権があるかぎり、和約を守り、誓約を破らず、協定に従って合法的に紛争を解決するよう諸君に要求する。さもなくば、我々は神々を誓約の証し人として、侵入してくる諸君を、いずくなりとも撃退してみせるであろう。」

七九　[1]以上の要旨をアテナイ人は述べたのであった。ラケダイモン人は同盟諸都市の代表からアテナイに対する非難とアテナイ代表の陳述を聞いた後に、全員を退場させて、彼らだけになって現状に検討を加えた。[2]そして意見の大勢は、すでにアテナイが不正を犯しているとして、急遽、戦争を開始すべきであるとした。そこで叡智と賢慮をもって知られるラケダイモン王、アルキダモス(55)が登壇して以下の要旨を述べた。

八〇　[1]「ラケダイモン人諸君、私はたくさんの戦いを経験した。しかも諸君の中にも私と同年輩で同じ思いをした者が見受けられる。それゆえ未経験のために多くを災いに落すような戦いに憧れたり、戦いを善として危険でないと考えたりしてはならないはずだ。[2]そして現在検討中のこの戦争を冷静に論理を立てて分析すれば、これが大戦争となる可能性のあることに気がつくであろう。[3]つまり我々と同質の戦力をもつペロポネソス人とか隣国相手ならば、我々はどれに対しても速やかに攻撃できる。しかしこの相手は遠くに本国をもち、しかも海軍力に比類のない経験をもっているのだ。その上、他のどの部門をとっても彼らは最善の準備をしている。公私の富、船舶、騎兵、重装兵を有し、人口においてはどのヘラス都市にも優り、さらには幾多の属国に貢税をおさめさせている。このような国に対して、戦端を安易に開けようか？　備えも顧みずして何を頼りにできるのか？　[4]海軍はどうか。我々の方が劣っている。たとえ今から専心して対抗準備をするとしてもそれには時間が必要である。それでは財力はどうか？　この点では我々はさらにはるかに劣っている。我々には公金もなければ私金を徴する機構も持っていない。

八一　[1]敵領を侵略して荒せる我々の重装兵力の優勢を指摘して勇気を鼓舞する者があるかもしれない。[2]しかしアテナイは他に広範な領土を支配しており、必需物資の輸入もできる。[3]また、たとえアテナイの同盟都市の離反を謀っても、それらの大部分が島国である以上は、それを助けるにはきわめて大きな海軍力が必要となる。[4]では我々はどんな戦争を予期すべきか？　海軍力で優勢を把握するか、あるいはアテナイ海軍の財力源を断つかしないかぎり、我々はさらに多くの損害を受けよう。[5]その上、ことにこの場合にもし我々が戦争を挑発したと考えられると戦争終結が困難になろう。[6]すなわち、アテナイの領土を荒せば戦いは早急に解決するというかの楽観論に我々は喜んでいてはならない。それよりも、おそらく我々はこの戦争を次代の者達に残して行くのではないかと私はそれをおそれる。つまり陸地に恋々としたり、戦争に未経験で度を失ったりするようなことはアテナイには起りそうもないことである。

八二　[1]しかしながら、私は決して我々の同盟諸都市がアテナイから被害を受けているのを無関心に放置したり、その謀略を見逃せと主張しているのではない。私の主張は今すぐに武力に訴えるのではなく、使節を送って非難はしても開戦の意志を明らかにしたり、また逆に、弱味を見せてもならないということである。そしてその間に、もしも、船舶なりとも資金なりとも、我々の力を増すものがあるならば、ヘラス、異語族諸国を問わず、いずこからでも得られるものを得て、我々および同盟諸国の態勢を整えるべきである。（我々のように、アテナイに狙われた国が救いの道をヘラスばかりでなく異語族諸国に求めるのになんら非難の余地はない。）そしてこれと同時に我々自身も準備を怠ってはならない。[2]もしアテナイが我々の使節に耳を傾けるならば好都合である。さもなくば、ここ二、三年は様子をみる方がのぞましい。しかもなお勝利の希みがあれば備えを固めてから彼らを敵とすべきである。[3]そして我々に充分な用意ができたことをアテナイ人が知り、その用意を背景にして我々が談判すればアテナイもおそらく譲歩するであろう。ましていわんや、その領土も無傷のままとあればわざわざ幸せな現状をあえて破壊しようとは考えないであろう。[4]アテナイの地味が良好なだけにそれを失うとその損失も大きい。ゆえに土地がよく耕されていればなおさらそれを一種の人質とも見做すべきである。できるだけ彼らの土地を荒すことを避け、彼らを失望に追い込み、頑なにしてしまうようなことがあってはならない。[5]つまり、不完全な用意で、同盟諸都市の言葉にのせられてアテナイ領に侵入し、ペロポネソスに恥と困難を招いてはならない。[6]紛糾の段階では公私ともに和解のメドもつくが、私憤で全体が巻込まれて戦争を始めてしまっては、先行きも判らないままとなって恥しくない結果に到達しにくくなる。

八三　また、[1]味方の多数の都市が一都市を攻撃するのをためらったからといって臆病と考えてはならない。[2]そのわけは、アテナイは税を取りたてられるたくさんの同盟都市をもっていて、戦争は——とくに陸上勢力が海上勢力に対する戦争では——武器そのものよりも、武器を購う財力が決定的な意味をもっているからである。[3]我々は、同盟諸都市の言葉に唆かされる前に、まず財力を蓄積しなければならない。事の結果の良し悪しの責任の大半は我々に帰するのだから、それだけに落着いて成行きをまず見きわめるべきだ」

八四　遅い[1]とか鈍いとかいう我々に対する批判にとまどうことはない。いよいよ落着いて、不用意のままで戦争を始めることを避けなければならない。まして、我々は自由で、すべてから好意を寄せられている都市であり、[2]しかも、我々はとくに理知的判断にすぐれていると考えられる。成功に酔って尊大にならず、不運に遇っても後退しないのは独り我々だけである。また、他人のおだてにのってよい気になり、良識はずれの危険を冒さないのも我々なのだ。また、たとえ誰かが我々を批判して刺戟をしても、負担に敗けて、その言葉に従うことはない。[3]この我々の健全な機構が、我々を良き戦士であると同時に我々を良識ある人間たらしめている。良き戦士であるのは、矜持が識見を高め、勇気が誇りを高めるからである。また良識人であるのは規律を侮るほど学に過ぎず、規律を守るために、鍛練で自制心を強めるように訓育されているからである。無益に智に走って理屈に勝り、敵の備えを巧みに批判しても、行動がそれに伴わぬことがない。このために隣人の計策も余り異なるところなく、運の導くところは人智の及ばざるところと教えられている。[4]常に我々は深慮の敵に行動をもって備えを怠らず、敵の過ちを期待することもなく、自らの用意に望みを託すべきである。人間にはそれほど大きな違いがあるとは思わず、限界状況で鍛えられた者こそもっとも強いと考えるべきである。

八五 [1]このように、父祖伝来のこれらの徳目を守ってきて、その恩恵にいつも浴していながら、今になってそれらを捨てるべきではない。多くの生命、財産、都市にかかわりがあるこの問題を、そそのかされて一日の中の短時間で決定してしまうようなことなく、冷静に時間をかけて考えるべきである。しかも他の誰よりも我々には、自らの実力でそれができるはずなのだ。[2]ポテイダイアについても、諸都市の陳述する不正についてもそれぞれアテナイに使節を送って合法的解決にとくに努力しなければならない。法の裁決を待たずして悪人扱いをして攻撃をすべきではない。そしてこれと並行して戦争への用意も怠ってはならない。こうすることこそ、我々が最上の計画を持つことになり、敵にはもっとも恐るべきことなのである。」

[3]アルキダモスが以上の要旨を述べると、最後に当時の督視官(56)の一人であったステネライダス(57)が以下のように言った。

八六 [1]「アテナイ人の長講は認められない。その理由は、彼らは自らを讃めるに忙しく、我々の同盟都市やペロポネソスに対して不正を犯していないという反論には一切触れなかった。さらにたとえ彼らがペルシア戦争の時には正しかったとしても、現在、我々に対して正しくないのであるから、つまり、良い代りに悪くなったのであるから、彼らは二倍の罰則に値いする。[2]我々は当時も今も同じである。我々の気が確かであるかぎり、不正を受けた同盟諸都市を見殺しにせず復讐をためらわない。彼らは、ただちに天誅を受けよう。[3]つまり、馬匹、船舶、富は他の諸都市にも豊富にある一方、我々にはアテナイに渡せない善良な同盟諸都市があるのだ。彼らを弁論と法の座に立たせてはならない。弁舌では負けるかもしれない。それよりも早急に復讐に全力をあげるべきだ。[4]思案すべきは我々被害者であるなどと誰も言ってはならない。かえって長い思案こそ悪計にふさわしい。[5]ゆえに、ラケダイモン人諸君、諸君はスパルタの名誉にかけても戦いに投票すべきである。アテナイの拡大を防ぎ、同盟諸都市を裏切らず、神々と共に不正の敵に立ち向うべきである。」

八七　[1]このようにいうと、ステネライダス自身が督視官であるところから、ラケダイモンの議会に動議を提出した。[2](ラケダイモン人の決議は票によらず声によるのであるが) ステネライダスは多数決を声でとらずに、ラケダイモン人の意図をはっきりと表明して、戦争への気分を盛立てようとして次のように言った。「ラケダイモン人諸君、条約は破られ、アテナイ人の不法行為を認める者は立ってこの側に立ち認めぬ者は反対側に立て」とそれぞれの方角を示した。[3]ラケダイモン人が席を離れて立つと、条約が破られたとする者が大多数を占めた。[4]そこで同盟諸都市代表を呼び入れて、アテナイが不正をなしたという決議を彼らがしたことを告げた。また、開戦を決議する場合には、[5]すべての同盟諸都市を招集し、全員の協議の結果票決を行なうことを希んでいると発表した。これだけのことをして諸都市代表はそれぞれ帰国した。その後アテナイ使節団もスパルタに来た本来の用件を済ませて帰国した。[6]条約が破られたとするこの議会の決定は、エウボイア戦争の後に成立した三十年不戦条約以来、十四年目のことである。

八八 [1]ラケダイモン人が条約は破棄されたとして戦闘状態に入ることを票決したのは同盟諸都市の言葉に動かされたというよりは、むしろ既に多くのヘラス諸都市がアテナイの支配下にあるのを見て、アテナイの勢力拡大をラケダイモン人自身が怖れたからであった。

八九 [1]そのわけは、次記のような次第でアテナイが強大化した状態に立ち到ったからである。[2]ペルシアが海陸ともにヘラス軍に破れてエウロペーから引き揚げるときミュカレ(58)でその逃亡中の船団も撃滅されると、ミュカレのヘラス軍を率いていたラケダイモンの王レオテュキデス(59)はペロポネソス同盟諸軍をまとめて帰国した。しかしアテナイ軍とペルシア王の支配から早速離反したイオニアおよびヘレスポントス地方の同盟軍は、ペルシアが確保していたセストス(60)に留ってそれを包囲した。越冬の後、この地を陥し、異語族もそこを去ってから、彼らは始めてヘレスポントスを離れて各自の都市(61)に帰国した。[3]アテナイの大衆は異語族が自分たちの地を去るとただちに婦女子を連れ戻し、退蔵してあった諸財を持込み都市と防壁再建の準備を整えた。それは、都市を巡る防壁はその小部分しか残されておらず、ペルシアの有力者が使用した少数の家屋を除いてはほとんどが破壊されてしまっていたからである。

九〇 この動き[1]を知ったラケダイモン人は使節団を送って干渉して来た。この理由はラケダイモン人自身もアテナイや他の都市が防壁を持つのを見て決して好感を抱くはずもなかったが、主にアテナイの未曾有の海軍力とペルシア戦に示された彼らの勇気に怖れを抱いた同盟諸都市にそそのかされたからであった。彼ら[2]はアテナイに防壁を築かないように要求したばかりでなく、ペロポネソス外でまだ残っている防壁の取壊しに彼らと協力するように申入れた。自分たちの意図と恐怖をアテナイ側に悟られないように、万一、異語族再来の折には、前回のテバイ基地化の轍を踏まずに、敵にどこにも拠点を与えないようにすることを主張した。そしてペロポネソス全土を反撃の基地とすることで充分であると説いた。ラケダイモン人[3]のこの発言に対して、アテナイ人はテミストクレスの提案を採用し、申入れの件に関しては使節団をラケダイモンに送る予定であると回答をあたえて早々に帰らせた。テミストクレス自身は自分を早速ラケダイモンに派遣するように要請すると同時に、同行者として選ばれた他の使節の即時出発を、防壁が守備に耐える最低限の高さに達するまで待つように命じた。これと同時に都市にいる者を総動員して築壁に従事させ、工[4]事に役にたつ物資があれば、その公私の区別なくすべてを使用するようにと命じた。このように指示を下すと、さらに、ラケダイモンでの一切は自分の責任で取扱うと付加えて出発した。[5]そしてラケダイモンに着いたテミストクレスは政府に出頭せず、理由を構えては時を稼いだのであった。要人が彼の議会に出頭しない理由を訊すと、多忙のためにアテナイを離れられないでいる同僚使節の到着を待っているのだと答え、彼らが早急に来ることを希んでいるし、かつ、彼らがいまもって到着していない事実に驚いているのだと答えた。

九一 [1]ラケダイモン人[62]はテミストクレスに好意を持っていたのでこれを聞いて納得していたが、他の者たちが来て築壁工事の進行とすでにそれが相当の高さに達していることをはっきりと告げると、彼らはその報告を信ぜざるをえなくなった。[2]テミストクレスはこれを知って、ラケダイモン人に人の言葉に信頼がおけぬから、信用のある人格者を彼ら自身の中から派遣して、実際に目撃したことを報告させるようにとすすめた。[3]そこで彼らが言われたとおりにすると、テミストクレスは彼らについて秘密にアテナイに連絡しできるだけ密かに彼らをアテナイに留めて、アテナイ使節団が帰国するまで待たすように命じた。(これはこの間に、彼の同僚使節リュシクレスの子ハブロニコスとリュシマコスの子アリスティデス[63]がテミストクレスのところに到着し、防壁が充分の高さに達したと知らせたからであった。)つまりラケダイモン人がはっきりとこの事情を知れば、アテナイ使節団を抑留する恐れがあると考えたからであった。[4]そこでアテナイ人は指示どおりにラケダイモン使節団を引きとめ、また、テミストクレスはラケダイモン人の所に行き、アテナイがすでにその市民を守るに足る防壁を設けた事を言明した。また、もし、ラケダイモン人なりその同盟都市なりがアテナイに使節を送ろうとする場合は、今後は自国の利益とヘラス全体の利益とに分別のある都市を相手にすることになると告げた。[5]この理由としてアテナイ市を捨て、船に乗り組んだ方がよいと考えた時にも、アテナイ人は、この冒険をラケダイモン人に相談せずに決定したのだし、また相談をしたとしても、余人の考えにアテナイ人が決して劣ることはなかったのであって、[6]現在でさえも彼らの都市が防壁を持った方がよいと彼らに思われる上に、市民個人にも、また、全同盟諸都市にとっても、さらに好都合と考えたからであると言った。[7]つまり均衡した力を持たない限り共通のことに関して対等な立場で談合するのは不可能であるとテミストクレスは述べ、そのため、同盟都市の全部が防壁を持たないか、さもなくばこのようにアテナイが防壁を持つのが正しいと考えたのであると言った。

九二 [1]これを聞いたラケダイモン人はアテナイ人に対する怒りを表には出さなかったが(これは、彼らが使節を送ったのは、築壁阻止が目的ではなく一般の意見を以て勧告したにすぎず、また、当時は、アテナイがペルシア戦争に示した顕著な勇気に対して敬愛の念を持っていたからである)、企図の挫折には秘かに不快の念を抱いた。こうして双方の使節団は紛争を起さないまま帰国した。

九三 [1]さて、アテナイは以下のような方法で都市の防壁を短時日で築いた。[2]この防壁が急いで作られたことは、今日でさえもその作り方から判断できる。礎石にはあらゆる種類の石が使用されており、ところどころには個々の石が運ばれた時のままで手が加えられておらず、また、多くの墓石や磨かれた石が壁の中に押込んである。アテナイを取り巻く壁を各方向に拡張したので、あらゆる物が動員された。[3]その上、テミストクレスはペイライエウス(64)の残部を構築することも説得した。（この工事は以前一年間彼がアテナイの執政官としてその職にあった年(65)から着工されていた。）そのわけはこの土地が有望で、三つの自然港を持ち、しかもいまや彼らは海の民となっていたので、この地が力を得るに大きな役割りを果すと考えたからであった。[4]（それゆえ、テミストクレスこそ海に頼ることをあえて主張した最初の人でもあった。）これで彼が直接的にアテナイ帝国の礎石を置くことになったのである。[5]テミストクレスの発案で、アテナイ人は、今日なおペイライエウス周辺で見られるような厚さの壁を作ったが、それは石を運搬する二台の車が擦違えるようにしたのが原因である。壁の中身は砂利や瓦ではなく、大きく四角に切り揃えられた石が用いられ、その外側は鉄と鉛で互いに止められた(66)。しかし防壁の高さは、テミストクレスが企図した約半分が完成されたのみである。[6]彼の計画では壁の厚さと大きさで敵の攻撃を防ぎ、少数のあまり強力でない部隊でも充分に守備ができるようにして、他の者は船に乗組めるようにする考えであった。[7]そのわけは、思うに、ペルシア軍の進撃が陸より海の方が容易であったことをテミストクレスは経験から知って、海軍に重点をおいたのであろう。彼はペイライエウスは、上市(67)よりも役に立つと考え、何度もアテナイ人に、万一、陸で圧迫されるような場合には、

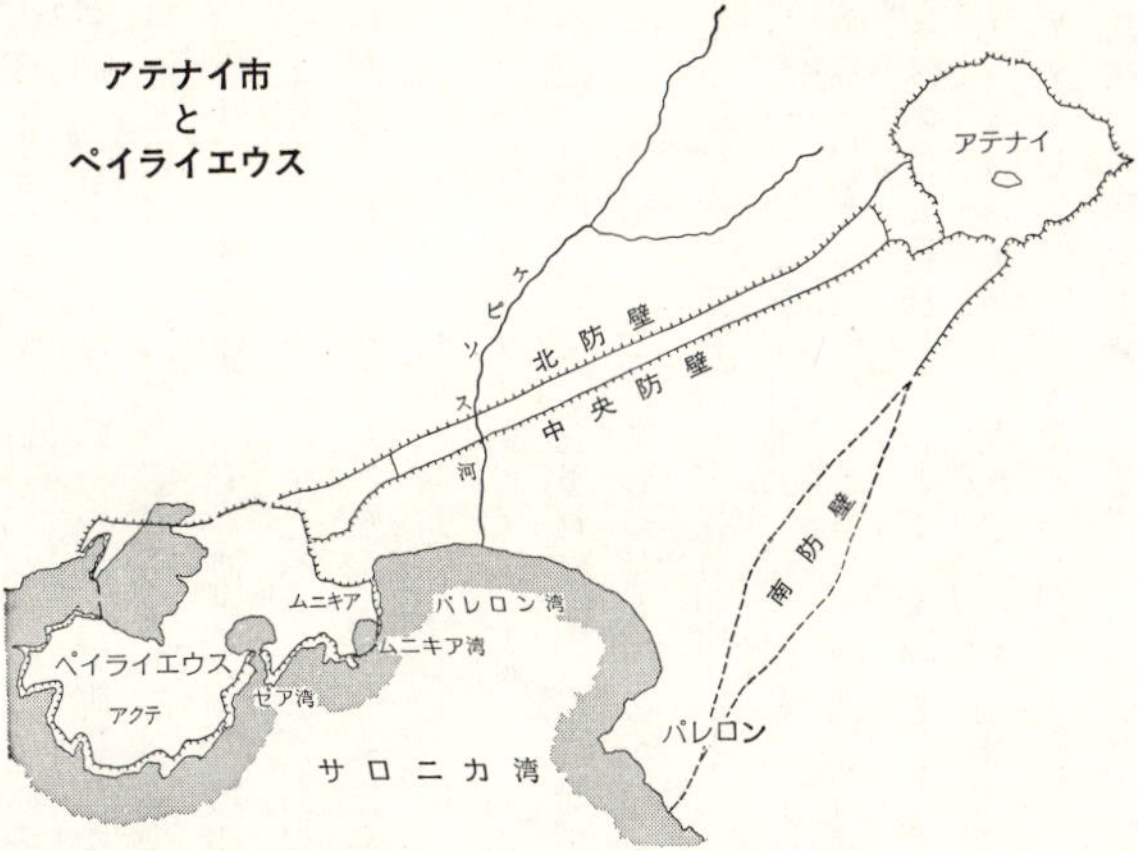

ペイライエウスにおりて海軍力で世界を睥睨するように勧めた。[8]アテナイ人はこのように、ペルシア軍退却の後にただちに、防壁を構築し、他の設備の配置を進めた。

九四 [1]さて、一方クレオンブロトスの子パウサニアス(68)は、ヘラス軍総司令官としてラケダイモンからペロポネソスの船二十隻とともに派遣された。それにアテナイの船三十隻と他の同盟諸都市の多数の船が随行し、[2]まずキュプロス島に向いその島の大部分を降し、後にペルシアが占領していたビュザンティオンをパウサニアスの指揮の下に包囲陥落せしめた。

九五 [1]しかし、この時、すでにパウサニアスの乱暴な振舞いは他のヘラス人や——とくに最近ペルシア王から解放されたイオニア人の顰蹙をかっていた。そこで彼らはアテナイを頼りにし、血族関係からもアテナイが彼らの指揮をとることを要請し、パウサニアスの乱暴の前に彼らを放置しないように要求した。[2]そこでアテナイはこの言を入れて黙過しないことに決意した。また、以後は彼らにとって最上と見える線にそって事を運ぶことに決定した。[3]そこでこの関係からラケダイモン人はパウサニアスを召還して、彼らが学んだ件に関してパウサニアスを審問することにした。つまりラケダイモンに来たヘラス人たちは彼の多くの不正について非難をした上、とくに彼が司令官というよりは僭主のごとき振舞いをしていたようであったからである。[4]折しもちょうど、パウサニアスが召還された頃、彼への悪感情から、ペロポネソス諸軍以外の同盟諸軍は、アテナイ側にくみしたのである。[5]ラケダイモンに来たパウサニアスは彼の私的不正行為について審査されたが、主な嫌疑は晴らされ放免された。[6]最大の告発事項は彼のペルシア化で、これはもっとも明らかなように思われていた。そこで、ラケダイモン人はもはや彼を指揮官として送り出すことなく、ドルキスと数人の者を少数の軍勢と共に派遣したが、同盟諸軍は彼らに統治権を委ねようとはしなかった。[7]これを知って彼らは帰国(69)すると、その後ラケダイモン人は誰も再び派遣しようとしなかった。そのわけはパウサニアスの件で経験したごとく、派遣された者の堕落を恐れた上にペルシア戦から手を引いてもアテナイが充分に他のヘラス軍を指導できると思ったからで、この当時はアテナイもラケダイモンの好感を得ていた。

九六 [1]アテナイは、同盟諸都市のパウサニアスに対する憎悪から統治権をこのようにして引き受けると、対異語族活動に諸都市が収めなければならない税や徴船の制度を制定した。[70]これはペルシア王の領地を討って彼らが受けた災害の報復をするという表向きの理由の下に行われた。[2]そしてヘラス公庫財務職がアテナイのために初めて設立された。この官職は貢金の収納を司り、収納される貨幣をポロス（貢金）と呼んだ。最初の貢金総額は四百六十タラントンに上った。この同盟の財務局はデロス島に置かれ、同島の神殿で同盟会議が開かれることになった。

九七 [1]初めのうちは、各々が主権を持って同等の立場で議会を運営する同盟諸都市の長としての役をアテナイはつとめていた。しかし、ペルシア戦役と今次大戦との期間にアテナイは外敵に対し、自己の同盟違背国に対し、また随時、アテナイに交渉をもったペロポネソス諸国等に対する事件の処理と戦闘を通して以下のような大都市国家になった。[2]私が本論から逸脱したこの部分を記述する理由は、丁度この年代の部分が看過されていて、先人たちは皆ペルシア戦役以前のヘラスの事態かペルシア戦役自体のみを記録しているからである。勿論ヘラニコス[71]は彼のアッティカ史でこの年代に触れてはいるが、その記述は詳細にわたらず年代が不正確である。それと同時にこの他の理由としては、アテナイ帝国がどのようにして設立されたかを示すことができるからである。

九八 [1]まずアテナイ人[72]は最初にペルシアが保持していたストリュモン河畔のエイオンをミルティアデスの子キモンの指揮の下に攻略して、住民を奴隷に売った。[2]そののち、エーゲ海のドロペス人の住む島、スキュロスの住民も奴隷に売ってアテナイ人自身がそこに移住した。[3]カリュストス人に対しては他のエウボイア諸都市が中立を保っている間にアテナイは戦を起し後に協定の成立がみられた。[4]この後、アテナイは離反したナクソスに対しても戦いを起し、包囲作戦で降伏させた。これは後々、事あるごとに最初の取決めに反して他の同盟諸都市を隷属化した最初の例となった。

九九 [1]同盟を離脱したという理由として最大のものは、貢金と徴船の不払いであったが、ある場合には派兵拒否もあった。なぜならばアテナイは厳格にこの徴税を実施、強制したので、その圧力に慣れず、また、それを好まぬ都市はアテナイを嫌ったからである。[2]しかもとくにアテナイ人にはもはや往時のようにその支配に好意がよせられておらず、彼らは他の諸都市とも平等の立場で出兵しなかったので、同盟離脱都市を自己の支配下に戻すのはいよいよ容易なことであった。[3]つまり多くの諸都市人たちは、国を離れるのを嫌って出兵するのを好まず、協定負担分を船で納める代りに現金で支払い、アテナイはその支払金を資金として船舶数を増大させたゆえ、諸都市が反乱を起す時には、諸都市は不充分な準備と経験で戦いに直面するようになった。

一〇〇 [1]この後、パンピュリア地方のエウリュメドン河口でアテナイおよびその同盟諸都市とペルシアとの間で海陸両戦が戦われた。ミルティアデスの子キモンの指揮の下でアテナイの勝利は一日で決した。フェニキアの三重櫓船団をアテナイ勢は捕えて全滅させたが、その敵船の数は二百に上った。その後、[2]しばらくしてタソスに反乱が起きた。これは対岸のトラキアの市場と彼の所有する鉱坑に関する紛争が原因であった。アテナイ人は船でタソスに向い、海戦に勝って上陸した。[3]ちょうど同じ頃、アテナイは、アテナイ人および同盟諸都市の一万名の者を、移住民として、当時に「九路」と呼ばれた今日のアンピポリスに送り、エドノイ人が占めていたこの地を占領したが、トラキアの内陸に進むとエドノイのドラベスコスでトラキア軍の全勢力に遇って壊滅させられた。これは、トラキア人が「九路」の植民地化に敵意を持っていたからである。

一〇一　[1]タソス人は戦に破れて包囲されると、ラケダイモン人に要請して、アッティカに侵入して彼らを側面から援護する(73)ように要求した。[2]そこでラケダイモン人はアテナイには秘密でその約束をしたが、地震で実行を妨げられた。この地震の際にヘイローテス(74)や衛星都市のトゥリア人やアイタイア人が反乱を起してイトメを占領した。ヘイローテスの大部分は昔奴隷化されたメッセニア人の子孫であるところから、メッセニア人と総称されていた。[3]ラケダイモン人がイトメの彼らに対して戦いを起してしまったので、タソス人は三年間包囲された後にアテナイに降り、防壁の取崩し、船舶の引き渡し、需要金の即時提供と以後の貢金の順次支払い及び大陸地域と鉱坑を手離すことに同意した。

一〇二　[1]イトメの反乱軍との戦いが長引き、ラケダイモン人は他の同盟諸都市とアテナイにも援助を求めたので、キモンを将軍としたアテナイの大軍が派遣された(75)。[2]ラケダイモン人が彼らを呼んだのは、とくに彼らが城壁攻防戦にたけていると知られていたからで、長期包囲戦にはこのように腕力で拠点を奪うような軍隊が必要のように思われたからであった。ここ[3]に到って、初めてラケダイモン人とアテナイ人との紛糾が明らかになった。つまり、アテナイ人が拠点を武力で取り損うと、彼らがドリス族でないことと、それに勇気と革新の気風を持ったアテナイ人を長居させると、イトメの者たちに説かれて寝返りでも打ちかねないとラケダイモン人は考え、同盟軍中でアテナイ軍だけを送還した。もちろん、彼らはこの危惧を表に出すことなく、彼らをもはや必要としなくなったと説明した。しか[4]しアテナイ軍は、疑いのために芳しからぬ理由で送還されたと知って、感情を害し、ラケダイモン人からこのような取扱いを受けるに値いしないと帰国した。そして早速ペルシア戦後にペルシアに対抗して締結された同盟を離脱し、ラケダイモン人の敵、アルゴスと手を組んで同盟を作り、また、同じ条件でテッサリア人とも同盟を結んだ。

一〇三　イトメ[1]にいた者たちは十年間の戦いに耐えきれず、身柄の安全の保障の下にペロポネソスを離れ、再びその地に足を踏み入れない条件で妥協した。そしてもしペロポネソスの中で誰かが捕えられるような場合は、その者は捕えた者の奴隷となることに同意した。これ[2]はラケダイモン人には、イトメのゼウス神殿への哀願者は放免せよというデルフォイの神託が以前からあったからである。[3]ペロポネソスを離れた彼らと女子供を、ラケダイモン人への反感からアテナイ人が引き受けてナウパクトスに入植させた。ナウパクトスは、それを領していたオゾリスのロクリス人から最近アテナイが獲得した地である。[4]メガラがラケダイモン同盟を離れてアテナイ同盟に加入したのはコリントスとの国境紛争があったからで、アテナイはメガラとペガイを獲得するとメガラ人のためにその都市からニサイアに到るまでの長壁を築きアテナイの守備隊をおいた。このことがコリントス人のアテナイに対する感情を大いに悪化させるまず始めとなった。

一〇四 [1]リビア人でリビアの王であったプサメティコスの子イナロスは、パロスの奥のマレイアを拠点に、エジプトの大部分をアルタクセルクセス王から離反せしめると、イナロス自身その指導者となってアテナイに援軍を求めた。[2]ちょうど、アテナイは、その同盟諸軍とともに二百隻の船を持ってキュプロス島に派兵していたので、キュプロスを発って海からナイル河を溯行した。そしてナイル河を制し、メンフィスの三分の二を陥して、「白壁」と呼ばれる残りの三分の一に挑戦した。この「白壁」にはペルシア人、メディア人等その地に避難した者たちや反乱に加わらなかったエジプト人たちがいた。

一〇五 [1]この頃、アテナイ本国ではアテナイ船団がハリエイスに向うところを、コリントス軍とエピダウロス軍が捕え、コリントス側が勝利を得た。その後、アテナイ軍はケクリュパレイアでペロポネソス船団と海戦し、アテナイ側が勝利を得た。[2]この後、アテナイとアイギナ間に戦いが起こると、両者の大海戦がアイギナ沖であって、双方の同盟軍もそれぞれの陣に参加したが、アテナイが勝利を得て、七十隻の船を捕えた。そしてアテナイ勢はアイギナ島に上陸して包囲陣を布いた。指揮官はストロイボスの子レオクラテス[76]であった。[3]そこでペロポネソス人はアイギナを援助しようとアイギナにそれまでコリントスとエピダウロスを援助していた三百の重装兵を送る一方、コリントスとその同盟軍はゲラネイア峠を占領し、そこから下ってメガラを襲った。彼らの思惑は、アテナイ軍の一部はアイギナにあり、しかも他の大部隊はエジプトにあるので、メガラを防ぐことは不可能であろうということであった。また、もしもメガラを守るとなれば、アイギナにある部隊を召還しなければなるまいと考えた。[4]しかしアテナイはアイギナにある部隊を動かさず、アテナイに残留していた、老年隊と若年隊[77]を動員してミュロニデス[78]の指揮の下にメガラに送った。[5]彼らはコリントス軍に対して互角に戦った後、両軍はそれぞれ引き揚げた。そして双方ともに戦いは自分たちが優勢だと考えた。[6]そこで、アテナイ軍は、コリントス軍が去ると、(実際にはアテナイ側に分があったので)戦勝塚を立てた。コリントス軍は、コリントスにいた老人に嘲罵された。そこで約十二日後に用意して出て来ると、自分たちが戦いに勝ったとして戦勝塚を立てた。しかしアテナイ軍もメガラから出撃して戦勝塚を立てているコリントス勢を破り、残りの部隊にも挑戦して勝利を得た。

一〇六 [1]そこで敗軍は退却したが、部隊の相当数は敵の急追の前に道を誤り、まわりを溝で囲んだ袋小路の私有地に入り込んでしまった。[2]これを知ったアテナイ軍は、重装兵を正面に押しだして攻撃を加え、さらに周囲を軽装兵で囲み、中にいた者に石を投げつけて全滅させた。コリントスは大損害を蒙った。しかし彼らの主力は撤退して国に帰った。

一〇七　ほぼこの頃[1]にアテナイはパレロンとペイライエウスに向かって海に走る長壁の構築工事に着手した。またポキス人は、[2]ラケダイモン人の故郷で、ボイオン、キュティニオン、エリネオン等の都市を含むドリスに出兵し、その都市の一つを占領した。そこでラケダイモン人は、パウサニアス王の子プレイストアナックスがまだ幼年のためその代りにクレオンブロトスの子ニコメデスを指揮者として、千五百のラケダイモン重装兵と一万の同盟軍をドリスに送った。そしてポキス軍に都市を手離す条約を強要した後に帰国することになった。[3]しかし海路を使用すれば、クリサ湾を通ることになり、アテナイ船団が巡航していて彼らの帰路を妨害する恐れがあった。また、ゲラネイア峠を越える陸路もアテナイがメガラとペガイを押えている以上は安全とは見えなかった。つまりゲラネイア峠自体が難路でしかも終始アテナイ軍によって監視されているから、一旦、彼らの意図を探知すれば、それを阻もうとするのは明らかだった。[4]そこでボイオティアに留ってもっとも安全な方法で突破するように検討することにした。しかしこれには他のわけがあった。つまりアテナイの民主派を覆し、長壁構築工事を中止させようと企てたアテナイ人がひそかに彼らをそそのかしたのである。[5]そこでアテナイ軍はアルゴスの千名と他の同盟都市の各部隊とともに全勢力で彼らに抵抗にでた。その総勢一万四千名を数えた。[6]この出兵は敵が通路に困っていることを知った上に、アテナイ民主派打倒運動の疑いがあったからでもあった。

[7]テッサリアからも同盟条約に従って騎兵隊がきたが、戦争中にラケダイモン側に寝返った。

一〇八 [1]ボイオティアのタナグラで起きた戦闘ではラケダイモンとその同盟諸軍が勝利を得たが、両軍ともに多数の死者を出した。[2]そこでラケダイモン人はメガラに入り、果樹を伐りたおした後、ゲラネイア峠と、「地峡」を通って帰国した。アテナイ人はこの戦いの後、六十二日後にミュロニデスの統率の下に、ボイオティアに侵入し、[3]オイノピュタで戦ってボイオティア軍を破り、ボイオティア領とポキス領の主導権を握り、タナグラの防壁を崩し、オプスのロクリスからは富裕な者百名を人質として取った。そしてアテナイの長壁も一応完成した。[4]アイギナもこの後、アテナイに譲歩して、防壁を崩し、船舶を提供し、以後は貢金を納めることになった。[5]アテナイ人はトルマイオスの子トルミデスの指揮の下にペロポネソスを周航して、ラケダイモン人の造船所を焼き、コリントス人の都市カルキスを陥し、シキュオンに上陸して、シキュオン人を破った。

一〇九 [1]さてこの間にエジプトのアテナイ軍とその同盟軍は、釘付けとなって、種々の型の戦闘を経験していた。[2]つまり初期ではアテナイがエジプトの地を押えていたので、ペルシア王はアテナイ人をエジプトから引揚げさせるために、アッティカへ侵入するようペロポネソス人を説得しようと、ペルシア人メガバゾスに資金を持たせてラケダイモンに送った。[3]しかし、この計策ははかどらず、特に資金が使い果されるばかりであったので、ペルシア王はメガバゾスを残りの資金とともにアジアに呼び戻し、今度は、ペルシア人でゾピユロスの子メガビュゾスに大部隊を授けて派遣した。[4]メガビュゾスは陸路でエジプトに着くと、まずエジプト軍とその同盟諸軍を一戦で破り、ヘラス人をメンフィスから追い出し、プロソピティス島に閉じ込めて一年六カ月の間包囲し、最後に運河を干して、流れの水を他に迂回させた。そこで船腹を陸に座礁させ、島の大部分を陸続きにし、そこを渡ってその島を陸戦で陥した。

一一〇 [1](79) こうして六年にわたってヘラス軍が戦った戦争は失敗に終った。大部隊の中で少数の者のみがリビアを通ってキュレネに逃れて助けられたが、大部分は殲滅された。[2]エジプトは湿地帯にあるアミュルタイオス王を除いて再びペルシア王の支配下に戻った。彼らは湿地帯の大きさのためにそれを押えることができなかったが、しかも湿地の民はエジプト人の中でももっとも剽悍《ひょうかん》な部族であった。[3]エジプト反乱の首謀者リビアの土イナロスは裏切りの科で捕えられて磔《はりつけ》に処せられた。[4]こうした結果を何も知らずに、アテナイと他の同盟都市から加勢のために送られた三重櫓船五十隻がエジプトに来て、ナイル河のメンデス側を占拠したが、陸からは陸上軍に攻められ、海からはフェニキア船団の攻撃を受けて多くの船を失い、残された少数が逃げ帰った。このようにして、アテナイとその同盟諸軍を大動員したエジプト遠征に終止符が打たれたのである。

一一一 [1]ところでテッサリアから追放されていたテッサリア人の王エケクラティデスの子オレステスは、アテナイ人に自分を復位させるように説得した。そこでアテナイは同盟を結んでいたボイオティア軍とともにテッサリアのパルサロスに出兵した。アテナイ軍は(テッサリアの騎兵隊の活動に妨げられて)自己の陣営の地域だけを獲得したにとどまり、都市を陥せず、出兵の目的を果さず、オレステスを伴ってむなしく引き揚げた。[2]この後、間もなく千人のアテナイ軍はペガイにあった船に乗船して(ペガイはアテナイの占領下にあった)、クサンティッポスの子ペリクレス(80)の指揮の下にシキュオンに巡航し、上陸を敢行してシキュオン人と交戦、勝利を得た。[3]そしてただちにアカイア人を加え、海を越えると、オイニアダイのアカルナニアに進撃し、それを包囲したが陥せず帰国した。

一一二 [1]三年の後、ペロポネソス人とアテナイ人の間に五年不戦条約が結ばれた。[2]ヘラス内の戦いの圧迫から解放されたアテナイはキモンの指揮下に、同盟軍を伴って合計二百隻をキュプロス島に出兵した。[3]その中、六十隻は湿地のアミュルタイオス王のために送られてエジプトに派遣され、他はキティオンを包囲した。[4]しかしキモンは死亡し、糧秣に不足したので、キティオンを離れ、キュプロス島のサラミスに向い、フェニキア人、キュプロス人、キリキア人らと海陸で交戦し、海上、陸上ともに勝利を得た上に、ちょうどその頃エジプトに向った船も戻って来たので、それと合流ののち帰国した。[5]ラケダイモン人はこの後、(81)「聖戦」と呼ばれる戦闘に出兵をし、デルフォイの神域を占領、それをデルフォイ人に引き渡した。しかしその後、ラケダイモン人が去ると、早速アテナイ人が出兵して来て神域を再び占領し、それをポキス人に引き渡した。

一一三 [1]この後、しばらくして、アテナイ人は、逃亡したボイオティア人がオルコメノスやカイロネイア等、その他のボイオティア地方の諸地域を占めたので、アテナイ重装兵千名と同盟諸都市の各自の兵をもってこれらの敵地に出兵した。この出兵の指揮官はトルマイオスの子トルミデスであった。彼らはカイロネイアを奪い、住民を奴隷に売り、守備隊を置いてその地を離れた。[2]コロネイアに来たアテナイ軍に対して、オルコメノスを追われたボイオティア人と、彼らと行を共にしたロクリス人、およびエウボイア人と、さらにそれと思いを同じくする者たちが立向って彼らを破り、アテナイ兵を殺したり生捕りにしたりした。[3]アテナイ人はボイオティア全土を離れ、捕虜を送還する条件で条約を結んだ。[4]そこでボイオティア人の逃亡者は、帰還してその他の全地域にわたって主権を再び取り戻したのであった。

一一四 [1]この後、間もなく、エウボイアがアテナイに対して、反乱を起した。これに対してアテナイの軍勢を率いて渡っていたペリクレスに報らせがあった。それはメガラも謀叛し、ペロポネソス人のアッティカ侵入の恐れもあり、かつまた、ニサイアに逃れたものを除きアテナイ守備隊員はメガラ人によって全滅させられたというものであった。メガラ人はコリントス、シキュオン、エピダウロス等の支持を得て、反乱を起していた。そこでペリクレスは急遽、(82)軍勢をまとめてエウボイアを引揚げた。[2]ペロポネソス軍はその後、アッティカのエレウシスとトゥリアまで侵入し、ラケダイモンの王パウサニアスの子プレイストアナックスの指揮で土地を荒したが、それ以上は侵攻せず帰国した。[3]そこでアテナイ軍は、ペリクレスの指揮の下に、再びエウボイアに渡って全土を鎮圧し、条約を成立させた。しかしヘスティアイアだけには、住民を追放してアテナイ人がそれを占拠した。

一一五 [1]エウボイアから帰還して間もなく、アテナイ人はラケダイモン人とその同盟諸都市に三十年不戦条約を誓い、アテナイがペロポネソスで占領していたニサイア、ペガイ、トロイゼン、アカイア等の諸都市をペロポネソス側に返還した。

[2]この不戦条約第六年目にプリエネに関してサモスとミレトスの間に戦争が起った。ミレトスは戦いに破れるとアテナイに来てサモスを大いに弾劾した。[3]ミレトスは、サモスの市民で革命をもくろんでいる者も同行していたので、アテナイはサモスに四十隻の船団で渡って公民政権(83)を樹立した。また、男子成人と子供の人質をそれぞれ五十名ずつ取りそれをレムノスに幽閉し、そこに警備隊を残して帰国した。[4]サモス人の一部は島に留らず、大陸に逃亡し、サモス市に居た有力者と協約を結んだ。また、当時サルディス(84)を治めていたヒユスタスペスの子ピッストネス(85)を同盟者として、援兵七百名を集めると夜闇を利用して、サモス島に渡り、[5]まず公民派に反乱を起させてその島の大部分を獲得した。次にレムノスから秘かに人質を盗むと、アテナイに対して反乱を起し、サモスに残っていたアテナイ警備兵とその指揮官たちをピッストネスに渡し、ただちにミレトス出兵の準備を整えた。この動きに呼応して、ビュザンティオンも反乱を起した。

一一六　[1]アテナイ人はこれを知ると、六十隻の船でサモス島に向ったが、その中の十六隻は（カリアに来てフェニキア船団の動静を警戒する一方、レスボスとキオスに援軍を求めに行っていたので）実戦に加わらなかった。あとの四十四隻の船団は、九人の僚将(86)をもったペリクレスに率いられていた。そしてサモス島のトラギア沖で、（ちょうどミレトスを出航してきた）輸送船二十隻を含む七十隻の敵に遭遇しこれと海戦、アテナイ側の勝利に終った。[2]その後、アテナイから四十隻、キオスおよびレスボスから二十五隻の援軍が加わり、サモスに上陸した。陸を制圧し、ミレトスを海から遮断すると同時に三方を防壁で囲んで包囲陣を布いた。[3]ペリクレスはフェニキア船団の接近の報告を受けると、包囲軍から六十隻の船を抜いて、急遽カウノスとカリアに向った。これはステサゴラス他がフェニキアにサモスから五隻の船で到着していたからであった。

一一七　[1]ちょうどこの頃、サモス人は突然に無防備の陣を襲って哨戒船を撃破し、抵抗する船にも勝って、約十四日の間、自領の制海権を握ってのぞみの物資の輸送をほしいままにした。[2]しかしペリクレスが船を率いて戻って来ると、再び彼らは閉じ込められた。後続の援軍として、アテナイから、トゥキュディデス(87)、ハグノン(88)、ポルミオン(89)らとともに四十隻、さらにトレポレモス(90)とアンティクレスとともに二十隻、キオスとレスボスからの三十隻も到着した。[3]サモス人は短期間は海戦で抵抗を試みたが、抗しきれず、(91)八カ月間の包囲戦に破れた。そして降服を承認、防壁を崩し、人質を提供し、船舶を引き渡して、さらにこの戦闘に要した費用を分割払いする条件を認めた。そしてビュザンティオンも従前どおりに自ら属国の地位を認めた。

一一八 [1]このわずか数年後に、前述した今次大戦のきっかけとなったケルキュラ紛争とポテイダイア紛争が起きたのであった。[2]ヘラス人同士の間や異語族に対して起った上記の事件は、すべてクセルクセスが引揚げてから今次大戦の始めに到る約五十年間に起っている。この間に、アテナイは帝国統治権をさらに強固なものにし、力を強化した。ラケダイモン人はこれを知りながらもあまり積極的な妨害に出ず、おおむね平穏を保った。しかも彼らは自領内の動乱にも悩まされたので、アテナイの力が無視できなくなり、ラケダイモンの同盟諸都市が危険にさらされてやむを得ない状態に追い込まれるまで、戦争に急ごうとはしなかった。しかし今やすでに我慢ならずと彼らはこの勢力の攻撃、鎮圧に専念した。そして次のような経緯を経て今次大戦はその勃発にいたった。[3]ともかく、ラケダイモン人自身はアテナイが条約を破り、不正を犯したと決議してしまっていた。しかし彼らはさらにデルフォイに神託を求めて、戦者に勝算ありやを訊ねた。神は全力を傾ける者が勝利を得るとし、神自身も求めの有無にかかわらず、協力すると答えたと伝えられている。

一一九 [1]ラケダイモン人は戦争開始の決議をすべく、再び同盟諸都市を招集した。同盟諸都市から代表たちが到着すると、会議が開かれ(92)、一同その思うところを述べ大部分の者がアテナイを非難し、開戦論を唱えた。コリントスはポテイダイアの早期陥落をおそれていたので、前もって各都市ごとに開戦に投票するよう運動していたが、この時にも出席し、全代表の最後に登壇して以下の要旨を述べた。

一二〇 「[1]同盟都市の諸君、ラケダイモン人が自ら開戦の票決をしないままに我々をこの会議に招集したとて、彼らを非難することはできないであろう。なぜならば、盟主の役目はたとえ全盟邦が諸事において盟主に服従していようとも、各盟邦の事情を公平に考慮にいれて全体の方向を指示することにあるからだ。[2]アテナイと今まで折衝のあった都市にはアテナイを警戒するように忠告する必要はない。しかし交易の地域からはずれている内陸諸都市には、沿岸の都市を助けないかぎり、農産物の海外との輸出入に支障の起きることを指摘しなければならない。まったく彼らは現下の問題を対岸の火事と考えてはならず、災害が沿岸諸都市を見舞えば、早晩自分たちの所にも襲ってくることを予期して、彼ら自身の問題として今から充分に考慮すべきである。[3]それゆえ彼らは平和を捨て戦いを選ぶことに怯んではならない。つまり心得ある者は不正を蒙らない限り平安を保つが、ある日、災いを受けるやただちに起《た》って、平和を破り、戦いに赴く。そしてまた、一旦、事態の好転を見れば、早速再び戦いから和合に転じるのも良き者の嗜みである。[4]しかも彼は戦果に酔わず、平和に恋々として不正を放置するようなこともない。つまり、平和に執着するならば、自らを臆病にさせている安逸の生活そのものを、まさにその臆病さのゆえにおそらく失うであろう。また、戦勝に気を許して度を越す者は、頼りにならぬ蛮勇のために自省心を失う。[5]つまり拙策も思慮のない相手には勝利を間々おさめるものであり、これに反して緻密に検討された企図でさえも屈辱を受ける結果になることさえある。それは自信をもって考えたことでさえ、実行の段階に達すると誰でもその同じ自信を保てなくなるからである。危険を避けようとする恐怖に囚われて実践において失敗してしまうのだ。

一二一 [1]ゆえに我々は今や不正を蒙り、充分な弾劾の理由をもって戦いに起つのであるから、一度《ひとたび》我々をアテナイから防ぐことに成功しさえすれば、それを機会に戦いは熄むであろう。[2]しかも我々が勝利を得る可能性は高い。まず第一に我々は兵力と戦闘経験に勝り、第二には、[3]敵が優勢を誇る海軍力においてさえ、デルフォイやオリュンピアの神宝を動員し、かつ我々各都市が忠実に規定に従って、それぞれの資産を提供すれば充分に用意は整うはずである。つまりこの借入金を利用すればアテナイ側の外人水夫をさらに高い賃金で我々の方に誘致できるからで、事実、アテナイの国力は正規兵よりも外人傭兵に依存しているのだ。そして物力よりも人間に重点を置く我々の力は、この点でアテナイよりも被害を受けにくい。[4]アテナイは一度海戦に負ければ、降伏する可能性がきわめて高い。しかし、万一、彼らがそれを持ち堪えたとしてもその時間の中に我々の方も海軍力にさらに意を払い、一旦、操船技術で敵と互角の域に達するや、勇気の点では当然我々の方がはるかに敵を凌駕するはずである。すなわち我々には、敵の習得しえないよき天稟が与えられているのだ。一方、敵の技術で優る点は、我々の訓練が拮抗できるはずである。[5]そのために資金が必要なればそれをあつめよう。もしアテナイの同盟諸都市が自らを縛る隷属のためにさえも、貢金を納めることに倦まないでいるというのに、他方で我々が仇敵を罰して、自らを救い、敵に収入の途を渡さず、まさにその被害から逃れようとする資金にも窮するとあらば、まことに埒外のことであろう。

一二二　しかも[1]我々にはまだいろいろとこの戦争に対処する方法がある。たとえばアテナイ傘下の諸都市のアテナイ同盟離脱がある。とくにこれはアテナイが力とする貢金高の激減を直接に意味しよう。さらには、またアッティカ領内に拠点を設ける戦略もあろう。この他にも現在では予測し得ない方途があり得る。なぜならば戦いはまったく予断を許さず、多くの場合に臨機応変の処置を戦況に応じて工夫していかなければならないからだ。戦いでは飽くまで冷静を保つ者ほど安全である。戦争に逆上してしまっては重大な誤りをおかす。

[2]紛争が力にあまり優劣のない近隣諸邦との国境争いとあらばさして困難ではない。しかしよく注意しなければならない点は、個々の都市では到底およばないようなアテナイの力に対して、我らの部族も各諸都市も一致団結しその思いをひとつにして初めて自らを守れるが、各自が分離独立していては容易に敵の好餌となることである。[3]ペロポネソスにとっては隷属問題を云々することも恥辱ならば、一都市のためにこれほど多くの都市が被害を受けることも恥辱である。このような状態では臆病のために尻込《しりご》んで災いを蒙るような

我々は先代の人々に劣ると思われても仕方のないことだ。先人たちはヘラスの自由を守り抜いたのに、我々は自らの手でそれを不安定なものにしている。諸都市の君主制廃止を提唱する我々が、ヘラス全体に君臨する僭制主義都市国家の発展を許しているのだ。[4]しかもこの方針が三大悪なる無知、惰弱、怠慢のどれかに該当してそれから逃れられないことを我々は知っている。しかもこれらの諸悪を諸君がどうしても避けられない上に、さらに諸君は敵を軽視して来て、多くのはた迷惑となった。敵を「軽視」することは多くを誤らせるので一名「浅慮」とも呼べよう。

一二三[1] しかし過去を喋々と非難することが現在に一体何の益となろうか。それよりも将来のために現況を救う努力こそ払わるべきである。(つまり諸君には努力を通して能力向上を計るという伝統があるのだ。)それゆえたとえ現在の資力、物力が昔よりわずかに勝っているとしても、在来の諸君のこの性質を変えてはならない。(つまり繁栄のために苦境時の賜物を忘れるべきではないからだ。)このように諸君が奮起して戦いに赴くに多くの根拠があるのだ。神託も加護を約束しているし、ヘラス中が、それぞれの打算や恐怖からこぞって戦いに協力するであろう。[2]諸君が開戦を決定したとて条約破棄行為にはならない。条約はすでに破られてしまっていると神も解して、開戦を勧めているではないか。諸君は被災者を救援するにすぎない。つまり条約違反は侵略をはじめた側にあって、それを受けて立つ側ではないからだ。

一二四　[1]以上あらゆる点において諸君の開戦はのぞましい。そこで我々は全体の利益のために以下の勧告をする。すなわち、もしも国家の間や個人の仲を結ぶ最強の紐帯が相互の利害の一致にあるならば、諸君はドリス人の都市ポテイダイアを包囲しているイオニア人に仇を討つのを逡巡してはならない。従来は逆にドリス人こそイオニア人に優位を保って来たはずである。また諸都市の自由回復のために躊躇していてはならない。もはや一刻の猶予も許されない。すでに災害を敵から受けている都市があるのだ。また我々とて、会談のあげく、敵を撃退する決心ができなかったと知られたら、同じ憂き目にあうにいともまないことであろう。[2]ゆえに同盟都市の諸君、もはや状況に選択の余地はないのだ。我々の主張こそ最上と信じ、開戦に投票せよ。眼前の戦いを恐れず、この戦いから恒久の平和を望んでほしい。[3]安定した平和はむしろ戦いから生れる。そのような安全は無為な戦闘忌避の所産ではない。アテナイがすでに併呑してしまっている都市にはもちろんだが、今やその侵略目標とされている都市にとっても、アテナイはヘラス世界のすべての上にひとしく君臨する僭制者であるとし、我々は刃をそろえて抵抗しなければならない。今や屈従ながきヘラスを解放し、将来の我々の安寧を計ろうではないか。」コリントス代表は以上の要旨を述べた。

一二五　[1]そこでラケダイモン人は全代表の意見を聞き終ったので、都市の大小にかかわらず順次にすべての同盟都市代表の投票を求めた。そして開戦案が多数を得た。[2]しかし、彼らには用意ができていなかったので、決議を即時実行には移せなかった。そこで彼らは各都市が納めるべき責任額を決定し、その納入に遅滞のないようにと決議した。しかしそれにもかかわらず、彼らがアッティカ領に侵入し、公に今次大戦を始めるまでにはさらに一年近くもの時日が準備に費されなければならなかった。(93)

一二六　[1]この期間にラケダイモン人はアテナイに使節を送って弾劾を繰り返した。彼らはアテナイ人がその要求に従わなければ、それで開戦に最上の口実を作ろうとしたのである。[2]まず初めにラケダイモン人は使節を送って、神の不浄を清めるように要求した。その不浄の顚末は次のような次第である。[3]昔、良い家柄の出で、オリュンピア競技の勝者でもあり、また相当の影響力のあったアテナイ人にキュロン(94)なる男がいた。そしてこの男は当時メガラの僭主であったメガラ人テアゲネスの娘を妻としていた。[4]このキュロンがデルフォイに神託を求めると一番大きな祭の時にアテナイのアクロポリスを占拠せよとの託宣があった。[5]そこでキュロンは同志を説得したり、テアゲネスの兵力を借りたりして、ペロポネソスのオリュンピア大祭の時を待って、アクロポリスを占領した。ゼウスの祭は一番大きい上に、自分がオリュンピア競技の勝者であることからこの祭りの時がふさわしいと解して、僭制君主になろうとしたのである。[6]ところが一番大きな祭とは、アッティカ内においてであるか、あるいはどこか他の地方でのことであるのか神託も明示していなければ、この男もよく考えてみなかった。(事実アテナイ人には市外でおこなう慈神ゼウスの最大の祭りと呼ばれるディアシアがある。(95) この祭礼には全市民が参加し、動物の犠牲《いけにえ》の代りに、それを象った練物がたくさん捧げられる。）7 キュロンは神託を正しく理解したと思い、この挙におよんだのだ。ところがアテナイ人はこれを知ると村落から全市民が集ってアクロポリスに包囲陣を布いて彼らを攻撃した。8 しかしそのうちにアテナイ人は包囲に飽きてしまった。そこで九人の執政官にこの警備を委ね、さらにすべての裁量もこの九人の判断に任せて民衆は帰ってしまった。すなわち当時は九人の執政官が政治の実権を握っていたのである。9 一方、キュロン側は攻囲されると飢渇に苦しみ、10 キュロンとその兄弟は囲いを脱出し逃亡してしまった。後に残された者たちは餓死する者が出るほどに状態が切迫したので、アクロポリスの祭壇にすがって哀願者となった。11 そこでここの備えを委託されていたアテナイ人は、敵が神域の中で瀕死になっているのを見ると彼らの身の安全を口実に、(96) 祭壇を離れさせ、外に連れだして殺してしまった。引かれて行く途中でエウメニデスの祭壇にすがった者もいたが、アテナイ人は容赦しなかった。この事件のために、これらのアテナイ人とその一族は不浄者、瀆神者と呼ばれるようになった。12 そこでこれらの不浄者たちはアテナイ人に追放された。さらに後にはラケダイモンの王クレオメネスがアテナイ人の革命一派と協同して、この不浄者たちの中ですでに死去していた者の骨を掘り返してそれを遺棄し、生存者を追放した。しかし後日には追放された者たちは帰国が許され、その一族の子孫は今日でもアテナイ市に住んでいる。

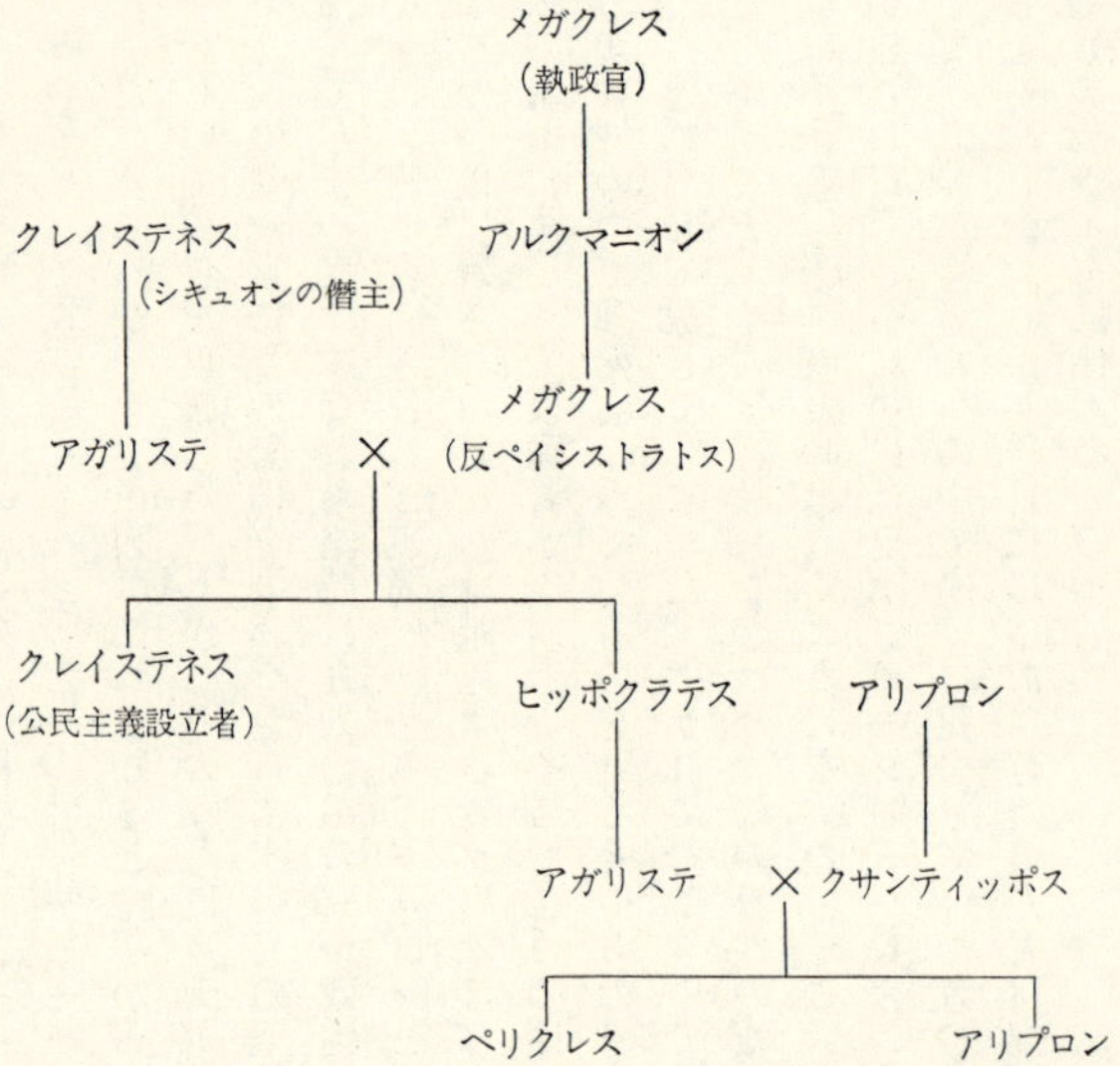

一二七　さて[1]ラケダイモン人はこの不浄を清めることを要求して、まず神々のためにその恨みを晴すことを約束したが、それはじつは言いがかりにすぎなかった。その本意は、クサンティッポスの子ペリクレスがこの一族に母方を通して血縁関係になることをラケダイモン人が知っていたので、その失脚がアテナイの対ラケダイモン政策に軟化を招くであろうとする考えにあった。[2]もちろんラケダイモン人とてペリクレス個人の問題がこの大戦の一因になったからといって、彼らのこの要求のためにペリクレスが公に糾弾されるほ

どの打撃を彼に与えられると期待していたわけではない。[3]この要求の動機はペリクレスが当時のアテナイ政界の指導者としてもっとも有力であり、一貫して反ラケダイモン政策に終始し、妥協を認めずアテナイ人に開戦を提唱していたからである。

一二八　[1]ラケダイモン人のこの要求にこたえて、アテナイ人は今度は逆に彼らにタイナロンの不浄を除くように要求した。このタイナロンの不浄とは昔その地の海神の神殿に哀願者としてすがった農奴たちをラケダイモン人が連れ出して殺害した事件のことで、その後にあった大地震はこの不浄によるとラケダイモン人自身も信じているほどである。[2]この要求の他にもアテナイ人は銅屋女神(97)の不浄も除くようにラケダイモン人に迫った。この不浄事件は次のような顚末であった。[3]その端緒はスパルタ人がヘレスポントス方面の司令官であったラケダイモン人パウサニアスを初めて罷免召還した時に発する。裁判の結果、彼は無罪と認められたが、公的にはもはや帰任を許されなかった。そこで彼は個人の資格でヘルミオネ市の三重櫓船を入手すると、ラケダイモン人を使用せずにヘレスポントスに渡った。その表向きの理由はヘラス解放戦に加わるということであった。しかし実際には前にも企てたように、ペルシア王の力を借りて全ヘラスを支配しようと考えていたのである。[4]まずパウサニアスは次のような事から王に恩を売ってすべてその後の問題のきっかけを作った。[5]すなわちパウサニアスは司令官職を解かれる前に、キュプロス島から引揚げて来るとビュザンティオン市を奪った。(その落城の際にそこに立籠っていたペルシア人や王の側近・縁者らが生捕りにされたが〕パウサニアスはこの捕虜たちを密かに王の所に送り、ヘラス同盟軍の手前は彼らが脱出したのだと言いつくろった。[6]これにはエレトリア人ゴンギュロスが参画していた。そのわけはパウサニアスがこの男にビュザンティオン市の管理と捕虜の処遇を一任していたからである。さてこの男にパウサニアスは書簡を持たせてペルシア王の所に送った。それには後に明かにされたように以下の趣旨が記されてあった。[7]「スパルタ人司令官パウサニアスは、陛下の御意に召さむと戦いに捕えし者たちを送還す。その所存は陛下に異議なくば、我に陛下の一女を娶《めと》らしめ、陛下をスパルタおよびヘラスの王に封ずるにあり。陛下と共に企てるに、その成就も定かなるべし。これ陛下を欣《よろこ》ばしむるところとあらば、股肱《ここう》の臣を西岸に派して爾後の折衝に与らしむるべし。」

一二九 [1]以上の趣きがこの書簡に示されてあった。クセルクセスはこれに喜び、パルナケスの子アルタバゾスを西岸に送った。そしてダスキュレイオンの従来の総督メガバテスを罷免し、アルタバゾスをその後任とした。またビュザンティオンにいるパウサニアスのもとには早急に返書を届けるように命じ、パウサニアス自身の事に関して報告があった場合には、王の印璽《いんじ》を示して誠意をもって最善をつくすように指令した。[2]アルタバゾスは着任とともに命令を実行し、王の書簡をパウサニアスに届けた。その答書には次の内容が記されてあった。[3]「クセルクセス王はパウサニアスにかく書をいたす。汝、海を越えて予が者共をビュザンティオンの地より送り届けたり。汝への好意、永くこの王家に記憶されて残るべし。また、汝の言葉は我を欣ばせり。昼夜をわかたず、汝が約せしことの成就を阻ましむことなかれ。また要あらば金銀支出、起用兵士の余り多きに汝をして諦らめしむることなかれ。予が遣わせし忠臣アルタバゾスとともにあって、予と汝の双方に最上にして最善の計策を練り勇躍その達成に励むべし。」

一三〇　[1]パウサニアスはこの答書を手にすると、前からプラタイア作戦の指揮官としてヘラス人から大いに尊敬されもしていたので、ますます有頂天になり、今までの定りきった生活に満足できなくなった。そこでペルシア風に装ってはビュザンティオンを出て旅行したり、ペルシア人やエジプト人の槍持ちを従えてトラキアを行軍したり、食卓までもペルシア風に調えたりした。こうして些細な振舞いから将来の大望を露わにしてしまい、自分ののぞみを隠しきれなかった。[2]また、彼は人を寄せつけず、誰彼の見境いもなく激しい怒りを投げつけたので辟易しない者はなかった。これがアテナイ側に与する都市の数をふやした大きな原因となった。

一三一　[1]ラケダイモン人はこれに気づいていたので、前に一度パウサニアスを召還したのである。しかしその後個人的にヘルミオネ市の船を使用して再びビュザンティオンに帰って来てからも生活振りには何の変化も見られなかった。パウサニアスはアテナイ軍に陥されてビュザンティオンを出てもスパルタには帰らなかった。そしてトロイア地方のコロナイに居を定めると、彼が異語族と関係を持ち、よからぬ目的のために外地に滞留しているとラケダイモン人に報告された。督視官たちはもう捨ててはおけないと使者に暗号文[98]を持たせて送り、この使者に従わなかったらスパルタはパウサニアスに対して戦端を開くと伝えた。[2]そこで彼はできるだけ疑われたくなかったし、財力で弾劾は買収できると思い再びスパルタに帰った。督視官は早速パウサニアスを幽閉した。(督視官は王に対してもこの権限を持っていた。) しかしパウサニアスは彼らと話合いの結果、牢を出ることに成功すると、自分を裁判にかけたがっている者たちのために法廷に立つことを申出た。

一三二 [1]ところがスパルタ人たちは彼の政敵をも含めて、市中誰一人として自信をもって、王族の一員であり、かつまた現に重職にある(レオニダスの子プレイスタルコス王がまだ幼少のため、その従弟になるパウサニアスは執権の職にあった)者を懲罰できるほど明らかな確証をつかんでいなかった。[2]しかし法を犯したり、ペルシア風俗を真似たりして自分を別格扱いにしようとするふしがパウサニアスには多く見られたので、人々は何か彼が従来の掟から逸脱している事があるだろうとさらに検索の手を拡げた。そして彼らは次の事実に注目した。すなわちかつてヘラス人が対ペルシア戦の初穂《はつほ》としてデルフォイに捧げた三脚釜にパウサニアスは次のような詩を勝手に彫記することを当然と考えていた事実である。その詩は

[99]ペルシアの勢を破りてポイボスに

将たるヘラスのパウサニアス
この記しもて捧げたり

というものであった。当時のラケダイモン人は早速この詩をその三脚釜から抹殺して、その代りに異語族撃退に協力した都市の名をこの記念物の上に刻記した。[3] その頃でさえもこの事件はパウサニアスの不行跡と認められたほどであるから、その後の彼の行動と照し合わせると、現在の野望は決して最近の出来心とは思われなかった。また彼が農奴とも何か次のような関係があったことも明るみに出た。[4] すなわち農奴たちが一揆を起して彼に最後まで協力するならば、その解放と独立をパウサニアスが約したという事である。しかし農奴事件に関するどの通報者をもラケダイモン人は信用せず、パウサニアスに対して何ら新しい手を打とうとはしなかった。[5] この態度は、ことスパルタ人に関する限り、不動の確証があるまで取返しのつかないような決定は最後までしないという慣習に依ったものである。そして話によると、ペルシア王宛のパウサニアスの最後の書簡をアルタバゾスに届けるように命じられたアルギロスの者が密告するまで、彼らは何もしなかったと伝えられる。この男はかつてはパウサニアスの寵児で誰よりも信頼されていたが、前に遣わされた使者たちが誰も帰国した例のないことに気づき、何か書簡にその事が書いてあるのではないかと感づいた。そこでまずその書簡の封印を偽造してからそれを披《ひら》いてみた。それは自分の疑惑が誤りであったり、パウサニアスから何か補筆のために書簡の返還を求められても判らないようにする用意であった。すると案の定、自分を殺害するように指示した一節がその書簡にあったのである。

一三三 [1]督視官もこの書簡を前にようやく自信を強くしたが、それでもまだパウサニアス自身の口からの言葉を直接に耳にしなければならなかった。そこで打合せの上、この男はタイナロンの神殿に命乞いの哀願者として行き、二重の壁をもった幕舎を作ってその中に数名の督視官をひそませた。そこへパウサニアスが来て哀願者の申立てを訊ねたので督視官たちも一切を了解した。この男は自分のことを記した文を責め、それまでペルシア王に関するつとめにまったく怠りのなかったことを一つ一つ数えあげ、それにもかかわらず、他の多くの召使い同様に殺されるとは心外であると言った。パウサニアスはこれをいちいちもっともなことと認めて、今回のことは許すようにと説いた。そして生命を保障するから哀願の座を立ち、早速旅に出てことの成就を計れと言った。

一三四 [1]この言葉をはっきりと聞いた督視官たちはその場を立去り、すでに不動の証しがある以上は市内で逮捕することにした。話によると、パウサニアスは逮捕寸前に路上で行き逢った一人の督視官の表情から来たるべきことを察し、またパウサニアスに好意を寄せていた他の督視官が首をふってひそかに合図をしたので、近くにあった銅屋女神神域に馳け込んだと伝えられる。露天に曝されないようにその神殿の小さな部屋に入りこむと、彼は身を潜ませた。[2]このあと少し遅れて来た追手は、その部屋の屋根をはがしてその中にパウサニアスのいることを確かめると入口の戸をはずし、周りを囲んだ。そして見張りを置いて、彼が飢えに負けるのを待った。[3]ところがパウサニアスはその部屋から出ないままで死にそうになったので、これに気がついた者たちはまだ息のあるうちに神殿から彼を運びだした。パウサニアスは表に出されると間もなく死亡した。[4]人々は死体をカイアダスの谷に投げ捨てようとしたが、結局近くのどこかに埋めることにした。しかし後日、デルフォイの神からラケダイモン人にパウサニアスが死亡した地点にその墓地を移動するように神託があり(今でも神域の前に彼の墓があり、その碑文にはこのいわれが記されてある)、さらにラケダイモン人の不浄に対し銅屋女神に一つの命の償いに二つの像を奉納するようにとも命じてきた。そこで彼らはパウサニアスに代えて二体の青銅像を鋳造して奉じた。

一三五　[1]こうして神でさえもラケダイモン人の振舞いを不浄と断じたのであるから、アテナイ人はこの不浄を清めるようにラケダイモン人に反駁したわけである。

[2]パウサニアスがペルシアになびいた時に、ラケダイモン人はアテナイに使者を送って、テミストクレスを共犯者として非難した。つまり彼らはパウサニアス事件からその事実が明らかになった以上、アテナイがテミストクレスを処罰するのが当然であるとしたのである。[3]アテナイ人はこれに同意して(つまり、ちょうどこの頃テミストクレスは国外に追放されてアルゴスに滞在したり、あるいはペロポネソスの諸地方を放浪していた時期であった)テミス

トクレス追跡に協力を申出たラケダイモン人とともに、どこでテミストクレスを発見しても彼を連行するようにと捕吏を派遣した。

一三六 一方、[1]テミストクレスは、これを予知してペロポネソスから自分には義理のあったケルキュラにまず逃亡した。しかしケルキュラはラケダイモンとアテナイを相手にして彼らからテミストクレスを庇うことになるのを恐れて、対岸の大陸に彼を渡した。[2]その動向の情報を追ってついて来る捕吏に追われて逃げまどったテミストクレスは結局、自分の敵であったモロッソイの王アドメトスに頼った。[3]しかしアドメトスはちょうどこの時、留守をしていたので、その妻による哀願者となった。そしてこの女の助言に従ってテミストクレスはアドメトスの子を抱いて炉に坐った。[4]間もなくアドメトスが帰館すると、テミストクレスは己れを明かにし、たとえ、かつてテミストクレスがアドメトスのアテナイに対する要請を拒否するように主張したからとて、追放の身になった自分にその仇を返すことは正しくないと述べた。そして今や、アドメトスの報復を受けるには遥かに弱く、同等の力量を持った者の間での仇討ちだけが正義であるとも説いた。それと同時に、またテミストクレスが反対したのはアドメトスの要請に対して反対したのであって、アドメトスの生命に関してではなかったから、もしもアドメトスが、テミストクレスを追手に渡すようなことがあれば(誰に何の理由で追われているかテミストクレスは説明して)、アドメトスはテミストクレスの生命を救うことを拒否することになるとも説いた。

一三七　[1]アドメトスはこれを聞き、さらにテミストクレスが自分の子供を抱いて炉に坐っているのを見ると、その子供とともにテミストクレスを炉から立たせた。子供が大いに役に立ったわけである。その後間もなくやって来たラケダイモン人とアテナイ人の強い交渉にもかかわらず、アドメトスはテミストクレスを渡さず、そののぞみどおりにペルシア王領に行けるようにと、陸路で東岸にあるアレクサンドロス王の領地ピュドナに送った。[2]そこでテミストクレスは商船を利用してイオニアに渡ったが、その間に嵐にあって、ナクソス島を包囲していた[100]アテナイ軍の所に流された。これに驚いたテミストクレスは、（その船の者たちに彼の素姓が知られていなかったのを幸いに、）船長だけにその身分と逃亡の理由を明かした。そしてもしも彼を助けないならば、収賄の目的で彼を運んだと言われて船長自身も捕えられると脅し、航海ができるようになるまで誰も船から上陸させないことが安全策であると言い、その上もし自分の言葉に従うならばそれに見合った返礼はすると提言した。そこで船長はその言葉どおりに、[3]一昼夜の間、船をアテナイの陣から離れた沖合いに止め、その後、エペソスに入港した。そこでテミストクレスは船長に礼金を出してその労をねぎらった。（つまりテミストクレスには後からアテナイの友人が送った資金や自分がアルゴスに貯えておいた貨財が届けられていたのである。）それからテミストクレスは海岸地方にいた一人のペルシア人の案内で内陸に向い、新しく即位したクセルクセスの子アルタクセルクセス王に手紙を送った。[4]その手紙には次のように書かれてあった。

「テミストクレス、陛下に参す。今上の父王、ヘラスを襲いて予に防戦の余儀なからしめし折、予はヘラスの何人よりも大いなる災いをもって尊家に応えたり。されど予の貢献は、予に危機なく、安全の陛下の父王になかりし退却の折にいよいよ優りて大いなりき。ゆえに陛下は予にその過去を負うなり。（この他、彼はサラミスで発した引揚げ勧告の件と大橋の破壊を防止したのは彼による所であると事実を曲げて自分の手柄とした後に）また、今日においては、陛下との友好故にヘラスを追われし予の陛下が侍側にあらば、陛下にその寄与するところ大いなるべし。されば陛下、予に一年の時を貸さば、身をもって参見し、予の来たりたるその目的を明らかにせん。」

一三八 [1]アルタクセルクセス王(101)はテミストクレスの叡智にいたく感心してその言うところをなすようにと答えた。そこでテミストクレスはこの保留した期間にできるだけペルシア語とこの国の習慣を学んだ。[2]一年の後、彼はアルタクセルクセスのところに現われそれに仕えた。テミストクレスはかつてどのヘラス人も受けなかった程の尊敬をペルシア人から受けた。これはテミストクレスの過去の名声やアルタクセルクセスに叶えさせるとテミストクレスが申し出たそのヘラスに対する欲望のためでもあったが、主な理由は彼の智恵を示す彼の言動によるものであった。

[3]じつにテミストクレスは先天的にもっとも安定した実力を示し、とくにこの点において余人に優って驚嘆に値いするものであった。学ぶことからも、また、経験からも習得した

のではない生得の理解力によって、現下の問題には瞬間的に最適の判断が下せ、将来の問題についてはあらゆる可能性を忘れない無類の先見力を持っていた。また、彼は既知のことには委曲が尽せ、未知のことにも至当の批判力を失わず、しかもいまだ不定の状態にある情況の好悪の予測にもきわめて長けていた。総じて、彼こそは天賦の才と敏捷な習得力で状況の必要に即応することにかけて抜群の能力を発揮した人であった。[4]彼は病死している。しかしある人々は彼がアルタクセルクセス王に約束したことが果せないことを悟って毒を呑んで自らの生命を絶ったとも伝えている。[5]いずれにせよ、彼の碑はアジアのマグネシア市の市場に建っている。それは年五十タラントンの収益のあるこの土地を扶持の一部としてアルタクセルクセス王が与えたのをテミストクレスが支配していたからである。（また当時、酒の生産量のもっとも多いとされた）ランプサコスもアルタクセルクセスはテミストクレスに酒料として与え、肴料としてはミュウスを与えた。[6]彼の骨は、彼が遺言したように縁者の手によって故郷に運ばれ、アテナイ人には内密でアッティカに埋められたと言われているが、これは国事犯の逃亡者を葬ることが禁じられていたからである。以上、当時のヘラスの中でもっとも著名なラケダイモン人パウサニアスとアテナイ人テミストクレスに関しては終りとする。

一三九 [1]さてこのように、ラケダイモン人は先に使節を派して不浄を清めるように要求したが、かえって逆ねじを受けた恰好になった。そこでその後はアテナイに幾度も使節を送って、ポテイダイアの撤兵だの、アイギナ市の主権返還等を要求したが、ことにアテナイのメガラ人に対する条令、すなわちアテナイ支配圏内の港湾施設とアッティカ市場の使用禁止令を重視して、それを撤回しないかぎり戦争は避けられないと公表した。[2]しかしアテナイ側はこの禁止令を撤回せず、また他の諸要求に対しても拒絶する態度を示した。そしてかえってメガラ人こそ神領や係争地域に立入って耕作しており、またアテナイの脱走奴隷をかくまっていると弾劾した。[3]そしてついに最後の使節としてランピアス、メレシッポス、アゲサンドロスがラケダイモンから来たが、彼らはもはや従来のことには一切言及せず、ただ「ラケダイモンは平和を希望する。アテナイ人がヘラスの自由を奪わなければ平和は可能なのだ」と伝えた。そこでアテナイ人は議会を開き、ラケダイモン使節を交えず彼らだけで問題を検討した。[4]その結果すべての問題に対して最終的に決議して回答を与えることに決まった。そこで「戦うべし」とする者、平和の妨げとなるメガラ法令の撤回を唱える者ら、多くが立って和戦両論を主張した。そこで当時のアテナイにおいて第一人者と目され、かつその言行にもっとも影響力の強かったクサンティッポスの子ペリクレスが立って次の要旨を述べた。

一四〇 「[1]アテナイ人諸君、ペロポネソスに譲るべからずという私の意見は終始一貫して変っていない。もとより、人は開戦に駆られるのと同じ感情で実際の行動はとれず、事態の変化でその意見も変ることを私が知らないわけではない。それを承知していればこそ、私は今も以前と変らずほとんど同一の勧告をしなければならないのだ。そして意見を変えた諸君は、我々がたとえ失敗したとて、議会の決議をあくまで支持して、自説の正しかったことを誇ってはならない。なぜならば、人間の立てる予定同様に事態の成行きも分らないからだ。このために理屈どおりに事が運ばないと我々は天を恨んで諦める。

[2]さてラケダイモン人が我々に策略をめぐらしていることは以前から明らかであったが、今や疑問の余地はまったくなくなった。つまり条約には紛争の法的調停の相互受授が規定され、また彼我の現状維持が明記されているにもかかわらず、彼らは法的調停を求めたこともなければ、それを申込んだ我々の要求を受けいれたこともない。彼らは法よりも戦争で紛争解決をのぞんでいて、高圧的要求に終始して合法的に苦情を訴えて来たためしがない。[3]すなわち彼らはポテイダイアからの撤兵、アイギナ主権返還、メガラ法令撤回を命じて来ており、しかも彼らの最後の使節にいたってはヘラスの自由解放を我々に公言した。[4]しかし彼らが現在もっとも重視しているメガラ法令を我々が撤回しなければ、些細なことで戦争を起したことになると思ったり、それに固執さえしないならば戦争は避けられると考えたりしてはならない。つまらぬことから戦争を始めたと後々自らをせめる必要もない。[5]なぜならばこのような細事に諸君の安全と決意の成否が全面的に懸っているからだ。そして一歩ゆずれば、それを怖気づいた証拠として、すぐにさらに大きな要求を彼らは押しつけて来るにきまっている。逆に諸君が彼らに毅然とした態度をとれば、彼らも諸君を対等

の立場で扱わなければならないことに気がつくであろう。

一四一 ゆえに[1]諸君は被害を受ける前に屈服するか、あるいは私の主張するように、敵の大小の言いがかりにめげず、持てるものを安心して保持できるように開戦を決意するか、この場で決しなければならない。つまり対等の国家間で問題の軽重にかかわらず、一方だけが法を無視して要求してくることは、他方の隷属を強制するにひとしいからだ。

[2]そこで諸君に悟ってもらいたいことは、彼我の現有戦力、資源を逐一比較の上、我々が決して敵に劣っていないことである。[3]すなわちペロポネソス人は農民であるから個人も国家も資材ももっていない。そのため近隣との短期戦は戦えても、貧しいために長期戦や海外戦の経験をもたない。[4]畑仕事を犠牲にはできず、さらに費やす私財もない上に船がないのだから、船に人を乗組ませることも、陸兵を頻繁に派遣することも不可能なのだ。[5]しかも戦争維持には不断の蓄財を要し、当座の戦時税では賄いきれない。農民は戦いに体を使うことは心得てはいようが資金は使えない。つまり危険には五体を挺して耐えられるとしても財資に欠乏してしまうからだ。おそらく今回の戦いは長びくであろうが、予期以上にそうなるとこの恐れは格別である。[6]なぜならば、ペロポネソス勢とその同盟諸軍は一回だけの戦闘ならば全ヘラスをさえ相手にしうる実力を備えていようが、異質の装備をもった敵と戦争をする能力には欠けている。彼らには衆議を一決する機構がない上に、すべてにひとしく投票権があたえられているので、異種族の各国家はそれぞれの私利にとらわれて

しまい何ごとも即決即行できないのだ。この状態が続くかぎり何一つ成功しようはずもない。[7]つまり各都市が最重要とする関心事がそれぞれ異っていて、ある都市は復讐に固執すれば他の都市は失費の削減を苦慮するという工合なのだ。しかも彼らはなかなか会議に集らず、ようやく開かれた会議ではほとんどが私利の追求に費されて、公事を議するいとまのないほどである。そしてこの無責任な態度が全体に及ぼす害に思いをいたさず、自分たちの先行きは他の者が心配してくれるものと考えている。この結果すべてが利己的な行動をとるので知らぬ間に共同の利益が犠牲になってしまうのだ。

一四二　[1]ともあれ、彼らの最大の弱点は軍資金にある。その調達に手間どっているかぎり彼らは何もできない。しかも戦機は人を待たない。[2]また彼らの海軍も要塞も恐れるには足りない。[3]平時においてさえ都市に対する要塞の築構は難しいのに、まして戦争になって、我々に敵のそれを防ぐ用意ができている場合にはますます困難である。[4]しかし彼らがたとえ小防砦を作ることに成功して、そこに脱走者をかくまったり、そこから出撃してアッティカを部分的に荒せたとしても、我々がペロポネソスに渡り、彼らの地に要塞を築いて我々の利点とする海軍で彼らに抵抗することを敵は阻止できない。[5]なぜならば、我々の上陸技術の方が彼らの陸からの海防技術よりはるかにまさっているからだ。[6]しかも彼らが海事を習得するのは容易ならざることだ。[7]つまりペルシア戦役直後から海事に研鑚を積んできた諸君でさえも完璧の域に達しているとは言いがたいのに、いわんや海洋民族でもない農業国民に一体、注目に価いする何ができようか。しかも我々の船団は常時、敵の港口を封鎖して、彼らに習練の機会をまったくあたえないであろう。[8]封鎖船団の規模が小さければ数をたのみに無智を勇の糧として攻撃をしかけてくるかもしれない。しかし多数の船には行動を停止せざるを得まい。そうなると敵はますます習練を欠き、判断力が鈍くなる。それに従って勇気も失ってしまうであろう。[9]海事は一種の技術であるから、他の技術同様に、一貫して本腰の入った訓練が必要であり、それに専念することが要求されるのだ。

一四三 [1]またかりに、彼らがオリュンピアなりデルフォイの神庫から資金を動員して我々の船員の中から外人傭員を高給で引抜こうとしたとしよう。その場合に我々市民や居留民が船に乗組んでも間に合わないのだとすれば、敵のこの政策はまことに恐るべきものである。しかし今日の我々には充分にその力がある。それどころか、まさに我々の強みは、市民が船長であり、他の乗組員も質量ともにヘラスのどの都市よりも優れている点なのだ。[2]しかも外人傭員にしたところで、自らを亡命者にしてまで短期の高給のために危険を承知で敵に味方し、勝ちめのない戦いを我々に挑もうとは考えまい。

[3]以上がペロポネソス側の実状かあるいはそれに近い状態であると私は判断する。これに反して我々の側には、私が敵の弱点としてあげた短所の心配がまったくない。我々の戦闘条件は比較にならないほど優っている。[4]敵が我々の領土を陸勢をもって侵略してくるならば、我々は彼らの領土に軍船で渡る。たとえ我々がアッティカ全土を失うとも、彼らがペ

ロポネソスの一部を失うよりはその損害は遥かに軽いのだ。この理由は彼らはその損失を補うに戦いを必要とするが我々は広大な領土を大陸や海洋諸島に持っているからである。
5 つまり強さは海の支配にあるのだ。我々が島国都市であったら、過去において我々よりも落しにくい都市があったろうか。諸君、よく考えてみてくれ。我々よりも島国都市にできるだけ近い政策を採用し、土地や家屋を顧みず、海防と都市防衛に留意すべきだ。土地や家屋にとらわれて逆上してしまい、数的に優るペロポネソス陸勢と戈《ほこ》を交えるようなことはしてはならない。（このわけは一戦に勝ってもすぐ前回に劣らない新手と戦うことになるし、一旦敗けたとなれば、我々の原動力でもある同盟都市を失うからだ。つまり我々の足下をみすかして彼らがじっとしているはずがない。）家屋や畑の損失を嘆かず、人命こそ惜しむべきである。すなわち畑屋敷は人を生まず、人がそれを作るからだ。私に諸君を説き伏せられる自信があったとしたら、畑屋敷のために敵に屈するようなことのないことをペロポネソス側に示すためにも、そこを捨て焼き払ってしまえとさえ私は命じたに違いない。

一四四 1 ともかく諸君が戦争中に帝国の版図拡大を企て、自ら危険を招こうとしないかぎり、勝利の見込みを約束する理由は他にも多くある。私が心配するのは外敵の計略より、かえって国内にある我々自身の誤りだ。2 しかしこの点については、他の機会に具体的に述べることにする。今なすべきことは彼らに使節を送って次のような回答を与えることだ。すなわちメガラ法令に関しては、ラケダイモン人がアテナイ人とその同盟諸都市市民を彼らの外人追放令[102]の枠外に置くならば我々もメガラ人に市場および港湾施設の使用を許可するとし（つまりこのどちらの処置も条約には抵触していないからだ）、諸都市の自主権に関しては、ラケダイモン人がその傘下の諸都市に政体選択権の自由とともに自主権を与えるならば、アテナイもアテナイ同盟参加以前に自主権を保持していた都市に限りその自主権を認めると伝えるべきだ。これに加えて、アテナイ側は協約による法的調停を希望しており、自発的に開戦する意図はないが、挑戦には抵抗することを明らかにしなければならない。以上がこのアテナイにとってふさわしくかつ正しい回答である。[3]戦争の必至は覚悟しなければならない。我々が敢然と防衛の態度にでれば、敵の気勢を制する。人も国家も虎穴に入ってこそ不朽の誉れが得られるのだ。[4]ペルシア勢を見事に撃退した我々の先人たちには、今日のごとき頼るべきものをも持っていなかった。あまつさえ彼らはその持てるものまで放擲し、運や力をたのまず、かえって勇気と計策で異語族を破り、今日の礎を築いた。ゆえに我々は先人に負けることなく、全力を傾注して敵を撃破し、授かったものを損わず後の世に伝えなければならない。」

一四五　[1]ペリクレスは以上の要旨を述べた。そこでアテナイ人はこれをもっとも健全な忠告であるとして、その主張どおりに票決した。そして一部始終ペリクレスの案に沿ってその提唱に従い、ラケダイモン人の要求には一切応じられないが協約による法的調停を通して平等の立場で対等に紛糾の解決を計る用意があるとラケダイモン人に回答した。そしてこの使節団が帰ってくると彼らはその後ふたたび使節を派遣しようとはしなかった。

一四六　[1]以上が、エピダムノスとケルキュラ紛争の直後から戦争が始まるまでの期間に、両者の間で交換された非難と弾劾であった。それにもかかわらず、両国間の往来は平時のとおりであった。しかし互いの猜疑心が消えたはずもなく、いかなる事件の発生も条約違背を意味し、戦争の端緒に直結していたのである。

第二巻

一　1 さて、今やアテナイとペロポネソス間の戦争は両者の同盟諸軍を加えてすでにこの時から始まった(1)。もはや軍使以外には、双方の連絡は途絶し、間断のない交戦状態(2)に入った。ここに記されたこの戦争の一部始終は、一年を夏期と冬期とに分け、その順序に従って(3)、記録されている。

二　1 すなわちこの年は、エウボイア陥落時に締結された三十年条約(4)が十四年間つづいて、その十五年目にあたっている。アルゴスではクリュシス(5)にとって四十八年目の巫女職の年で、スパルタではアイネシアスが督視官であり、アテナイではピュトドロスの執政職の任期がまだふた月ほど残っていた(6)。ポテイダイア戦から六カ月後(7)に、春になると同時に（ボイオティア連盟長官職(8)のピュレイダスの子ピュタンゲロスとオネトリダスの子ディエンポロスに率いられた）三百余名の武装したテバイ人たちは、ボイオティアにあるアテナイの同盟都市プラタイアに、人々の寝静まった頃を見計って侵入した。2 城門を開いたのはプラタイア人ナウクレイデスとその一味であった。彼らは自己の勢力保全と政敵を排してプラタイア市をテバイ側に引渡す計画だった。[3]そしてこの手筈はテバイ市で指導的な地位にあったレオンティアダスの子エウリュマコスを通して調えられていた。つまりテバイ側も、大戦の近いことを予想して、この戦争が否定できない事実となる前の平和のうちにかねてからテバイに反抗してきたプラタイアを先取してしまおうと狙っていたのである。この結果、警備もおいていないプラタイア市に忍びこむのは容易であった。[4]彼らが市場に武器を持込むと手引きの者たちは、早速行動に移って政敵の居宅を襲うように促した。しかし彼らはこれに従わず、かえって布告を出して友好的にプラタイア市の協調を得ようと考えた。(そこで布告使は、全ボイオティアの慣習にしたがって同盟をのぞむ者たちは自分たちの味方になれ、と触れた。)つまり、この方法で、簡単にプラタイアが彼らに与すると考えていたのである。

三 [1]ところがプラタイア人は、テバイ人が市内に侵入し、たちまちプラタイア市を占領してしまったことを知ると、(夜でよく見えなかったために)もっと多くの敵が侵入してしまったのだと思いこみ、恐れから交渉に応じて、要求を容れ、平静を保っていた。これはことにテバイ人が誰にも一切害を加えなかったからでもあった。[2]そうこうしているうちに、プラタイア人は、テバイ人が小人数であることを知り、抵抗すれば容易に勝てそうなことに気づいた。これも、つまりは、大部分のプラタイア人が、アテナイから離反することを望まなかったからである。[3]そこで抵抗することを彼らは決心したが、皆で道路を歩いては目立つので、隣りあった家の壁をくり抜き、そこを通って集り、道には防壁代りに家畜を外した荷車を並べ、またその他各自が思いつくことでこの際役立つことはなんでも用意をした。[4]こうしてできるだけの準備をしておいて、空の白まぬ前に家をあとに反撃行動を開始した。明るくなってしまっては敵も勇敢になって互角になる恐れがあったからである。闇の中では敵が市内の地勢に不案内のために勇気を殺がれて自分たちに有利になると考えたのだ。そこで彼らが攻撃を始めるとたちまち白兵戦となった。

四 [1]騙されたと知ったテバイ人は、隊列を整え攻撃してくる敵を撃退し(9)、[2]二度三度と攻撃を防いだが、大喊声をあげて進攻してくる男たちと同時に、女や奴隷も家々から叫びわめいて石や瓦を投げつけた上に、さらに暗闇に雨が降ってきたので次第に堪らなくなり、ついに背中を見せて市中から逃げ出した。けれども、泥と暗闇のために（この時期は月の終り(10)であったので）大部分は逃げ場を失った。[3]そこでプラタイア人は敵の逃げ口を押えると、多くの者を殺害した。ところが、彼らが市内に侵入する折に使った城門だけまだあけ放しになっていたので、そこから逃げられてはとプラタイア人の一人が鉤釘の代りに槍の石突を閂に差しこんでその門を閉じた。[4]市内で追われた者たちは市壁に上って、そこから市外に身を投げたから多くの者が死んだ。しかし離れた門の所にいた者たちは、一人の女が与えた斧で閂を壊しひそかに逃げたが、（それもすぐに発見されたので）逃げられた者は少数であった。しかも他の者たちも市内のあちこちで殺されていた。[5]そして潜入隊の主力はたまたま城壁に沿って立つ大きな建物の前に来合せると、その門が開いていたのでそれを市門と間違えて市外に直接出られると考えたのだ。[6]そこでプラタイア人は彼らが袋のねずみとなったのを見て、その建物を燃やし、焼殺してしまうか、あるいは何か他の方法はないか検討しはじめた。[7]しかし、結局、この者たちも、また、市内をうろうろ走りまわっていた他のテバイ人たちもプラタイア人に降参して、武器を奪われ身柄を渡すことに同意した。[8]プラタイアに潜入した者たちはこういう羽目に陥った。

五 [1]一方、他のテバイ人たちは、潜入隊が万一成功しないような場合には、夜が明ける前に全力を挙げてそれと合流をするはずであったが、その途上で、伝令によって事態が伝えられたので、その救援に急いだ。[2]プラタイアはテバイから約七〇スタディオン(11)ほど離れているが、夜来の雨が彼ら行軍の速度を妨げた。つまりアソポス河の水量が増して徒渉が難しかったのである。[3]それでも雨を衝いて行軍し、苦労して河を渡ってようやく遅れて到着した時には、味方は殺され、生存者も捕えられてしまっていた。[4]テバイ人たちはこの状況を知ると、プラタイアの市の外側にいたプラタイア人に攻撃をかけた。この人々は、今まで平穏だったので、このような被害を予期しておらず、畑に出ており、小屋等もそのままだった。そこでテバイ人は、彼らを捕獲しておいて、まだ市内で生捕りにされた者がいるとすればそれと引き換えにしようと考えたのだった。[5]テバイ人がこう考えて検討しているとき、プラタイア人は、何かこのようなことが起るであろうことを予感し、かつまた、市外の事態も心配だったので、テバイに使者を送って、条約関係にありながらプラタイア市を奪取しようとした彼らの行為は正義にもとるものであり、市外の物件や人物には被害を加えないようにと通告した。そしてもしこれに従わなければ、生捕りにしてあるテバイ人たちは殺す、と申入れた。そして彼らがプラタイア領外に後退すれば捕虜は返還するとも伝えた。[6] しかし、この話はテバイ人の言い条で、彼らはプラタイア人がこの約言履行を宣誓したとさえ主張するのである。ところが、プラタイア人は、使者が捕虜の即時返還を約束したことはなく、それは条約締結後の会談に待つことにしたのだとして、また、宣誓の件はこれを全面的に否定している。[7] しかし、ともかく、テバイ人は害を加えずにプラタイアの領外に退却すると、プラタイア人は市外の物件を早急に取り入れ、ただちに捕虜を殺戮してしまった。捕虜は百八十名であって、その中には、プラタイア側の密通者たちが働きかけたエウリュマコスも含まれていた。

六 [1] この処置の後、プラタイア人はアテナイに使者を送り、テバイには仮休戦条約の下で死体を送り返し、また、市内の現状も自分たちの考えどおりに処理した。[2] プラタイアの事件は発生するとすぐにこれがアテナイに知らされた。するとアテナイは時を移さずアッティカにいたボイオティア人を全部捕え、プラタイアには使者を送って、テバイ人の捕虜の取扱い方についてはは、アテナイ人が検討するまでは新たな行動は取らぬようにと指令した。

[3]これは、捕虜がすでに皆殺しにされてしまっていることがまだアテナイに報告されていなかったからであった。つまり最初の使者はテバイ人のプラタイア侵入と同時に送られ、二番目の使者はテバイ人が敗れて捕われた直後に発せられたからである。そしてその後の成行きについてはアテナイ人は何も知らなかったのである。それゆえ、アテナイ人は知らないままにこのような指令を出したのであって、使者は、到着してから捕虜が殺されてしまったことを知った。[4]この後、アテナイ人はプラタイアに派兵して糧秣を送り、守備隊を設置して婦女子と体の弱い者たちをアテナイに保護したのであった。

七 [1]プラタイア事件が起きて、同盟条約の破棄が明らかになると、アテナイ人は戦争の準備を進めた。ラケダイモン人もその同盟諸都市と共に用意を怠らず、双方とも、援助を得られる望みもあろうかと、ペルシア王や他の異語族国家にも使節団を送る準備をし、また、自己の権力外の諸都市をもすべて自分の同盟国にしようと腐心した。[2]ラケダイモン人は現有の船舶に加えて、イタリアやシケリア島で彼らに友好的な(12)諸都市にもそれぞれの能力に従って船舶を作って納めることを要請し、全船舶数が五百になるように努め、また一定の軍資金を用意するようにとも命じた。そしてこれらの用意ができるまで、他の面では平穏を保ち、アテナイの船も一隻だけは寄港を許すことにした(13)。[3]アテナイはそこで現同盟諸都市を厳重に監視し、ケルキュラ、ケパレニア、アカルナニア、ザキュントス等の多くのペロポネソス諸地方に使節団を送り、アテナイに対する友好を確保しようと試み、ペロポネソス周辺の弱体化を策した。

八 [1]こうして両陣営が大いに知略をめぐらすばかりでなく、ともに感情の命ずるままに戦いを求めたのも当然であった。つまり事の始めには人は熱心になるものではあるが、その上、当時、ペロポネソスには多くの若者がおり、アテナイにも未経験な多くの若者が戦争熱に憑かれていたからであった。ヘラスの他の諸都市もこの一等国同士の争いに興奮しており、[2]多くの予言が語られ、神託も戦争に直面している国に限らず、きわめて多弁であった。[3]この戦争の少し前にヘラス有史以来いまだかつて一度も地震のなかったデロス島に地震があった(14)。これは来たるべき将来の前兆と言われ、かつまた、そのように信じられもした。そしてもし何か他にも同様なことがあれば看過されるものはなかった。[4]人々の好意がペロポネソスの方に遥かに強く寄せられたのは、とくに彼らがヘラスを解放することを表看板に掲げたからである。公私を問わず何かできることさえあれば、すべてラケダイモン人たちと言動を共にすることを彼らは強く望んで、たまたま自分たちが参与しなかったことでもあれば、それだけ事の成就を妨げたとさえ考えた。[5]このように大部分はアテナイに強い反感を抱いており、アテナイの支配から逃れようとする都市もあれば、その支配下に落ちるのを避けようとする都市もあった(15)。

九 [1]さて以上が戦争に対して彼らが進めていた戦備・方略であるが、さらに両陣営は次の諸都市をそれぞれの同盟都市として戦いにのぞんだ。[2]ラケダイモン人の同盟諸都市は以下のとおりである。アルゴスとアカイアを除く「地峡《イスモス》」内のペロポネソス全土（アルゴスとアカイアは中立で、ペレネだけがアカイアの例外として最初に戦いに加わったが、後にはアカイア全体がこれにならった）、ペロポネソス以外では、メガラ、ボイオティア、ロクリス、ポキス、アンプラキア、レウカス、アナクトリオンが数えられる。[3]これらの中で海軍を提供したのは、コリントス、メガラ、シキュオン、ペレネ、エリス、アンプラキア、レウカスで、騎兵力はボイオティア、ポキス、ロクリスが提供し、残りの都市は歩兵を提供した。以上がラケダイモン人の同盟都市である。[4]アテナイのそれは、キオス、レスボス、プラタイア、ナウパクトスのメッセニア、アカルナニアの大部分、ケルキュラ、ザキュントス、および、次に記す諸種族の属国都市であった。すなわち、海岸線に寄ったカリア人とその近隣のドリス人の諸都市、イオニア人、ヘレスポントス地域、トラキア地方の諸都市、さらに島国ではペロポネソスと東部クレタとの間に散在する諸島、つまりメロスとテラ両島を除くキュクラデス諸島の全部であった。[5]これらの中で海軍力を提供した都市は、キオス、レスボス、ケルキュラで他の都市は陸上兵力と資金を提供した。[6]以上が戦争に対する両陣営の同盟構成都市とその準備であった。

一〇　ラケダイモン人[1]はプラタイア事件後、ただちにペロポネソス内外の同盟諸都市一円に使者を送って、アッティカの侵攻を目的とした外征に応じられるように戦備と兵力の用意を各都市に促した。[2]そして諸都市の準備がなるや、所定の時日に全兵力の三分の二を構成する勢力が各都市から「地峡」に集結した。全軍が勢揃いをするとこの外征を率いるラケダイモン人の王アルキダモスは、各都市の将軍、指揮官、それに主だった者を集めて次の要旨の訓示を与えた。

一一 「ペロポネソス人およびその同盟軍の諸官、我々の先人たちはペロポネソス内外の多くの戦役に従軍した。しかも我々とてその年長者たちは戦争を経験してきている。しかし我々がこれほどの軍備を整えて外征したことは一度もなかった。今や強力無比なる都市を敵とするにあたって、我々は質量ともに未曾有の規模を備えた兵力をもって出陣して来ているのだ。それゆえ先人に負けぬよう、評判に劣らぬように我々がつとめるのは当然である。なぜならばヘラス全土は、あげて我々の出陣に興奮し、その目的を支持してはいるが、この挙に対するその好意は反アテナイ感情の反映にすぎないからだ。それゆえもし我々が大軍勢をもって進攻するからには挑戦してくる敵の危険はまったくないと思うなら、このための油断は決して許されてはならない。むしろ各都市の将兵はいかなる危険にも即時対処できるようにそれぞれの持場を守るべきである。つまり戦いは予断を許さず、蟻穴から堤も崩れ、感情の命ずるところ、小勢もよく大勢に戦を挑むからだ。かつ大軍が数を恃んで敵を侮り油断をすれば緊張した小敵にしばしば強い反撃を受けるものである。それゆえ敵地にあっては、常に大胆なる攻撃計画をもちながらも行動をとるにあたって細心綿密なる準備が要求される。かくてこそ敵を攻むるに無上の士気をもってあたれ、守るにさらに固きは求められないであろう。[6]しかも我々が赴こうとしている都市は決して防衛に無力ではない。それどころかその軍備はあらゆる部門にわたって最善を誇っている。今でこそ敵は我々の姿を見ていないから出撃してこないが、彼らの地が荒され、財産が破壊されるのを目のあたりにして迎撃に出てこないはずはない。[7]身近かに何か常ならざる災難を目にすると激しい怒りに襲われるのが人の常で、無智なる者は感情的な行動しかとれなくなる。[8]アテナイ人が常人以上に激情に駆られることは想像に難くない。つまり彼らは自分たちこそ他を支配し、敵の侵入を座視するより、かえって他国を侵してその地を荒せるのだと自負しているからだ。[9]さればかくのごとき大都市を我々は攻撃目標としており、我らの栄光は先人のそれとあいまって一にこの成果に懸っている。ゆえに諸君は諸般にわたって秩序と警戒を厳にし、命令の達成に努め、指揮者の導くところ水火も辞してはならない。つまり大軍が一糸乱れず整然と赴くところ、これをしのぐ威容も備えもないからだ。」

一二 [1]以上の要旨を述べるとアルキダモスは集会を解散した。そしてスパルタ人、ディアクリトスの子メレシッポス(16)をまずアテナイ側に送った。それはアテナイ人もペロポネソス勢の進軍途上にあることを知れば譲る気になるのではないかと彼は思ったからである。[2]ところがアテナイ側はメレシッポスの市内立入りを禁止し、公の集会にも出席させなかった。このわけは、ラケダイモン勢が本国から出陣してきたら、その使いも使節も受け入れないというペリクレスの提案がすでに可決されていたからである。アテナイ人はメレシッポスに演説の機会もあたえず、即日領外退去を命じて彼を受け入れなかった。そして交渉を希望するならばペロポネソス勢がその領内に引揚げてから使節を送るように通告した。そしてメレシッポスが余人と接触しないように監視兵をつけて国境まで護送した。[3]そして国境まで来ていよいよ別れようとした時に、メレシッポスは「今日こそヘラスにとって最悪の災いの始まりとなろう[17]」と言残して去った。[4]メレシッポスが帰陣し、アルキダモスはアテナイが一歩も譲らないことを知ると、ついに軍勢を率いて敵領へと行進した。[5]このペロポネソス勢にボイオティア勢は割当兵数に加えて騎兵隊も参加させた。残りの兵力はプラタイア領に入ってその地を荒した。

二三 [1]さて、まだペロポネソス勢が「地峡」に集結して進軍の途上にあり、アッティカに入っていなかった頃、アテナイ勢の十将軍の一人、クサンティッポス[18]の子ペリクレスは、敵の襲来を予期して、自分とアルキダモスとは交友関係にあるため、私的な好意からペリクレスの所有地には手を触れず、それを荒すことを避けるのではないかと案じた。そうでなくとも、以前ラケダイモン人が自分の失脚を目的に汚れた者の追放をアテナイに迫ったように、今度もアテナイ人の中から自分に対して非難の声があがるのを狙って、わざとペリクレスの所有地を避けるということも考えられた。そこでペリクレスは国会でアテナイ人にアルキダモスと自分とは交友関係にあるがそれは決してアテナイの国利を害するものではないと説明し、もし自分の所有地や家屋が特別に敵によって傷つけられなかったら、公共財産として提供するから、決して自分をそのために疑ってはならないと言った。[2] そして当面の政策に関しては彼が前に主張した点を再び勧めて、戦備を推進し、農地の物資を市内に避難させ、市外への出撃を禁じ、市の守りを固くして、アテナイ戦力の主軸たる海軍の整備をするように言った。さらにアテナイの国力の根拠は同盟諸都市の貢金に依存している点を説いて、同盟諸都市に対して確実な管理が必要であると主張し、戦の勝利は主に財力の蓄積と計策の如何にかかっていると言った。[3] さらに、彼は言葉をつづけて、他の貢金を算入しなくても同盟諸都市からの年収がおよそ六百タラントン[19]ある上、その当時はまだ六千タラントンの銀貨がアクロポリスに現蔵されていることを指摘した。(これは、九千七百タラントンからアクロポリスの前門構築費[20]、諸種建築費、およびポテイダイア事件経費を差し引いた残額である。)[4] しかもこの額は未鋳の金銀で作られた公私の奉献物や、祭礼の行列、および競技に使う用具や、また、ペルシア戦戦利品等々他の同様な品々の五百タラントンを下らない額を除いた上での総計であるから、アテナイ人は自信をもってよいともペリクレスは言った。[5] その上、他の神社から貢進される金額とて決して少なくなく、彼らがそれを使用できるのは勿論であるが、万一、すべてに窮した時には女神像に貼られてある金箔も使用できると述べた。この神体には純金四十タラントン[21]が使われており、すべての金箔が取外せるようになっていることも強調したが、緊急に際してこれを使用した場合には、後日、使用量と同量以上の金を返済しなければならないことも指摘した。[6] 経済面の観点からアテナイ人を力づけたペリクレスはさらに重装兵力の面でもアテナイの諸砦の警備と城壁守備に一万六千名を割いても、なお一万三千名の重装兵のいる事を口にして彼らを元気づけた。[7] なぜならば戦争初期には何時の敵襲にも上記一万六千の備えがあり、これは最高年兵、最低年兵(22)および重装資格のある居留民から成っていた。つまりパレロン防壁がアテナイ市を巡る周壁に接するまでの距離は三五スタディオン(23)あり、さらに周壁の警備を必要とする部分は四三スタディオンの長さがある（つまりパレロン壁と長壁の間にあたる部分の周壁には警備がおかれていなかった）。またペイライエウス港に延びる長壁の外面の長さは四〇スタディオンあり、ムニキアを含むペイライエウスの周壁の全長は六〇スタディオンに達したが、その半分が警備を必要とした。[8] ペリクレスはさらに騎馬兵、弓騎兵あわせて千二百騎と、射手千六百、航行可能の三重櫓船三百隻のあることも列挙した。[9] 以上が、ペロポネソス軍第一回侵入をむかえた大戦直前のアテナイの現有勢力であり、各部門ともこの数に優るとも劣ることはなかった。ペリクレスは、この他の点についても従来の主張を披瀝して、戦争の見通しが明るいことを説いた。

一四 [1] ペリクレスの演説を聞くとアテナイ人はそれに(24)従って市外の農地から婦女子を市内に避難させ、家財道具などの日常必需品や家屋の木材を外して市内に持込んだ。さらに牛や羊もエウボイアとその近海の諸島に疎開させた。[2] しかしこの引越しは、多くが田舎の生活に慣れていただけに辛いものとなった。

一五　[1]つまりアテナイ人の田園生活は、古くからその本性になっていたからである。この理由はケクロプスその他の初期の王制の時代からテセウスの時代に到るまで、アッティカでは常に人々は地域別に独立して住まい、よほどの危険がないかぎり王に奏上することなく、各地方が独立して内部で協議をして政策を施行していたからである。そしてその当時は、エレウシス人がエウモルポスに率いられてエレクテウスと戦った例もあるごとく、王に反抗する者さえいた。[2]しかしテセウスが王位に即くと彼は智勇兼備の君主として国を治め、分立していた各地域の協議機関を廃し、一つの協議会と一つの評議所を土張して、それらをアテナイ市に一括、今日の統治権を設立した。そして彼は人々を統合したが、各人が以前から所有していた地方の財産には手を触れず、アテナイを唯一つの中央機関として認めるように強制した。アッティカ全域からの恩恵を受けたアテナイ市は発展して、テセウスの死後その後裔に伝えられた。それゆえテセウス以来今日までこの「統合政体」を記念してアテナイ人はアテナ女神の祭典(25)を公共に祝う。[3]昔のアテナイ市とは今日のアクロポリスとその麓の南向きの斜面に大体限られていた。[4]この証拠にアテナ神殿以外にも他の神々の神殿がアクロポリスの中側に建立されており、その外側にある諸神殿も大むねこの南向きの斜面に集中している。この地域にはオリュンポスのゼウス神殿、ピュティオス神殿、地の神の神殿、リムナイのディオニュソス神殿などが数えられる。アンテステリオン月に古ディオニュソス祭が祝われる(26)がこの祭りは、昔アテナイからイオニアに移民した

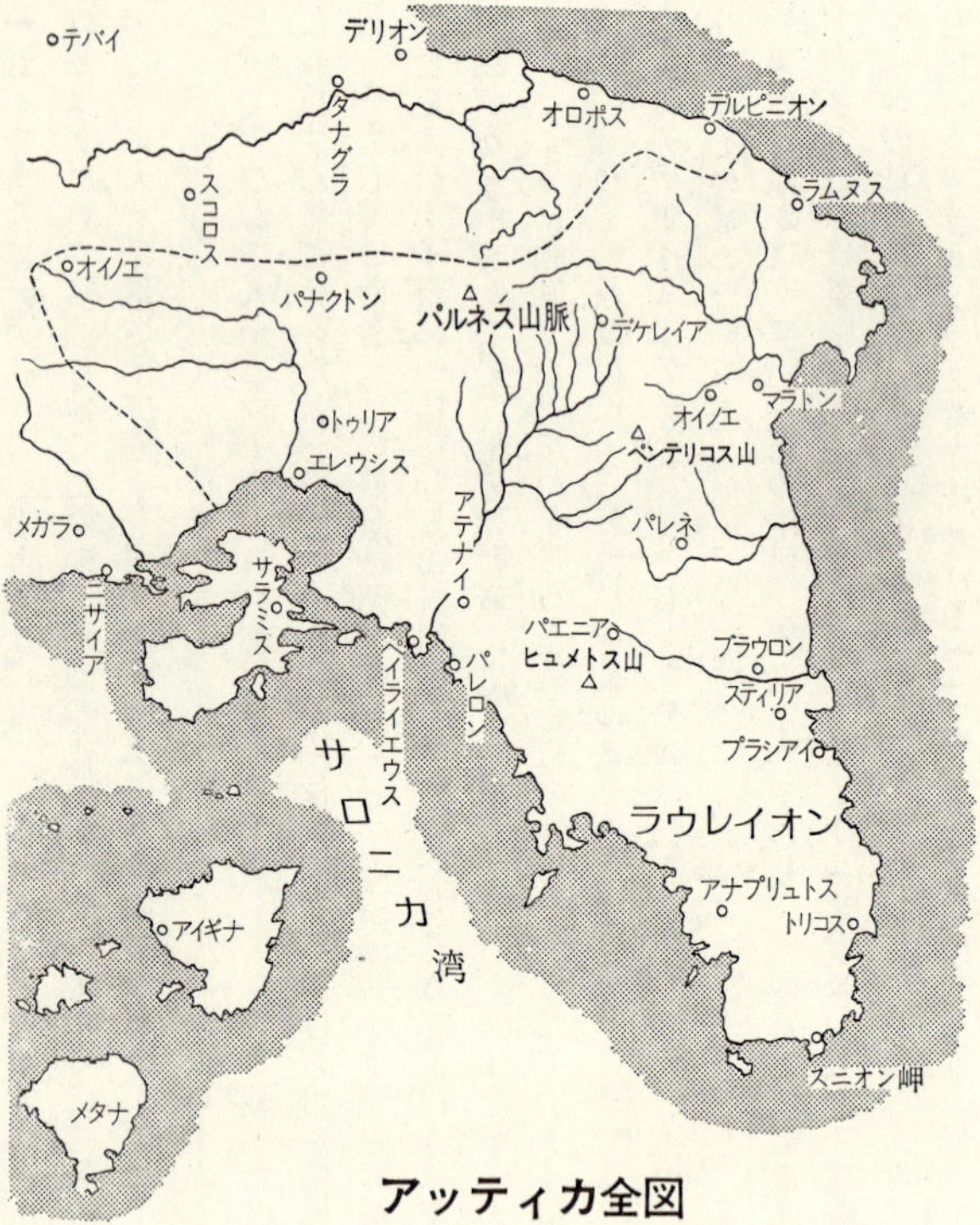
テバイ
デリオン
タナグラ
オロポス
デルピニオン
スコロス
ラムヌス
オイノエ
パナクトン
パルネス山脈
デケレイア
マラトン
オイノエ
トゥリア
ペンテリコス山
エレウシス
アテナイ
メガラ
パレネ
ニサイア
サラミス
パエニア
ヒュメトス山
ブラウロン
ペイライエウス
パレロン
スティリア
プラシアイ
サロニカ湾
ラウレイオン
アナプリュトス
トリコス
アイギナ
スニオン岬
メタナ

アッティカ全図

人々の間で今日も守られている。[5]この附近にはこの他にも古い神殿があり、さらに僭主時代に僭主たちが工事をして今も残る「九水路」と呼ばれる泉がある。往時この湧水が現れた時にその水が清泉だったので人々はこれを「カリロエー」(清流)と呼んだ。彼らはこの近くに住んでいたからこの水を大切な儀式の時に使い、今でも婚礼やその他の聖式には従来どおりにこの水を使用する慣わしとなっている。[6]昔、アクロポリスに人が住んでいた名残りで、今日でもアテナイ人はアクロポリスを「アテナイ市」と呼んでいる。

一六　[1]さてこのように、アテナイ人は、長い間各地域別に独立して居住し、テセウスの「統合政体」後も、今次大戦にいたるまでの多くの者が昔ながらの地方の生活に親しんできた。その上、とくにペルシア戦後、ようやく財産家屋を取戻したばかりのところだったので、またもや全財産を動かして移住することは容易ではなかった。[2]昔から慣れ親しんだ家や神殿を後にして従来の生活を変えようとすることは国外に移住するにもひとしく、人々の気を重くし、大いに安らかならざる思いを抱かせた。

一七　[1]こうして人々がアテナイ市内に移ってみると、知人の家など、身を寄せる家が見つけられたのはごく少数に限られ、一般大衆は、厳重に閉されたアクロポリスやエレウシニオン(デメテル女神殿)を除くと、市内の空地や神域、英雄聖地にまで住みこんだ。またアクロポリスの下にペラルギコンなる人が住むことを禁じられた聖域があり、アポロンの予言の断片にも「触れぬペラルギコンこそ事良けれ」とあって立入りを禁じていた。ところが当座の要に迫られて人々はそこにも住みついた。[2]しかし、私にはこの予言を一般の理解とは逆の意味に取った方が正鵠を得ているように思われる。すなわち、掟を破ってそこに住むことがアテナイに災いをもたらすのではなく、戦いのために禁を破らざるを得なくなると言っているのだろう。もっとも神託は「戦いのため」とは明示していないが、ペラルギコン(27)に人々が入りこむようになる時は決して喜ばしいことのためではないことを神託は予期していたのである。[3]市壁の塔中にも多数の難民が住みつき、住まえるとあらばどこでも残らず利用された。市内には移入者を受けいれる余地がなかったので、その後、長壁の部分を区切って住居にし、また多くはペイライエウスに住んだ。[4]これと並行して、同盟諸都市からは軍兵をつのるほか、百隻の完備した船をペロポネソスに廻航させるなどアテナイ人は戦備にも余念がなかった。[5]以上がこの頃のアテナイの状態であった。

一八 [1]一方、進軍して来たペロポネソス軍はオイノエからアッティカに侵入する予定でまずそこに到着した。彼らは着陣完了とともに破城槌、その他の手段で防壁を破りこれを攻略する準備を始めた。[2]つまりオイノエはアッティカとボイオティアとの境にあって防壁がめぐらされていたので、アテナイ人は敵の侵入のある時にはいつもこれを一拠点として利用していたのである。ペロポネソス勢はこれに攻撃を加える準備に時間がかかり、オイノエで特に時を浪費した。[3]そしてこの責を人々はアルキダモスに強く迫った。このわけは彼が開戦会議で弱腰と目され、戦いに余り熱意のない、アテナイにとってこそ便利な人物と解されていたからである。さらに諸勢が集結した時にも「地峡」で手間取っており、ようやく出陣した後は、オイノエ攻略にいたるまで廻り道をして急ぐ体もみせず、しかもオイノエで特別に時間を費したからであった。[4]つまりこの期間にアテナイ人の市内への避難作業が進行中だったので、ペロポネソス勢は、アルキダモスに煩らわされずに急襲していたらまだ市内に残されていた物資をあまさず捕獲できたと考えたのである。[5]戦況が膠着状態になると、アルキダモスはペロポネソス勢のこうした忿懣の的となった。また一説には、アルキダモスを待たせたのは、アテナイ人が自分たちの土地の荒されるのを見るに忍びず、それがまだ無傷の中にペロポネソス側に譲歩するかもしれないという期待で、そのために彼は前進しなかったのだとも伝えられる。

一九 [1]しかしオイノエは彼らの総攻撃にも陥落の色を見せず、しかもアテナイからは一人の使節とて現れなかった。そこでペロポネソス勢は遂にオイノエを発つとアッティカに侵入した。率いるはラケダイモンの王ゼウクシダモスの子アルキダモス、そして時は夏の稔りの熟す頃、プラタイア事件よりほぼ八十日目のことである。(28) [2]アッティカに落ち着くとペロポネソス勢は早速エレウシスとトゥリアの原を荒し、レイトイと呼ばれる地点ではアテナイ騎兵隊(29)を敗走させた。この後再び前進した彼らはアイガレオン山脈を右に見ながら、クロピア地区を通ってアカルナイ地区(30)まで進んだ。これはデーモスと呼ばれるアッティカの居住地区ではもっとも大きな地区である。ここに彼らは落ち着くと陣を固めて長期の破壊活動に入った。

二〇　[1]この第一回侵略で、アカルナイに陣取ったアルキダモスがアッティカの平地に降りていかなかったのは次のような考えからであったといわれる。[2]すなわちアテナイには多くの若者がおり、きわめて意気旺盛で、これまで以上に戦備を整えているので国土が荒されるのを静観できずおそらく出撃してくるであろうという点である。[3]それゆえ、エレウシスとトゥリアの原ではアテナイ人が迎撃して来なかったので、その出撃を誘う目的でアルキダモスはアカルナイに布陣したのであった。[4]この理由はアカルナイの地勢が戦闘に適しているようにも見えた上に、この地区の人口がアテナイ総人口に対して大きな比率を占めているので（アカルナイには三千の重装兵[31]がいた）、その者たちが自分たちの土地が荒されるのを黙過できず他を語らって総攻撃に出てくることが考えられたからである。しかしこのようにしてもアテナイ人が自分たちの侵入に抵抗して来ない場合には、その時を期して彼らの土地をさらに徹底的に荒し、直接アテナイ市自体に接近しようと考えた。このわけはペロポネソス勢がアカルナイ人の財産を奪ってしまえば、彼らは他の者のためにだけ戦う闘志を失い、アテナイ側の足並みが乱れることを計算したからである。[5]アルキダモスがアカルナイにいたのは以上のような考えからであった。

二一　[1]一方、アテナイ人は、エレウシスとトゥリアの原にまで来たペロポネソス勢がそれ以上はアテナイ市に接近しないのではないかという一抹の希望を抱いていた。このわけは、今次大戦より十四年程前に、ラケダイモン王パウサニアスの子プレイストアナックスがアッティカに入った時も(32)、エレウシスとトゥリアの原まで来てそれ以上はアテナイに近づかないで引揚げた事実をアテナイ人が覚えていたからである。（プレイストアナックスは〔この行動のために〕収賄の嫌疑を受けてスパルタから追放された。）[2]しかしアテナイ市から僅か六〇スタディオン（一〇キロ余り）のアカルナイに敵影を認めるとアテナイ人たちは我慢ができなくなった。アテナイの若者たちは自分たちの土地が現実に荒されるのを目のあたりにするのは初めての経験であったし、年寄りたちにしてもペルシア戦争以来のことなので、当然これに恐れを感じ、とくに若い者たちは他の者たちとともに、敵を拱手傍観しておらずに出撃すべきであると主張した。[3]そこで人々は諸処に集っては出撃の是非を激しく論じあった。予言者たちもあらゆる類いの予言を提供したので、人々はそれぞれ自己の主張に都合のよい予言に耳を傾けた。アテナイ市民の中でも大きな部分を占めていることを意識していたアカルナイ地区の者たちは、自分たちの地区が荒されているので強硬に出撃論を主張した(33)。こうして鼎を沸かしたようになったアテナイ市の中で、人々の怒りはペリクレスにむけられた。彼が前に勧告したことなどまったく忘れられてしまい、将軍でありながらなぜ軍勢を率いて出撃しないのかとペリクレスを非難し、彼らの災難の責任はすべてペリクレスにあると考えた。

二二 [1]ペリクレスは、人々が現状に憤慨のあまり、良識を失っているのを観察して、出撃を不可とすることが正しいと信じた。そして理性よりも感情に駆られた群衆の誤断を避けるために議会も討論会も一切開かなかった。しかし、彼は平穏裡になし得るすべての方策を講じてアテナイ市の警戒を厳にした。[2]ただし騎兵隊だけは市外に常駐させて、敵の先進隊がアテナイの近郊を荒すのを防いだ。プリュギア地区でアテナイの騎兵隊の一部とテッサリア騎兵隊がボイオティア騎兵隊と短時間の遭遇戦を演じた。ボイオティア側に重装兵の援勢が来るまでは、アテナイ・テッサリア兵は敵と互角に戦った。しかしその援軍の到着とともに彼らは後退を余儀なくされたが、彼らの損害はわずかであった。しかも休戦条約も結ばれず、死体は即日収容された。[3]ペロポネソス側はその翌日戦勝塚を立てた。このテッサリア隊は、昔からの同盟条約に従ってアテナイ側に加勢していたもので、ラリサ、パルサロス、〔パラシオン〕、クランノン、ピュラソス、ギュルトン、ペライ等の地区から来ていた。ラリサ隊はポリュメデスとアリストヌスがそれぞれの出身部隊を指揮していた。パルサロス隊はメノンが指揮をとり、他の部隊もそれぞれ出身都市ごとに指揮官が率いていた。

二三 [1]ペロポネソス勢(34)はアテナイ人が抵抗してこないのでアカルナイの陣を出るとパルネスとブリレッソス山の間にあるいくつかの住民地区を荒した。[2]一方、アテナイ側は、ペロポネソス軍がアッティカ領にいる間に、重装兵千名、射手四百名をかねてから用意の軍船百隻に乗せるとペロポネソス沿岸周航に出発させた(35)。その指揮にはクセノティモスの子カルキノス、エピクレスの子プロテアス、アンティゲネスの子ソクラテスが当った。[3] 以上のような構成でアテナイ船隊が航行している間、ペロポネソス勢は糧秣の続くかぎりアッティカに留っていた。しかしその後侵入径路とは異なったボイオティア経由で引揚げた。その途上グライア地方のアテナイの属領でオロポス人が住むオロポスという地域を荒した。彼らはその後ペロポネソスまで帰って来ると解散して各自の都市に戻った。

二四 [1] ペロポネソス軍が引揚げると、アテナイ人は海陸の防衛に留意し、戦いの続く限り消極作戦に徹しようとした。そしてアクロポリスの資金から千タラントンを取りのけて別途に確保し、戦費は残金から充当することに決議した。そしてアテナイに来襲する敵船を防ぐため以外に、この別途金の使用を提案したり、あるいはその票決要求をしようとする者は死刑に処せられるとも決議した。[2] また、毎年、最上の三重櫓船百隻とその船長を確保して、別途資金と同様の危機に際してのみ、この別途資金によって動員されることも決した。

二五 [1] さてこの間にもペロポネソス周航中の百隻のアテナイ船隊と五十隻のケルキュラ援軍船隊は、その同盟諸勢とともに沿岸諸地を荒していた。彼らはラコニアのメトネの城壁が堅固でなく人もいないのに目をつけて、そこに上陸して城壁に挑んだ。[2] ところがちょうどこの地方をスパルタの人でテリスの子ブラシダスが警備隊を率いて巡視していた。彼は敵の侵入に気がつくと重装兵百名を率いてメトネの救援にきた。アテナイ勢が城壁に向って散開戦列を布いているところを一挙に馳け抜けてメトネの城内に入った。ブラシダスはこの挙で少数の手勢を失ったのみでメトネを救ったのである。この武勇によってブラシダスはスパルタにおける今次大戦で初めての功労者に表彰された。[3]アテナイ人はメトネを去って沿岸航海を続け、エリスのペイアを圧迫しその地を荒した。二日後にエリスの内陸の盆地から救援に来た精鋭三百とエリス周辺に住む住民を戦いに破った。[4]しかしアテナイ人は港のないところで暴風雨に遇ったので多くの者は船に乗ってイクテュスと呼ばれる岬を廻ってペイアの港に向った。船に乗れなかったメッセニア人や他の都市の軍勢は陸路を渡って、ペイアを占領した。[5]その後、船団が沿岸航海してペイアに着くと、彼らを船に乗せた。その間にエリスの大軍がすでに接近していたので、ペイアを後にして出航し、沿岸を航海して他の土地を荒した。

二六 [1]ほぼこれと同じ頃、アテナイ人は三十隻の船をロクリスの守りに送ったが、あわせてエウボイアの警備ともした。その統率者はクレイニアスの子クレオポンポスであった。[2]船から降りては沿岸に上陸し土地を荒し廻ったが、トゥロニオンを陥して人質を取り、アロペでは援軍のロクリス軍を破った。

二七 [1]この同じ年の夏、アテナイ人は、アイギナ人を今次大戦の大きな原因であると糾弾して、婦女子に至るまでアイギナ島から追放した。つまりペロポネソス沖にあるその島にはアテナイ人自身の移民を送った方が安全だろうと考えたからであった。そこでその後間

[2]ラケダイモン人は、追放されたアイギナ人に入植耕作の土地としてテュレアを与えたが、(36)その理由は、一つにはアテナイとの紛争のためもあるが、とくにアイギナ人が、地震の時と農奴反乱の時にラケダイモン人に助力したからでもあった。このテュレアの地はアルゴスとラコニアの境にあって海に面している。アイギナ人の中でもこの地に落着かなかった者はヘラス全体に散らばった。

二八 [1]同じ夏、新月の頃、もっとも、これは新月の頃以外には起きないように思えるが、日中に太陽が欠け、再び円となったが、欠けた時は三日月の形になり星も少し見えた(37)。

二九 [1]さらに同じ夏、アテナイ人はアブデラの市民でピュテスの子ニュンポドロスをアテナイの外地代表者に任じてアテナイに招いた。この男は以前はアテナイの敵と見做されていたが、その妹がシタルケスに嫁いでおり、シタルケスに強い影響力を持っていたので、アテナイ人はニュンポドロスを通して、トラキア王でテレスの子であるシタルケスと同盟を結ぼうとしたのである。[2]トラキア地方は多くの独立地域からなっているが、シタルケスの父であるテレスはオドリュサイをそれらの中でも群を抜いて強い王国にした中興の祖であった。[3]このテレスは、アテナイからパンディオンの娘プロクネをめとったテレウスとは無関係である。後者の出身地はトラキアとは異り、現在ポキスと呼ばれるダウリアに住んでいた。当時この地方はトラキア人が住んでおり、イテュスにまつわる事件を起した女たちのいた所でもある。(それゆえ多くの詩人が夜鶯をダウリアの鳥と詠むのだ。)パンディオンが娘の婿を迎えるために旅行をしたのは遠方のオドリュサイよりも、近くの利害関係を互いに持つポキスであったとする方が妥当である。テレスはテレウスとは名前から異なっており、オドリュサイの地で力を揮った最初の王である。[4]この人の子がシタルケスで、アテナイ人は、トラキア地方とペルディッカスに属する諸都市をこのシタルケスの援助で陥そうとして彼と同盟を結んだのである。[5]ニュンポドロスは、アテナイに来るとシタルケスとの同盟を締結し、自分の子サドコスをアテナイ市民にしてトラキア地方の戦争を終らせることを約束した。つまり彼はシタルケスを説いて、アテナイ側にトラキアの騎馬隊と射手隊を送らせる約束をしたのである。[6]またペルディッカスをアテナイと和解させ、アテナイがペルディッカスにテルメを返すようにも計った。[7]ペルディッカスはただちにポルミオンとそのアテナイ勢と共にカルキディケに出撃した。このようにしてトラキアの王、テレスの子シタルケスとマケドニアの王、アレクサンドロスの子ペルディッカスはアテナイの同盟者となった。

三〇 [1]さてアテナイの百隻の船はまだペロポネソス沿岸にあって、コリントス所属の小市ソリオンを占領し、その土地と町をアカルナニアのパライロス人に彼らだけが居住するようにと手渡した。また僭主エウアルコスが支配していたアスタコスを強襲してこれを陥し、エウアルコスを追放すると、アテナイ同盟都市とした。(38) [2]そしてケパレニア島では戦闘をするまでもなく、住民はアテナイに服した。この島はアカルナニアとレウカスに面していて、そこにはパレス人、クラネ人、サマイオイ人、プロンノイ人がそれぞれ住む四都市があった。その後、間もなくアテナイ船団はアテナイに帰国した。

三一 [1]この夏の終り頃、アテナイ人はクサンティッポスの子ペリクレスを将軍として、在留外人も含めた全兵力で、メガラを攻撃した。その頃ペロポネソスの沿岸航海を了えたアテナイ船団百隻は（すでにアイギナにあって補修のために帰国の途次にあったが）、アテナイの全兵力がメガラに向ったことを知ると、それを追って航海して、それと合流した。[2]このアテナイ結集部隊がアテナイの最大の陣容となったのは、アテナイがまだその全盛期にあって、疫病の被害を受けていなかったからである。すなわち、一万人を下らない重装兵部隊がアテナイ人自身で構成されており（この他にポテイダイア攻略中の重装兵三千もあった(39)）、在留外人部隊の重装兵は三千人を越えており、その上にこの他の軽装部隊の数はきわめて多数にのぼった。彼らはメガラの耕地の殆んどを徹底的に荒して引揚げた。[3]しかしその後も毎年アテナイ人は騎兵隊をともなった全兵力でメガラに侵入し、ニサイアをアテナイが占領するまでそれは続いた。

三二 [1]この年の夏の終りにアテナイ人は、以前は無人島であったオプスのあるロクリス沖のアタランテ島に防壁をめぐらして警備を置いた。この処置は敵船がオプスのロクリスや沿岸のロクリスから出航してエウボイアに略奪行為を働けないようにする目的であった。

以上のようなことがこの夏、ペロポネソス軍がアッティカから引揚げた後に起った。

三三　[1]冬になると、アカルナニア人のエウアルコスはアスタコスを奪回しようと企てた。彼はコリントス人に四十隻の船と千五百の重装兵をもって出航して自分を復位させてくれるように説き、エウアルコス自身も少数の雇兵を集めた。この軍勢の指揮官にはアリストニュモスの子エウパミダス、ティモクラテスの子ティモクセノスおよびクリュシスの子エウマコスがなった。[2]彼らはこうして出発してエウアルコスを復位させた。さらに彼らは他のアカルナニア沿岸の諸都市を得ようとしたが失敗したので帰途についた。[3]沿岸ぞいにケパレニアに寄ってクラネ人の領土に上陸したが、協約を結んだクラネ人に裏切られて、突然クラネ人が彼らに襲いかかったので、数名の味方を失った。しかしようやく困難を切り抜けて帰途についた。

三四　[1]同じ冬、アテナイ人は伝統に従って今次大戦最初の戦没者のために国葬(40)を次の次第で営んだ。[2]まず天幕を張り、逝去者の骨をそこに三日間安置し(41)、おのおのの縁者はそれぞれ思い思いの供物をそなえ、[3]その後に埋葬場への行進があって、各部族に一台ずつの車には糸杉の棺が載せられ、その中に部族ごとの骨が納められるのである。死体収容時に発見されなかった行方不明者たちのためには覆いを掛けた空の柩車が一つ運ばれた。[4]市民外人を問わず、希望者が車を引き、縁者の女たちも哀悼の声を上げつつ埋葬に同行し、[5]そして市の郊外で一番美しい所(42)にある国立墓地に骨を埋めるのであった。今次大戦以外の戦没者もすべてここに埋葬されるのが常とされているが、マラトンでの戦没者だけが例外なのは、彼らの勲しが抜群であったとされてその墳墓が現場に作られたからである。土を被せ終ると、大いに識見に秀れ、第一人者たる者として市が指名した者によって戦没者にふさわしい賞讃の辞がささげられる。そしてこれが終ると一同の解散となるのである。[6] このようにして埋葬を行なうのであったが、今次大戦にも機会のあるごとに彼らはこのしきたりを守った。[7] 今次大戦の最初の戦没者のためには、クサンティッポスの子ペリクレスが演説者として指名された。[8] 時の来るを知ると彼は埋葬地を離れ、できるだけ多くの群衆に聞こえるようにしつらえられた高い演台に立ち、彼は次の要旨を述べた。

三五 「今日までこの演台に立った多くの者は戦没者に弔辞を捧げることを是として、この演説の仕来りを法に定めた人物を賞讃してきた。[1] しかし私には、行ないによって勲しを顕した者への名誉は、行ないによって表彰されれば足りると思える。それはまさしく、今、公の手による埋葬の行事を諸君が目前にしているごとく、多数の人々の徳行は一個人に託されて、その者の演説の巧拙によって判断されるべきではないと思うからである。[2] というのは、中庸を得た演説は、真実として信用され難く、発言に困難だからだ。つまり物故者に親しかった者、好意を抱いていた者たちには中庸の演説では、発表してほしいと望むことや物故者に関する自分たちの知識に較べて何か物足りない印象を受け、また物故者と交際のなかった者には自分より秀れた者についての演説は、妬みから誇張していると考えられるからだ。[3] しかし古人がこの仕来りをよしと認めた以上は、私もその法に従ってできるだけ多くの諸君の考えや希みを表現するようにつとめるべきだ。

三六　[1]まず私は祖先に関することから始めたい。それはこのような機会に祖先を思って、彼らに敬意を表わすことは正しくかつふさわしいからだ。すなわち彼らはこの国に代々変ることなく常住し(43)、その徳行をとおして自由を現世代にまで伝えた。[2]さりながら彼らがこの賞讃に値いするならば、さらにそれにふさわしいのは我々の先代の人々(44)である。[3]つまり先人たちは祖先から伝えられたものの上に我々が維持している支配圏を苦労して築きあげ、残していってくれたからだ。しかもその支配圏を手塩にかけて育てたのは、若かりし頃のこの我々である。そして戦時・平時を問わずすべてに類なく自足した都市(45)を我々は顕現せしめた。[4]しかし私はこの演説が冗長になることを避けるため、支配圏を発展せしめた戦績を一つ一つ数えあげたり、先人やあるいは我々が異語族およびヘラス人の侵攻に対していかに果敢に抵抗したかをここで縷述しない。ただいかなる生活態度が我々を今日に導き、いかなる政体・政策が我々に現在の大をなさしめたか、これらの諸点をまず明らかにしたい。その後、この戦没者に対する讃辞を述べよう。それはこれらの諸点がこの壇上から語られることはきわめてふさわしいばかりでなく、市民にも外人にもすべての聴衆にとって有益であると私は信じているからである。

三七　[1]すなわち我々の政体は近隣の慣例に追従せず、他に真似ることなく、かえって自らを他への規範たらしめている。その名称も、政治責任が少数者に担われることなく、多数者の間にゆきわたっているところから公民統治(46)と呼ばれる。そして個人の紛糾に関しては、すべてが法の前に平等であるが、これと同時に個人の価値によって、つまり名人の得る声望に基き、それに従って階級によらず、能力本位に公職者を選出する。そして国家に何らかの寄与をなしうる者あらば、その貧しきがゆえに名もなく朽ちることはない。我ら[2]は自由に公事に携わり、互いに日ごとのつとめに留意し、隣人が何か放逸に流れても怒らず、しかも放置せず、いたく顰蹙の体を示す。悪意[3]をもって私事に干渉することなく、懼れを抱いてすべからく公事に違法をおかさず、常に法と公官を尊び、とくに虐げられし者を守る掟とすべてに恥を教える不文律とに留意する。

三八 これ[1]に加えるに、我々は多くの慰めの案を講じて設定した。国家が四季を通じて競技や祭典を催せば、私人の快き住いは日々の労苦を忘れさせる。この[2]都市の偉大なるがゆえに、あらゆる物はこぞって集い、我らは世の涯の幸までもこの地のめぐみとひとしく楽しむのだ。

三九 また[1]、我々の軍事に対する態度も敵とは異っている。まず我々は門戸をすべてに開放し、外人追放(47)などで何人の見聞をも妨げることはしない。たとえこの公開主義のために、敵が我々から何かを学んで便宜を得るとも、装備や策略よりも我々の敢闘精神を強く信じている。軍事訓育に関しても、彼らは幼少から厳格な訓練をもって勇気の涵養をもとめるが、我々は自由にしておりながらも、彼らに敵対して勝負に少しの遜色をも見せない。例[2]

をあげれば、ラケダイモン人は単独出兵をせず、同盟軍すべてと語らって我々の領土に出兵してくる。これに反して、我々は自分たちだけで隣地に侵入するや、本拠を守る者と外地で容易に戦って、おおむね勝利を得ている。[3]しかもいかなる敵たりとも我々の全勢力に一度も直面したことはないのだ。つまり我々は海軍を増強すると同時に、我々自身の陸上部隊を各地に派兵しているからだ。そして彼らは我が軍の一部と交戦して勝利を得ると、その部分的な勝利をもって、我々全体を撃破したと吹聴し、また破れれば、我々の全勢力に征服されたと称する。[4]しかも我らは訓練や軍紀に煩わされず、悠揚迫らず勇気をもって、欣然と危険にまみえ、来たるべき艱難に兢々ともせず、しかも一旦戦列に立つや、常日頃、訓練に煩わされている者よりはるかに勇敢に振舞うのだ。以上のことだけでもこの都市は驚嘆に充分値いするのだが、しかもこれだけではない。

四〇 [1]すなわち我々は美しきを求めて贅に走らず、智を愛すれど優弱に堕しない。富者は富を誇らず、それを活動の糧とし、貧者も貧しきを恥じず、恥ずべきはそれに勝つ努力を怠る事とする。[2]各人ともに公私に尽し、戦士も政治に疎からず、これに参与せざる者を無為より無益な者と考えるのは我々だけなのだ。我々は問題を批判し、かつ同時にそれを正しい方向に促進する。批判が実行を妨げるとは考えないが、さりとて批判にのみ走ってなさるべき行動が忽《ゆるがせ》になる事はない。[3]すなわち以下の点でも我々は他者とはまったく異なっている。我々は各人一人ひとりが目的に対して慎重な検討を加えることと、それを果敢に断行する能力を併せもっている。これに反して余人には無智は蛮勇を呼び、考慮は躊躇をもたらす。[4]恐怖も歓喜も知悉して、しかもなお危険にたじろがない者こそ心からの勇者と呼べよう。さらに我々のいう善事も余人と異なり、恩恵を受けることにあらず、それを施して友を作るにあるとする。つまり人の謝意を招く善行者は、その謝意を失うまいとするからますます信頼されるが、義理で返恩する者は、感謝されるためではないことを意識するために、誠意を失うようになるのだ。[5]さらに我々の他の特質は、打算によらず、自由を信頼して恐れず人に尽すことにある。

四一 [1]まとめて言えば全市がヘラスの師範なのだ。しかも我々市民は、[2]一人ひとりが独立してそれぞれ広域にわたる分野の活動を積極的に楽しんでいると思う。私はこの祭儀のために大言壮語しているのではない。[3]これが実際の真実であることは、このようにして我々が得たこの国の力が実証している。つまり試練にあって名声を凌ぐ力を示したのは、現代において我々だけである。我々に破れた敵も我々だけには恨みを抱かず、従う属国も我々以外にはその権力にふさわしい盟主はないと信じている。[4]大いなる徴しをもって紛うかたなき力を生んだこの我々は、今日の人々にも、未来の人々にも讃嘆の的となろう。事実がまことを物語るならばホメロスの讃歌も、耳に儚き言葉の綾も我々には無用となろう。我々の勇気の前に屈したすべての海陸は、ともに道を開いて我らを受け入れ、世のすみずみに到るまで我々はその盛衰の塚を永遠に残した。[5]されば、このように偉大な都市のために、これを失うべからずと雄々しく断じて、これらの人々は戦い散ったのだ。それゆえこの都市のためにすべてを尽して艱難に進んで当ることこそ残りたる者の務めである。

四二 [1]この都市に関してこのように長く話した理由は、一つには較ぶべき何物をも持たない都市と我々との戦いではその目的がおのずから異なってくることを示唆し、さらに今、述べる戦没者礼讃にはっきりした論拠をあたえるためであった。[2]そしてその戦没者礼讃の主な目的もすでに果されているのだ。その訳は私が謳ったこの都市をかざったのはここに眠る人々の勲しだからである。この勲しと礼讃とが、ここに散華した人たちの場合のごとく、互いに完全に符合する例は多くのヘラス人の中にも見られないであろう。そしていまここに安らぐ人々の最期はまずその徳に名声をあたえ、ついでそれを永遠に不動のものたらしめたと私は思う。[3]祖国のために戦った武勇こそ人の短所を償うのは当然である。つまり善は悪を消して公に資し、個人の害は影響をもたないからだ。[4]この人々は一人として、持てる富の快楽に惹かれてひるんだり、貧しきを逃れて富む日ののぞみに死をためらったりした者ではない。彼らは富よりも敵を罰することを希求し、これこそ生命を捨てるに類いなき花と信じたのだ。敵を誅するに決死の意を固め、富や悦楽を乗越えてこの決意の成就を祈願したのである。定かならぬ戦運を望みに託し、身を挺して目前の務めの遂行を尊び、かくして退いて生き永らえるより、守って砕けるを良しとしたのだ。不名誉な打算を避けて、戦列を自らの五体をもって固守した彼らは、千載一遇の好機を利して、恐怖よりも光栄に極まって逝ったのである。

四三　かくして彼らはアテナイにふさわしい勇士となった。[1] 後に残された者が、危険のより少なきことを祈るのは当然である。しかし戦列に立つや、大胆さにおいてこの勇士たちに劣る何物をも肯んじない覚悟が必要である。国防の意義を説いて、周知の報国の論を縷述する者もいよう。しかしその言葉だけに満足することなく、諸君は日ごとにアテナイの力を実際に体験し、それを心から愛するようにならねばならない。そしてその力の偉大さを感じるたびに、それを獲得した勇者たちは戦陣の恥を知り、己れの務めを心得て怯まなかったことを忘れてはなるまい。さらに覚えておいて貰いたいことは、これらの勇士がアテナイにあたえた無類の宝とは、よし企てに破れようとも、なおかつアテナイに尽そうとした心意気であったことだ。[2] なぜなら彼らは一身を公に捧げて、不滅の讃辞と光輝他に勝る墳墓を得たのだ。しかも彼らは地下に埋もれてしまうことはない。彼らの英名は永遠の記憶となり、事あるごとに人々の言動の上に留るであろう。[3] つまり大地はことごとく秀れし者の墓所となって、母国で墓石の碑文に顕わされるばかりでなく、無縁の地にも無形無言の記念碑として人の心に宿るからだ。[4] それゆえ諸君は彼らに劣らず、自由のないところ幸いはなく、勇気のないところには自由のありえないことを悟り、戦いの危険に右顧左眄してはならない。[5] 望む幸いさえも持たない惨めな者が生命を捨ててまで何のために戦う必要があろうか。幸運も過たば逆転して大きな変化を招く恐れがあればこそ、人は生命を賭して幸いを守ろうとするのだ。[6]矜持ある者は臆して生恥をさらすより、母国に力をつくし、希望に燃えつつ卒然として斃れるを好もしいとする。

四四 [1]それゆえ、ここに集まった戦没者の親たる諸君に憐みの言葉は発すまい。それよりも私は慰めの言葉を語ろう。なぜならば種々な事件を体験して成人した彼らは、今こそその彼岸に超然としているからだ。そしてこの戦没者のように、至上の光栄に満ちた最期と諸君があたえるごとき弔いにめぐりあえ、しかもその豊かな生涯の終りも充実したものであった者たちこそ幸いといえるからだ。[2]しかし私が諸君の深い悲しみを知らないのではない。とくに諸君がかつての自分たちの喜びを今後は他人の手の中に見出す時、諸君は幾度となくその思い出に悲しむであろう。[3]仕合わせを知らぬ者は不幸も辛くないが、馴れ親しんだ幸いを奪われるのは苦痛である。しかし子供をまだもうけられる年の者たちは生れてくる者への期待こそ力とすべきだ。なぜならば新しく生れる者たちは、家庭にあっては逝った者を忘れさせるのに役立ち、国家にとっては人口と防衛の両面に有用だからだ。つまり己が子の生命を公に捧げないで平等や権利を主張できない。[4]諸君の中で年老いた人々は幸いだった人生を果報として、残る悲しみの日も多くないことを悟り、逝った者の名誉に心の安らぎを見出してほしい。つまり誉れを求める心だけが老いを知らないからだ。人も言うごとく、閑居の齢いは私利を追わず、敬愛されることに喜びを得る。

四五 [1]さてここに集っている戦没者の兄弟や遺児の諸君、私にはあなた方の前途に激しい競争が待ちかまえているのが目に見えるようだ。（つまり亡き者を称揚するのは世の習い、）功績ではあなた方は彼らとどうしても肩を並べるにはおよばず、やや遜色ありとされるからだ。このわけは、みな生きている間はお互いに競争意識から嫉妬するが、世を去ってしまった者には素直に敬意が表わせるためだ。[2]おわりに今後寡婦となる人たちの婦徳について一言触れる必要があるならば、それは次のごとく短い教えに尽きる。すなわち女性の本分にもとらず、褒貶いずれも男の取沙汰にならぬことを何よりの誇りとすることだ。(48)

四六 [1]私の言葉は仕来たりどおりに述べるべきをつくし、ここに安置された者への執り行なわれるべき儀もすでにとどこおりなく済まされている。そしてこの戦没者とその遺族に国があたえる彼らへの勝利の冠りとして、遺児の成人に達するまでの(49)養育費をアテナイが国庫を通して本日より保証する。[2]すなわち徳行に至上の栄誉をあたえる国こそ秀れた者たちが治める由縁である。では各人ここを去る前にゆかりの戦没者に嘆きを充分に尽してゆくことを望む。」

四七 [1]このようにこの冬の国葬は執り行なわれた。そしてこの冬が過ぎるとともに今次大戦の第一年目は終った。[2]夏になるとすぐに、ペロポネソス軍とその同盟諸軍は初回と同様に総力の三分の二の兵員を動員してアッティカに侵入し、着陣すると耕地を荒した。（指揮者はゼウクシダモスの子アルキダモス王であった。）[3]ところが彼らの侵入後、数日を経ずしてアテナイ人の間に疫病の徴候が現われた。この疫病は以前にもレムノス島付近や、その他の諸地域に起ったとも言われるが、この疫病ほどに蔓延してこれほど多くの人命を奪った記録はない。[4]初めは医師たちは何も判らないで治療していたので、何の効果も上げられなかった。かえって彼ら自身多くの患者に接するだけに、その死亡する数はきわめて多くなった。そしてこの他にもいろいろと人智の及ぶかぎりをつくしても無駄であった。神護を得ようと神殿に助力を求めたり、予言やそれに類似のものを頼ってもまったく何の霊験も現われなかったので、終りには病に倒れた者たちもこれをあてにしなくなった。

四八 [1]最初にこの疫病はエジプトのさらに南のエチオピアに発生して、さらにエジプトとリビアに広がり、ペルシア王国の各地に入ったと言われている。[2]アテナイには突如として現われ、最初はペイライエウスの人々を襲ったので、人々はペロポネソス人が貯水池に毒を入れたのかも知れないと噂した。つまりペイライエウスにはまだ清水の井戸がなかったからである。この後、疫病はペイライエウスからアテナイ市に広がり、ますます多くの命を奪って暴威を揮った。[3]この疫病の発生に関する判断や、身体にこれほどの変調を招来する原因については専門家、素人を問わずその思うところを述べてもらうことにして、私はその実際の経過を述べよう。それは万一この疫病が再発するような場合に、その症状から的確に先行きの見通しが立てられる一助にするためである。私自身もこの疫病を体験し、さらに多くの患者を目撃したので、それを明らかにしたい[50]。

四九 [1]確かにこの年は諸病の患者がとくに少なかったことは誰もが認めていた。そして疫病発生前に何か患っていた者たちはすべてこの疫病に移行したと見られた。ふつうの健康[2]だった者は何の前触れもなく突如としてまず頭部に高熱を感じ、目は炎症を起して充血した。そして口腔内では時を経ずして舌・喉が出血症状を呈し、呼吸は不整になり異臭を伴う。[3]このような症状が現われた後にくしゃみを発して咽喉部があれてくる。そして間もなくすると強い咳と共に痛みは胸に下って来た。さらにそれが胃まで下ってくると嘔吐を起し、専門家が知るかぎりの類いの苦汁の吐瀉に襲われた。それに強度の気力の低下がこれに伴って起きる。[4]そして一般に人が苦しむのは嘔吐感が空の胃に起す激しい痙攣であった。これらの症状は吐瀉状態の後で漸退する人もあれば、いつまでも続く人もいた。[5]肌に触れても特別に熱は感じられないが、赤味を帯びていて青ざめることはない。かえって黒ずんで小さいただれや腫瘍が発生する。ところが体内は異常に熱く感じられ、どんなに薄い外衣や麻布も我慢ができず脱ぎすて、冷水につかれたらどれほど気持が良いかと思うほどであった。事実、看護する人とていない多くの者は癒しようもない渇きに貯水槽に身を沈めた。しかしいくら水を飲もうとも状態は同じで、[6]しかも睡眠はとれず、体は休まらず病苦はつのる一方であった。病勢が盛んな間は意外に体力が衰えず抵抗力を維持できたので、多くの者は七日から九日目に高熱のために、体にはまだ余力を残したまま死んだ。この状態を持ち堪えると、病状は腸に移行し、腸壁は極度にただれて、はなはだしい下痢を起す。この下痢のためにこの後で衰弱して死ぬ者が多かった。[7]このわけはまず頭部に始まった病状がこの時までには全身に拡がっていたからだ。[8]そしてかろうじて死を免がれた者の四肢には後遺症が現われそれは恥部や手足等の末端部に及んだ。このため病気から回復してもこれらの機能を失った者が多くあった。また場合によっては失明した者もいる。病み上り直後には一時的にすべてが一様に記憶喪失に襲われ、知人も自分自身も誰であったか判らなくなった。

五〇 [1]この疫病の全貌は筆舌につくしがたく、一人一人の病苦も人間性の限界を越える劇しさであった。とくにこの疫病が通例のものとは異なっていたことは以下の記録からも明らかであろう。つまり従来は人肉を食べる鳥獣も野晒しの屍体がいくらあっても寄りつかず、しかもそれを口にした動物は死んだことだ。[2]この証左にこの種の鳥が姿を消してしまい、屍体の辺りにも他の場所にも見られなくなったことである。また犬類は人間と共住していたために、さらに顕著にその影響を受けた。

五一 [1]さてこの疫病の症状も環境によっていろいろな個人差を示したが、雑多な特例を除くと、大体以上がその主な徴候であった。そしてこの時期には他の普通の病気はまったくみられず、一旦何か患えば、いずれこの疫病に移行した。[2]ある者は手当てが不充分のために死亡し、他の者は手厚い看護にもかかわらず死んでいった。この疫病にはいわゆる特効薬なるものはまったくなかった。ある者に効いた薬も他には害となるという工合であった。[3]体の強弱もこの疫病に対しては何の違いも見せなかった。病はすべてを倒し、日頃健康に注意を払っている者も例外ではなかった。[4]しかしもっとも恐しい現象は罹病したと知った時の気落ちである。（つまりこの疫病についていろいろなことを知っているために、人々はすぐに絶望してしまい、抵抗する気力を失ってしまうからだ。）そして病人から看護人へと人々は疫病に感染し、家畜のように死んでいった。そして大多数の死を招いた理由はここにある。[5]つまり感染を恐れて人に近づこうとしなければ、患者の出た多くの家は空家同然となって看護人もなく、病人は独り残されて死んだ。またもし患者との接触を避けずにいればたちまち感染して生命を落した。ことに徳行を少しでも重んじるような人々はこの犠牲になった。つまりあまりの災いに打ちのめされて家族でさえも死んでいく者を嘆くことも忘れて呆然としているのをみると、これらの人たちはこの状態を恥かしく思い、我が身も思わず不幸な友人を訪ねたからである。[6]しかし、この疫病から回復した人々が、死者や患者にもっとも深い同情を示したのは、彼らがその苦患に理解があったからでもあるが、また自分たちはすでに安堵してよいという安心感からでもあった。つまり、この疫病に再びかかって死ぬようなことがないからであった。他人からは羨しがられ、その当座は自分も手放しで喜び、今後一切、他の病気に罹っても死ぬことはあるまいと夢想する者すらいた。

五二　[1]ただでさえも大変なところへ、市外から市内への集団移住は人々の困苦を増大し、ことにその重圧は移入者の上にはなはだしかった。[2]住む家もなく、暑い季節を息づまるような小屋の中で生活していた彼らの最期は、まことに正視に堪え難かった。彼らが息を引きとるそばから屍体は積重ねられて街路に累々と並び、どの井戸にも水を求める瀕死の者たちが蝟集していた。[3]彼らが住みこんだ社殿はその中で死んだ者の遺体で立錐の余地もなかった。つまり人は過度に災害の猛威を体験するとどうなるという判断力を失い、神聖とか尊厳に何の価値も認めなくなってしまうものだ。[4]従来、埋葬に守られてきた仕来たりはまったく混乱し、各人はそれぞれできる範囲で死者を葬った。人々は打ち続いて身内を失ったために埋葬の資材にも事欠くようになり、多くは恥も外聞もない仕方で遺体を取扱った。たとえば他人の火葬用の薪が積んである所に先に行って、自分の身内の死骸を載せて焼いてしまったり、あるいは他の人が火葬中の所へ家族の死体を運んで行きそれを投げ上げて置き去りになどした。

五三 [1]他の面でもこの大疫はアテナイ市全体の秩序が崩れて行くさきがけとなった。つまり以前には束縛された心持ちで隠れてしていた行動も人々は堂々とやってのけるようになった。それは裕福な者が思いがけず死んだり、それまでは文無しの貧乏人が死者の富を得てたちまち物持ちになるというような急変を、人々は目のあたりにしたからである。[2]それゆえ、健康も富もひとしく長続きのするものではないと考え、快楽に耽って一時の愉悦を大事なものとした。[3]人々はすべて名誉のために耐え忍ぶことなぞには興味を失い、名誉などを獲得する前に死んでしまうかどうか判ったものではないと思っていた。何事も快楽に役立つとあらばそれを有用にして善なるものと解したのである。[4]人の掟も神への恐れも拘束力を失った。そして不信心であろうがなかろうが、すべてが同じように滅びるのを目撃し、法を犯したとて刑の執行まで誰も生命があるとは思われず、かえって大愛という死の判決をすでに受けてしまってその執行に脅かされている身なのだから、すべからくその前に人生を楽しむべきであるとした。

五四 アテナイ人[1]はこのような災害に囲まれ、市内では人々が死んで行き、しかも市外の農地は荒され放題という苦しい羽目に立たされた。そしてこの逆境にあって人々が次のような詩句を思い出したのも不思議ではない。つまり老人たちは、[2]

「ドリス戦は来りて

疫病（ロイモス）を伴わむ」

という古い歌を引合いに出したのだ。しかし人々の間でこの歌について論争が起り、古人が歌ったのはロイモス（疫病）ではなく、リーモス（飢饉）であったと意見が対立したが、結局現状にふさわしくロイモス（疫病）説が大勢を制した。[3]しかしもしこの人戦の後に再び他のドリス戦が起きて、その時にたまたま飢饉があれば、それに合わせた詩句を人が歌うことと私は思う。[4]そしてまたラケダイモン人が受けた予言を知っていた人たちにはその記憶が甦った。すなわちラケダイモン人が開戦の可否を神に訊ねた折に、神託は力を尽せばラケダイモン人が勝ち、神自身も援助すると言った事実である。[5]そして人々はこの神託と現実が符合していると思っていた。なぜならば疫病はペロポネソス軍の侵入直後に発生し、しかもそれはペロポネソス側には言うべきほどの損害も与えず、とくにアテナイを強襲した後は、他の人口稠密な地域に移行したからである。以上が疫病に関して起きた事柄である(51)。

五五 その後[1]ペロポネソス勢は平地を荒すと、パラロスと呼ばれる地区に前進し、アテナイ人の銀坑のあるラウレイオンまで達した。そしてまずペロポネソスに面した側を荒した後、エウボイアとアンドロスに向いている地帯も荒した。しかし[2]この頃はまだペリクレスが将軍職にあって彼は前回の侵入時と同じ政策を守り、アテナイ勢が反撃に打って出ることを許さなかった。

五六 そして[1]ペロポネソス勢がまだ平地にいて海岸線まで前進していなかった頃、ペリクレスはペロポネソス沿岸航行の船団百隻を仕立て、その準備完了とともにそれを率いて出発した。この[2]船団はアテナイ重装兵四千を搭乗させ、さらに老朽船を改造して作った、当時は新案の馬匹輸送船に三百騎を搭載していた。これに加えてキオスとレスボスの船隊五十隻も随行した。[3]このアテナイ遠征軍が出航した頃、後に残されたペロポネソス勢はアッティカの海岸地帯を荒していた。[4]アテナイ船団はペロポネソスのエピダウロスに着くや広域にわたる破壊活動を行い、エピダウロス市を強襲、それをまさに陥すかに見えたが、ついに成功しなかった。[5]そこで彼らはエピダウロスを引揚げるとトロイゼン、ハリエイス、ヘルミオネの諸領を荒した。つまりこれらはすべてペロポネソスの沿岸に位置している。

[6]さらにこの地域を発った彼らはラコニア領の臨海の小邑プラシアイに到り、その地を荒し、この小都市を奪って破壊した。以上の活動をした後、彼らはアテナイに帰国した。彼らが帰った時にはペロポネソス勢もすでにアッティカを引揚げていて、その姿はみられなかった。

五七 [1]ペロポネソス勢がアテナイ人の領内にあり、かつアテナイ船団が遠征していた期間も、疫病はアテナイ市にいた者ばかりでなく、遠征軍兵士をも倒していた。そしてペロポネソス勢は脱走奴隷から市内に疫病の発生していることを学び、また火葬の煙を望見してこの疫病を恐れ急いでアッティカ領を退いたのだと伝えられた。[2]しかしこの侵入軍がアッティカにいた期間はもっとも長く、その破壊活動の範囲もアッティカの全地域におよんでいる。彼らのアッティカ滞留はおよそ四十日間にわたった。

五八 [1]同じ夏ペリクレスの僚将ニキアスの子ハグノンとクレイニアスの子クレオポンポスは、ペリクレス麾下の船団を率いると直ちに出航してトラキア地方のカルキディケおよびいまだ包囲されたままでいたポテイダイアに向った。彼らはポテイダイアに到着すると破城装置を起用するほか、あらゆる手段を講じてこれを落そうとした。[2]しかし彼らはこの攻略に失敗し、装備は無用の長物と化した。このわけはここでもアテナイ勢に疫病が蔓延し、彼らをはなはだしく苦しめたからだ。疫病は攻囲軍兵士を倒し、ハグノンの援軍が到着するまでは健康だった在来のアテナイ兵士も援軍の兵士からこれに感染した。もっともポルミオンとその手勢千六百はカルキディケからすでに転進していた。[3]ともかくハグノンが配下の船団を伴ってアテナイに帰ってみると、この約四十日間の遠征で四千名の重装兵の中から千五十名の生命が疫病に奪われていた。ポテイダイアの攻囲はハグノンの援軍到着以前からいた部隊によって続行された。

五九　[1]第二回目のペロポネソス軍侵入後、アテナイ人は、ペロポネソス軍に二度も領土を荒された上に疫病と戦争の重圧を時を同じくして受けたので、その考えが変わった。[2]彼らを戦争に導いた責任はペリクレスにあり、彼のために被害を受けたのだとアテナイ人は主張した。そして彼らはラケダイモン人に和平を求めて使節を送ったが、その交渉は失敗に終った。そこで万策に窮したアテナイ人はペリクレスを攻撃の的としたのである。[3]そこでペリクレスはアテナイ人が現状に対して不平を抱き、すべて案の定の動きをみせたので、人々を議会に招集した。(つまり、彼はまだ将軍職にあったのだ。)そしてアテナイ人を元気づけ、その怒りを解き、かつその気持を落着かせて勇気を喚起しようとした。彼は人々の前に立つと次の要旨を述べた。

六〇　「[1]諸君は私に反感を抱くようになった。これは私がつとに予期していたことである。(なぜならば私にはその原因がよく判っているからだ。)そこでそのために私はこの議会に諸君を招集したのだ。私の目的は諸君の私に対する不平が正当であるか、また諸君が苦難に屈するのが正しいか否かを諸君の記憶を新たにしてその誤りを正すためである。[2]つまり、私の考えでは一国家全体として繁栄する方が、全体を犠牲にして市民の私利を計るよりも私人に資するところは大きいということだ。[3]つまり個人的に成功している人でも、国家が潰えれば自分も滅びなければならない。しかし不運な人でも、繁栄している国家にいれば救われる機会ははるかに多いからだ。[4]したがって国家は個人の不幸に耐えられるが、個人は国家の滅亡を支えることはできない。すべてが協力して国家を守る以外に道のあろうはずはない。それゆえ諸君の現今の振舞いも改められなければならないのだ。諸君は個人の損失に気をとられて、国家全体の安寧を忘れ、しかも諸君の咎めるのは、開戦を提唱したこの私でありかつその意見に賛成した諸君自身なのだ。[5]しかるに諸君が怒りの対象としているのはこの私だけなのだ。愛国者であり、富に恬淡たる私は、あえて言えば、取るべき国策について誰よりも明確な考えをもっており、かつそれを説くに決して人後に落ちない。[6]人にたとえ思案分別があろうとも、それを的確に表現できなければ無思慮と変らない。また両者を兼備した者も国家を親身のごとく思えなければ、公利に情熱を傾注できまい。さらにまた、たとえ人がこの情熱を持っていようとも富の誘惑に負けるならば、一挙にすべてを売り渡すことにもなりかねない。[7]ゆえにもし諸君は、この私がこれらの点で他の人よりも幾分すぐれていると判断した結果、私の開戦論に賛成したのならば、今になって私が不正行為の責めを諸君から受ける理由はあるまい。

六一　[1]もとより平和の道が幸いにも選べる国が、わざわざ戦いを選ぶことは愚の極みである。しかし、もし屈して直ちに他国に隷属するか、危険をおかしても国を守り通すか、[2]二者選一に迫られた場合、危険に直面せずそれを避けて逃げる者こそ非難されるべきだ。私はこの自論を守って、その意見を変えていない。しかし諸君は戦禍に災いされる前には私に賛成していたが、戦いの苦悩を経験すると考えを変えたのである。そして諸君の優弱化した目には私の説さえ正しく映らなくなった。つまり戦いの労苦は一人一人が現実に味わって来ているのに、その成果はまだ杳としてすべてには判然と現われてこないからだ。そのうえ重大な変化が短時日に起ったので諸君はすでに決めた事項を遂行する決意さえ鈍らしてしまった。[3]不慮の突発事件や理屈では説明できないことが起きると人は盲目的になるものだ。他の諸条件もさることながら、とくに疫病に見舞われた諸君はこの例外ではなかった。[4]けれどもこの偉大な都市を母国に持ち、かつそれにふさわしく徳育されてきた諸君はいかなる災禍にも臆さず、その真価を発揮すべきなのだ。（なぜならば世人は思い上りの向う見ずな行動を憎む一方、名声に劣る怯懦の振舞いも厳しく批判するからだ。）それゆえ諸君は私情を捨て、公につくす道を選ばなければならない。

六二　[1]またこの戦争による窮状はさらに悪化して耐え難い状態になるのではないか、という諸君の心配は無用である。これが杞憂に過ぎないことは今まで私が幾度となく説明した。しかしそれに加えて次の点も明らかにしたい。私の見るところでは、今まで諸君は自分たちが保有する支配権の強大さを深省したこともないようだし、私自身もこれまではこの点に触れたことはなかった。そして今でも、諸君が不必要に意気銷沈しているのを見さえしなかったならば、このような高言にも似たことを私はあえて言いはしなかったろう。[2]つまり諸君は同盟諸都市だけが支配の対象だと思っている。しかし私は海と陸という二つの明らかに有用な分野のあることを指摘したい。そして海の世界では諸君に優る強国はなく、諸君が現在掌握している制海権の版図は、意のままに拡大できるのだ。現有の海軍力をもって諸君の赴くところ、ペルシア王国をはじめ他のいかなる列強もこれをさえぎることはできない。[3]それゆえ陸上の畑屋敷の損失は諸君が過大評価しているにとどまり、実際にはこの帝国の実力に何の痛痒も与えていない。陸上の損失を思い煩うのは愚なことだ。それらはこの国力にとっては金であがなえる衣の飾り、髪のかんざしに過ぎないと思うべきだ。たとえこれらを捨てようとも自由を守り抜けば、失われた物は簡単に自由が取戻してくれる。しかし屈して他に隷属すれば従来所有していたものまで失うことになりかねない。諸君は決して先人に劣ってはならないのだ。先人たちは他の誰からも授かったのではないこの支配権を自ら額に汗して獲得し、かつそれを守り通して諸君に手渡して行ったのだ。（恥ずべきは新らしきを得ざるより、持てるを奪われるにある。）そして敵に一致して当るに際し、旺盛な闘志と強い優越感を抱かなければならない。[4]井の中の蛙は慢心もしよう。しかし我々が持つ優越感は敵を知った自信に基づいている。[5]彼我に依怙のない武運の下には、この優越感がもたらす冷静な思慮が自信の裏づけとなる。この冷静な思慮は空頼みをあてにしない。空頼みはよる辺ない者の杖にすぎない。より正しい予測をもたらす現状分析の結果こそ思慮の基盤となるのだ。

六三 諸君[1]がこぞって喜び誇るこの征覇の偉業がアテナイにもたらした栄誉は今、諸君の双肩にかかっている。そしてこのつとめを怠るなら栄誉を求めてはなるまい。この戦争が単に自由か隷属かを賭けているだけだと思ってはならない。この支配権を失えば他を支配して買って来た恨みを晴らされる危険に追い込まれるのだ。それだから[2]、たとえ現今の事態に狼狽して、平和裡にこの支配権を手放すことを誰が主張しようとも、それはもはやできない相談なのだ。諸君がすでに手にしている支配権は、僭制政治のように、その掌握は正しくないかもしれないが、それを手放すことはまことに危険なのだ。和平と支配権放棄[3]を説く者たちは、人々を説伏すればたちまちアテナイを滅亡に導くであろう。またたとえ彼ら自身が独立した都市をいずこの地に築こうともその結果は同じであろう。なぜならば、無為な者は強力な保護がなければ滅びるからだ。このような者は属国にあって無害の奴隷たり得ても、他を支配する国にあっては無益の存在である。

六四 諸君[1]はこのような市民のために道を誤まらされてはならない。またその誘いに乗って私を非難しないでほしい。諸君自身が私に賛成して開戦したのではないか。たとえ敵が侵入して暴力を振ったとて、それは諸君が敵の要求を拒否した時から当然判っていたはずだ。たしかにあの疫病の発生は我々の予測を越えたものであった。しかしこれとて万全の措置を裏切ったただ一つの事件である。つまり諸君の偶然の幸運をすべて私の手柄であると諸君が考えないかぎり、この疫病のために、私が従前以上に強く感じさせられている責めを私が負う理由はない。[2]天の配剤は必然の運命として忍び、敵の活動には勇気をもって当らなければならない。[3]古来アテナイにはこの気骨が流れているのに、今日諸君の業がこれを矯めてはなるまい。災いにめげず、辛苦も命も厭わなかったればこそアテナイは無類の名声を天下に轟かせ、今日にいたるも並ぶものなき国力を確立したことを夢忘れてはならない。この国力は、たとえ我々が生者必滅の法にしたがって、今日滅びようとも、永遠に後代の人々の記憶となって残るであろう。我々の国力はヘラスにおいて比類なき版図の領有を許し、各国の敵軍はもとより、古今未曾有の大勢を誇る敵の同盟軍にも一歩も譲らず、[4]しかも天下に無比の規模と豊さを兼ねた都市を住む場として我々すべてにあたえたのだ。ところが以上の事実も姑息主義者の手にかかっては批判の材料になってしまうであろう。しかし積極政策を支持する者たちはこの事実に憧れ、これを望んでいるのだ。そしてその希望が実現しないと、その実現に成功した者を羨み妬むようになる。[5]すべての支配者たらんと志す者、世の人の憎しみと妬みは避けられない。しかし大望のためには人の嫉視をも甘受する者こそ、あやまたずにその意を決した者である。なぜならば[6]憎悪の情は束の間の命しかないが、今日の光栄は永遠の名声となって後代に残るからだ。来たるべき栄誉を希み、現世の恥辱を避けんと、諸君は全身全霊を投じていずれの目的をも成就しなければならない。それゆえ諸君はラケダイモン人に使節を派遣してはならないし、また現在の艱難をも平然とした態度で受け止めなければならない。災禍を前に理性を働かせて徒らに悩まぬ者こそ戦いにもっとも強靭な耐久力を発揮する。しかもこのような者たちこそ公私に無双の力を保有するものである。」

六五 以上の要旨を述べて、[1]ペリクレスはアテナイ人の彼に対する怒りを和らげ、彼らの心を現在の恐怖からそらそうと努めた。市民たち[2]は公的にはペリクレスの言葉に従い、ラケダイモンには使者を派遣せず、戦いの推進に熱意を見せるようになった。しかし個人的には深刻に苦しみを味わっていた。すなわち一般民衆は本来ですら充分でない財産を失い、富める者たちとて市外の豊かな資産や高価な施設を奪われていたからである。[3]しかしこの苦悩の根本原因は彼らが平時の生活ができず、戦争をしていることにあった。そしてこのように、全体の階層にわたる人々の不平不満はペリクレスに罰金を科するまでおさまらなかった。[4]しかし大衆の気まぐれは程なくしてペリクレスを再び将軍に任命して、国事のすべてを彼に託した。このわけは各自が個人的な被害に早くも鈍感になりつつあったこともあるが、むしろ階級を越えた国家全体の要求に応じられる人物はペリクレス以外にないと人々が認めたからである。[5]つまりペリクレスがアテナイの指導者の地位にあった間は、平時には国家の安全を旨として、中道を選び、その繁栄の頂点を築き、大戦が勃発するや、彼はその時からすでに国力の限界を予見していたように見えるからだ。[6]しかしペリクレスは開戦後二年六カ月にして世を去った。だが彼の戦争に対する先見の明は、その死後にいたってますます高く評価されるようになった。[7]なぜなら彼の持論が、海軍力の養成に努めるかたわら、持久政策を採用して、戦いによる版図拡張を避けて国家の安全を旨とすればこの戦争は戦い抜けるとしていたからである。しかし人々はまったく逆に、成功しても個人の物欲や名誉欲を満足させるにとどまり、失敗すれば国家の戦力を著しく低下させる政策を採用した。しかも彼らはこれらを戦争には無関係であるとして、個人の名声と私利を追求し、自らの上にもまた同盟諸都市にも悪政を施こした。[8]この相違の原因は次の諸点にみられる。まずペリクレスはその見識と名声をあわせもった実力者であり、しかも金品にはまったく清廉に徹していた。それゆえ民衆は彼の意に従い、ペリクレスが民衆を導きこそすれ、彼らに動かされることは絶えてなかった。この理由は彼が市民に諂《へつら》って政権の座を獲得したのではなく、彼が高い声価を維持し、いかなる不満をも反駁論破してこれを得たからである。[9]民衆が度を外して自己を過信していると見れば、危険を指摘してこれを戒しめ、また人心が必要以上に恟々としていれば、ふたたび人々に自信を与えた。かくして[10]公民主義とは組織上の名となり、実際には第一人者ペリクレスの政治となったのである。このペリクレスに対して、彼の後継者達の間には一頭地を抜く大人物がおらず、彼らは民衆を煽てその恣意に政治をゆだね、それぞれ自らを一人者たらしめんと互いに争った。[11]大都市にあって民衆が政治を左右すれば多くの誤りが起きるのは当然である。そしてアテナイもその例外ではなかった。なかんずくシケリア遠征はその誤りの代表的なものと言えよう。この遠征の失敗は敵とする相手の選択に誤りのあったこともさることながら、むしろこの遠征軍を送り出した者たちが出征した者たちへの便宜を忘れて、各自が国内民衆の指導権争いに没頭し、前線の問題を急務とせず、国内の状態を自分たちの手でまず悪化せしめたことにある。[12]アテナイはシケリアで敗退し、海軍の主力を失い、諸軍備・軍事費が底をついていた上に内乱にも悩まされたが、その後三年も(52)抵抗を諦めなかった。在来の敵に加えて、シケリア勢やすでに離反してしまった大部分の同盟諸都市の兵力を向うに廻したばかりでなく、後にはペロポネソス船団強化の費用を供給した(53)ペルシア王子キュロスが敵となっても、国内における個人的政争のために国家が自壊してしまうまでアテナイは敵に屈伏しなかった。[13]これほどの潜在力のあることが開戦当初からペリクレス自身には判っていたからこそ、戦争をペロポネソスだけに局限しておけばアテナイは容易に勝利を得られると予想したのである。

六六 [1]同じ夏、ラケダイモン人とその同盟軍は軍船百隻をもってエリス沖のザキュントス島に向った。ザキュントス人はペロポネソスのアカイア地方出身の植民であったがアテナイと盟約を結んでいた。[2]ラケダイモン人は千名の重装兵を派して、スパルタ人クネモスが海将(54)の役をつとめていた。彼らはザキュントスに上陸すると広汎に土地を荒したが、ザキュントス人が屈しなかったので、故国に帰港した。

六七　[1]この夏も終る頃、コリントス人アリステウス、ラケダイモン使節団を構成するアネリストス、ニコラオス、プラトダモス、さらにテゲア人ティマゴラスと個人の資格で参加したアルゴス人ポリスの一行はアジアにおもむきペルシア王室を訪ねようとした(55)。その目的はペルシア王から戦争に出資と協力を得ようとするにあった。その手始めにこの一行はまずトラキア地方のテレスの子シタルケスのところに行き、できるならば彼をアテナイ側から離反させてポテイダイアに出兵するよう説得しようとした。つまりポテイダイアはアテナイ軍によって包囲されていたので、シタルケスの力でその地を通ってヘレスポントスの南岸にいるパルナバゾスの子パルナケスの所まで行こうと考えたのだ。そしてこのパルナケスがその一行をペルシア王室に送る手筈になっていた。[2]しかしシタルケスの所には、丁度この時にアテナイの使節カリマコスの子レアルコスとピレモンの子アメイニアデスが来合わせていた。そこでこの者たちはアテナイの市民権を与えられているシタルケスの子サドコスにラケダイモン使節団を自分たちに手渡すように説いた。そして彼らがペルシア王室に渡るとすれば、サドコスの祖国たるアテナイは重大な損害を受けると言った。[3]これを承知したサドコスは配下の兵士を彼らとともに送り、トラキアを通過してヘレスポントスの渡しでまさに乗船しようとしていたラケダイモン使節団を捕捉した。そしてサドコスはあらかじめ兵士たちに彼らをレアルコスとアメイニアデスに引き渡すように命じてあったので、アテナイ人の一行はこれを受けとるとアテナイへ護送した。[4]彼らがアテナイに到着すると、アテナイ人は前からアリステウスをポテイダイアやトラキア離反の主謀者であると目していたので、アテナイに彼が今後これ以上の悪事を働かぬように彼らを逃さず、裁判もしないままに、発言の求めにも応ぜず、即日全員を処刑して、死体を谷に捨てた。アテナイ人は、ラケダイモン人がまず最初に、ペロポネソス沿岸を航行中の商船に乗っているアテナイ商人や同盟都市の商人を捕えては殺して、谷に投げ込んで口火を切ったのだから同じ手段で仕返しをするのが当然であるとした。事実、ラケダイモン人は開戦当初から海上で捕えた者は、アテナイに与する者であろうと中立国の者であろうとすべて敵と見做して処刑していたのである。

六八 その頃[1]、つまりこの夏の終りに、アンプラキア人は、多数の異語族を語らってアンピロキアのアルゴスを主眼にアンピロキア地方に侵入した。[2]アンプラキア人がアルゴス人に敵意を抱くにいたった発端は次のような経緯による。[3]トロイア戦争の後、アンピアレウスの子アンピロコスはアルゴスに帰郷したが、故国の状態に満足できなかった。そこでアンプラキア湾に面した地に居を移し、その地を母国の名に因んでアルゴスと名づけ、その周域アンピロキア地方を自らの領土とした。[4]（そしてこのアルゴスはアンピロキア地方最大の都市となり、しかも有力な住民を擁するようになった。）[5]しかし幾多の世代を重ねる中に災禍に悩まされたアルゴスはアンピロキアに隣接するアンプラキア人を共住者として受入れた。アルゴス人はこの時にいたって初めて移入民のアンプラキア人から現在使用しているギリシア語を学んだのである。それゆえアルゴス人以外のアンピロキア人の母国語はギリシア語ではない。[6]さて後年、このアンプラキア人はアルゴス人を追い出して、自らその都市の主となった。[7]そこでアカルナニアに身を寄せたアンピロキア人は、アカルナニア人とともにアテナイに援助を求めた。これに応じてアテナイはポルミオンを指揮官とする三十隻の船隊を派遣した。ポルミオンが現地に到着するや、アンピロキア人とアカルナニア人はアルゴスを強襲して落し、アンプラキア人を奴隷にするとここを共住の地とした。[8]この後アテナイとアカルナニアの間に初めて同盟が締結された。[9]こうしてアンプラキア人が奴隷にされた事から、まず彼らはアルゴス人を憎むようになった。それゆえ今次大戦が始まると、アンプラキア人は自国兵に加えてカオニア人やその他の近隣の異語族とともにアンピロキアに侵入する次第となったのである。彼らはアルゴスに来ると、その市外の地域では優位を占めたが、アルゴスの攻略には失敗した。そこで彼らは帰国し、それぞれの出身地に解散した。以上がこの夏に起った事件のあらましである。

六九　[1]冬に入ってアテナイ人は、ポルミオンを指揮官とする二十隻の船団をペロポネソス沿岸に送った。ポルミオンはコリントス湾やクリサ湾への出入を封鎖する目的で、ナウパクトスを基地としてその警戒にあたった。またカリアとリュキアにアテナイ人はメレサンドロスを長とした六隻の船を派遣した。その目的はこの地域から貢税を取立てることと、ペロポネソス船隊がこの海域に待機し、パセリスやフェニキアの大陸諸港からの商船を襲うのを防止するためであった。メレサンドロス[2]はアテナイ勢と同盟諸勢を率いて船を降り、リュキアに上陸した。しかしメレサンドロスは殺され、さらに相当数の兵士を失った上陸勢は戦闘に敗退した。

七〇　同じ冬[1]、ポテイダイアは、もはや包囲戦に耐えられなくなっていた。ペロポネソス側のアッティカ侵入もアテナイ軍の囲みを解かせるにいたらず、さらに食糧事情の緊迫化に伴ってさまざまのことがこれまでに起っており、ついには人肉さえも食べる者が出るようになった。そこでついに彼らはアテナイ包囲軍の将、エウリピデスの子クセノポン、アリストクレイデスの子ヘスティオドロス、カリマコスの子パノマコスに降伏の申入れをした。[2]アテナイ側はこれを受諾した。なぜならば気候の厳しい地域で包囲軍側も苦痛を感じていた上に、この包囲作戦にアテナイがすでに二千タラントンの支出をしていることを将軍たちは知っていたからであった。[3]そして以下の条件により降伏の交渉は妥結された。すなわち、ポテイダイア市民、婦女子および援兵は外衣一枚を携行して退去する。ただし婦女には外衣二枚が許される。また旅費は規定額に限りその所持を認める、というものであった。[4]そしてこの条約に基いてポテイダイア市を出た者たちはカルキディケ地方やその他それぞれの伝手を頼りに落ちていった。ところがアテナイ人は、本国政府の同意なしに条約を結んだ、とアテナイ将軍を非難した。(つまりアテナイ人は望み通りにポテイダイアを武力で攻略できるはずだったと考えたからである。)そして後日、彼らはアテナイ市民を送ってポテイダイアに入植させた。以上がこの冬に起きた事件であった。そしてトゥキュディデスが記録する今次大戦の第二年目も終った。

七一　さて、[1]翌夏はペロポネソス人とその同盟諸軍はアッティカには侵入せず、プラタイアに向った。指揮官はラケダイモン人の王ゼウクシダモスの子アルキダモスであった。彼は布陣を終ると土地を荒そうとした。ところがプラタイア人はただちに使節を送って、以下のようにアルキダモスに告げた。「[2]アルキダモスならびにラケダイモン人諸君、このプラタイア侵入は諸君にもその祖先にもふさわしからぬ不正行為だ。なぜなら我々の都市にペルシア戦争の戦火が迫った折、それを防ごうとするヘラスの有志と協力したのはクレオンブロトスの子パウサニアスであるからだ。つまりこのパウサニアスがヘラスからペルシアを撃退した時に、プラタイアにある自由の主神ゼウスの神殿に全同盟諸都市を招待し、犠牲を捧げ、この都市と領土を自主権とともにプラタイア人に授け、爾後は何人も隷属を目指してプラタイアに不正に侵入することを禁じ、これを犯す者には列座の同盟諸都市が総力をあげて抵抗する、と宣言しているからだ。[3]この権利は、危険に際しプラタイアが発揮した勇気と赤誠に応えて諸君の先人が与えてくれたものだ。だが諸君は今やこれとはまったく逆の行動をとっている。なぜならば諸君は我々の仇敵テバイ人とともに我々を隷属させようとここに来ているからだ。[4]ゆえに我々はラケダイモンとプラタイアの神、ならびに誓の諸神を照覧の神々として、諸君のプラタイア不正侵入を禁じ、誓言の違背を禁じる。

パウサニアスの裁定にもとづき我々はその自主と居住権を主張する。」

七二 プラタイア人のこの言葉を受けてアルキダモスは言った。「プラタイア人諸君、諸君が口にするような行動をとるならば諸君の主張は道理にかなっている。つまりパウサニアスが諸君に与えた権利にしたがって、まず諸君自身が自己の自主権を行使すると同時に、かつては諸君と誓い合った戦友でありながら今やアテナイの支配下にある他の諸都市の解放につとめるべきだ。なぜならこれほどの大戦争・大軍備は、彼らやその他の都市を解放しようとした結果に他ならないからだ。なかんずく諸君はこれに参与し、誓約に違背してはなるまい。さもなくば我々がすでに申入れたごとく、諸君は自己の所領に満足して、新たに事を起すべきではない。いずれの敵ともならず、両陣営と交りを保って中立を守るべきだ。それで我々は満足しよう。」以上のようにアルキダモスは言った。これを聞くとプラタイア使節団は市内に戻り、人々にその趣旨を伝えた。そして大衆と協議の結果、彼らはアルキダモスに次のような回答を与えた。すなわち、アテナイの同意なしにアルキダモスの申入れは受けられず、(その理由は、一つには自分たちの婦女子がアテナイにいるからであるが)市全体に関して恐れることは、ラケダイモン人が退去したあとでアテナイ人が来てプラタイアの自主権を拒否したり、あるいはテバイ人が来て中立を言いがかりにプラタイアの乗っ取りを再び策すかもしれないからであると言った。これに対し、アルキダモスは彼らを励まして言った。「それならば、諸君は我々ラケダイモン人に諸君の不動産の管理を委ねるべきだ。領土の範囲を我々に示し、所有の立木やその他、数えられる物品はすべて記録してから我々に預けるのだ。そして諸君自身は好む所に行っていればよい。戦争終結後、諸君が帰国した時に、預った財産をすべて返還しよう。その間、我々は委託財を経営管理して、諸君の生活に充分な仕送りもする。」

七三 これを聞いた[1]プラタイア使節団は再び市内に戻って大衆に計った。一同は、アテナイにまずこの件を申送り、もしも彼らが賛成するならば、ラケダイモン人の要求どおりにするから、それまで土地を荒さないようにと休戦を申入れた。そこでアルキダモスはその使節の往復に必要と思われる日数の間は休戦をして土地を荒さなかった。[2]プラタイアの使節団はアテナイに来てアテナイと協議した結果、再びプラタイア市内に戻って次のように報告した。[3]「プラタイア人諸君、アテナイ人の言うには、これまで我々が彼らと盟約を結んで以来、諸君が不正を受けているのをアテナイ人が黙過したこともないし、現在もこの態度に変りはなく、アテナイは救援に全力を投じる、と言っている。そして彼らは諸君が先人の誓いを守って、従来の盟約に何らの変革も加えることのないようにと希望している。」

七四 以上のように[1]使節団が報告すると、プラタイア人はアテナイを裏切らないことに決め、土地の荒されるのも不可避とあらば耐えようし、他のいかなる災禍をも忍ぼうと決議した。そこでプラタイア人はもはやラケダイモンの陣内には誰も送らず、市壁の上からラケダイモン人の申入れを受諾することはできないと伝えた。[2]この回答を受けてから初めてアルキダモス王は、土地の守護神・守護霊の照覧を求めて祈って言った。「プラタイアの地を鎮むる諸神諸霊、我は汝らの照覧を求める。我らがこの地に入るは我らが不正を初めたるにあらず、彼らが先だちて我らとの盟約を破りたるにあり。この地は我らの父祖が汝らに祈願をこらしてペルシアに勝利を得たところ、また汝らがヘラスに力を貸してその慈しみを示したるところなり。今もなお我らのなすところその正しからざることはなかるべし。そは我らのあまたの正論も敵に通じざればなり。願わくは不正に先んじたる者を罰し、正義を以て誅する者をよみし給わんことを。」

七五 [1]このように神助を念じると、アルキダモスは軍勢を戦闘配置につけた。そしてラケダイモン勢は敵の通行を禁じるためにまず伐出した木で柵をめぐらしてから、プラタイア市に面して土盛りを始めた。彼らは動員された軍勢の規模から推してプラタイア陥落は間もないことと考えていたのである。[2]キタイロン山からは木材を伐出し、石壁の代りにそれらを交差して枠を作ると盛り土の両面に張り、土が外へ拡がらないようにした、さらに灌木、石、土等その他押えになるような材料を運んで来ては枠の間の詰め物とした。[3]彼らは、全体を二分して食事や休息を交替でとり、昼夜兼行で七十日間作業を続けた。(56)ラケダイモン同盟諸軍の指揮官たちもそれぞれの都市の兵士を督励して仕事を強行した。[4]この土盛り作業の進行を見たプラタイア人は、盛り土に面した市壁の上に木製の二重の柵を立て、その中に近くの家屋からもって来た瓦を入れた。[5]この木製の二重の柵は瓦壁の支えとなり、高くなる壁を補強した。さらにプラタイア人はこの前面を鞣革や獣皮で覆って、作業員や木柵を敵の火矢から防ぎ、安全を計った。[6]こうして市壁の高さは増したが、これに抗し、盛り土の方も間断なく高くなっていった。そこでプラタイア人は一計を案じて、盛り土と市壁が接している部分の壁をくり抜いてそこから土砂を引抜こうとした。

七六 [1]ところがペロポネソス人はこれに気がつくと葦で編んだ袋に泥を固く詰めて引抜かれた土砂の部分に投げ込み、土を取られて盛り土が崩れないようにした。[2]こうして穴が塞がれてしまうとプラタイア人はこの方法を諦めて、市内から地下道を掘り始めた。そして盛り土の下と覚しき所まで掘り進むとそこからまた土砂を抜き取った。そしてこの作業は外部からは長い間発見されなかった、このため盛り土の底が抜かれ、その空いた所に土砂が絶えず落込み、土盛りは捗らなくなった。[3]けれども多勢に無勢ではとても抗しきれないと考えたプラタイア人はさらに次のような対策を立てた。すなわち、まず盛り土に面して高くした市壁の部分の作業を中止し、その両端の低いままの市壁の内側から市内に向って半月形の土堤を築き、たとえ高い市壁が奪われても、これに拠れるようにした。その目的は、高い市壁を破った敵が再びこの堤に面して同じ苦労を繰り返さなければならないようにすると同時に、敵をさらに両側面から攻撃できるようにしたのである。[4]この間にペロポネソス勢は破城槌を盛り土の上にあげて市壁に接近させ、その一台を壁上の構築物に向けるとそれを打ち落しプラタイア人を脅かした。ペロポネソス勢はさらに市壁の他の箇所にも破城槌を接近させたが、プラタイア人は投縄でそれを引き倒した。また市壁の上からは二本の木材を差出し、その先につけられた長い鉄の鎖で両端を止めた太い梁材を、敵の破城槌と直角になるように巻きあげておき、槌が市壁を打とうとする直前に、手を放して鎖をゆるめ、梁材を落下させ、その落ちる力で破城槌の先をへし折った。

七七 [1]この後、ペロポネソス勢は、破城槌の効果もあがらず、盛り土には対抗する城壁ができてしまったので、現在の攻撃力ではとうていプラタイア市を陥すことは困難であると考え、包囲戦の用意を始めた。[2]しかしその前に、たいして広くもないプラタイア市の事だから強風を利用すれば焼きおとせないともかぎらないと、ペロポネソス勢は火攻めをためすことにした。つまり攻囲戦の手間や経費を省いて何とかプラタイア市を陥せないものかと彼らはあらゆる手段を案じたのである。[3]まず彼らは雑木の束を持って来て、盛り土の上から、城壁とその間に積み上げた。沢山の人手のことゆえそこはたちまちいっぱいになり、さらに市壁の内部にも盛り土から届くかぎりその束を彼らはなげこんだ。それから硫黄と脂で燃えている火をその雑木の束に移した。[4]高く火の手があがり、人工的にこれほど大きな炎が作られたのは人々の記憶にはなかった。つまり前例としては、風による樹葉の摩擦から自然発生する山火事があるだけである。[5]この火勢は強く、今まで諸難を免れて来たプラタイア人も危うく全滅するところであった。つまり、もしも敵の思惑どおりに風が市内に向って吹いていたならば、市内の大部分には近寄れなくなり、人々はまったく逃げ場を失ってしまったにちがいないからである。[6]そしてまた、強い雷雨が丁度起きたので、それが火を消し、危険を解消したのだとも今日では言われている。

七八 [1]ペロポネソス勢は火攻めにも失敗すると、一部を除いて兵士を帰国させた。そしてプラタイア市を壁で包囲し、その守備範囲を諸都市の(57)各部隊に割当てた。そして包囲壁の両側に壕を掘って、その土で瓦を作った。[2]やがて大角星の上る頃、すべての作業を終ると、ペロポネソス勢は包囲壁の半分を守る警備隊を残し（他の半分はボイオティア人が守った）後は各自の都市へと引揚げ、解散した。[3]プラタイア人は、婦女子ならびに高齢者、それに非戦闘員の大部分を前もってアテナイに避難させてあったので、市内に留まって包囲された者は、プラタイア人四百名、アテナイ人八十名、それにパン焼きの女百十名であった。[4]以上が包囲陣が布かれた折に市壁の中にいた総勢で、この他には一人の自由民も奴隷もいなかった。このようにしてプラタイア包囲戦の攻守の構えが整えられた。

七九 [1]同じ夏、ペロポネソス勢のプラタイア出兵と時を同じくして、アテナイ人は穀物の実る頃、二千のアテナイ重装兵と二百の騎兵をトラキア地方のカルキディケとボッティケに送った。エウリピデスの子クセノポンを首席とする三名の将軍が指揮にあたった。[2]ボッティケのスパルトロス市に来たアテナイ勢は、穀物を焼払った。スパルトロスは市内の内通者の働きで帰順するかに見えたが、これを望まない者がオリュントスに救援を求めたので、重装兵を含めたその兵力はスパルトロス市内に入って警備にあたった。この警備隊が出撃すると、アテナイ勢との戦闘がスパルトロス市のすぐ下で展開された。[3]アテナイ勢はカルキディケ重装兵とその援兵を破り、スパルトロス市内に敗走させた。しかしその騎兵隊と軽装兵はアテナイ勢の騎兵隊と軽装兵を圧倒した。[4]カルキディケ軍にはクルシスという地から来た射手が少数ながら参加していたが、戦闘が始まるや早速オリュントスからも他の射手隊が援勢に出た。[5]この様子をみたスパルトロスの軽装兵は増援部隊に勇を得て、またこれまでの勝利にも励まされ、この援軍とカルキディケ騎兵隊と共に再度アテナイ勢を強襲した。この圧力の前にアテナイ勢は輜重《しちょう》隊の傍らで待機していた第二軍の戦列のところまで退却した。[6]しかしアテナイ勢が反撃に出ると彼らは後退し、引揚げるとまた追い撃ちをかけてきて槍を投げてきた。さらにカルキディケ騎兵隊も前進してくると、所嫌わず攻撃したので、大いに慌てたアテナイ勢は踵を返して逃げ出した。ところが敵はどこまでも追撃の手をゆるめなかったので、アテナイ勢はついにポテイダイア市に逃げこんだ。[7]その後、休戦条約のもとに死体を引取ったアテナイ勢は、残存部隊とともにアテナイに帰国した。彼らは四百三十名を失い、指揮官は三人とも戦死した。カルキディケ勢とボッティケ人は戦勝塚を立て、自軍の死者を収容すると各自の都市へと解散した。

八〇　[1]同じ夏、この事件の後、間もなくアンプラキア人とカオネス人はアカルナニア全土を強引にアテナイから離反させようと考えた。そこでラケダイモン人に、船団を用意し、かつ同盟都市からの重装兵一千人をアカルナニアに送るように説いた。その理由として、もしも自分たちと共に彼らの海陸両勢を派兵するなら、海からの援軍の道を断たれたアカルナニアは簡単に屈伏するであろうし、またザキュントスやケパレニアに勝つことも可能であり、かつ、アテナイ船団がペロポネソスの周囲を航海することはそれほど容易にはできなくなるであろうし、ナウパクトスさえも掌中にできる望みがある、と述べた。[2]この意見に説得されたラケダイモン人は少数の船に重装兵とまだ海将の任にあったクネモスを乗組ませて早速派遣した。また諸都市にも船団の用意をしてレウカスに急航するように布令を出した。[3]アンプラキアとの共同派兵にとくに熱意を示したのは、その母都市たるコリントスであった。そしてコリントスやシキュオンならびにその周域地方からの船団が準備を整えている間に、レウカス、アナクトリオン、アンプラキア等からの船団はすでにレウカスにあって待機していた。[4]一方、クネモスとその重装兵一千名は、ナウパクトス沖で二十隻のアテナイ船団をもって警備していたポルミオンに発見されずに海を渡ると、ただちに陸戦の支度をした。[5]クネモス自身の手勢である一千の重装兵の他に彼の指揮下に入った兵力は、まずアンプラキア、レウカス、アナクトリオン等のヘラス諸都市からの部隊、さらに非王制の異語族カオネス兵一千名があった。[6]また同じく非王制のテスプロトイ人もカオネス人と共に出兵してきていた。モロッソイ人とアティンタニア人の部隊は、タリュプス王が幼少のためその後見人たるサビュリントスに率いられていた。オロイドス王はパラウアイオイ兵と、アンティオコス王が彼に託したその手勢オレスタイ兵一千名を引きつれていた。[7]ペルディッカスも、アテナイには内密で一千名のマケドニア兵を送ったが、これらは遅れて到着した。[8]以上の兵力を配下にしたクネモスはコリントスからの船団を待たずに行動に移った。彼はアルゴスを通ると無防壁の村リムナイアに到り、これを荒した。さらに彼は軍をストラトスまで進めた。緒戦にアカルナニア最大のこの都市を陥せば、他は簡単に屈伏すると考えたのである。

八一 陸地は大部隊に侵入され、[1]海からは敵船が接近していることを知ってもアカルナニア人はその迎撃に出ず、それぞれ各自の砦を守って、ポルミオンに救援を依頼した。ところがポルミオンは、コリントス船団が出航しようとするので、ナウパクトスを放置することは不可能だ、と回答した。[2]一方、ペロポネソス勢は、三集団に分れてストラトス市に接近して布陣した。そしてもし彼らが交渉に応じなければ、実力を行使して敵壁に挑戦しようとしたのである。[3]中央の集団はカオネス人その他の異語族部隊からなり、その右の集団はレウカス人とアナクトリオン人およびその附属部隊が占め、左端はクネモスとペロポネソス人およびアンプラキア人で形成されていた。三集団の間は相当離れており、他の集団が見えなくなることが時々あった。[4]ヘラス人の部隊は秩序を乱さず、警戒しながら戦闘に適した位置にまで前進して戦列を布いた。ところがカオネス人は、大陸のこの地域では自分たちこそもっとも戦闘的であると自信をもっていたので、戦列も布かずに他の異語族部隊とともに駆けだし、ストラトス市を自力で陥してその手柄を一人占めにしようと考えた。[5] 彼らがこのように前進してくるのを知ったストラトス側は、もし孤立してしまっている敵の一隊に勝てば、ヘラス軍は同じようには攻撃してこまいと考えた。そこで市の周辺に伏兵を置き、敵の接近を待って市内から撃って出ると同時に、この伏兵を彼らに殺到させた。[6] 大いに狼狽したカオネス人の大部分は敵刃に討たれた。[7] 彼らが反撃を受けて押し返されたのを見た他の異語族も踏みとどまれずに敗走した。ところが両翼のヘラス軍は中央の異語族部隊があまり前進していたためにこの戦闘に気がつかず、彼らが先を急いでいるのは陣地設営のためだと考えていた。[8] そこで異語族部隊が追われて逃げ戻ってくるとそれを陣内に入れてこれと合体し、その日はその場に留った。ストラトス人は他のアカルナニア諸族の援軍がまだ着いていなかったので敵とは直接の交戦を避けて、遠くから石を投げつけたが、これは、防具をつけていなかった相手を大いに悩ました。アカルナニア人がこの戦術に最も長けていると目される由縁である。

八二 [1] クネモスは、夜になると、軍勢を率いて急遽ストラトスから八〇スタディオン離れているアナポス河[58]まで退却した。そしてその翌日、休戦条約の下に死体を引取った。そこへオイニアダイ人が盟邦として合流して来たので、敵に援勢が加わる前にと、オイニアダイまで引揚げた。そしてこの地から、それぞれは各自の都市に帰ったので、ストラトス人は対異語族戦の戦勝塚を立てた。

八三　コリントス[1]とクリサ湾沿岸の他の同盟諸都市の船団は、アカルナニアの北方海域からの援軍を阻止するためにクネモスの所に来る予定になっていたが、結局到着しなかった。ストラトスで戦闘があったその日には、この船団は、かえってナウパクトスを守っていたポルミオンの率いる二十隻のアテナイ船団との海戦に迫られていたのである。このわけ[2]は彼が湾口を出て行く敵船団を監視して、それが外洋に出たら攻撃する予定でいたからである。一方、[3]コリントスとその同盟諸軍の船団は海戦を目的とせず、アカルナニア地方の陸戦の準備を整えて出航していた。しかも彼らの四十七隻の船団に、アテナイの二十隻の船団が自発的に海戦を挑んでこようとは思ってもみなかった。そこでアテナイ船団が自分たちと平行して航行しているのを知ると、彼らはコリントス側の岸に沿ってアカイアのパトライまで航行し、そこから大陸側の対岸に向ってアカルナニアへ航行しようとした。ところがカルキスとエウエノス河の地点でアテナイ船団は進行方向を変えて、彼らに接近した。このため彼らが夜半に出航したにもかかわらず、アテナイ船団に発見された。この結果彼らは水路の中央で海戦をせざるを得ないことになった。彼らの指揮官[4]はこの船団に参加した各都市からそれぞれ出ており、コリントス人の指揮官はマカオン、イソクラテス、アガタルキダスであった。ペロポネソス船団[5]は、敵船が味方の船の間に漕ぎ入れられない程度の間隔を保持しながら、舳を外に艫を内側にしてなるべく大きな円陣を描いた。そしてその円陣の中には伴走して来た軽船の一団と五隻の優秀船を入れた。これは円陣のどの部分を攻撃されても、急遽そこへ救援できるようにしたのである。

八四　アテナイ船団は、[1]一列に船列を作って、ペロポネソス船団の周囲をまわりながら軽い攻撃を加え、さらに至近距離を航行してはあたかも今にも攻撃するような態勢を示した。しかしポルミオンは、自分が命令を下すまで攻撃してはならないと前もって部下に言いきかせてあった。[2]そのわけは、こうしてペロポネソス船団の周りを航行しながら待っていれば、いつも朝には起る風(59)が湾内から吹きだし、敵は寸時たりとも船を静止させていることができなくなり、船列を陸上部隊のようにそろえてはおけず、互いにぶつかりあったり軽船が邪魔になったりするであろう、と予期したのである。しかも機動性に富む船を持つポルミオンは時を選ばずとも敵を攻撃できるが、とくにその時刻には最良の戦果があげられると考えたのだ。[3]やがて風が吹いてくると、この風と軽船との板ばさみになったペロポネソス軍船は押込まれて混乱を起し、互いに衝突するのを棒で突き放そうとした、彼らは互いに大声で怒鳴ったり注意したりしたので、命令や伝言がまったく聞えなかった。しかも人々は訓練不足のために大波に向って櫂を上げる事もできず、船長の指示通りに船を動かせなかった。そこでポルミオンはこれを好機と合図をすると、アテナイ船団はいっせいに襲いかかって、まず指揮官搭乗の船一隻をたちまち沈めた。それから逃げる他の船も撃破してどの船も、この不利な状態では反撃もできないようにした。そこでペロポネソス側はパトライとアカイアのデュメ方面に向って遁走した。[4]この逃げる敵船を追って十二隻を捕獲したアテナイ船団は、それらの船の乗組員のほとんどを捕虜にした。それからモリュクレイオンに帰ってリオン岬に戦勝塚をたて、さらに捕獲した船をポセイドン神に奉納してナウパクトスに帰港した。[5]ペロポネソス船団は、すぐに残った船をまとめると、デュメとパトライから沿岸を航行してエリスの港キュレネに入港した。そこへこの船団と合流するはずであったクネモスとその船団が、ストラトスの戦闘を終えてレウカスから到着した。

八五 そこで[1]ラケダイモン人は、クネモスにティモクラテス、ブラシダス、リュコプロンを諮問団として送り、次期海戦の準備に改善を加え、少数の船のために陸へ追われたりすることのないようにと命じた。[2]すなわちこの最初の海戦を戦った者たちにはあまりにも理屈にあわないことがありすぎたように思われたが、その原因は自分たちの海軍力が劣っていたというよりも勇気に欠ける点があったと考えたからだ。そしてアテナイ人の海軍に対する深い経験を自分たちの海軍へのわずかな海事訓練に較べてみもしなかった。つまり憤慨の結果、この諮問団派遣となったのである。[3]キュレネに到着した諮問団はクネモスとともに、各都市に船の準備をするように伝達し、また初めの海戦に参加した船を整備して次期海戦に備えた。[4]一方、ポルミオンはアテナイに使いを送って敵の準備を伝え、海戦の勝利の模様を報告し、また、いつでもふたたび海戦が予測されるので、できるだけ多くの船を早急に送るように要求した。[5]アテナイ人は二十隻の船を彼に送ることにしたが、彼らはその船団にまずクレタ島に行くことを命じた。このわけはクレタ人でゴルテュン市民であり、かつアテナイの外地代表人をつとめるニキアスが、アテナイに敵意を抱くキュドニアをアテナイ側に引き渡すと約束して、アテナイ船団のキュドニア行きを承知させたからである。しかしニキアスの本心はキュドニアの隣国ポリクネの歓心を買うことにあった。[6]そこでこの船団の指揮官はクレタ島に行き、ポリクネ人とともにキュドニアの地を荒した。
その後、風のために出航ができなくなり、少なからぬ時間を浪費してしまった。

八六 [1]ちょうど、アテナイ船団がクレタ島に釘づけになっている間に、キュレネのペロポネソス軍は、海戦の用意のために船団をアカイアのパノルモスに廻航し、また、陸上の援勢も陸路この地に到着していた。[2]ポルミオンはモリュクレイオンのリオン岬まで沿岸航行し、その港外に最初の海戦を戦った二十隻を碇泊させた。[3]このリオンはアテナイに好意を寄せていたが、もう一つのリオンは対岸のペロポネソス側にあり、その間は約七スタディオン(60)位の海でへだてられていて、コリントス湾の湾口を形成している。[4]ペロポネソス船団は、陸上部隊が待機しているパノルモスから余り遠くないアカイアのリオンに投錨した。そして彼らがアテナイ船団を望見した時にはペロポネソス船は七十七隻を数えていた。[5]しかし六、七日間は、双方とも対峙したまま投錨して海戦への整備と用意をした。ペロポネソス側は、前回に懲りてリオンから外洋にでない算段をすれば、アテナイ側は狭隘な場所での海戦は敵にとって有利と判断して、せまい所に入らないようにと考えていた。[6]クネモス、ブラシダスおよびその他のペロポネソスの指揮官たちは、アテナイから援軍が来る前に速やかに海戦をしてしまおうと、まず兵士を集合させた。これは前回の敗北で多くが恐れを抱いているのを知っていたからである。彼らは士気の上らない兵士を鼓舞して以下の要旨を述べた。

八七「[1]ペロポネソスの将兵よ、もし前回の海戦の結果のために諸君の中で誰かこれからの海戦に恐怖を抱いているものがあるとしても、あの海戦はその恐怖を正当化する理由にはならない。[2]なぜならば諸君も知っているとおりに前回は準備が不足しており、かつその目的が海戦になく、むしろ陸上の戦地に向って航海していたからである。しかも我々はきびしい不運に見舞われてしまったのだ。また、初めての海戦という経験のなさがあるいは躓きになったと言えるかもしれない。[3]それゆえあの敗退は我々が臆したからではない。だから実力で負けたのではないのに自信を失うことは正しくない。人は逆運に落胆することもあろう。しかし敗退は運命の支配するところと考えて、心では常時不変の真の勇気を持つべきだ。そして勇者ならば、いかなる場合にも未経験を理由に臆することはないはずである。[4]事実、諸君の卓越した勇気はその未経験を補って余りあるものだ。諸君が一番恐れている彼らの知識も、勇気があってこそ危機に臨んで度を失わずにその知識を実行に移すことができるのである。それゆえ剛健な精神がなければ、いかなる技術も危険に対して力を発揮することはできないのだ。すべからく恐怖は心の落着きを失わせ、力のない技術は無益となる。[5]諸君はそのいや優る勇気をもって、敵の利点とする彼らの経験に対抗し、敗北による恐怖は、当時は不用意のところを衝かれたとして払拭すべきである。諸君には優越した数の船があり、自領の岸に重装兵を置いて海戦するのだ。戦闘の勝利は数的優勢と周到な用意にかかっている。[6]このように、我々が負けるような素因はどこにも見出せないのであって、過去の敗戦さえ、むしろ良い教訓となって現在に生かされるであろう。[7]ゆえに船長も漕手も士気を高揚し、各々その本分の遂行につとめ、余人の援助の不要なるを期して努力すべきだ。[8]我々は前回の指揮官たちに劣らないように攻撃の準備を進めよう。[9]臆病者の言いわけは断じて許されない。万一卑怯な考えを持つ者があれば正しき罰が与えられよう。そして勇者にはその手柄にふさわしい報奨があたえられる。」

八八　[1]以上のように、ペロポネソス側の指揮官たちは兵士を激励した。一方、ポルミオン自身も兵士たちの恐怖を心配していたが、彼らが自分たちに対峙する敵船の数を知って闘志を失ったのを見ると、彼らを集めて励まし、現状に即した注意を与えようとした。[2]ポルミオンは以前から常々、たとえ敵がいかなる数的優勢をもって攻撃をかけてこようともアテナイ船団に退却を強いられるはずはない旨を繰返しておいたので、アテナイ人であればペロポネソス船団の大敵にもそれまで一度も背を見せたことはないという自尊心を兵士の大部分が持っていた。[3]しかしこの時にあたって、目前の現状に意気沮喪した兵士たちの気を取り直させようと思い、彼らを召集して次の要旨を述べた。

八九　[1]「将兵諸君、ここに集ってもらったのは諸君が数において優る敵を前にして士気を失ってしまっているのに私が気付いたからだ。しかし恐れる必要のない敵に怖気づくのは無意味だと思う。[2]まず第一に敵は前回の敗北でとうてい我々にはかなわないと考えたからこそ、我々とは較べものにならないほどの大船団を用意したのだ。第二には、彼らが海戦をするに当って、もっとも信頼を置いているものは彼ら自身に特有と彼らが考えている勇気であるが、彼らが主に陸上だけで成功したにすぎない経験に気を強くして、同じ勇気が海上でも通用すると彼らが考えていることである。[3]しかし、たとえ彼らが陸上では優勢であろうとも現在の海上では当然我々の方が有利である。つまり勇気において彼らだけが優るのでなく、この点では彼我共に何の優劣もないならば、海上により深い経験を持つ我々に強い闘志のわくのが当然であろう。[4]さらにラケダイモン人は自分たちの面目ばかり考えて、そのために多くの者たちを無理にこの戦いに連れて来ているのであって、さもなければあのように徹底的に敗北したあとで再び海戦を企てられるはずがない。[5]それゆえ諸君は彼らの強硬な態度に恐れを抱く必要はない。かえって諸君こそ彼らの恐怖の的になっているのだ。彼らは前回の敗北の経験で、諸君に何かまた秘策があればこそ抵抗してくるのだという考えをますます強くしている。[6]つまり、現在の敵のように絶対多数の敵は、計策よりも武力に頼って出てくるものであるが、一方が数的に大いに劣っていながらも積極的に挑戦してくる場合は何か確実な見通しの下で反撃にでてくるものだからである。このように考えている彼らは、我々の実際の兵力を合理的に判断せず、不相応に我々を過大評価して恐怖にとりつかれてしまっている。[7]しかも経験不足や、勇気を欠いたために多勢が無勢に破れた前例は多い。そして現在の我々は経験と勇気を併せ持っているのだ。[8]私は湾内での戦闘を好まないし、湾の中へ入って行くつもりはない。なぜならば訓練を積み、機動性に富む少数の船が、手狭な場所で、経験の浅い多勢を相手にすることは不利だからだ。つまり遠距離から敵船を見定められないと船衝戦法(61)に必要な助走航行が不可能になり、また、敵に押されても退る余地がないからだ。さらに船列攪乱戦法や旋回戦法などの、船の機動性を活用する戦法も用いることができず、海戦に陸戦戦法の使用を余儀なくされることになろう。そして陸戦戦法は船数の多い方に有利なのだ。[9]しかし、このような点については、私が全力を傾注して責任を持つから、諸君は船列を整えて待機し、伝令を敏速に受けられるように心掛けてもらいたい。このわけは、とくに相互の停泊距離が接近しているから実戦に当っては秩序と静粛(62)をできるだけ保たなければならないからだ。つまりこの二点は一般の戦いにも役立つものであるが、とくに海戦においては重要なのだ。こうして前回の戦果にふさわしく、今度も敵を撃破しなければならない。[10]この一戦は諸君に重大な意義を持っている。ペロポネソス海軍の野望を打破するか、あるいはアテナイ近海に危険を招来するかは、まさに、この戦闘に懸っているのだ。[11]諸君が小勢よく大勢を制して勝利を博したことをいま一度思い起してもらいたい。ひとたび敗れた者は、二度と同じ闘志で、同様な危険に身を投じてくるものではない。」

九〇　ポルミオン[1]は以上のように激励した。さてペロポネソス軍は、アテナイ船団が狭い湾内にいて彼らに向ってこないので、無理にでも彼らをおびき寄せようと考えた。そこで夜明けと共に四列の船隊を組むと、停泊時に右翼を占めていた船舶が先頭になり、ペロポネソスの沿岸にそって湾内へと航行した。[2]この動きの先頭をきったのは船足の速い二十隻の船であったが、それは、もしポルミオンがペロポネソス船団の目標はナウパクトスにある、と判断してポルミオン自らその地の救援に赴こうと沿岸を航行した場合に、ペロポネソス船団の右翼がアテナイ船団の大部分に出しぬかれてしまい、攻撃の相手を失ってしまわないようにする措置であった。[3]ペロポネソス船団がナウパクトスの方向に航行を始めたのを見たポルミオンは、ペロポネソス側の予想どおりに、無防備のナウパクトスを危ぶみ、不本意ながらも急遽乗船すると陸に沿って出航した。またこれと同時に陸上のメッセニア兵もナウパクトスへと行動を開始した。[4]一方、ペロポネソス船団は、一列縦隊で沿岸を航行していたアテナイ船団がすでに湾内に入り陸地に向っているのを知ると、まさに思う壺と、突然の合図と共に船の向きを変えて横隊になり全速力でアテナイ船団に攻撃をかけ、アテナイ船を残らず拿捕しようとした。[5]アテナイ船列の先頭の十一隻は、ペロポネソス船隊の翼端を振りきって、広い水面に出たが、他はペロポネソス船に追いつかれて逃げるところを陸に追われて撃破された。泳いで逃げそこなったアテナイ兵士は殺され、[6]拿捕された船は空船となってペロポネソス船に綱で曳航された。（しかし乗組員が放棄する前にペロポネソス側に捕えられた船はそれまでにすでに一隻あった。）また他の船に乗組んだ一部の船員は、浜から装備をつけたまま海に飛びこんで船の救援に来たメッセニア兵に助けられ、すでに捕われていたところを彼らに力ずくで甲板の上から救われた。

九一　[1]このように、ペロポネソス軍が勝ちアテナイ船を撃破したが、その間にペロポネソス側の右翼にいた二十隻は、広い水面に攻撃を逃れた十一隻のアテナイ船を追跡していた。しかしこれらのアテナイ船は一隻を除くと全部敵の追跡を振り切ってナウパクトスに着いた。そしてアポロンの神殿の下で舳をそろえ、もし敵が彼らを陸に追込もうとしたら反撃にでる態勢を整えた。[2]やがてそこへやって来たペロポネソス船は鬨の声をあげると、もう勝ってしまったように漕ぎ寄せて来た。そのはるか先頭をきって航行してきたレウカス船は、アテナイ側の逃げ遅れた一隻を急追した。[3]しかしたまたま一隻の軽船が沖に停泊していたので、追われてきたこのアテナイ船はその軽船の周りを一周すると向きを変えて、追ってくるレウカス船に船衝攻撃を加えてこれに激突しその船腹に穴をあけて沈没させた。[4]このような予想外のできごとにペロポネソス人は度を失い怯気づいた。そこで勝勢に酔って船列を乱して追ってきた彼らの中には後続の主力の到着を待とうと櫂を下して止まってしまった船もあった。しかし敵船が近くにいる以上、これはまことに不利な行為であった。その上、他の船は地形に無知なために浅瀬に坐礁するものもでた。

九二　[1]この事態の変化を見てとったアテナイ人は俄然勇気を出して、号令一下、反撃行動に移った。ペロポネソス側は、船列が整わない上に、目前の失態に災いされてこの反撃に長く耐えられず、たちまち彼らの出発点であったパノルモスに後退を始めた。[2]アテナイ船はそれを急追して手近の六隻を拿捕し、緒戦に陸に追われて拿捕されていたアテナイ船をも取返した。その上、彼らはペロポネソス人を殺したり、あるいは捕虜にした。[3]また軽船の近くで沈められたレウカス船には、ラケダイモン人のティモクラテスが乗っていたが、乗船が撃破されるや、自刃した。そしてその死体はナウパクトス港に漂着した。[4]アテナイ船団は引き返してくると、勝機を摑んだ出撃の地点に戦勝塚を立てた。また自分たちの側に漂着した死体や船の残骸を集めると、敵に属するものは休戦条約の下に彼らに引き渡した。[5]しかしペロポネソス側も陸地にアテナイ船を追ってこれを撃破し勝利を得たとして戦勝塚を立てた。そしてこれとならんで、捕えた船一隻をアカイアのリオンに献上した。[6]しかし、その後、アテナイからの援軍を恐れたペロポネソス船団は、レウカス船を除くと、すべてクリサ湾をコリントスに向って航行した。[7]さて、この海戦でポルミオンの救援にくるはずであったクレタ島からのアテナイ船二十隻は、ポルミオンの船団が帰陣した後、しばらくしてナウパクトスに到着した。そしてこの夏は終った。

九三 [1]コリントスとクリサ湾の奥に引揚げたペロポネソス船団が解散する前に、その指揮官クネモスやブラシダスおよびその他の将軍たちは、メガラ人の示唆で、冬がくるとアテナイの港、ペイライエウスを攻撃しようと考えた。つまりペイライエウスにはアテナイの強力な海軍があったので、アテナイ人はそこに警備隊もおかず、まったく無防備の状態にあった。[2]ペロポネソス人の案は、各自が船の櫂や、敷座や櫓綱[63]を担いでコリントスからアテナイ側の海岸に出て、そこからメガラに急行し、たまたまその港ニサイアにあった四十隻の船をもってペイライエウスに直行することであった。[3]ペイライエウスの港には監視船もおかれていなければ、このように敵が突然進入してこようとはアテナイ人は予期してもいなかった。なぜならばたとえいかに周到な注意をはらっても、このような挙を公にせず極秘裡に運んでしまって、事前に洩れないことはないとアテナイ人は考えていたからである。[4]さてこのように計画がなるとペロポネソス人はただちに実行に移った。そして彼らは夜半にニサイアに着くと、そこから出航した。しかし予定のペイライエウスには危険を恐れて向わずに（風が彼らを阻んだとも伝えられている）、サラミス島のメガラに面した岬に向った。ここには砦があって、さらに三隻の監視船がメガラからの出入を警戒していた。彼らはこの砦を襲撃して空船を拿捕すると、不意を衝かれた住民を襲ってサラミス島の他の部分を荒した。

九四　[1]敵襲の烽火がアテナイに向って上げられると、アテナイ市民の驚きは大戦中でこれに勝るものがない程であった。アテナイ市内にいた者たちは敵はすでにペイライエウスに進入してしまっていると思い、また、ペイライエウスにいた者たちは、サラミスが占領されてしまって、敵は今にもペイライエウスに押寄せるものと思ったのである。もしペロポネソス人が恐れをものともしなかったならば、風に妨げられることもなく確実にペイライエウスに攻撃をかけていたことであろう。[2]アテナイ人は、夜が明けると同時に、全勢力でペイライエウスに救援に赴き、船を海に下すと大急ぎでそれに乗り組み、喧騒の中にサラミス島へ渡る一方、陸上の警備隊をペイライエウスにおいた。[3]ペロポネソス勢は、敵に援軍が来たのを知ると、サラミス島の大部分を荒し、人や物資を略奪すると、ブドロンの砦から三隻の船を奪って急遽ニサイアへと引揚げた。それは船が海に下されてから相当長時間経っているので漏水の恐れがあったからである。彼らはメガラに着くと再び陸路でコリントスに帰った。[4]アテナイ人も、敵がすでにサラミスを去ってしまったので、引揚げた。そしてこの事件の後は、アテナイ人はそれまでよりペイライエウスの警備の強化をはかり、港口の警戒を厳にし、その他さまざまの点に注意を払った。

九五 [1]同じ頃、つまりこの年の冬の初めに、トラキアのオドリュサイ人の王、テレスの子シタルケスは二つの約束を成就するためにマケドニアの王、アレクサンドロスの子ペルディッカスとトラキアの隣国になるカルキディケに出兵した。約束の一つはシタルケス自身が果たすものであったが、他の約束はペルディッカスがシタルケスにしたものであった。[2]ペルディッカスは、今次大戦の勃発当初に苦境に立たされていたので、自分とアテナイとの和睦をシタルケスが成立させ、自分の兄弟でありながら敵であるフィリッポスの即位を妨げてくれればシタルケスとの約束を守ると言っておきながら、それを果たしていなかったのである。一方、シタルケス自身はアテナイの同盟国となった時にトラキアのカルキディケ動乱を鎮圧することに同意していた。[3]シタルケスはこの二つの約束のために出兵したのだ。彼はフィリッポスの子アミュンタスをマケドニア王として伴った。また本件に関してシタルケスの所に来ていた、首席ハグノンを含むアテナイ使節団も同行することになった。このわけは、アテナイができるだけの数の船と兵力をもってシタルケスのカルキディケ侵入に加勢する手筈になっていたからである。

九六 [1]そこでシタルケスは彼の領内のトラキア住民に動員令を発した。オドリュサイ王国はハイモス山とロドペ山脈から黒海とヘレスポントスにわたっていた。(64)ついで彼はハイモス山を越えた側にいるゲタイ族、さらには黒海海岸に達するイストロス河までの住民を動員した。ゲタイ族やスキュタイ人およびスキュタイと国境を接する住民はすべて騎射兵で同様な装備を持っていた。[2]また彼は山岳地方のトラキア人を多く招集したが、彼らは独立した帯刀兵士で、ディオイ人と呼ばれ、その大部分はロドペに住んでいた。集められた兵士には傭兵もいれば志願兵もいた。[3]アグリアネス人もライアイオイ人も、また彼が支配するパイオニア民族、さらには彼の領土ではもっとも遠い地方に住む者たちまで動員された。この地方はパイオニアのライアイオイとストリュモン河にまで広がる地域である。そしてこのストリュモン河はスコンブロス山からアグリアネスおよびライアイオイを経て流れ、シタルケスの領土とすでに独立しているパイオニアとの境界線を形成していた。[4]また、独立民族であるトリバロイ人の方角には、トレレス人とティルタイオイ人が彼の領土に接していた。これらの部族の居住地域はスコンブロス山の北部にまで広がり、西にはオスキオス河まで延びていた。このオスキオス河はネストス河やヘブロス河の源を持つ山から発しているが、この山は高く、人は住まず、ロドペに隣接していた。

九七　[1]オドリュサイ王国の海に面した版図は広大で、アブデラ市から黒海海岸に沿ってイストロス河まで広がっていた。この間の最短距離を沿岸航海すると、常時追風に乗っても丸船(65)で四昼夜を必要とする。陸路ではアブデラからイストロスまで男の健脚でも少くとも十一日はかかる(66)。[2]以上は海岸線の距離であるが、内陸では、ビュザンティオンから、ライアイオイと（海岸から最も遠方の）ストリュモン河まで、健脚で十三日は必要である。[3]収貢の高はシタルケスの後にこの地を治め、その最盛期を築いたセウテスが異語族やヘラスの諸都市から得た税の金銀を総計すると約四百タラントンに上ったほどであった。さらにこれに加えて金銀製品の貢納があり、その他、セウテス以外のオドリュサイの貴族や豪族にも、織物、家畜そのほかの調度品が献納された。[4]彼らの物品贈答の習慣は、トラキア人のそれと同様にペルシア王国の風習とは反対で、与えるより受けるを得とし、（求めて得ざるより、求められても与えない事をより大なる恥とした）しかもオドリュサイ人は権力に任せてこの習慣を極度に利用したので、贈り物なしでは何事も実現されなかった。この王国が強力になったのはこの風習によるものである。[5]そしてイオニア湾から黒海にいたる地域にはエウロペー大陸の多くの国々があったが、貢納金や物量の点でオドリュサイ王国を凌ぐ国はなかった。しかし戦闘力と兵数に関しては、このオドリュサイ王国もスキュタイ人より遥かに劣っていた。この点ではエウロペー大陸にはスキュタイ人に比肩できる国はなく、アジア大陸においてさえ、[6]一致団結したスキュタイ人と一対一になってわたりあえる国はない。しかし彼らとて武力以外の政治的考慮や生活環境に関する智恵では他の国々とは同日の談ではない。

九八 さて以上の[1]ようなオドリュサイ王国を支配するシタルケスは、軍備を整え、兵を挙げると、まず自領を経てマケドニアに進撃し次いでシンティアとパイオニアの国境である無人の山ケルキネを通過した。この時にシタルケスが使用した道は、以前彼がパイオニアへ挑戦した折に木を伐り出して作った道であった。[2]彼はパイオニアを右に、シンティアとマイドイを左に見ながら、このケルキネ山を越え、オドリュサイ領を出ると、パイオニア人の住むドベロスに着いた。[3]この地点までシタルケスは病死以外は一人の兵士も失わずに進んできた上に、多数のトラキアの独立している諸部族が、シタルケスからの要請もないのに略奪を目的に積極的に彼の軍勢に加わったので、シタルケスの総勢力は十五万人に達したといわれている。[4]その主力は歩兵部隊であった。騎兵隊は全体の三分の一を占め、その大部分はオドリュサイ人であったが、ゲタイ人も参加していた。もっとも剽悍なのはロドペ山から来た帯剣する独立の諸部族であった。また他の混成部隊も厖大な数をもって強剛無比の姿を示していた。

九九 彼らがドベロスで全員勢揃いして準備をしたのは、ペルディッカスが支配するマケドニアの低地に高地から侵入するためであった。[1] このマケドニア領にはリュンコス人、エリミア人、さらに内陸地帯には他の部族がいる。[2] これらはマケドニアに属した盟邦であると同時に、各自が独立した王国を形成している。[3] 現在のマケドニアの海岸地帯は、ペルディッカスの父アレクサンドロスとその祖父が、それまでアルゴス出身のテメニダイの一門としてまず最初に獲得した地帯であって、武力でピエリア人をピエリアから追い出してその地を支配したのである。ピエリア人は後にストリュモン河の先のパンガイオン山のふものパグレスやその他の地域に移住した。(このため今日でもパンガイオン山麓から海岸線までの低地はピエリア盆地と呼ばれている。)アレクサンドロスとその祖先はボッティアイア人からも領土を奪ったので、ボッティアイア人は今日カルキディケ人と国境を接して住んでいる。[4] マケドニアの支配者たちはアクシオス河に沿ってペラと海岸線の間を獲得すると、さらにアクシオス河を越えてストリュモン河に到るまでのミュグドニアと呼ばれる土地からエドノイ人を追放してその地に入植した。[5] また彼らは今日エオルディアと呼ばれる所からもその住民を追放したので、その大部分は死滅してしまい、残された少数の者はピュスカ周辺に移住した。またアルモピアも彼らがその先住民から奪った土地である。[6] このマケドニアの建国者たちは他の部族を征服し、現在マケドニアに含まれる広汎な地域や、アンテムス、グレストニア、ビサルティアなど今日もその支配下にある地方を獲得した。マケドニアとは、これらを総括した名称で、シタルケスが侵入した時には、アレクサンドロスの子ペルディッカス王がこれらを統治していた。

一〇〇 [1]さてこれらのマケドニア人たちは、シタルケスの軍勢が侵入してくると迎撃は不可能だったので、地方に散在する砦や城塞に拠った。[2]これらの拠点はあまり多くなかったが、後年ペルディッカスの子アルケラオス(67)が王位に即くと、地方に今日ある砦を構築し、直通の道路を建設、さらに騎兵部隊、重装部隊等の軍備を拡張して、先王八代の蓄積を凌ぐ勢力になった。[3]トラキアの軍勢は、まずドベロスから、以前はフィリッポスの領土であった地域に侵入した。それからさらに彼らはエイドメネを強襲してこれを奪い、ゴルテュニアとアタランテおよびその他の地方とは協定を結んで盟邦とした。このわけは、シタルケスと行を共にしていたフィリッポスの子アミュンタスに彼らが好意を寄せていたからである。さらにシタルケスはエウロポスを包囲したが、その攻略に失敗した。[4]そこで彼はマケドニアの他の地域に転進し、ペラとキュロス(68)の東方に出た。しかしそこから前進してボッティアイアやピエリアには赴かず、ミュグドニア、グレストニア、アンテムスの地を荒らした。[5]マケドニア人は重装兵戦では太刀打ちできないと考えていたので、内陸の同盟諸邦から派遣された騎兵隊を使用して、多勢に無勢ながら隙をみてはトラキア諸勢を攻撃した。この勇敢でしかも武装された人馬の前に踏み止まれる者とてなかったが、むらがる何倍もの大軍に取囲まれてしまっては、危険を避けられずついに活動を断念した。多勢を相手とするにはあまりにも人数の少いことを悟ったからである。

一〇一 [1]そこでシタルケスは出兵の目的事項に関してペルディッカスと交渉すると同時に、アテナイがシタルケスの出兵を信用せず援勢の船団を派遣しなかったので、使節とともに贈物をペルディッカスに送った。また彼は軍勢の一部をカルキディケとボッティケ地方(69)に送り、住民を城壁の中に追い込み、その地を荒した。[2]シタルケスがこの地域に落着くとテッサリア北部の住民や、マグネシア人およびテッサリア属領の住民、それにテルモピュライに至るまでのヘラス諸都市の住民はシタルケスの来襲を恐れて、それに抵抗する用意をした。[3]この他シタルケスに恐怖を抱いていた者には、ストリュモン河を越えた平野に居住する北部トラキア部族があり、それらはパナイオイ人、オドマントイ人、ドゥロオイ人、デルサイオイ人らであった。そしてこれらはすべて独立した部族である。[4]さらに反アテナイのヘラス諸都市の間では、シタルケスの軍がアテナイとの同盟条約の履行に迫られて彼らの所にも侵攻して来るのではないかと論議していた。[5]その間にシタルケスは、カルキディケ、ボッティケ、マケドニアを占領し、これらの地を荒していた。しかし侵略目的に成算が立たず、軍勢は糧秣不足や、冬の気候に悩まされた。そこでシタルケスの甥で、有力な側近でもあったスパラドコスの子セウテスはシタルケスに早急に引揚げるように建言した。このわけはペルディッカスが自分の妹を持参金ともどもセウテスに遣ると密約したからであった。[6]シタルケスはその言に従ったので、彼がカルキディケにいた八日間を加えると彼の遠征は結局全部で三十日間であった。ペルディッカスは後に妹のストラトニケをセウテスに遣って約束を果した。以上がシタルケスの遠征のあらましである。

一〇二[1] 同じ冬、ナウパクトスにいたアテナイ船団は、ペロポネソス船団が解散すると、将軍ポルミオンに率いられてアスタコスに向い、そこに上陸した。アカルナニアの内陸に向って船を下りたアテナイとメッセニアの各四百の重装兵部隊は、ストラトスやコロンタおよびその他の土地から危険視される人物を追放するとテオリュトスの子キュネタスをコロンタに復帰させて帰船した。[2]彼らが帰船してしまった理由は、アカルナニア地方で常に敵意をみせている唯一の都市オイニアダイ市を冬期攻略することが不可能と判断したからである。つまり冬にはアケロオス河が増水して、その地への出兵をさまたげるからで、この河は、ピンドス山脈にその源を発し、ドロペス、アグライス、アンピロキアを経てストラトス市の側を流れ、北からアカルナニアの平野を横切り、オイニアダイ地方を湖沼化して、そこから海に入っている。[3]オイニアダイのすぐ前にはエキナデス群島の数々が横たわっており、しかもこれらは幅広いアケロオス河の河口に近く、その河から絶えず吐き出される土砂である島は大陸とつながっており、これらの島がすべて陸続きになるのもあまり遠い将来のことではないように思われる。[4]なぜなら幅広い流れは豊かでしかも泥を含んでいる上に、島と島とが近いので堆積土が〔散らずに〕堰止められてしまうからだ。しかも島が列をなして並んでおらず、互いに入り組んでいるので、流れが直接海に注がれない。[5]これらの島は大きくなく、人は住んでいない。伝説によれば、母親を殺してから放浪していたアンピアレウスの子アルクメオンに、アポロンがこの地に住むように神託を与えたといわれている。すなわちアポロンはアルクメオンにとってあらゆる土地が汚れているから、彼が母親殺しをした時まで陽の目も見ず、陸でもなかった土地を見出さないかぎり、脅威から逃れられないと言ったと伝えられている。[6]そこでこの神託に困却したアルクメオンは漸くこのアケロオス河の堆積土に気付き、母親殺し以来の長い放浪の間には自分の体を支えるに充分の堆積ができているはずであると考え、オイニアダイの近くに居をきめ、これを治めると、自分の子供の名アカルナンに因んでこの地方を名づけ、後代に伝えたと言われている。以上のような話がアルクメオンに関して我々に伝わっている。

一〇三　[1]さて、アテナイ軍とポルミオンはアカルナニアを引揚げてナウパクトスに戻り、春になると同時にアテナイ(70)に帰港した。海戦で捕えた船と敵国市民の捕虜を連行し、後日、その者たちを一対一で味方の捕虜と交換した。[2]このようにしてこの冬は終った。そしてトゥキュディデスが記録した戦争の第三年も終った。

第三巻

一　[1]夏になると、ペロポネソスとその同盟諸軍は、穀類が実る頃に(1)アッティカに侵入した。ラケダイモンの王ゼウクシダモスの子アルキダモスがこれを率い、[2]彼らは宿営して土地を荒した。そして例のようにアテナイ騎兵隊は機会あるごとに敵を襲い、敵の軽装兵の集団が重装兵の戦列を離れて市の近くの土地を荒すことを防いだ。[3]ペロポネソス軍は糧秣がなくなると帰国し、それぞれの都市へ(2)と解散した。

二　[1]ペロポネソス軍の侵入のこの後間もなくメテュムナ市を除くレスボス島全市がアテナイとの同盟を破棄した。(3)彼らは戦争前からこれを目ろんでいたにもかかわらず、ラケダイモン人が彼らを引き受けてくれなかったのである。だが今度も考えていたよりも早目にこの同盟離脱に追込まれた、[2]その理由は、港の築堤、城壁の完工、造船の終了、弓兵や糧秣のポントスからの到着、その他の送付物品の入手を待っている間に、[3]彼らの敵であったテネドス人やメテュムナ人、それにミュティレネ人の中で革命派であり、かつアテナイの外地代表人(4)だった者たちがアテナイに次のような知らせを送ったからである。すなわち人々は実力を行使してレスボス全体をミュティレネ傘下に統一し、ラケダイモン人、および同種族(5)のボイオティア人と共に同盟脱退へのあらゆる準備を整えているゆえ、誰かがただちにそれを止めない限り、アテナイはレスボスを失うであろうと報せたのである。

三 [1]ところがアテナイは(疫病によって弱っていた上に、戦争は今や本格化して熾烈になっていたので)、海軍と無傷の兵力を持つレスボスを敵にまわすことはあまりにも重大なことであるとして、人々はこれが本当ではないように願う心から、最後までこの非難を受け入れなかった(6)。しかし彼らが送った使節団が、ミュティレネに対してその統一運動と準備の中止の説得に失敗すると、危険を感じて武力による鎮圧を決意した。[2]そこで、ペロポネソス周辺に行く予定で準備中の船団四十隻を急遽ミュティレネに派遣した。デイニアスの子クレイッピデス他二名(7)が指揮官となった。[3]この理由はちょうどこの時、ミュティレネの城外でマロエイスのアポロンの祭礼をミュティレネの全市をあげて祝っているとの報せがアテナイにもたらされたからであった。そして彼らが急行して敵を突然襲い、成功すれば陥せる可能性があると考えたのだ。もしこれに失敗した場合はミュティレネに船の引き渡しと城壁の取り壊しを命じ、それにも彼らが従わなければ戦う決心をアテナイ人はした。[4]こうしてアテナイ船団は出航した。同盟規定により、援軍としてアテナイにいたミュティレネの十隻の三重櫓船はアテナイ人によって差押えられ、その乗組員は監禁された。[5]だがアテナイから一人の男がエウボイアを渡って陸路ゲライストスに行き、そこからちょうど出航しようとしていた商船に乗って、アテナイを出て三日目にミュティレネに着き、彼らにアテナイの派船を告げた。そこで彼らはマロエイスの社には行かずに、未完の城壁と築堤を囲み、防備態勢を整えた。

四 [1]その後、間もなく入港したアテナイ船団がこの状況を知ると、将軍たちは命令を伝達した。しかしミュティレネ人がこれを拒否したので戦闘状態に入った。[2]ところがミュティレネ人は準備不足の上、突然戦闘に追い込まれたので、少数の船を繰り出して港の前で短い間海戦を展開したが、アテナイの船に追跡されると、アテナイの将軍たちに、できるならば合意の下に直ちに船を引き揚げさせたいと申し入れた。[3]そこでアテナイの将軍たちはこの申し入れを受理した。これは彼ら自身も、レスボスの全勢力を敵にまわすことは無理ではないかと恐れたからでもあった。[4]休戦協定を結ぶと、ミュティレネ人はすでに後悔してアテナイに密通をしていた者と、その他の者たちを送って、彼らに同盟離脱の意図のないことを明らかにし、船の引揚げをどうにか承知させようとした。[5]しかしアテナイからどうせ良い返事はあるまいと悲観的に考えて、同時に、ミュティレネの北方マレアに停泊中のアテナイ船団の目を逃れて、ラケダイモンへも三重櫓船で使節を送った。[6]彼らは航海途中で難儀を重ねたが、ようやく到着した。そして何らかの援助を得ようと交渉を開始した。

五 [1]アテナイに行った使節が何も得るところなくミュティレネに帰ってきたので、メテュムナを除く他のレスボス人とミュティレネ人は戦争に踏み切った。アテナイ側にはインブロス、レムノスおよびその他の少数の同盟軍が援勢として参加した。[2]ミュティレネ人は全力をあげてアテナイ陣に攻勢をかけ戦闘を開始した。そしていくらか有利な地歩を得たが、自分たちの力を信用せず、夜を越さずに引き揚げた。彼らは平静を保って、ペロポネソスから他の装備が来たら、何か動きをみせようと考えていた。その理由は、この同盟脱退事件以前にラコニア人メレアスとテバイ人ヘルマイオンダスが派遣されたが、彼らはアテナイ船団の出航には遅れてしまったため、戦闘のあった後ひそかに三重櫓船でミュティレネに潜入し、ミュティレネ人に他の三重櫓船で自分たちと一緒に使節を送ることを勧告したので、彼らはその言葉に従ったのである。

六 [1]アテナイ人は、ミュティレネ軍が不活発になったので元気を回復し、さらにレスボスの力が弱いのを見てとるとますます熱心になった同盟諸軍を召集し、ミュティレネ市の南に船を回航して停泊し、市の両側にそれぞれ一つずつ陣を置いて固め、しかも両方の港に警備隊を置いた。[2]ミュティレネ側は海からは締め出されたが、陸では他のレスボス諸軍も援助に来たので支配権を確保していた。一方アテナイ側は自陣の周辺のせまい範囲を支配するにとどまり、マレアは陣地であるよりはむしろ船舶の停泊地および市場として使用された。

七 [1]この年の夏の同じ頃、アテナイは三十隻の船を送ってペロポネソスの沿岸を航行させた。指揮官はポルミオンの子アソピオスであった。これは、アカルナニア人がポルミオンの子なり血族なりを指揮官として彼らに派遣するよう要請してきたからである。(8) [2]アテナイ船団はラコニア周辺の島を航行して、海岸に上陸しては荒した。[3]しかし後にはアソピオスは大半の船をアテナイに送り返し、彼自身は十二隻をもってナウパクトスに来た。その後アカルナニアに反乱を起すと、全兵力でオイニアダイに赴き、船でアケロオス河を遡航して陸を荒した。[4]しかしながら敵はいささかも敗色を見せないので、陸上部隊を送還し、彼自身は船でレウカスに行き、さらにネリコスに上陸した。しかし彼と手勢の兵士数名は引き揚げの際に、この地域の警備兵とそれを助けに来た近辺の諸兵少数に殺された。[5]その後アテナイ勢は休戦条約の下に死体を引き取って船でレウカスに帰航した。

八 [1]ミュティレネから最初の船で送られた使節は、ラケダイモン人からオリュンピアに行き他の同盟都市にも聞いてもらって協議してもらえと勧言されたので、オリュンピアに来た。このオリュンピア年度はロドス島人ドリエウスが二度目の勝利を得た年度であった。(9) [2]そこで祭礼の後、ミュティレネ使節は人々の前に立って次のような要旨を述べた。

九 [1]「ラケダイモン人および同盟者諸君、我々はヘラスに確立されている掟に無知ではない。すなわち、戦時に盟約を破って離脱した者は受け入れ側にとって有利であるという観点からは歓迎されても、友人を裏切った者としては侮られる。[2]しかし今回の事態は決して不正のものと考えられるべきではない。もしも盟約を破った者と破られた者とが相互にその思いと目的を一つにし、しかも装備と力が互角ならば、盟約破棄の正当な理由はまったくない。しかし我々とアテナイとの関係はこれと異なっている。[3]それゆえ平和時には我々は彼らに尊重されながら、危機に反乱を起したからといって、何人も我々を軽蔑してはならない。

一〇 とくに[1]同盟を求める我々が、まず正義論、道義論を論じるのは、個人間の友好関係も都市同士の共存も、相互がしっかりした道義を持たず、万事に異論を抱いていてはあり得ないことを知っているからである。それは考えの違いから行動の違いが起ってくるからだ。[2]我々とアテナイとの同盟が最初に成立したのは、貴国がペルシア戦争から手を引いたにもかかわらず、彼らが踏み止まって仕事を片づけてくれたからだ。(10)[3]しかし我々が同盟をアテナイと結んだのは、ヘラスを征服するためではなく、ヘラスをペルシアから解放するためで、[4]彼らが同等の立場に立って指導する限り喜んで我々はそれに従った。しかし彼らがペルシアに対する敵意をゆるがせにして、同盟国の奴隷化を計るのを見ると、我々はもはや恐れなしではいられなかった。[5]それにもかかわらず、同盟国間の票が割れたために一体化した防衛ができず、我々とキオス人を除いてすべてが隷属させられてしまった。つまり我々は主権の確保を許され、名目上は自主的に、アテナイと軍事行動を共にした。[6]我々は前例から、一度もアテナイの統治政権を信頼したことはない。つまり、我々と盟約を結んでいた都市を隷属させたアテナイが、できる時機さえくれれば、いずれ他の所に来ないと

レスボス島付近図

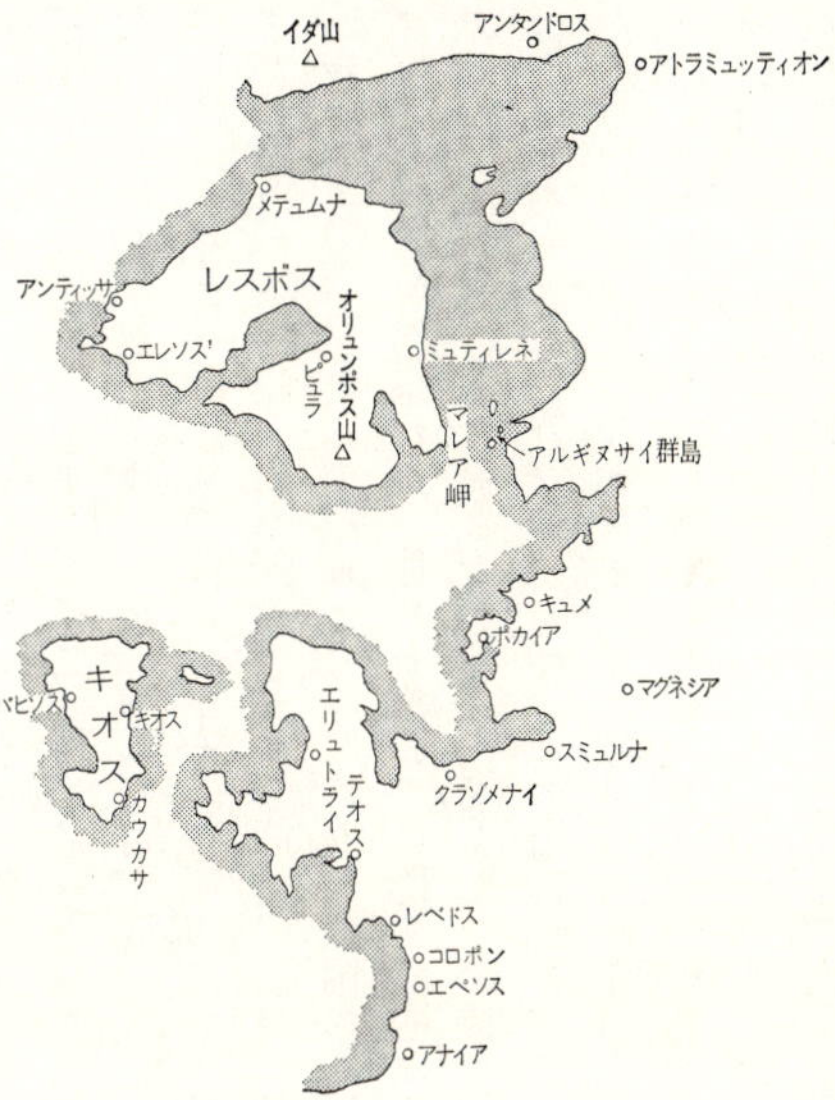

いうことはあり得ないからだ。

一一　そして[1]もし我々ヘラス諸都市のすべてが主権を保持していたとしたら、しっかりとしていて、おそらく盟約破棄などしなかったであろう。アテナイはほとんどの都市を隷属化しておきながら、ミュティレネには平等の待遇を保持したために、我々だけがアテナイに対して平等で、大部分の他の都市は隷属することになった。それゆえアテナイの我々に対する心証はいよいよ悪くなり、とくに彼ら自身が強力になればなるだけ、我々は孤立していった。[2]ところが盟約の唯一の絆は、相互を恐れるところにある。それはたとえ盟約に反しようと思っても実行を回避するからだ。[3]我々が隷属を免れたのは、武力によるよりも甘言と計策でことを処理する方が、彼らには統一の近道に見えたという以外の何物でもなかった。それゆえに独立が許されたのだ。[4]またこれと同時に、彼らは我々を好例にして、アテナイのように主権を持っている者は、攻撃を加える相手が悪事を犯していない限り、積極的に攻撃に協力参加(11)しないことを示そうとした。また同様な筆法で最初は強力な都市を利用して弱小都市を落し、後に他の都市が取られて弱くなってしまった残りの主要都市を取ろうとする。[5]つまり、彼らが我々から初めに取ってかかろうとしたら、同盟諸都市はまだ力がある上に味方すべき相手があるので、簡単には征服はできなかったであろう。[6]また我々の海軍力が貴国のそれと合流したり、他国の海軍力に加わって、アテナイを脅かすことになるという恐れを、彼らが抱いていたのでもあろう。[7]また我々が主権を保存できたのは、アテナイの一般民衆やとくに指導者たちの機嫌を絶えず取ってきた事実がある程度はあずかったかもしれない。[8]しかし他の前例から、この戦争がこのように始められなかったならば、今までの状態をそう長くは続けられないであろうことは我々には判っていた。

一二 [1]このように互いに誠意のない交渉から、一体どのような友好関係が生れ、どのような自由な信頼を生むことができるであろうか。戦時には、彼らは我らを恐れて機嫌をとるかと思えば、平和時には、我らが彼らと同じことをする。他の場合には好感が相互の信用を確実にするが、我々は恐れに束縛されて、好感よりは大きな脅威に押され、彼らの同盟都市となった。そして身の安全を計るに慧《さと》い者ほど、いち早く率先して同盟離脱をしがちなのだ。[2]そこで、もしも我々が恐れていた彼らの侵出が遅れたために、彼らが何を仕掛けてくるかまだはっきり見きわめられない中に、我々が同盟離脱をしたのは誤りであるとするならば、その考えは間違っている。[3]なぜならば、もしも我々が彼らと同様に、何か悪事を企らみ脅かすことができるとすれば、我々は彼らと同じような政策をとるべきであろう。しかし彼らがいつも攻撃の先手を取る以上、防衛の先手こそ我々の側からとるべきである。

一三 [1]ラケダイモン人とその同盟国の諸君、我々は以上のような理由と不平をもってデロス同盟から離脱した。そして聞く者にとって、我々は当然の行動を取ったことは明らかであり、我々が恐れるに充分なのだ。安全を求めて、以前、まだ戦争開始前に、我々は決心して貴国に謀叛に関して使節を送ったが、貴国は我々の要請を退けた。しかし今回はボイオティア人が糾合したので、それに直ちに応じ、二重の同盟離脱の謀叛を起したつもりでいる。すなわちヘラスの同盟国から離脱したのはアテナイと共に我々がヘラス同盟国をそこなわないで、彼らと解放を共にするためであり、またアテナイとの同盟からの離脱は、後のち、我々もアテナイによって滅ぼされないようにと、先手を打ったのだ。[2]しかしながら、我々の謀叛は時期尚早にすぎてその用意が整わなかった。そこで貴国は我々に援軍を早急に送って我々を同盟国と認め、必要ある者を守ることを明らかにし、同時に、敵に痛打を与えるべきである。[3]これが貴国にとって今までになかった好機であるのはアテナイの国内では疫病のために多数が死亡し、富も費消しており、さらに彼らの船団はペロポネソスのまわりを巡航しているか、あるいは我々を包囲しているかであるから、[4]もしも本年再び貴国が海陸両面からアッティカに侵入しても、彼らには船の余裕もなく、貴国の出航も妨げられず、かえって彼らはペロポネソスからもミュティレネからも手を引くであろう。[5]さらに貴国は他国人の居住地のために危険を冒していると思ってはならない。なんとなれば、レスボスは遠く離れて思える者に利益を近づけるからである。つまり、人の考える如く、敵はアッティカの中にあるのではなく、アッティカが利益を得る所にあるのだ。[6]それは、つまり同盟都市の貢納金であって、もし彼らが我々を打負かしたとなると、それはいよいよ大きいものになろう。そして他の都市が彼らに謀叛を起こす機会もなくなり、我々の資源は彼らのものとなろうし、また前に屈服した都市よりも我々はもっと過酷な待遇を受けることになろう。[7]貴国の積極的な援助があれば、貴国は我々の都市と我々の大海軍を手に入れることになる。この海軍力は現在貴国が大いに望んでいるところであり、アテナイの同盟国を貴国の同盟国とすることによって、容易にアテナイを降すことができるであろう。（そしてそれらの諸国は喜んでアテナイ同盟から離脱して、ペロポネソス側につくであろうし）、また貴国はアテナイ側から離脱した都市を助けないという非難を避けられよう。貴国が解放者であることを明らかにしさえすれば、戦の趨勢をさらに有利に導くことができるわけだ。

一四　[1]ゆえに、ヘラス人の貴国に対する期待と我々が嘆願者のごとくにして立つこの神域のオリュンポスの主神にかけても、ミュティレネの盟邦となってミュティレネを防衛しなければならない。ひとり危険に身をさらした我々が成功すれば、すべてに利益をもたらそう。しかしもし諸君が我々の言葉を入れず我々を危機に追いやるならば、ヘラス全体の不幸になる。[2]ヘラス人が貴国に寄せる期待と、我々の恐れが望むところとを裏切ることがあってはならない。」

一五　[1]以上の趣旨をミュティレネ使節団は述べた。これを聞くと、ラケダイモン人とその同盟諸都市の人々は、この演説の主旨を承認し、レスボス人と同盟を結んだ。そしてまず同盟軍にその予定の三分の二の兵力を急遽「地峡」に送って、アッティカ侵入に備えるように計った。そしてラケダイモン人自身も最初に「地峡」に到着して、船の牽引機を「地峡」に用意すると、コリントス側からアテナイ側の海に船を陸上輸送し、海陸両面から進撃しようとした。[2]しかしラケダイモン人のこの積極的(12)な作業の進捗にもかかわらず、他の同盟国の集りは悪かった。彼らは穀類の収穫に忙しく、戦いには食傷していたのである。

一六　[1]アテナイ人は自分たちを弱力と侮って、ラケダイモン人が準備を進めているのを知ると、その誤りを思い知らせてやろうと考えた。そこでレスボスにある船団を呼びもどさなくとも、容易にペロポネソスからの侵入を防げることを証明しようと、騎兵と五百メディムノス階級の人(13)を除いたアテナイ市民と在留外人とを、百隻の船に乗船させ、「地峡」

に沿って示威の航行をし、ペロポネソスの所々の適地に上陸した。[2]ラケダイモン人はレスボス人の言ったことはうそで期待に反したことに気づき、さらに彼らには同盟諸軍が到着しない上に、ペロポネソスを巡航していたアテナイ船三十隻が彼らの本土を荒していると知らせを受けとると困惑の結果帰国した。[3]もっとも後にレスボスにも船を派遣しようと船団を準備し、各都市ごとにも命じて四十隻を整え、これと行を共にする海将にアルキダモスを任命した。[4]百隻のアテナイ船も彼らが帰国したのを見とどけて帰国した。

一七 [1](14)〔この時期のアテナイにおける実動船数は最大多数を数えた。その数は戦争開始当時とほぼ同じ位かあるいはそれ以上となった。[2]つまり、アッティカとエウボイアとサラミスを百隻の船が防衛し、ペロポネソスの近海には他の百隻があり、その他ポテイダイアや他の地域にある船を加えると、一夏に総数二百五十隻を数えた。[3]また、その財源は主にポテイダイア紛争のために使用された。[4]つまり、ポテイダイアを守備していた重装兵の日当が二ドラクマで、（その半分は兵士自身が取り、残りの半分は従者に支払われた。）最初の三千人の中から最後まで包囲に止まった者の数はこれよりさして少なくはならなかった。また、そこに止まらず先に途中で帰国したポルミオンの部下千六百名もいた。しかもすべての船が同じ費用で雇われていた。このようにして、まず貯えが費されたが、この時に動員された船の数は最も多かった。〕

一八 [1]ミュティレネ人はラケダイモン人が「地峡」にいた頃に、同盟軍を伴って、裏切り者としてメテュムナへ陸路で進撃した。しかしメテュムナ市を襲撃しても、予期したようには成功しなかった。そこでアンティッサ、ピュラ、エレソスに引き揚げ、これらの都市の防衛強化を図り、城壁を補強して、急遽帰路についた。[2]彼らが引き揚げると、メテュムナ人はアンティッサに出撃したが、アンティッサ人とその援軍に討たれて多くの死者を出し、残りの者は倉皇と帰国した。[3]これを知ったアテナイ人は、陸上を支配しているミュテイレネ人を締め出すには充分な兵力がないと、すでに秋になった頃、エピクロスの子パケスを将軍としたアテナイ重装兵千名を派遣した。[4]彼らは自ら(15)船を漕いで海を渡ってミュテイレネに到着、それに一重の壁をめぐらして包囲し、警備隊を要所要所に設置した。[5]ミュティレネが武力で海陸両面から締め出された(16)のは冬の初めであった。

一九 [1]この包囲の費用に困ったアテナイは、初めて市民から(17)二百タラントンの徴税をしたが、同盟諸都市にも十二隻の徴税船を仕立て、リュシクレスをその将軍として送った。[2]彼は税を取り立てると、巡航してミュウスからカリアに上陸し、マイアンドロスの平野を横切り、サンディオスの丘まで侵入したところがカリア人とアナイアの者たちの攻撃を受けて、彼は殺され(18)、またその他兵士多数を失った。

二〇 [1]この同じ冬、プラタイア人は（まだペロポネソス人とボイオティア人に包囲されていたが）、糧秣不足に悩まされ、その上アテナイからの加勢の望みもなく、他に何の救いの道も見当らなかったので、一緒に包囲されていたアテナイ人とも図り、最初は全員脱出しようとした。そこでもし敢行できれば敵方の包囲壁を乗り越えようと、予言者トルミデスの

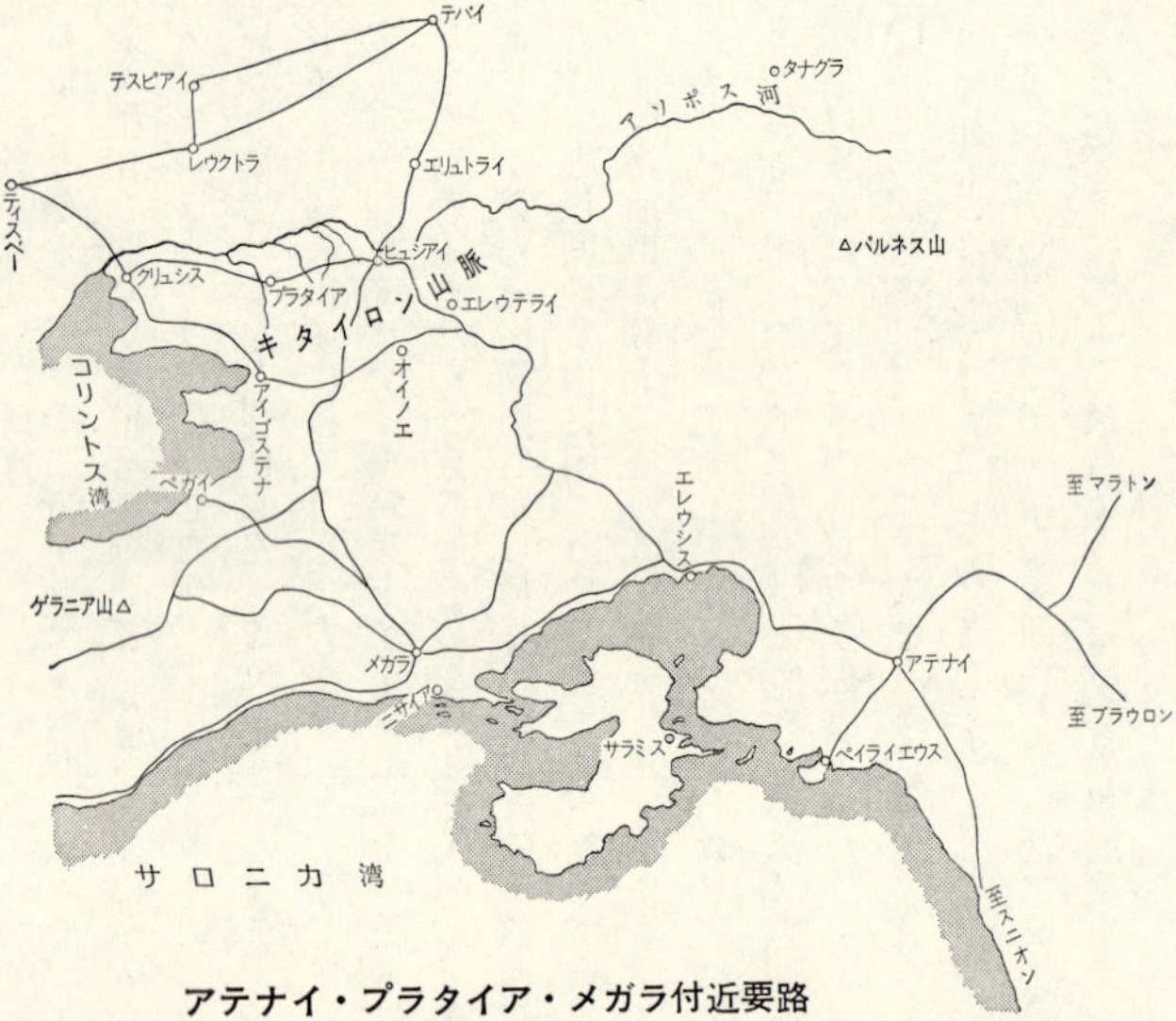

アテナイ・プラタイア・メガラ付近要路

子テアイネトスとダイマコスの子で将軍であったエウポンピデスがこの企てを提言した。[2]しかし後になるとその危険が大きいために、結局、約二百二十人が残って、次のような計画で脱出行を企図した。[3]まず彼らは敵の防壁と同じ高さの梯子をこしらえた。その高さが煉瓦の層の数で計れたのは、彼らに面した側の敵の防壁に上塗り(19)がたまたま施されていなかったからであった。彼らは誰かが間違えても大部分の者が正しい数を把握できる(20)ようにと、たくさんの者が同時にしかも何度も繰り返して煉瓦の層を数えた。その上、距離もあまり隔たっていなかったので目標の壁を容易に観察でき、[4]こうして煉瓦の厚さから高さを割り出して梯子の長さを得た。

二一 [1]ペロポネソス人の防壁は次のような構造を持っていた。それは二重に張りめぐらされ、一つはプラタイアに面し、他は、アテナイからの万一の襲来に備えて外部に面し、両壁の間隔は〔およそ一六プース〕(21)あった。[2]その空間には守備隊に割り当てられた宿舎が作られ、両壁をつなぎ、その両側には胸壁を作って、あたかも厚い一重の防壁の相を呈していた。[3]十の胸壁に一つの割合で胸塔があって、これらは壁の厚さと同じで一つ一つの胸塔が壁の内面と外面に接しており、胸塔の中を通る以外はその外側を通る余地のないようにしてあった。[4]冬の嵐の夜には人を胸壁には置かず、上に屋根のある近くの胸塔から守備がされていた。プラタイア人が包囲されていた防壁はこのような構造を持っていたのである。

二二 [1]準備がなると、プラタイア人は星もない嵐の晩を待って出発し、先達にはこの計画の発案者たちがなった。まずプラタイアを取り巻く土壕を渡り、監視の目を逃れて敵の防壁に取りついたが、闇のために敵には発見されず、彼らが近寄る音も風に吹き消されて聞えなかった。[2]彼らはお互いの武器が触れ合う音で気づかれないように、互いに相当の距離を保ち、軽装備で、さらに泥に対して安全なようにと左足だけに履物をはいていた。[3]人のいないことを知っていた胸塔と胸塔との間にある胸壁につくと、まず梯子を持って来てかけ、次いで、剣と胸当てだけの軽装兵十二人がそれを上った。これの指揮官にはコロイボスの子アンメアスがなって、彼が一番乗りをした。彼の後に続いた他の者たちは、六人ずつ二組になって両方の胸塔にそれぞれ向った。その後、槍を持った他の軽装兵が彼らの後に続いたのであるが、彼らが容易に進めるようにと、彼らのすぐ後にいる者が楯を持っていて敵に出会ったらいつでも楯を手渡せるように仕組んだ。[4]大部分の者が登り切った頃になって、胸塔の守備兵に気づかれたのは、胸壁を占拠したプラタイア人の一人が屋根瓦に当ってそれを落し、大きな音をたてたからである。[5]ただちに叫び声が上って守備隊は壁上を目指したが、嵐と暗闇でどこに事件が起こったのか分らない上に、プラタイアに残っていた者が、味方の登ったのとは反対側の敵の壁に時を同じくして攻撃をしかけて、関心が少しでも壁を登った者たちからそらされるようにした。[6]そこで彼らは、各所に立ちすくんだままで混乱に陥り、誰も自分の持ち場からあえて加勢に出る者もなく、何が起こったのか想像するばかりで立往生の状態となった。[7]そこで、突発事故に対処するために備えられてあった三百人が壁の外に出て声の上がった方角に向かい、テバイに対しても敵襲の知らせの烽火が上げられた。[8]ところがプラタイアの町にいた者たちも、この時のためにと前もって用意していた烽火をさかんに上げて、敵の烽火の意味がわからなくなるようにした。それは、実際に起こった以外にも何か他のことが起こっているのだとテバイ人が考えてしまって、味方の脱出者が確実に逃げて安全になる前には、手を打てないようにするためであった。

二三　[1]この間、壁上のプラタイア人は、最初に登った者たちが両方の胸塔の守備兵を襲って胸塔を占領して、その通路を塞いで誰もそこを通って救援に来られないようにした。また壁上からは、胸塔に梯子をかけて多くの者が登り、ある者は胸塔で上下から加勢に来る敵を射っては牽制し、他の主力の者たちはこれを機会に沢山の梯子をかけて胸塔を壊し、胸塔の間を乗り越えた。[2]それを乗り越え終った者は土壕のふちに立って、防壁に来て、そこを降りて来るのを妨げようとする者に矢や槍を浴びせかけた。[3]皆が降りきると、しんがりに胸塔にいた者たちが難儀をしながらも降りて来て、土壕に着いた。するとその頃になって、例の三百人が松明をかざして彼らの方に向かって来た。[4]ところが、プラタイア人の方からは暗闇の中でよく三百人が見えたので、敵の右脇めがけて矢や槍を浴びせかけた。しかしプラタイア人自身は闇に立っているため、松明の光で敵からはいよいよ見えにくくなって、最後のプラタイア人でさえも、もちろん難儀はしたが、土壕を渡って来ることができたほどであった。土壕には氷が張っていてもその上を渡れるほどではなく、風は北東で湿っていて、そんな強風に雪混りの晩が土壕の水かさをましていた。このためこの壕を渡るには頭だけ辛うじて水の上に出していられるほどであった。しかし、この嵐がひどかったればこそ、彼らは脱出ができたのである。

二四　[1]プラタイア人は、ペロポネソス人の松明がアテナイに続くキタイロンおよびドリュオス・ケパライ方面の道を追っているのを見て、自分たちがまさか敵の行く道を採るとは敵も疑いはすまいと考え、土壕を離れると一隊となって、右手にアンドロクラテス[22]の社を見ながら、わざとテバイへ行く道を選んだ。[2]彼らはテバイに向う道を六、七スタディオン[23]辿ると方向を変えて、エリュトライおよびヒュシアイ[24]を抜けて山に行く道を採り、山まで来て、アテナイへと逃れた。人数は全部で二百十二人であった。この数は防壁を乗り越える際にプラタイアに帰った者が若干名あった上に、外壕の所で一人が矢に倒されたからである。[3]ペロポネソス人も追跡をあきらめて、各自の持場にもどって行った。プラタイアの町にいた者は、脱出者の首尾がわからなかった上に、途中で引き返した者たちから誰も行きついていないと報告されていたので、朝になると軍使を送って、死体引き取りのための休戦を申し入れたが、真相を知って取り止めにした。このようにして、防壁を乗り越えたプラタイア人は救われたのである。

二五 [1]この冬[25]が終る頃、ラケダイモンからラケダイモン人サライトスが三重櫓船を使ってミュティレネに送られて来た。ピュラまでは船路を取ったが、そこから包囲壁を越えられる谷あいを通ってひそかにミュティレネの市内に入った。そして代表団にあって、アッティカへの侵入が同時に行われる予定で、さらに彼らの救援に四十隻の船が到着するであろうと伝え、彼自身はこのためと他を監督するために、先に派遣されたと報告した。[2]ミュティレネ人は元気づけられて、アテナイと妥協する案は影をひそめた。こうしてこの冬は終った。このようにしてトゥキュディデスが記した戦争の第四年目は終った。

二六　夏が始まると、[1]ペロポネソス人はミュティレネにアルキダスを海将とした四十二隻の船を送り、彼ら自身は同盟諸軍とともにアッティカに侵入した。それはアテナイ人が両面で圧迫されて、ミュティレネに多数の助勢の船を送れなくするためであった。[2]プレイストアナックスの子で王であるパウサニアスが幼少のため、その叔父に当るクレオメネスがこのアッティカ侵入を統率していた。[3]彼らは以前に荒した土地に少しでも新しい木の芽が生えていればそれを傷め、また前の侵入で荒し残したものがあればそれらも破壊した。この侵入はアテナイにとって二度目以来の激しいものであった。[4]つまり彼らは、レスボスから船団がすでに着いて何らかの成果の報告があるものと期待して、いつまでもアッティカに滞まって土地を荒しぬいたからである。しかし彼らが期待したことを何も達成できなかった上、食糧が欠乏したので、帰国して各々の都市へと解散した。

二七　[1]ちょうどこの時分に、ミュティレネ人はペロポネソスからは船が来ない上に、時間が経って食糧が欠乏して来たので、以下のような次第でアテナイに屈伏せざるを得なくなっていた。[2]すなわちサライトス自身さえも救援の船団が来るとは期待が持てなくなったので、軽装備の民衆を重装に変えてアテナイ勢に挑戦をしようと試みたが、[3]彼らは武器を持つと指導者に従わず、集会を開いて権力者たちに食糧を公開して全部に配るように要求し、さもなければ彼ら自身アテナイ側について、ミュティレネ市をアテナイの手に渡すと言明した。

二八 [1]指導者たちはこれを抑えることは不可能であると知っていたし、その上もしこれを断行してアテナイとの協定から取り残されてもいけないと考えた。そこでこれらの者たちと共にパケスとその軍勢に、ミュティレネに関してはアテナイの裁量に任せ、アテナイ軍を市内に受け入れる一方、アテナイには使節を送って自己の立場を弁明させ、それが帰国するまでパケスはミュティレネを荒さず、ミュティレネ人を捕えたり殺したりしないという条件で協定案を提出した。[2]そこでこの協定が成立してアテナイ軍が市内に入って来ると、今までラケダイモン側に働きかけていた主なミュティレネ人は恐怖に耐えられず祭壇にすがって坐った。そこでパケスは彼らに害を加えないことを約束してそこを離れさせ、アテナイの決裁がつくまでテネドス島に預けた。[3]また三重櫓船をアンティッサに送ってそれを占領し、そのほか戦場に関しては彼の判断で処理をした。

二九 [1]さて四十隻のペロポネソス船団は、急航すべきであるのにもかかわらず、ペロポネソス周辺の航行に時間を費し、その後の航行も悠々と済ませた。そしてデロス島に到るまではアテナイ市には気づかれなかった。そこからイカロス島とミュコノス島に接触して初めて、ミュティレネが陥落したことを知った。[2]しかしはっきりした情報を得るために、エリュトライのエンバトン(26)に入港した。ここに彼らが入港した日はちょうど、ミュティレネ陥落後、約七日目であった。実情を知ると現在の方針について協議したが、そこでエリス人のテウティアプロスが彼らに以下のような要旨を述べた。

三〇 「アルキダスおよび臨席のペロポネソス指揮官諸君よ、我々は発見される前に、[1]このままミュティレネへ航行すべきであると考える。なんとなれば、人が新しく都市を占領した時には概して無防備でいる場合が多いからだ。[2]とくに彼らは海から攻撃を受けるとは一刻とて予期もしていないのに対して、我々はまさにその点で力を持ちあわせているからだ。しかも陸上兵力も勝利の後では家々に分散してしまっていて油断もしていよう。[3]それゆえ、もし我々が夜襲をかければ、あるいは誰か、まだ我々に好意を持つ者が市内にいて、その者たちが我々に呼応してくれれば、主導権を握れるものと思う。[4]危険に臆してはならず、また戦いの手をゆるめることは、次のことを忘れること以外の何ものでもない。すなわち心のゆるみが自己の内にないように警戒し、敵にそれがあると見れば、ただちに攻撃する将軍こそもっとも成功を得られるということだ。」

三一 [1]テウティアプロスが以上の要旨を述べたが、アルキダスを説得できなかった。イオニアから逃げて来た他の者も、また航海を共にしたレスボス人もアルキダスに要請して、ミュティレネに直接に向うことは危険であろうが、イオニアのどこかの都市、あるいはアイオリスのキュメを占領することを勧め、これらの都市からイオニアの叛乱を助けられるとした。しかもこの案は成功の可能性が高く、誰でも彼らの到来には好感をもっていた。それに加えて、この動きで彼らはアテナイの貢税の主要部分を封じることになり、その上アテナイが彼らを包囲するに当っては、アテナイに高額の出費が必要となるのである。彼らはまたピッストネス(27)が味方になるように説得できるとも考えた。[2]しかしアルキダスはこの案を退けて、ミュティレネのために来たのであるから、急遽ペロポネソスの地に帰投すべきであると強く主張した。

三二 [1]そこで翌日エンバトンを出て、沿岸を航行してテオスのミュオンネソス(28)に赴き、それまでに捕えた者たちを殺したがその数は多数に上った。[2]それからエペソスに来て投錨すると、アナイアからサモス人の使節が来て、敵でもなければ武器を取って刃向うのでもない者を殺すようでは彼のヘラス解放が正しいとは言えず、自分たちはアテナイ側に味方せざるを得なくなると言った。そして、このような不正をやめない限り、人の敵意を和らげることはできず、味方から多くの敵を出すことになるとも言った。[3]そこで彼はまだ捕えていたキオス人や他の者たちを釈放した。人々は船を見るとアテナイからの船と考えて逃げるどころかかえって進んで出てきた。それはアテナイが制海権を握っている間はペロポネソスの船がイオニアに渡ってこようとは人々は考えてもみなかったことだからだった。

三三 [1]エペソスからアルキダスが急いで航行して逃げたのは、(ちょうど、アテナイから航行して来た)サラミニア船団とパラロス船団に、彼らがまだクラロス(29)で停泊していたところを望見されてしまったからであった。彼は追手を恐れてペロポネソスに着くまでは、できるならばどこにも寄港せず海を渡ってしまおうとした。

[2]パケスとアテナイ船団にはエリュトライからこの報告がもたらされる一方、事実、あら

ゆる方面からこの情報がもたらされていた。それは、たとえペロポネソス船団が長くは留まらないにしても、城壁を持たないイオニアの諸都市に海岸沿いにやって来て攻撃をしかけ、荒しはしないかと大いに恐れられていたからであった。そしてパラロス船団もサラミニア船団もアルキダスをクラロスで目撃したと報告した。そこで[3]パケスは懸命に追跡を開始し、パトモス島まで追ったが、追いつけないようなので帰投した。それはそれでその方が良いと彼が考えたからで、海で出会えば彼らを追いつめて陸に築陣を余儀なくさせてしまい、そうなるとアテナイ船団はそれを監視して包囲しなければならなくなるからであった。

三四　さて[1]パケスは沿岸をつたってコロポンのノティオンまで来た。ノティオンにはコロポン人が、上の町をイタマネス一門と、個人的闘争が原因で呼び入れた異語族とによって占領されたためにそれ以後ここに住んでいた。この占領は大体ペロポネソスのアッティカ第二回侵入の頃に起きた。追[2]放されてノティオンに落ち着いた者たちはまたそこで分裂を起した。彼らの中の一派は救援をピッストネスとアルカディアの異語族とから求めて彼らを陣内にとどめ、それとコロポンの上の町からのペルシアびいきの派とを一つにまとめて主導権を握った。そこで他の派は亡命して追放の身となり、この時になってパケスを呼び入れたのである。そこで[3]パケスは囲いの中にいたアルカディア人の指揮官ヒッピアスに会談を申し入れて、もしお互いに同意に至らなかった場合は無傷のままで囲いの中にヒッピアスを送還するという条件をつけた。しかしこの条件の下にヒッピアスが出てくると、鎖で縛りこそはしなかったが、彼を捕えて軟禁した。その間にパケスは突然、油断をしていた囲いに向って攻撃をしかけ、それを占領し、中にいたアルカディア人と異語族を殺した。その後、ヒッピアスを約束通りに囲いの中に連れもどし、囲いに入るやいなや取押えて射殺した。[4]ペルシアびいきの一派を除くコロポン人にパケスはノティオンを返したが、彼にはアテナイから移住民が送られて来て、彼ら自身の習慣に基いてノティオンを治め、他の都市にコロポン人を見さえすれば、それらをすべてここに連れもどして集めたのだった。

三五　[1]さてパケスはミュティレネに着くとピュラとエレソスを陥し、市内に隠れていたラケダイモン人サライトスを捕えてアテナイに送った。またこの他テネドス島に軟禁しておいたミュティレネ人や、今回の叛乱に関連したと思われる者たちも一緒にアテナイに送った。[2]さらにパケスは自分の軍勢の大部分も送還し、彼は残りの者ととどまって、ミュティレネやレスボスの他の都市に関する問題を自分の判断で処理した。

三六　[1]ミュティレネ人とサライトスがアテナイに到着すると、サライトスは（まだプラタイアが包囲されているので）ここからペロポネソス軍を引き揚げさせると言ったが、アテナイ人は時を移さずこれを殺した。[2]そして他の者の処分を彼らは検討したが、怒ったアテナイ人はアテナイに滞在するミュティレネ人ばかりでなく、ミュティレネ本国にいる男の壮年をすべて殺し、未成年者、女子を奴隷にすると決議した。この告発の原因は、ミュティレネが他の都市のようにはアテナイに独立を奪われていなかったのに新たに叛乱を起し、その上、とくにペロポネソス船団がミュティレネの救援として、あえてイオニアへと危険を冒して渡ってきたことが、アテナイ人の感情を大いに刺激して火に油を注いだ形にしたからである。つまりこの叛乱が単なる出来心ではないようにアテナイ人には見えたのである。[3]そこで彼らは三重櫓船をパケスに送って、決議事項を訓令して早急にミュティレネ人の処分を完了するように命じた。[4]さてその翌日になると、アテナイ人は責任者だけではなくて町中の全員を処罰する結論は苛酷すぎるとすぐに後悔し再考し始めた。[5]アテナイに来ていたミュティレネの使節団とアテナイ人で彼らに同情していた者たちは、これを察知すると、決議の再審議案を責任者に提出するように働きかけた。責任者が容易にこれに同意したのは、アテナイ市民の大部分が誰かが彼らに再審議の機会を与えてくれるように願っているのがはっきり感じられたからであった。[6]ただちに議会が招集されて各自の異なった意見が述べられた。クレアイネトスの子クレオンは前日の議会で死刑の決議案を通した男で、他のことに関しても市民の中ではもっとも乱暴で、しかも当時の大衆派の中ではもっとも説得力のある男であったが、今度も再び登場すると以下の要旨を述べた。

三七 [1]「今まで何回となく私は公民主義で他人を支配することの不可能さをつくづく痛感して来たが、とくに今日の諸君のミュティレネに関する後悔はその好例である。[2]つまり、日常お互いに諸君は恐れもせず恐れられもしないから、それと同じ態度を諸君は同盟国に対しても持っている。そして彼らの言葉のあやに説得されて道を誤ったり、または臆して怯んだりしてしまって、優柔不断の政策が諸君に危険をもたらし、これが決して同盟諸国の好感を得るものではないと考えないのである。それは諸君が僭主的都市として他国を支配していて、他国は謀叛を企みながらも不承不承アテナイに支配されていることを悟らないからだ。彼らは諸君の好意に阻まれて諸君に従っているのではない。諸君が依存しているのは彼らの好感のためではなく、諸君自身の力によるものだ。[3]しかももっとも恐るべきことは、諸君の決議事項に安定性がなく、権威なき美法より不動の悪法が一都市国家にとって重要であると考えないことだ。小利巧の無秩序よりも無学の節制の方が有益で、都市の運営に関しては才人より凡人が大体においてうまいのである。[4]つまり才人は法律よりも賢く見えることを望み、また公開された論議を牛耳ることを考えて他の重要問題には意見を明らかにせず、このようなことで大いにこの都市をそこなうからだ。しかし自分の知恵に自信のない者は法よりは利巧であるとは考えず、ある演説に巧みに反論を唱えることはできないが、弁舌で争うよりはむしろ同等の者への批評家となれる。[5]ゆえに我々は、諸君の大多数の意見に反して利巧ぶった小賢い争いをもって、諸君に訴えることを許してはならない。

三八　[1]さてこの決議に関しては私の意見は変らない。私はミュティレネ事件に再審議を要求して時間を空費しようとする人たちに驚かざるを得ない。この時間の経過が悪事を働いだ。ともかく、私に反対して、た者には有利になる訳は、被害者の怒りが弱くなってから加害者に向うことになるから復讐には被害を受けた直後がもっとも相応した懲罰を下せる。ともかく、私に反対して、ミュティレネ人の悪事は我々にとって有利なものであるごとく、また我々の災難は我々の同盟国へも災いをもたらすものであるごとく見せようとする人がいるならば、私は驚異の念を禁じえない。[2]このような人はおのれの演説の能力を頼みに、一度はっきりと決定された事項を決議されていないと主張して争い、言葉のあやで利益のために人々を他の道へそらそうとする者であることが明らかである。[3]このような争いは他の都市に漁夫の利をさらわれるばかりで、アテナイには危険をもたらすのみである。[4]この責任はいたずらな論争に耽ける諸君にある。演説の観客となり、出来事を聴く者となるのに慣れて、将来の取るべき行動を能弁の中に求め、すでに起きたことについては、目撃された実際の行動よりも巧みな非難の言葉を通じて噂を信じるのだ。[5]諸君は目新しい論議にごまかされることを得意とし、決まったことを守り通す意志に弱く、常に奇異に追従し、平凡をきらって各人それぞれ弁の立つことを願い、[6]これがかなわずば能弁な者の論旨を理解するに遅いと思われないことで論者の相手になろうとする。そして熱心のあまりに諸君は発言の前から賞讃したり、述べられることを前もって予測したりする。[7]しかしその話の先の成行きを見きわめることに鈍く、言うなれば現状以外の状態を求めて現在の実状に対する充分な知識を持たない。そして単に他人との話を聞く快楽に耽って、都市国家についての議論よりはソフィストの言葉の曲芸を聞く聴衆に似てくる。

三九　諸君[1]がこのようなことにならないように、私はミュティレネが一都市としてもっとも大きな災いを諸君にもたらしたことを明らかにしたい。つまり私は、我々の支配に耐えられなかったとか、あるいはまた敵に唆かされて叛乱を余儀なくされたとかいうならば、同情できないこともない。しかし彼らは島国であって防壁を持ち、恐れなければならないのは、海から襲来する我々の敵のみである。それとても彼ら自身が三重櫓船の防衛力を持っている。その上彼らは主権を保持しており、諸君からは他の誰よりも深い配慮を受けているのだ。それにもかかわらず、彼らはこのような振舞いに出たのである。これは同盟離[2]脱などではなくて陰謀であり、一揆の蜂起である。（つまり同盟離脱は被害を受けた場合の抵抗だが、）彼らは不倶戴天の敵に与して我らの破滅を計ったのだ。これは自分たちの力の増大のために我々に反抗したよりもはるかに大きな罪である。彼らの隣人が今までに我々に反抗しては鎮定された悲劇も彼らには見せしめとはならず、今ま[3]での彼らの豊かな生活をこの挙で失うのではないかという恐れも抱かなかった。未来の夢に駆られて実力以上のことを望んでも、それは彼らの野望には及ばない。戦いを選んで正義よりも武力を尊重し、つまり彼らは不正に抵抗して我々を攻撃したのではなくて、勝算があると思われる時を選んだのである。[4]まったく予期していなかった繁栄の前に都市国家は驕慢になりやすい。多くの理屈にあった成功は、人間にとって期待していなかったそれよりも安全である。そして不善者を抑制する方が人々の繁栄を維持してやるよりも容易であるゆえ、[6]ミュティレネ人に昔から他の都市と同じ待遇を与えるべきであった。そうすれば、このように思い上ったことをしなかったであろう。とくに人間は甘やかされると傲慢になり、断固たる態度には恐れを抱く性質を持っている。[6]ゆえにこの不正に値する罰を現在になっても彼らは受けるべきで、その責任を少数派に負わせ、ミュティレネの大衆派を許してはならない。すなわち、ミュティレネ全市民が一様に諸君に反抗したからである。大衆派は、いったん我々を頼って逃れた後にミュティレネに帰るということができたはずであるにもかかわらず、少数派と危険を共にすることの方が安全と考えて同盟離脱の挙に加わったのだ。[7]諸君は敵に余儀なくされて同盟離脱をした都市と自ら好んでそれを選んだ都市とに、同じ罰を与えようとするのか。また同盟離脱が成功すれば自由を獲得でき、失敗しても癒し難い懲罰を受けることがないような時には、ちょっとした理由でも同盟離脱をする都市がないと諸君は考えるのか。[8]我々は財力と精神を賭して、一つ一つの都市に当って行かねばならない。そして我々が勝っても疲弊した都市を得るばかりで、我々の利点である貢税を以後は取り立てられないであろう。しかし彼らに負ければ彼らを現在の敵に加えることになり、そして今までの敵に対抗していなければならない時に、我々自身の同盟軍に対しても我々は戦わなければならないことになるであろう。

四〇 [1]ミュティレネ人は、人間にありがちな誤りを犯したという赦免の裁決を得るようにと能弁を頼る望みも、また買収するという自信も持つべきではない。なぜなら彼らの反抗は彼らの望まざるところにあらずして、謀叛を承知の上で反抗したからである。赦免の裁決はその行為が不本意であった場合のみに成立する。[2]ゆえに私は始めから現在に至るまで、最初の決議を諸君が変更することに強く反対して戦っているのだ。我々の支配権にこの上もない危険をもたらした者に情をかけて、憐れみとか、寛大さとか、あるいは言葉の綾に酔って、誤りを犯してはならない。[3]つまり正しい憐憫は返礼として同じ志を持つ者に与えられるべきで、同情を返してくれない者や、常に敵とならざるを得ないような者に与えられるべきではない。弁舌を楽しませる演説家には他のもっと小さい問題で争ってもらうことにして、一国が話術の一時的な快楽のために重大な過ちを犯したり、その演説家たち自身が自らの雄弁のために高い報酬を受けるようなことがあってはならない。寛大さは今後の将来に役に立つような者に与えられるべきものであって、対等の者やまして味方になりようもない者に与えらるべきではない。[4]まとめて言うと、諸君が私の言葉に従えばミュティレネ人には当然の処置をあたえ、諸君には利益がもたらされるであろう。さもなければ、諸君は彼らに裏切られ、諸君自身を自らの手で裁くことになる覚悟をして貰いたい。なぜならば、もしミュティレネ人の謀叛が正しかったとすれば、諸君が正しく支配していなかったことになるからであり、またたとえそれが正しくないにしても、他を支配することを諸君が望むならば、諸君は自らの利を求めて彼らに断を下す必要がある。さもなければ諸君は支配圏を諦めて、危険のない凡直な生活を選ばなければなるまい。[5]ゆえに諸君は前会の議決どおりの処罰こそ自衛手段と考えてほしい。そして反逆を逃れた諸君が反逆の徒より遅鈍な様をみせてはならない。もしも彼らの謀叛が成功していたら、彼らが一体何をしでかしたであろうかということをよく心に刻んでもらいたい。とくに先に手出しをした加害者は彼らであることを忘れてはならない。[6]理由もなく先に悪事を働いた者は敵意の残るのを恐れて、徹底的な行動に出るものである。なぜならば不必要な災難を受けた者は、その災難を逃れた暁には受けた敵意に勝る敵愾心を抱くからだ。

[7]諸君は諸君自らの裏切り者になってはならない。事件当時の思いをまざまざと胸に描き、すべてを賭けても彼らを打倒し、思い知らせようとしたあの決意を新たにしなければならない。迫り来る危険を前にした時のことを忘れず、今こそ勇をこして時機を逸さず返報すべきである。彼らをそれ相応に罰して他の同盟諸国へのはっきりした見せしめにし、謀叛を起せば死をもって報いられるという手本を明示すべきである。つまりこれによって諸君は自らの同盟諸都市との戦いをするために、本来の外敵との争いを忽《ゆるが》せにすることが少くなるはずだからだ。」

四一 [1]以上のような要旨をクレオンが述べると、彼に続いて、前日の議会でミュティレネ人死刑反対の急先鋒であったエウクラテスの子ディオドトス(30)が登場して次のように述べた。

四二 [1]「私は、ミュティレネ事件に関して再審議を申し入れた人々を非難する者でも、また重大問題について審議を重ねることを拒否する人々を支持する者でもない。思うに、怒りと拙速は深慮とはまったく相反した双璧ともいえ、怒りは無思慮を導きやすく、拙速は無学と短慮を産みだしやすい。[2]また討論が実際の行動の指針にはならないと主張する人たちは愚者か、あるいは何か個人的な利益を目的にしている者たちと考えられる。彼らが愚者であるというのは、先行きについてはっきりした考えを持たないまま何か他の方法で将来の指針を示すことができると考えているからであり、また彼らが私利を目的にしているというのは、彼らが恥ずべきことを説得しようとして、悪事に関してうまく言いつくろえないと考えて、自分たちの反対者や聴衆を驚かし脅やかすからだ。[3]とくに金銭のために議論をするのだときめつける人々が一番扱い難いのは、無知を非難されて説得に失敗しても、馬鹿呼ばわりはされようとも不義の汚名は着せられないで引き込むことができるが、不正を弾劾されると、たとえ自分の主張が通っても疑いが持たれ、失敗でもすれば馬鹿どころか悪者扱いをされるからだ。[4]このような傾向は、討議に恐れを抱かせ、それを避けるようにさせるため、都市国家にとって決して好もしい傾向ではない。もっとも、このような市民が発言できなくなることは都市国家を誤り導くことを最小限にとめられるという意味で、都市国家にとって一番正しいことかも知れない。[5]なぜならば、良い政治家は反対発言者を脅かしてはならず、同等の立場で自己の主張の優れていることを示すべきであり、賢明な都市は良き識者に罰を与えることなく、実績を過小評価しないからだ。それに受け入れられなかった主張に対しても処罰を下さないばかりでなく、またそれを辱しめない。[6]このようになれば、主張の受け入れられた者はさらに大きな名誉のために志操をまげても人の歓心を買うようなことを言ったりせず、また主張の通らなかった者も同じく言論をもって人を喜ばし、大衆を自分に引きつけようとはしない。

四三　[1]しかるに我々の行動はこれらとはすべて反対で、もし良い提案でさえも私利のために発言されているかと疑われれば、我々はいかがわしい利益の評判をきらって、都市にとって明らかに有利なことをも取り上げない。[2]ゆえに善意からの良い忠告も悪いそれと同様に疑われる始末となり、危険な考えを大衆に押しつけるのにごまかさなくても良いのと同程度に、良い考えでもうそをつかなければ信用を得られないことになる。[3]この都市だけが人々のずるさのあまりに欺瞞を抜きにしては公明正大の行いができないのは、公に良いことをする者は背後にもっと何かをかくしているのではないかと反対に疑われるからだ。[4]このような条件下では、この重大問題について我々は短見な諸君よりもっと何か先の見えた意見を吐かなければならない。そして我々は無責任な聴衆である諸君に対してはとくに責任のある勧告をしている。[5]つまり、もしも自己の主張を通す者と、その意見を受け入れる者とが一蓮托生の運命にあるならば、諸君はおそらくもっと慎重に当面の問題を検討するからだ。しかし現在の諸君は、いったん失敗があり、たとえそれが多くの人の責任であっても、その時の感情に任せて失敗の原因として、それを主張した一人の人の見解を処罰して諸君自身が責任をとることをしない。

四四　[1]ともかく、私はミュティレネを支持したり非難したりするために登壇したのではない。つまり問題は、もし我々が賢ければ、ミュティレネ人が我々に不正を犯した点にあるのではなくて、我々の得策に関した点にあるからだ。[2]なんとなれば、たとえ彼らの不正はまったく疑問の余地のないものであると私が証明しても、死刑が得策でないかぎりは、このために私が死刑を要求することはない。またこの都市にとってためになるように見えないかぎり、たとえ彼らに情状酌量の余地があろうとも、それをもって彼らの無罪放免を私は請求するものでもない。[3]我々は現在よりも将来のことを考える必要があると、私は考える。この点はクレオンもとくに主張するところで、彼は謀叛の数を少くするために死刑の処分をして将来の利得を主張する。そしてこの私とて将来の良計を立てることには無論賛成だ。[4]しかし結論は逆なのだ。私は諸君がクレオンの甘言に乗せられて、私の有用な言を退けるようなことのないようにと心配している。なぜならば、彼の主張は諸君の現在のミュティレネに対する感情にとって、恐らくより正しいものとしてひかれるところがあるかと思われるが、我々は正義を貫徹するために彼らを裁判にかけるのではなく、将来彼らが役に立つように彼らについて検討しなければならない。

四五　[1]たしかに多くの人々の都市では、今回の事件とは比較にならないほど軽い罪に対しても死刑が執行されている。それにもかかわらず、人々は夢にかられて危険を冒す。しかも誰も不成功を承知の上で謀叛を起し、危険に突入する者はない。また、[2]いったい今までどの市がその謀叛の企てに、充分な用意が国内にも外の同盟国にもないと知りながら謀叛を起した例があろうか。[3]誤りは公私を問わず人間の本性ゆえ、この誤りから人間を守る法律はない。人々は悪者の悪行がいつかは減るかと、あらゆる型の罰を用いて罪を裁いてきた。そして昔には、重大な不正事件にも、もっと軽い罰を与えていたに違いない。しかし時が経っても人々は法を犯すので、多くの罰は死刑になった。それにもかかわらず法は破られ、[4]今やこの法よりも何かもっと恐ろしいものを発明しないかぎり、死刑も人の行動を制約しなくなる。貧窮は人々を必要から暴勇に駆り立て、富裕は驕りと慢心から人を貪欲にし、他の巡り合わせはそれぞれの場合に応じて、人間の感情によって、抗し難い力のもとに危険へと人々を導く。[5]望みと欲望は誰の心にも存在し、後者が先行すれば前者が続き、後者が陰謀を企めば前者は成功を暗示して、ほとんどの悪事はこの二つに起因して、現実に見える危険よりも不確実なことの方が強い誘惑力を持っている。[6]しかもこれに加えて、幸運が人々を大いに有頂天にするのは、幸運は予期していない時に現われて、劣勢の準備のままで危険を冒させるからだ。とくに、自由や支配権のように重大問題を取扱う都市は、[7]個人以上に全体に対して自己を不合理に高く評価しがちなのだ。人間欲が何かすることを望んだ時に、法の力とか何か他の制約でその行為を回避させうると考える人は、単純無能でかつ大変におめでたい人と言えよう。

四六　それゆえ死刑が効果あるものと信じて、誤った判断を下してはならない。[1]また謀叛を起した者には、もはや改心の道も、その誤りの早期撤回の道も絶たれたというような絶望に追いやってはならない。つまり、もし謀叛を起した都市がその謀叛の不成功を悟れば、まだ残されている資力を引き渡して、その後は貢納金を払うという条件で交渉に同意するかも知れない点を、諸君は認めなければなるまい。[2]けれどもクレオンの方法によって、もし同意が早くても遅くても結果が同じなのでは、いったいどの都市が、将来装備が現在より改善される見通しがなくても、最後まで包囲軍に抵抗しないと諸君に考えられるだろうか。[3]また我々にとっても交渉の成立を求めず、どうして包囲の費用が我々の害にならないことがあろうか。もしこうした後にミュティレネを我々が占領すると、壊滅した都市を引き渡されることになり、その後の貢納金も廃墟の都市からは取り立てられないであろう。そしてこの貢納金こそ敵に対抗する我々の力の源なのだ。[4]故に我々は罪人の厳格な裁判官として我々自身を損うよりは、罰はほどほどにして、将来は我々が財力において強力な諸都市を利用できるようにし、警戒を苛酷な法によらず実際的な注意によって得るべきである。ところが我々は反対の行動を取っている。[5]もし主権を保持しながら武力で支配されてきた都市が、自然の成行きとして独立のために謀叛を起したのを我々が鎮圧した時には、それに厳しく懲罰を加えるべきであると我々は考えている。[6]自由諸都市の謀叛は罰するべきではなく、彼らが謀叛を起す前に警戒して、彼らがこのような叛心を持たないように前もって注意し、捕えられた者にはできるだけ軽い処分を与えるべきだ。

四七 [1]諸君がクレオンの言に従うことがどれほど大きな誤りであるかを悟るべきだ。[2]それは、現在はすべての都市の大衆派は諸君に好意を寄せており、彼らは少数派と手を組んで謀叛を起さず、またもし暴力でそれを強要されれば、彼らは中にあってすぐに謀叛派の敵となり、諸君が諸都市相手に戦争に入れば、敵の諸都市の中に多くの同志を持つことになるからだ。[3]しかし、もしも謀叛に加わらず、武器を手にするとただちにミュティレネを我々に積極的に引き渡したミュティレネの大衆派の人々を諸君が殺すということになると、まず諸君は同志を殺したことで不正を犯したことになり、ついではこの謀叛を一番望んだ有力者の思う壺に諸君がはまることになる。つまり、不正を犯した者と正しい者とに同じ懲罰を区別なく諸君が与えることを示したならば、諸都市に謀叛を起させた者たちはすぐに大衆派を同志として獲得するであろう。[4]たとえ彼らが不正を犯したのであっても、我々の唯一の同盟者として、彼らが敵にならないように、不正のなかったように振舞うべきだ。[5]そしてこれが我々の支配圏の維持にとってはるかに有益であると私は考える。我々は滅ぼしてはならない者たちを正義を盾に滅ぼしてしまうよりは、喜んで不正を甘受しなければならない。クレオンの主張を実行したのでは、正義と処罰が生む利益とが同時に両立するとは思えない。

四八 [1]諸君は以上の案をより良いものと認め、私が諸君に力説しているのは憐みや寛容論ではないことを知って、論議それ自体から私の説を支持してほしい。そしてパケスが罪人として送ってきたミュティレネ人については時間を充分にかけて裁断を下し、ミュティレネに残る者たちはその地に住むことを許すべきだ。[2]つまり、この政策こそ我々の将来にとって良策であり、かつまた敵にとっては恐るべきことである。敵に対して上策をたてる者は、むやみに暴力的行為を以て立ち向う者より強者となる。」

四九 [1]以上の要旨をディオドトスが述べた。そしてこの二つの主張が、述べられた諸議論の中では、もっとも極端に相反した議論であった。アテナイ人の間で議論が戦わされたが、結局挙手による決定は僅少の差でディオドトス派が勝った。[2]そこでただちに他の三重艪船が大急ぎで派遣された。それは最初の三重艪船がミュティレネに着いてしまって、ミュティレネ人が殺されるのを防ぐためだった。[3]最初の船はだいたい一昼夜前に出ていたが、アテナイにいたミュティレネの使節団は、船に酒、ひき割り大麦を供給して、この船がもし先行の船に追いついたら多額の報奨を出すと約束した。そこで水夫たちは酒とオリーブ油で捏ねたパンを食べながら船を漕ぎ、さらに寝る者と漕ぐ者とを交代にして一生懸命航海した。[4]たまたま風が追風ではあったが、最初の船は気の進まぬ役目のために、気を入れて船を漕がなかった。それに後の船がこのように急いだので、最初の船が到着してパケスが決議文を読んで議決事項をまさに実行に移そうとしている時に、後の船が入港して死刑の執行を制止した。ミュティレネはここまで危険にさらされたのである。

五〇　パケス[1]によって謀叛の教唆者としてアテナイに送られた他の者たちはクレオンの言に従ったアテナイ人によって殺された。（それは約一千を少し越える数であった。）そしてミュティレネの城壁を崩し船を引き取った。[2]しかしその後はレスボス人には税金を課さず、メテュムナを除く土地を三千に分割して、その中の三百を神に捧げ、他の区画にはアテナイ市民の中から籤でそれぞれの所有者を送り出した。レスボス人は各区画の耕作者として割当てられ、年に二ムナを払うことでその土地を耕すことになった。[3]さらにアテナイ人はミュティレネの傘下にあった大陸側の都市をも手に入れて、後にアテナイに従属するものとした。レスボス事件の経緯は以上のようであった。

五一　[1]さて同じ年の夏、アテナイがレスボスを取った後、ニケラトスの子ニキアスが将軍となって、メガラの対岸にあるミノア島(31)に上陸した。メガラ人もそこに要塞を築いて駐屯、守備をしていた。[2]ところが、ニキアスはそこがアテナイからあまり遠くなく、しかもブドロンやサラミスにも近いので砦を置こうと考えた。そしてペロポネソス人が今後はそこから三重櫓船で秘かに出航したり奇襲隊を送ったり、あるいはまたメガラに入港したりできないようにと考えたのである。[3]まずニキアスは破城槌を海側から使用してニサイアのはずれにある二つの櫓塔を占領し、島と本土との間の航路を自由にし、さらに本土に面した側には築壁を築いて、浅瀬を橋に島へ渡ってくる援軍を防いだ。[4]これだけのことを短時日にやってのけると、彼は島の防壁の中に守備隊を残して、軍勢を引き揚げた。

五二 [1]この夏の同じ頃、もはや食糧もなく、プラタイア人も包囲に耐えられなくなった。そこで以下の次第でペロポネソス軍に降った。[2]ペロポネソス軍が城壁に攻撃をかけさえすれば、プラタイア人はすでにそれを防ぐ力はなかった。しかしラケダイモンの司令官は自軍の弱点を知っていたので、これを力ずくで取るようなことはしなかった。（これは本国からの訓令で、いずれアテナイと和平条約でも成立して、戦争で獲得した地方を互いに返還し合っても、プラタイア人は自主的にペロポネソス側についたという理由で返還しなくても済むようにとの配慮からであった。）そこでラケダイモン司令官は、ラケダイモン人の裁判官を受け入れて罪人を罰する一方、法にもとったことは一切しないという条件で自主的にプラタイアを引き渡すかと質問の伝令を送った。[3]伝令がこの内容を伝えると、プラタイア人は、（すでに困憊の極に達していたので）プラタイアを明け渡した。ペロポネソス軍はプラタイア人に、ラケダイモンの裁判官五名が到着するまでの数日間の食糧を与えた。[4]しかし彼らが到着すると論告は行われず、一人ひとり呼び出されて、戦時中に何かラケダイモン軍とその同盟諸軍に為になることをしたかということだけが問われた。[5]しかしプラタイア人はもっと長く発言できることを要求した。そこでプラタイアのラケダイモン外地代表人であったアソポラオスの子アステュマコスとアイエイムネストスの子ラコンを、プラタイア人は代表者として選んだ。彼らは進み出ると以下の要旨を述べた。

五三 「[1]ラケダイモン人諸君、我々は諸君を信じてプラタイアを引き渡したのは、このような裁判ではなくて、何かもっと法にかなった裁判を期待していたからである。諸君こそ誰よりも我々を公正に扱ってくれるものと考え、ご覧のように他国の裁判官に身を委ねなかった。[2]しかるに今や我々はどちらも判断を誤ったのではないかと恐れている。なぜならば、この裁判の結果は極刑で、裁判官が公正を欠くように思われるからだ。つまり、我々には反駁すべき論告の機会が与えられず、(しかもこの発言は我々が自ら求めたものである)からだ。諸君の問いは短く、真理をもってそれに答えれば不利を招き、偽れば非難を受けるであろう。[3]八方をふさがれた上に、必要に迫られては何か敢えて発言する危険を冒す方がかえって安全のように見える。なぜならば、発言に救いもあったかと、沈黙は後に人々に後悔をもたらさないとも限らないからだ。[4]加えて、我々が諸君を説得するのは極めて困難なのだ。そのわけは、もし我々が互いに未知で、諸君が知らない事実を証拠として挙げられるならば我々に有利であるかもしれない。しかし我々が今話そうとしている諸君はすべてを承知している。我々が恐れているのは、諸君が我々の貢献を諸君のそれよりも低く、先に勝手な評価をすることではなく、諸君が他の者の歓心を買うために、我々にはもはや結果のわかっている裁判に坐らされていることである。

五四 [1]しかしそれにもかかわらず、我々はテバイ紛争に対する我々の正義を諸君および他のヘラス人に主張して、我々の徳行を想起せしめ、説得しようとする。

[2]それは、戦時中に我々がラケダイモン軍およびその同盟諸軍に対して何か貢献したかと

いう簡単な問いに対して、もし諸君が我々を敵としてこの問いを発しているなれば、諸君が我々の貢献を受けなかったことが我々の不正ではありえず、また我々を味方と見なしての上なれば、諸君こそ我々を攻撃したことが誤りであるからである。[3]平和の時もペルシア戦役の時も我々は正しく振舞った。そして平和を破ったのは我々が初めてではない上に、当時はボイオティアの中で我々のみが諸君と協力してヘラスの解放のためにペルシア軍と戦ったのだ。[4]つまり我々は陸の民でありながらアルテミシオン沖の海戦に参加し[32]、また我々の領土内で起きた戦闘には我々は諸君とパウサニアス[33]とに従った。そして当時はまた他に何かヘラスにとって危険なことが起れば、力に応じて我々はすべてに参加した。[5]しかも、ラケダイモン人諸君、具体例をあげれば例の地震の後に、イトメで農奴が反乱を起して大恐慌がスパルタ一円に拡がった折にも、市民の三分の一を援軍に送ったのは我々なのだ。このことは容易に忘れられてはなるまい。

五五 [1]このように昔は我々とて諸君に対して義を重んじた。しかし後には諸君の敵になってしまった。けれどもこれは諸君の責任である。すなわち、我々がテバイに圧迫されて諸君に同盟を要請した折に、諸君は遠隔の地にあることを理由に我々の要求を退け、近くにあるアテナイに行けと指示したからだ。[2]しかも戦争中、我々は諸君に決して害を加えなかったし、また加えようともしなかった。[3]たとえ我々がアテナイに弓を引くことを望まなかったからとて、これは諸君の言葉に従ったまでであるから、我々は不正を働いたことにはならない。つまりアテナイ人は諸君が臆していたので、我々の反テバイ戦を援助してくれたのである。ゆえに彼らを裏切ることは決して名誉なことではない。とくに彼らから利益をこうむり、要請した同盟加入も受け入れられ、しかも市民権さえも与えられては、その呼びかけに積極的に応じるのが当然である。[4] 同盟諸都市をそれぞれ率いる諸君ら両大国の間に何か失態が演じられようともそれは率いられる都市の責任ではなく、正しく事態を導かなかった指導者側の責任である。

五六 [1] テバイ人は、あれこれと多くの悪事を我々に働き、ついには諸君自身も知っているように、そのために我々は現在のような被害を受けているのだ。[2] 彼らが我々の都市を平和時にそれも聖日に占領したのに対して、侵入者を防禦することを神聖とする普遍の掟に従って我々は復讐をしたのである。それゆえ今日においてさえ彼らのために我々が害をこうむる理由はない。[3] つまり、もし諸君が目前の利益とテバイ人の我々に対する敵意を意識して裁判を進めるならば、諸君は真の正義の裁判官であるよりも、むしろ利益を追求する者と見える。[4] しかも、今諸君にとってテバイに味方することが有利のように見えるとしても、以前、諸君がずっと重大な危機に見舞われた時に、我々や他のヘラス人の方がテバイよりはるかに諸君の役に立ったのだ。しかし今や諸君が他に恐れられる侵略者であるが、あの当時はクセルクセスがヘラス全土を隷属させるために来た時であった。それにもかかわらずテバイ人はクセルクセスに味方した。[5] それゆえ、たとえ我々に何か誤りがあったとしても、現在の我々のその誤りは当時の我々の貢献で償われるのが当然である。諸君は我々の貢献がその誤りよりはるかに大きく、しかもクセルクセスの力に抵抗する勇気がヘラスにまれであった時に我々にはそれがあったことを知るであろう。敵の侵入事件に己れの安全を顧みず危険に賭けようとする者こそ、至高の賞讃が与えられるべきである。[6]我々はこうした者の一員であり、最高の栄誉を得ていたにもかかわらず、今やふたたび同じ立場を守ろうとして正義のゆえに諸君を選ばずアテナイに味方したために、滅ぼされまいかと脅えているのだ。[7]しかし同一条件に関しては同じように同様の判断が下されるべきだ。良策とは常に同盟軍の善行に対して変らぬ好意を持つことであり、それが結局諸君に直接の利益を生むこと以外の何ものでもないことを知るべきだ。

五七　[1]また多くのヘラス人が諸君を勇士の範としていることも、諸君は忘れてはならない。諸君がもし不当な裁きを我々に下すならば（つまりこの裁決が世の目を避けられないのは裁く諸君も高名ならば、裁かれる我々とて汚名はないのだから）諸君が注意しなければならない点は方正なる者が善き者を裁くに不正をもってなしたことが決して表向きにならないようにすることであり、またヘラス世界への貢献者たる我々から剝奪した武具を全ヘラス人の信仰の中心たる神社に献げないことだ。[2]ともかく、ラケダイモン人がプラタイアを滅ぼそうとしたり、ことに諸君の祖先はプラタイアの功績を讃えてデルフォイの三脚釜にまでそれを刻記したのに反して、諸君がテバイのために我々をヘラス全土から抹殺してしまおうと考えることは恐ろしいことである。[3]かくのごとき苦境に我々は落ちてしまっているのだが、ペルシア戦争の時にもしペルシアが勝っていたら、我々は完全に滅ぼされてしまっていたであろうし、今もまた、以前にはもっとも好感を持っていた諸君の法廷で我々はテバイ人に対して敗訴するならば、我々は二度も一大危機に立たされたことになる。昔の危難では、プラタイアの都市を引き渡さない限り飢餓で滅ぼされたであろうし、現在では裁判の死刑の宣告で滅ぼされるであろう。[4]持てる力以上を出してまでヘラスに仕えた我々プラタイア人がすべてに拒まれて孤立し、辱しめられているのだ。当時の同盟国は何の助けの手も差しのべず、しかもラケダイモン人諸君、我々の唯一の望みである諸君までも我々は不信の目を持って恐れているのだ。

五八 [1]それでも我々は神に免じ、かつて存在した同盟関係に免じ、そして我々のヘラスへの貢献に免じて諸君に折れてくれるように願う。もし何かテバイ人に約束させられたことがあるならばそれを撤回し、諸君にふさわしからざる行為、すなわち我々を殺戮するという返礼をテバイ人に与えず、恥ずべきひいきよりも賢い好感を選び、他人の歓心を買うためにおのれが汚名を着るようなことがあってはならない。[2]つまり我々の生命を取るのはつかの間のことではあるが、その汚名をそそぐのは容易なことではないからだ。それは我々が諸君にとって当然罰せられるべき敵ではなく、好感を持ちながらも必要に迫られて敵となったからである。[3]さて、もしも諸君が我々の身体に手を触れないならば、諸君は神聖な判断をしたことになろう。とくに諸君は自主的に降って手を差し出した者を捕えたこと、（ヘラスの慣例ではそのような者は殺さないこと、）これに加えるに我々は常に諸君に対して貢献者であったことを考慮に入れてもらいたい。[4]すなわち諸君の祖先の墓を見たまえ！　彼らはペルシア戦で討死をし、我らの国に葬られたものであるが、我らは年々それに公に衣類や他のしきたりの供え物を捧げ、季節には我々の国が産出するすべての初穂を供えて、友好国から来た友、かつての戦友国に来た同盟国人として遇しているのである。ゆえに、もし諸君が正しい判断を下さないかぎり、諸君は我々にこれらとまったく反対のことをすることになる。[5]諸君また見たまえ！　パウサニアスがこの地に彼らを埋葬したのは、この国が友好国であり、この国の者と親密であると考えたからこそであった。しかるに諸君がもし我々を殺し、プラタイアをテバイ領にするならば、諸君は諸君の先祖や親族を敵地に、しかも彼らの殺害者の側に、現在彼らが得ている供物もないままに放置することになるのだ。諸君の行動はこれ以外の何であると言えるだろうか。ヘラス人が得た自由のある土地を諸君は奴隷化することになり、ペルシアへの勝利を諸君が祈願した神の社を諸君は見捨て、犠牲の供物の伝統を定め確立した人々から諸君は自由を取り上げることになろう。

五九　[1]ラケダイモン人諸君、このようなことは諸君の名誉にさしさわろう。ヘラス共有の掟を破ってはならないし、諸君の父祖の霊を汚すこともならない。善行者にして被害者たる我々を、第三者の敵意にそそのかされて滅ぼしてはならない。憐みの情を持って我々を許し、諸君の考えを変えてほしい。我々に迫る死の極刑もさりながら、我々がどうしてこの厳罰を受けるのか、運命とはいかに不当な者の上に禍いをもたらすものであるかを熟省してほしい。[2] そこで我々は、窮地に立って残された手段として、諸君にうったえ、ヘラス共有の祭壇を持つ神々にかけて諸君に次のように要請する。我々は諸君の父祖が忘れないようにと誓った言葉を体してその墓に哀願者としてすがる。そしてそこに眠る者に我々は助けを求め、諸君が我々をテバイの支配下に置いたり、もっとも良き友国をもっとも憎き敵に引き渡したりしないように請願するものである。今日恐ろしい災難を目前にする我々が、諸君の父祖と共に輝かしい手柄をたてた日のことを諸君に思い出してもらいたい。[3] しかし我々のような環境にある者にとって必ずくる重大な難関は演説を止めることだ。つまり演説が終ればそれだけ生命の危険への道が近くなるからである。最後に述べることは、我々がテバイに我々の都市を明け渡さなかったのは、（恥ずべき餓死のほうがテバイに降るより望ましかったからであり）諸君を頼ったのは諸君を信用したからだ。（また、もしも我々が諸君を説得できなければ、状態を従来の形に戻した後に、我々自身に危険を選ぶ自由を与えることが正義であるという点である。）[4] ヘラスに大いなる功績のあったプラタイア人であり、諸君を信じて哀願者となった我々を、ラケダイモン人諸君、諸君の手から我々のもっとも憎むテバイ人に引き渡してはならず、我々の救済者にして、ヘラスの解放者たる諸君は我々を見殺しにしてはならない。」

六〇 以上[1]の要旨をプラタイア人が述べると、テバイ人は、この演説のためにラケダイモン人が何か譲歩するといけないと恐れた上に、例の問いに対する答よりははるかに長い演説をラケダイモン人が彼らの予期に反してプラタイア人に許したので、テバイ人も演説する希望のあることを明らかにした。そこでラケダイモン人がこれを許すと、以下の要旨をテバイ人は述べた。

六一 「もしも[1]プラタイア人自身が諸君の問いに対して手短かに答え、我々に向って非難を浴びせず、しかも彼らが現在の問題外で、誰からも批判や非難を受けていない点を種々弁明したり自讃したりしていなかったならば、我々は発言を求めなかったであろう。しかし今や我々が彼らに反論を述べねばならないのは、我々に着せられた汚名や、彼らが自称する名声で彼らの立場が有利にならないように、諸君に両者に関しての真実を語り、判断してもらうためである。

[2]まず最初に我々とプラタイア人との紛争の起ったのは次の経緯による。我々がプラタイアを獲得したのはボイオティアとそれに付随する他の土地よりもやや遅れていた。そこでプラタイア以外の土地からは混合部族を追放して我々がその地を支配しているが、プラタイア人は初めの条件とは異り、我々の支配権を認めなかった。その上祖国ともいうべきボイオティア連盟からも脱退した。そこでプラタイアに圧迫が加えられると彼らはアテナイに頼り、アテナイ人と共に我々に対して多くの害悪を与えた。それに対して我々は報復手

段を取ったのである。

六二　ペルシアがヘラスに来襲した時に、彼らの言では、ボイオティア人の中で彼らだけがペルシア側に味方することを拒んだとして、この点が彼らがもっとも強調することであり、また我々をもっとも非難する事実なのだ。[2]しかし我々が主張するところは、プラタイア人がペルシアに味方しなかったのは、アテナイ人がペルシア側ではなかったからで、これと同じ考えで後にアテナイがヘラスに対した時には、ボイオティアでプラタイアだけがアテナイに味方をしたのだ。[3]さらにどのような政体をもって我々両者がそれぞれこのような行動をとったか考えてもらいたい。つまり我々の当時の国家は、平等の権利を与える寡頭政体でも、また公民政体でもなく、[4]法や良識にまったく反して、僭主政体に近い状態で、少数の実力者が政治を動かしていた。そこで個々の有力者はペルシアが勝ったらさらに力をのばそうと、大衆の力を押えてクセルクセスを引き入れたのである。テバイ市全体としては、自主的能力のないままにこのような行動をとったのであるから、法のないところで行われた誤りについてテバイ市が責められる理由はない。[5]それゆえペルシアが引き揚げて秩序が回復した後の事態をよく観察してほしい。アテナイは他のヘラス諸都市に侵略の手を延ばし諸君の土地をも自分たちの支配下に置こうとした。そして他の多くの土地も革命手段によってすでにアテナイのものとなってしまっていた時に、この我々はコロネイアの戦いで、アテナイ勢を破りボイオティアを解放した。しかも我々は今もなお熱心に他の都市の解放を目指して、他の同盟都市と比較にならないほど多くの騎兵と装備を動員している。

六三 以上[1]我々がペルシアに味方したことについて弁解した。そこで諸君がヘラスに対して[2]さらに不正を働き、極刑に値するものであることを明らかにしたい。諸君の指摘するごとく、諸君は我々を防ぐためにアテナイの同盟都市となり、その市民となったのならば、我々に対してだけアテナイの援助を仰げばよく、彼らと共に他の都市に出兵する必要はなかったはずである。さらにもしもアテナイが諸君を諸君が望まぬところに引っ張って行ったのなら、ラケダイモン人はすでにペルシアと和平を結んでいたのだから、諸君はアテナイとの手を切ることができたはずである。これだけで我々を諸君から引き離して置くには充分であって、少くとも諸君は何の恐れるところもなく検討することができたはずである。しかし諸君はまだ何の危害も受けていないのに積極的にアテナイ側に味方した。さらに[3]諸君は、恩のあるものを裏切るのは恥であると主張するが、ヘラスを隷属させようとするアテナイだけを裏切るより、諸君が盟約を以前に結んでいたヘラス[4]を解放するヘラス全体を裏切るほうがはるかに恥であり、かつさらに不正である。ゆえに諸君はアテナイの好意に対する返礼をしているのでもなければ、恥を逃れているのでもない。つまり、諸君の言によれば、諸君は害を加えられたのでアテナイを引き入れたと言うが、諸君はこの加害者と共に他を圧迫したのである。ともかく、好意に同様な好意をもって報いられないことは、正義の行為に不正をもって報いるより恥ずべきことである。

六四　諸君[1]が当時ペルシア側に味方しなかったのはヘラスのためではなく、アテナイがペルシア側につかなかったからで、諸君はアテナイとは行動を共にし、その他の国とは反対の行動をとることを望んだのである。[2]それにもかかわらず、今日でも諸君は隣者に親切をしたことでヘラスに貢献したと考えている。しかしこれは正しくない。諸君はアテナイ側を選ぶと、アテナイと共に共同戦線を張って、アテナイの侵略から守らなければならなかったかつての同盟条約を遵守しなかった。[3]つまり諸君はこの同盟から脱退してその盟約を破り、アイギナや他の同盟諸都市を防衛するどころか、かえってそれらの隷属を計ったのである。諸君は今日まで、誰からも我々のような圧迫を受けなかったにもかかわらずアテナイと同じ政体を保持してきた。そして遂に、包囲前に我々が呼びかけた中立と和平をも拒絶したのだ。[4]ゆえにアテナイの悪行に協力した諸君以外に、いったい誰が全ヘラスの憎しみを受けるに値いするであろうか。諸君の言葉に従えば、かつては諸君も有益な民であった。しかし現在ではそれが諸君の本性とはまったく違っていることが実証され、諸君本来の欲望たる真実が露呈されたのだ。このために、諸君はアテナイと共に悪の道に入ることを拒まなかったのである。

[5]以上、我々は我々の不本意なペルシア化と、諸君の自発的なアテナイ化の二点を説明した。

六五　さて[1]、諸君が言った我々の最後の悪行、すなわち我々が和平時に法を破って聖日にプラタイアに侵入した行いについても、我々は諸君より大きな誤りを犯したとは考えていない。なぜなら[2]、もし我々自身がプラタイアに侵入して戦闘を起し、敵として土地を荒したのであったら、我々は悪行を働いたことになろう。しかし、もし諸君の中で家柄も財産もある有力者たちが、外部との同盟関係を断って、全ボイオティアの父祖伝来の共同同盟に復帰しようと積極的に呼びかけたのであったら、いったい我々は何の悪いことをしたのであろうか。つまり追従する者より主唱する者の方が罪は重いからだ。そして[3]その罪は、我々の判断では、我々を呼び入れた彼らのものでもなければ我々のものでもない。つまり彼らは諸君と同じ市民でありながらさらに大きな危険を賭け、城門を開き、我々を敵としてではなく友国として自分の市に受け入れた。そして自分たちの劣性分子をさらに悪化させないことと、また優秀分子にはその報いを与えようとした。彼らは賢明なものであるゆえ、都市から人々を追放したり殺したりすることなく、血縁の誼みを固め、誰をも憎まず、すべてと条約を結ぶ者たちだ。

六六　その証拠に[1]、我々は敵対行動をとったことはない。なぜなら我々は何の不正も犯さず、全ボイオティア政権の下に参加したい人々は我々のところに拠るようにと公表したからだ。そこで[2]初めは諸君も喜んで我々の味方になった。そして我々の数の少ないことが後刻確認されるまでは、諸君は協定を結んで静かにしていたのである。少なくとも諸君の大多数からの同意を得ずして我々が市内に入ったことは、ある程度我々に妥当を欠く憾みがあったとも思われよう。しかし諸君は我々のごとく、暴力を行使せず、説得による我々の退去を交渉しなかった。それどころか協約に反して我々に攻撃をかけて、抵抗する者を殺した。しかしこれら殺された者について、我々は苦情を言うつもりはない。（なぜならば彼らが殺されたのは、戦いの慣習の一種だからだ。）しかし、諸君は殺さないという約束をしておきながら、後になって武器を捨てて捕われた者を、掟に反して殺してしまった。まったく何と恐ろしいことを諸君はしたのか！ [3]諸君は先に協定を破り、後には人を殺し、しかも彼らを殺さないという我らへの約束を反古にするという三つの犯罪をわずかの間に犯したのだ。諸君は我々が諸君の地を荒さないことを条件にしておきながら我々がその条件を破ったとして、諸君自身その約束の履行の必要を認めなかったと主張する。いな、たとえ列席の裁判官がこの点においては諸君の正当さを認めようとも、諸君は他のすべての点で処罰を受けなければならない。

六七 [1]ラケダイモン人諸君、事実は以上のごとくである。我々が諸君と我々自身のためにこのように累述した理由は、諸君が彼らに判決を正しく下していることを悟り、我々はさらに神聖なる名誉を得られるようにと考えたからである。[2]そして、たとえ過去に何らかの貢献が彼らにあったとしても、耳を貸してはならない。もちろんこのような言い分は不正な災害を受けている者の場合にこそ救援を送らねばならないのであって、彼らは以前の善行に反して悪事を働いたのだから、そのような恥を犯した者には二倍の処罰を与えるべきである。彼らの嘆きにも諸君の憐みにも心を許してはならない。また諸君の先祖の墳墓にかけての彼らの叫びも、諸君の無情をうらむ声にも耳を傾けてはならない。[3]それは我々が反論したように、我々の若者たちは彼らによって殺されるはるかに大きな災難をこうむっているからであり、またこの若者たちの父親たちは、ある者はボイオティアを諸君の側につけるためにコロネイアで殺された者たちであるからだ。また他の者たちは今や年老いて、子供に先立たれて孤独でいる以上、諸君こそさらに正当に報復の祈りができるからだ。[4]憐憫は何か不当の災難にあった者に向けられてこそ意義がある。これとは反対に、今回の場合のように、罰せられることが正しい場合には、憐憫どころか喜ばれて然るべきことなのだ。[5]彼らは自発的に良い同盟者を拒否した以上、現在の孤立した状態は彼ら自身の身からでたさびと言える。我々が何もしないのに彼らは先に法を破って、正義よりも憎しみをもって判断し、現在でさえ当然の懲罰を受けようとしない。彼らは法的に罰せられるのであって、彼らの主張するごとく戦場においての哀願者としての取扱いは受けられない。法廷に立つことを条件とした投降者の待遇を彼らは受けるであろう。[6]ゆえに、ラケダイモン人よ、この彼らが犯したヘラスの法をもって防ぎ、無警察状態に悩まされた我々の熱意に応えた正義を我々に与えよ。この言葉が諸君の我々に対する好意を生み、そして諸君はヘラス世界に模範を示さなければならない。もし彼らが正しければ短い応答で充分であり、またもし彼らに誤りあらば、飾りたてた演説の隠れみのを彼らが被るという実例を口先ではなく実際にここに立証されたい。[7] さらに、もし現在の諸君のように、盟主が全体をまとめて一括した判断を下せば、人はおのれの悪事をごまかす言葉を求めることが少なくなるだろう。」

六八 [1] 以上の要旨をテバイ人は述べた。そこでラケダイモン裁判官たちは、プラタイア人に彼らが戦時中何かラケダイモンの利益になるような行いをしたかという問を発するのは正当だと考えた。このわけは、少くとも戦時以外の期間にはプラタイア人はペルシア戦役後のパウサニアスによるかつての条約に従って中立を守っていたと解釈したので、その後、つまりラケダイモン人がプラタイアを包囲する前に、ラケダイモン側からプラタイアに中立の勧告が発せられたにもかかわらず、この勧告が受け入れられなかったことから、ラケダイモン人は自分たちの妥当な判断として、ラケダイモンがすでにプラタイアによって条約外の国として、すなわち敵国として取扱いを受けたと考えていたからである。そこで一人ずつプラタイア人を呼び出すと、戦時中ラケダイモンとその同盟都市に貢献したことがあるかを訊ね、否定の答がある度に、その者を引き出して殺した。しかもこれには一人の例外もなかった。[2] 二百名近くのプラタイア人およびこれと共に包囲された二十五人のアテナイ人が殺された。[3] テバイ人は内乱で追放されていたメガラ人とテバイに協力したプラタイア人をプラタイア市に入居させて、それを一年の間彼らに委託した。しかし後には市をその基礎から徹底的に崩してしまった。そしてその上に二〇〇プース平方[34]のヘラ女神の祭殿を建てて、その周りの上下に居室を作った。そして天井と戸にはプラタイア人が使っていたものを利用し、他の物品についても壁の中にあった銅や鉄の器具を用いて寝台などを作り、ヘラ女神に捧げた。またそれに加えて一〇〇プース平方[35]の石殿も作って同じ女神に捧げた。彼らは土地も徴収し、それを十年契約の借地として、テバイ人が住み込んだ。[4]プラタイアに関してはラケダイモン人はだいたいこのような処置をとった。これはテバイ人のためにとられた処置であって、ラケダイモン人は当時いよいよ本格的になってきた今次大戦にテバイ人がいつか役立つかもしれないと考えたのである。[5]かくてプラタイア紛争は、アテナイとの同盟成立後九十三年目に、ようやくこのような形で終止符がうたれた。

六九 [1]さて、ペロポネソスからレスボスの救援に赴いた四十隻の船は、この少し前にアテナイ船団に追われて海を逃げ廻っていたが、後にクレタ島の沖合で嵐に遭遇して散々な目にあい、苦労しながらペロポネソスに向っていた。その途上キュレネでレウカス人とアンプラキア人の三重櫓船十三隻と、最近アルキダスに相談役として来ていたテリスの子ブラシダスに邂逅した。[2]そこでラケダイモン人は、レスボスは失敗をしてしまったので、船団を強化してケルキュラに航行し、内乱を起そうと考えた。ナウパクトス近海にはアテナイの船は十二隻しかいないので、アテナイからの救援船団が来る前に到着していようと、これを目標にブラシダスとアルキダスは準備を進めた。

七〇　ケルキュラの内乱が始まったのは、エピダムノス海戦でコリントスに捕えられた捕虜が帰国した時であった。[1]これらの捕虜が返されたのは、表向きには彼らの外地代表人が八百タラントンを積んだからとされているが、事実は捕虜たちがケルキュラをコリントス側につけることを承知したからである。そしてこの捕虜たちの方法は、市民に個人的に当ってケルキュラがアテナイから離反することを策謀するにあった。そこで、[2]使節を乗せたアッティカの船とコリントスの船がケルキュラに到着すると、議会で論争が行われたが、結局はケルキュラ人は条約に従ってアテナイの同盟国として残ることを票決した。しかしそれと同時に、以前と同じようにペロポネソス側とも友好関係を結ぶとした。そこで、[3]（アテナイの外地代表人を自任し大衆派の指導者でもあった）ペイティアスを、コリントスから帰って来た捕虜たちが捕えて、ペイティアスがケルキュラをアテナイに売ったと言って彼を法廷に立たせた。[4]しかし彼は釈放されると、ゼウスとアルキノオスの神領から枝を切り取ったという理由で、五人の最も金持ちの者たちを反対に訴え、この枝に対する罰金は一本につき一スタテールとした。[5]そこでペイティアスが訴訟に勝つと、彼らは巨額の罰金のためにその分割支払いを要求して神殿に哀願者となって坐った。ところがペイティアスは、（ちょうどその時協議会が開かれていたので）、判決の執行の同意を取りつけた。[6]被告人たちはこの判決に困っていたやさきに、ペイティアスがまだ協議会にいて、大衆に彼らがアテナイと防衛条約と攻撃条約と両方を結ぶように説得しようとする意志のあることを知ると、短剣を手に一団となって協議会場に入り、ペイティアスと六十人に及ぶ協議員や市民を殺した。そこで、ペイティアスと志を同じにしていた中で少数の者は、まだ停泊していたアテナイの三重櫓船に避難した。

七一 [1]こうしておいてこの金持たちはケルキュラ人を招集して、これが一番良いことであってアテナイに隷属させられることもまずあるまいと発表し、今後はペロポネソス側もアテナイ側も受け入れず、両国からの船は一隻以上の入港は敵船とみなすとも言った。この発言があると、この決定の強制執行を主張した。[2]そこで彼らの行為を正当化するために、彼らはただちにアテナイに使節を送った。これは、アテナイに逃亡した者たちが不都合なことをしないように説得して、何か反動の起きるのを防ぐためであった。

七二 [1]彼らがアテナイに来ると、アテナイ人は使節たちを暴動教唆者として捕えて、説明をした後にアイギナ島に送って住まわせた。[2]この頃、ケルキュラの主導権を握っていた者たちは、コリントスの三重櫓船がラケダイモンの使節と共に到着すると、大衆派に攻撃をかけて戦闘に勝った。[3]そして夜になると大衆派は、アクロポリスと市内の高地に逃げ、一カ所に居を決めるとヒュライコスの港を占領した。しかし相手方は市場を占拠した。ここには多くの者が住んでおり、港は大陸に面して市場の側にあった。

七三 [1]その翌日、両軍は軽く接触し、耕地に兵士を繰り出した。奴隷にも両軍は呼びかけて自由を約束した。奴隷の大部分は大衆派の呼びかけに応じたが、少数派も大陸から八百人の救援を得ていた。

七四 [1]中一日置いて再び戦闘が行われ、大衆派が地勢と数を利して勝利を得た。女たちも勇敢に男たちを助け、屋根から瓦をはがしては投げて、女らしさも忘れて騒動に臨んだ。[2]夕刻、退却が始まると、少数派は大衆派が最初の攻撃で兵器庫を奪って彼らを滅ぼすかもしれないと恐れ、市場の周辺の建物と住宅を焼き払って大衆派の前進を食い止めようとした。彼らは自分たちの家も他人の家も区別なく容赦をしなかった。そのため多くの商品が焼失し、もし風でもあって市内に火を運んでいたら、ケルキュラ市は全滅の憂き目を見るところだった。

[3]夜になると両軍は引き揚げ、警備隊を配置し、戦闘は止んだ。コリントス船団は大衆派が勝つと出港し、大陸から多数の援勢を秘かに運んだ。

七五 [1]朝になると、ディエイトレペスの子でアテナイの将軍ニコストラトスは、十二隻の船と五百のメッセニア重装兵を率いてナウパクトスから援軍にやってきた。彼は協定の成立につとめ、両派から当時不在の両派の首謀者をそれぞれ十名ずつ裁判にかけること、他の者たちは互いに条約を作って生活をし、アテナイに対しては防衛および攻撃協定を作るように説いた。[2]そして以上のことを成功させると、ニコストラトスはこの地を離れようとした。ところが大衆派の代表たちは反対派に騒動の緒《いとぐち》を与えないようにしたいと、彼の船団を五隻だけ残して行くように、代りに同数の彼らの船にケルキュラ人を乗せて送ると説いた。[3]そこでニコストラトスがそれに同意すると、大衆派は反対派の者たちを船に乗せるために集めたので、彼らはアテナイに送られることを恐れてディオスクロイの神殿にすがった。[4]そこでニコストラトスはその者たちを立たせて元気をつけたが聞き入れないので、大衆派は彼らがニコストラトスとの航海に信用を置かないのは彼らによろしからぬ考えがあるという理由で、武装して少数派の武器をそれぞれの家から取り上げた。そしてニコストラトスが止めなかったら、彼らは居合わせた者まで殺してしまったであろう。[5]他の者たちはこの成行きを知ると、ヘラの神殿に哀願者としてすがったが、その数は四百に近かった。そこで大衆派は、彼らが何か暴動を起すのを恐れ、彼らを説いて起たせるとヘラの神殿の向い側の島に運び、そこへ彼らの日用品を送り届けた。

七六 [1]この内乱が起きたために、少数派の人々が島に移されて四、五日経つと、イオニアの警備に当っていたペロポネソス船団五十三隻がキュレネから到着した。前と同様アルキダスが指揮をとり、ブラシダスがその相談役として航海して来た。シュボタ港に投錨したが、朝には大陸側からケルキュラに向って出港した。

七七 [1]ケルキュラはこれを恐れて大騒ぎとなった。彼らは市中に残る者と打って出る者との二手に分け、これと同時に常駐の漕手を六十隻の船に乗せて敵に向わせた。アテナイ人はケルキュラ人に忠告し、最初は敵に出港させておいてから後で全力をあげて敵を攻撃するように言った。[2]しかしケルキュラの船は散々になって敵に向うと、二隻がたちまち敵方に廻ってしまい、他の船も漕手同士が互いに争って何の秩序も見られなかった。[3]ペロポネソス船団側はこの混乱を知ると、二十隻の船列をケルキュラ側に向け、残りをサラミニアとパラロスの二隻が入っている十二隻のアテナイ船団に向けた。

七八　[1]ケルキュラ船団が下手に攻撃をかけて自分たち自身で苦境の原因を作ると、一方アテナイ船団は敵の数とそれによる包囲を恐れ、目前の敵船列の中央部には攻撃をかけず、その翼端を狙って一隻の敵船を沈めた。この後ペロポネソス側は輪を作ったので、アテナイ船はその周りを廻って攻撃をかける隙を狙った。[2]ケルキュラ勢に対していた船団はこの作戦でナウパクトスの二の舞を踏むことを恐れて救援に来たので、全船団が一丸となってアテナイ船団に攻撃をかけた。[3]しかしすでに後退を始めていたアテナイ船団は彼らの後退と同時にケルキュラの船ができるだけ逃げられるようにとゆっくり行動して、敵船がアテナイ船からは離れられないようにした。

[4]こうして起った海戦も日没とともに止んだ。

七九　[1]ケルキュラ人は敵が勝った以上ケルキュラ市に押し寄せて来るか、または島の少数派の者たちを奪われないか、あるいは何か新しい暴動でも起きはしないかと恐れて、島の者たちを再び本土のヘラの神殿に移して市を守った。[2]ところが反対派は海戦に勝つと、ケルキュラに向って航海戦を敢えて試みようとはせず、奪った十三隻の船をもって大陸側の出発点に戻った。[3]翌日も彼らはケルキュラ市には出航しなかった。伝えられるところでは、ブラシダスがアルキダスと意見を異にして出航を主張したが、ブラシダスは同等の発言権をアルキダスに対して持っていなかったので、結局レウキンメ岬に上陸して土地を荒したということである。

八〇 [1]ケルキュラの大衆派はまだ敵船が来襲するかもしれないという恐れから、市を救うためにはと哀願者や他の者と妥協して、その中の者が船に乗ることを説得した。つまりそれで彼らは予期した来襲に備えて三十隻の船の乗組みを果したことになる。[2]ところが日中まで土地を荒らした後そこを離れたペロポネソス船団に夜になると烽火でレウカスから六十隻のアテナイ船団の接近の報がもたらされた。この船団は、アテナイ人がケルキュラの内乱とアルキダスの船団がケルキュラを目指しているのを知って送ったもので、トゥクレスの子エウリュメドンが指揮官となっていた。

八一 [1]そこでその夜ペロポネソス船団はただちに陸地沿いに帰国した。海を廻航してアテナイ船団に発見されることのないようにとレウカス地峡では船を陸上運搬して帰国した。[2]しかしケルキュラ人はアテナイ船団の接近と敵の退却を知って、前に市外にいたメッセニア人を集め市内に入れ、彼らを乗組ませてあった船をヒュライコス港に廻航させるように命じ、その者たちがその準備をしている間に、もし敵を一人でも捕えればそれを殺し、また乗船を強制した者たちを船から降して殺した。さらにヘラの神殿に来て哀願者になっていた約五十名を法廷に立たせると約束して引き出しておいて、一人残らず死罪に付した。

3 この説得に応じなかった多くの哀願者はこの結果を知って、神殿で互いに刺しちがえて死んだり、あるいは木に首を吊り、各自が思い思いに生命を絶った。4 エウリュメドンが六十隻の船と共に滞在していた七日の間、ケルキュラ人は自分たちの間で敵と思われる者を殺害した。この表向きの理由は公民統治主義をくつがえそうとしたということであるが、ある者は私怨から、他の者は借金の負債のために殺されたりした。5 そしてこのような時には起りがちなように、あらゆる種類の殺人が行われ、何事も極端に走った。すなわち父は子を刺し、哀願者は神殿から引きずり出されてその場で殺され、また他の者たちはディオニュソスの神殿の中に閉じ込められたまま死んだ。

八二 1 このように、この内乱は残虐を極めたものとなったが、これが初めて起きただけにその印象は深かった。後になると、いわば全ヘラスに動乱が起きて、紛争があらゆるところに起り、大衆派の人々はアテナイを引き入れようとし、少数派の人々はラケダイモンを引き入れようとした。そして平和時には彼らを呼び入れる理由も準備もなかったが、ひとたび戦いになるとどちらの側にも援軍が得られるような状態になり、敵より有利になること、自己の力を増すことのために他を呼び入れる機会は、反乱を起そうとする者たちには簡単にあるものであった。2(36) 内乱が諸都市に起した惨状は残酷でしかも数多かったが、人間の本性が同じであるかぎり、強いか弱いか個々が置かれた条件の変化によってその様相こそ変りはするが、過去に起きたことはまた将来にいつも起るものである。つまり平和と繁栄の世界においては、不本意な必要に迫られることがないので、都市も個人も良識を保持することができる。しかし戦いは日常の余裕を奪って暴力を教え、現実に対処するのに、ほとんどの人が同じように理性を失ってしまうからだ。[3]そこで現在内乱が起きている都市も、将来起きる都市も、前例からならって、攻撃に極端な独創性と異常な報復手段を案出して、常に新しい計画の最先端を開く。[4]通例の言葉の意味は行為を正当化する意味にすり変えられ、暴勇は男々しい同胞愛と呼ばれ、周到な考慮は臆病者のごまかしと考えられ、賢明であることは女々しさを隠すことになり、すべてに聡明であることは一つ一つの事柄に怠惰であるということになる。[5]極端な熱狂は男らしさの一つに数えられ、陰謀は身の安全を計る良い言いわけとなり、極言をする者は常に信頼され、それに反対する者は疑われる。陰謀を企てる者は賢く、それを疑える者はさらに鋭敏と思われる。[6]しかしこのどちらでもないものは仲間を割る者とも敵に怯える者とも呼ばれる。単に悪事を働く計画をたてる者、悪事を企てない者に悪事を働かせる者が喜ばれ、理由もなく乱暴の容易にはたらける同志関係は血族関係よりも互いを強く結びつける。それは人間関係が定められた秩序によらず、既成の秩序に反抗する欲望によっているからである。[7]人の信用は神に誓うことではなくて、罪の共犯が相互の信用を作る。そして反対派が何か良い意見を吐けば、その反対派が強くなりすぎはしないかとその行動を監視し、誠意を持ってその言葉を受け入れない。報復は自己防衛より頼りで、仲直りの誓いがあるとすれば当座の困難に対して他に何も有効な手段がないだけのことである。もし敵が油断していることを知り、機会があると見るや敵の裏をかくことを断行することは、公に行動するよりも密約を持って行われるのでさらにうま味があるとされる。つまりこの方が安全である上に、争いを巧みに立廻って詐欺行為で生き延びられるからだ。多くの人は無能な善人であるよりも利巧者と呼ばれる方が簡単であるにもかかわらず、無能の善人と呼ばれるを恥とし、利巧者と呼ばれて有頂天になる。[8]これらすべての原因は物欲と名誉欲とを満足させようとする支配欲にある。これらの諸欲から闘争への渇望が生れる。諸都市の指導者たちはそれぞれ大義名分を掲げて、ある者は大衆に平等の政体を、他の者は穏健な貴族政体を唱える、一方では「公共のため」という愛用の名分を振りかざして争えば、他方ではあらゆる手段を弄して生存競争に狂奔し、極悪非道を行うに何の躊躇もなく、報復にはさらに残虐を極めて正義や都市の利益も顧みず、常時目先の利益をそれぞれの判断の基準となし不正裁判や実力行使で力を得ても目先の勝利に酔うのに吝《やぶさ》かでない。いずれの側にも尊崇の念はなく、不埒な行いを取りつくろう言葉の綾のみ名声を博した。中立を守った都市は闘争に加わらないためか、あるいはそれらの都市が存続すると嫉妬を買うためか、闘争の間に滅ぼされていった。

八三　かくのごとく、[1]動乱のためにあらゆる様相の悪行がヘラス全土にはびこり、品性に大いにかかわりのある誠実さなどを口にすれば嘲笑の的にされて葬り去られてしまった。[2]つまり互いに信用しないままで交際した方がはるかに安全と考えられたのである。そのわけは争いを解消するに足る力を持つ言葉は失われ、誓いも権威をまったく保たれなかった。力を獲得するや、人々は皆、言葉が頼りにならないことを悟り、他人を信用するよりも禍いを招かない手段を求めることに専念するからだ。[3]だいたい深い考えを持たない者の方が栄えるようだ。なぜならば自己の弱点を恐れ、敵の智恵を恐れる者は、理屈に負けてその技術で目的を達成されてしまわないように先んじて陰謀を企み、かえって乱暴な実力行使に出るからだ。[4]事前に陰謀はあらわになると馬鹿にしていたり、また政策で扱える問題を何も実力を行使して勝ち取る必要はないと考えるような人々は、虚を衝かれ滅ぼされてしまう。

八四 〔[1]さて、ケルキュラにおける犯罪はその多くが初めての例であった。それらは、今まで支配されてきた人々が、報復の機会を得て、理性よりも感情に左右され、仕返しをしたり、また年来変らぬ貧困を抜け出そうとする場合や、とくに感情的になって隣人の所有物を狙ったりするなど、正義にもとった行為を決意するのがこれらの行動の原因のようである。また欲望に駆られた人でなくとも、闘争力が伯仲してくると人々は抑制しきれない強い感情に流され、残酷で無情な行為にでるようである。[2]そしてまさにこのような状況の中でケルキュラ市における生活は混乱をきたした。そこで法を犯しがちな人間の本性は法に勝って力を持ち、あからさまに感情の支配の下にあることを表わし、正義を踏みにじり、権威の敵となった。敬神の心は失われ、嫉妬が人を害う力を持たなければ、利益が正義を無視した。[3]このような場合には、逆境にある人すべてにとって頼みの綱ともいうべき公律を他人に仕返しをする時に破ってしまうから、いつか誰かが危機に面して公律を適用しようとする時にはもはやその効力はまったく失われてしまっているのだ。〕

八五　[1]さてこのようにケルキュラ人は、その市内で相互に初めてこのような感情をむきだしにして戦ったが、エウリュメドンとアテナイ人は船でその地を離れた。[2]ところが後になって、ケルキュラ人（で逃亡して助かった者たち）約五百人が大陸側の城壁を乗取り、自領を占拠して、そこから出撃しては島の者たちを悩まし、広域にわたって土地を荒した。しかも市内はひどい飢饉に見舞われていた。[3]そこで彼らはラケダイモンとコリントスに彼らの復帰について使節を送ったが、何の反応もなかったので、後に船と援兵を用意し、だいたい全部で六百人ほどが島に渡った。そしてその土地を獲得する以外には何の望みも持たないために、乗って来た船を焼き払った。それから、イストネ(37)の丘に上ると防壁を作り、市内の者を殺してその土地を乗取った。

八六　[1]この同じ夏の終りに、アテナイ人は二十隻の船でシケリア島に派兵したが、将軍にはメラノポス(38)の子ラケスとエウピレトスの子カロイアデス(39)がなった。[2]これはシュラクサイ人とレオンティノイ人の間に戦争が起きたからである。シュラクサイ側の同盟都市はカマリナを除くとすべてドリス系諸都市であった。これらの都市は今次大戦の初めにラケダイモン人の同盟都市として加わったものであるが、これまでの戦いに参加したことはなかった。レオンティノイ側にはカルキス系諸都市とカマリナが味方した。イタリア半島側ではロクリス人がシュラクサイに味方し、レギオン人は血族関係からレオンティノイ側についた。[3]そこでレオンティノイの同盟軍は昔の盟約に従い、かつまた彼らがイオニア系民族であるということからも、アテナイに人を送って船を彼らに送るように説いた。このわけは陸からも海からも彼らはシュラクサイ軍によって圧迫を受けていたからである。[4]そこでアテナイ人は一番もっともらしい理由をつけて船を送ったが、その真意はシケリアからペロポネソスに食糧が輸入されないようにすることであったが、これと同時にシケリアを彼らが支配することができるかどうかその状態の小手調べの意味もあった。[5]そこで彼らはイタリアのレギオンに着くと、同盟軍と共に戦争を開始した。そこでこの夏は終った。

八七 [1]冬になると、疫病が再びアテナイを襲った。始めの時との間に休息状態はあったがそれでも完全に消滅してしまったことはなく、再発した疫病は一年以上も続いた。[2]しかも最初は二年間も続いたのでアテナイを苦境に立たせる最大原因となり、その国力に悪影響を及ぼした。[3]兵籍にある者から重装兵が四千四百以上、騎兵が三百、それに無数の群衆が死んだ。[4]当時は地震もアテナイ、エウボイア、ボイオティア、そしてとくにボイオティア地方のオルコメノスなどに頻繁に起った。

八八 [1]さてシケリア島についたアテナイ人とレギオン人は、この同じ冬に、アイオロスという諸島に三十隻の船で攻撃をかけた。この島々は夏では渇水のために派兵が不可能であったからである。[2]クニドスからの移住民であるリパラ人がこの地域の居住民であるが、彼らはこの諸島の中であまり大きくないリパラと呼ばれる島にいる。リパラ人はそこから他の島であるディデュメ、ストロンギュレ、ヒエラに行って土地を耕していた。[3]ここの住民は、ヒエラ島でヘパイストスが鍛冶をするために夜は火が見られ昼間は煙が見られると信じている。これらの諸島はシケリアとメッセネ領に接し、シュラクサイと盟約を結んでいた。[4]アテナイ人はそこで土地を荒したが、敵が反撃してこないのでレギオンに帰った。そこでこの冬が終り、トゥキュディデスが記録した戦争の第五年目も終った。

八九　[1]夏になると、ペロポネソス軍とその同盟諸軍は「地峡」まで来て、アッティカに向って侵入しようとした。ラケダイモン人の王アルキダモスの子アギスがその指揮官であった。ところが地震が頻繁に起きたので軍を引き揚げ、再び侵入しなかった。だいたいこの頃にはこのような地震が大変に多かった。[2]エウボイアのオロビアイの海が海岸線から一時退いた後に、大きな波となって市の一部に入り、ある地域は水浸しになり、他の部分は沈下して、以前は陸であったところが現在は海になってしまった。そこで高所に駆け上ろうとして間にあわなかった人々は溺死した。[3]オプスのロクリス沖の島アタランテにも同じような浸水があって、アテナイの砦の一部を壊し、陸に引き上げてあった二隻の船のうち一隻をこわした。[4]ペパレトスでも、少し海水が退いたが浸水はなかった。さらに地震は壁の一部をこわし、公会堂や少数の家屋を破壊した。[5]思うにこの現象の原因は、最大級の地震が起きるとこのために海の水を引き上げ、そして突然再び力を増してやって来て洪水を起すのであろう。地震なしではこれほど大きな激動はありえない。

九〇　この同じ夏、[1]シケリアでは各自が戦闘をくり返し、シケリア人自身もそれぞれ互いに戦火を交えたが、アテナイ軍もその同盟軍と共に出兵していた。しかしアテナイ側の同盟軍の行動と、反アテナイ軍の活動が特筆に値いするのでそれらを記しておく。まず[2]アテナイの将軍カロイアデスはシュラクサイとの戦いですでに戦死してしまっていたので、ラケスが船団の長となって同盟軍と共にメッセネのミュライに出撃した。一方メッセネのミュライでは、二つの部族が警備をしており、上陸して来る者に対して伏兵を置いていた。[3]ところがその伏兵はアテナイとその同盟軍とに追われて大きな損害を受けた。そこでアテナイ側は彼らの砦を襲撃してアクロポリスを明け渡し、メッセネに自分たちと共に出兵することを条件に降伏を強制した。[4]この後はメッセネもアテナイとその同盟軍が接近すると抵抗を諦め、人質を出したりまた他の補償も提供した。

九一　この同じ夏、[1]アテナイ人は三十隻の船をもってペロポネソスの沿岸を航行した。その指揮官はアルキステネスの子デモステネスとテオドロスの子プロクレスであった。この他六十隻の船と二千の重装兵は[2]メロス島にも送られた。この指揮官にはニケラトスの子ニキアスがなった。メロスは島国であるにもかかわらず、アテナイと[3]盟約を結ぶことに同意をしないので、それを強制しようとアテナイ人は考えたのである。メロス人はその土地を荒されても屈伏しなかった。そこでアテナイ人はメロスを引き揚げてグライアのオロポスに渡り、夜半、重装兵はただちに上陸すると、陸路ボイオティア(40)のタナグラに向かった。[4]そこで彼らのこの地点への合図を待っていたカリアスの子ヒッポニコスとトゥクレスの子エウリュメドンに率いられたアテナイ人の全兵力と邂逅し、これと合流した。[5]そしてその日はタナグラに宿営して土地を荒し、夜もそこに滞まった。翌日はタナグラ勢と救援にテバイから来た軍勢に勝って、武器を奪い、戦勝塚を立てた。彼らの一部はアテナイ市に、他の部隊は船隊へと引き揚げた。[6]そしてニキアスは六十隻の船と共に沿岸を航海し、ロクリスの海岸地方を荒した後、帰国した。

九二　[1]この頃ラケダイモン人は次の理由でトラキスのヘラクレイアに植民都市を設立した。[2]メリスの全体はパラロス、イリエスおよびトラキスの三つの部族に分けられるが、これらのなかでトラキスが隣国のオイテ人との戦いで大きな損害を受けたので、最初トラキス人はアテナイに頼ろうとしたが、彼らに信用のないことを恐れて、テイサメノスを使節としてラケダイモンに送った。[3]この使節と一緒に、ラケダイモンの母都市であるドリスからの使節も同じことを要請するために加わった。これは彼らもまたオイテ人から被害を受けていたからである。[4]ラケダイモン人は報告を受けると移民を送ることを決議したが、これはトラキス人とドリス人の仕返しをするためもあったが対アテナイ戦にこの植民都市を設立することは良策と考えたからであった。つまりその地に海軍を養成すればエウボイアに渡るのに近道になり、トラキアへの中継点として使えるからであった。このようにこの地を獲得することにラケダイモン人を熱中させる条件がすべてそろっていた。[5]そこで彼らはデルフォイの神に伺いをたてると、神託もこれを命じたので、スパルタ人と周住民とを送り、また他のヘラス人でも行きたい者があれば、イオニア人とアカイア人以外の土地から来たものであれば誰でもこれについて行くように命じた。ラケダイモンからはレオン、アルキダス、ダマゴンの三人の指導者が出た。[6]彼らは現在ヘラクレイアと呼ばれているところに新しく都市を建てて壁を巡らした。そこはテルモピュライから約四〇スタディオン(41)ほどで、海からは二〇スタディオン(42)ほど入った地点であった。彼らは岸壁を構築してテルモピュライに面した狭い通路をふさいでその守りにした。

九三 [1]この植民都市がこのように建設されると、ここからエウボイアのケナイオンにすぐに渡れるので、初めはエウボイアを大いに悩ましアテナイを恐れさせたが、後には期待はずれの結果になった。というのは、つまりこの新しい都市から彼らは何の脅威も受けなかったからだ。[2]その原因は、この植民都市の建った地方の有力国であるテッサリアは自分たちの周辺に大きな力を持った都市が住みつかれることを恐れ、新しい住民に絶えず戦いをしかけてはその住民を殺したので、初めはたくさん人の居た都市もその人口が減ってしまったからである。(初めにたくさんの人が来たのは、ラケダイモン人が植民するのではその都市は安定したものになると考えられ、人々を刺激したからであった。)しかし、この都市に来たラケダイモン人の指導者たちがこの企てを失敗させ人口を減少させた大きな原因であった。その理由は多くの人々は彼らの厳しく、また時には不公正な行政に恐れをなしてしまったので、この新しい都市の住民は近隣の者たちに容易に負ける結果になってしまったのである。

九四 同じ夏、[1]アテナイがメロス島にいた時期と同じ頃、ペロポネソス周辺にいた三十隻のアテナイ船団はレウカスのエロメノスで敵の警備隊を待伏せてこれを撃滅した。そこでアカルナニアではオイニアダイを除くすべての部族がアテナイ側に参加し従軍した。ザキュントス人、ケパレニア人とケルキュラからの五隻の船で強化されたアテナイ勢はレウカスに向った。[2]城外の地と、レウカスとアポロンの神殿のある「地峡」の内側をアテナイ勢は荒し、大いに乱暴を働いた。しかしレウカス人は抵抗をしなかった。そこでアカルナニア人はアテナイの将軍デモステネスに、レウカスに壁を構築して切り離すようにすすめた。そのわけはこうすれば彼らを簡単に包囲降伏させられ、アカルナニア人にとっていつも敵対してきた都市を片づけることができると考えたのである。[3]さらに彼らが説いたのはおりからデモステネスには、メッセニアからのこのような大軍がある以上、ナウパクトスの敵としてアイトリアを攻撃することは良策であるとし、しかも、もしアイトリアを落せばその地方の大陸も容易にアテナイ側につかせることができると説明した。[4]そして彼らの言い分ではアイトリアは大きくかつ戦闘的ではあるが、村落ごとに防壁を持たずに住んでおり、

互いに距離が離れていてしかも彼らの兵力は軽装兵なので、まとまって救援に出て来る前
5 に落してしまうことは困難ではないように思えるという点であった。そして最初にアポド
トイ人を落し、次にオピオネス人を落し、それらの後でアイトリアで一番大きな部分を占
めているエウリュタネス人を落せと指示した。このエウリュタネス人はまったく未知の言
語を使用し、人肉を食べるといわれている。彼らは最後に、これらを落しておけば、他は
容易に服従するであろうと言った。
九五 1 デモステネスにはメッセニア人の歓心を買う目的もあったが、とくに彼が考えたこ
とは、アテナイの軍隊がなくても、アイトリアと大陸の同盟諸軍をもって、陸路でオゾリ
スのロクリスを通り、ドリスのキュティニオンまで行くことであった。そうすればボイオ
ティアまで行けるとデモステネスは考えたのである。そこでパルナッソスを右手に見なが
らポキスまで彼は行った。ポキス人は昔からアテナイに好感を持っていた。そのために積
極的にデモステネスと行を共にするか、あるいは武力で強制できるようにデモステネスに
は思えたのである。（その上ポキス人はすでにボイオティアとその境を接しているので、）アカ
ルナニアの意に反して彼はその地点から全軍を率いてレウカスを離れソリオンに航行した。
2 そこで彼の意志をアカルナニア人に知らせると、レウカスに防壁を構築しないという点で
彼らはデモステネスの案を受け入れなかった。そこで残りの軍勢、すなわちケパレニア人、
メッセニア人、ザキュントス人、それに、（十五隻のケルキュラ船は帰ってしまった。）デモ

ステネスはアテナイの船に乗っているアテナイの海兵三百を率いてアイトリアに向った。[3]彼がロクリスのオイネオン沖に停泊したのは、オゾリスのロクリス人が同盟国であったので、その全兵力がアテナイ軍と内陸で合流する手はずになっていたからである。アイトリアは彼らと境を接している上に類似した装備をしているので、彼らの協力を得れば彼らのアイトリア人の戦闘やその地方に対する知識が大いに役に立つように見えた。

九六　[1]詩人ヘシオドスは自分がネメアで死ぬとの神託どおりに、ネメアの者に殺されたと言われているが、そのネメアのゼウスの神域にデモステネスは軍隊を宿営させた。そして夜明けとともに出発するとアイトリアに向った。[2]第一日目にはポティダニアを落し、二日目にはクロキュレイオンを落し、三日目にはテイキオンを落した。そしてその日はそこに滞まって戦利品をロクリスのエウパリオンに送り返した。これは彼がオピオネスまでさらに前進して、もし彼に彼らが服従しないならば、ナウパクトスに帰って後日にまた出兵すればよいと決意したからであった。

[3]一方アイトリア人はデモステネスが最初にこの出兵を目ろんだ当初から準備をゆるがせにしていなかったので、軍勢が侵入すると全勢力をあげてこれを迎え撃った。そしてこの迎撃軍にはもっとも遠隔の地にあってメリス湾の方に延びているオピオネス人やボミエス人、カリエス人などまでが参戦した。

九七　[1]しかるにメッセニア人は、この時になってもまだ最初に唆かした計画をデモステネスにそのまま勧めて、アイトリアは容易に陥落すると教え、敵がまとまって出撃する前にすみやかに村落を攻撃して、一カ所に滞まらないように、また次々と村落を取っていくように指示した。[2]デモステネスはこの言葉を信じ、また自分に刃向う者はないという幸運を期待した。そこで（彼には軽装兵と投槍兵が著しく不足していたにもかかわらず）救援に来るはずになっていたロクリス兵を待たずにアイギティオンに行軍し、武力でこれを落した。(43)人々は秘かに逃げてこの都市の上にある丘に位置した。それは海から約八〇スタディオン離れている山の上にあった。[3]そこで（もうすでにアイギティオンに救援に来ていた）アイトリア人は、山の上から駆け下りてアテナイ軍とその同盟軍を攻撃し、それぞれ思い思いに槍を投げたが、アテナイ軍が戦場に出てくると退却し、アテナイ軍が後退するとまた前進した。そして長時間にわたった戦闘はこのように追撃と後退で終始したが、両者の中でアテナイの方が損害が大きかった。

九八 [1]しかしアテナイ側も弓兵に矢がある間は敵に抵抗できた。（つまりアイトリア人は軽装備なのでそれに射られては退避せざるを得なかったからだ。）ところが弓兵長が殺されると弓兵たちは混乱状態に陥り、しかも長時間同じ活動を続けてきたのでようやく疲労の色が濃くなった。そこでアイトリア人は執拗に前進して来ては槍を投げつけたので、ついにアテナイ側は退却して逃げはじめ、登り口のない川底に落ちたり、未知の地形のために殺されたりした。この主な原因は道案内のメッセニア人クロモンが死んでしまったからである。

[2]アイトリア人は槍を投げて退却地点で多くを倒し、さらに彼らが軽装しているので足早にアテナイ人に追いついては多数を殺した。しかもアテナイ人の多くは道をまちがえて出口のない森にはいり込んだので、アイトリア人は森の周囲に火を放った。[3]逃亡と殺人のあらゆる惨状がこのアテナイ軍の中に展開された。生き残った者たちは彼らが最初に出発したロクリスのオイネオンや海岸線まで逃げのびた。[4]多くの同盟軍将兵が死に、アテナイの重装兵もほぼ百二十名が戦死した。この数は今次大戦において、アテナイ人が国外で死んだ者では最も数が多かった。しかも彼らは粒選りの精鋭だったのだ。デモステネスの僚将プロクレスも戦死した。[5]アテナイ軍は休戦協定の下に死体をアイトリアから引き取ってナウパクトスに戻り、後にアテナイへ船で帰国した。しかしこの失敗でアテナイ市民を恐れたデモステネスはナウパクトスの周辺に居残った。

九九 [1]同じ頃、シケリア島のアテナイ軍はロクリスに渡って上陸の際に抵抗したロクリス人に勝つと、アレクス河畔にあった砦を占領した。

一〇〇 [1]同じ夏、アイトリア人は前に使節としてオピオネス人のトロポスとエウリュタネス人ボリアデスとアポドトイ人のテイサンドロスをラケダイモンとコリントスに送って、アテナイ人の侵略に対してナウパクトスに向け援軍を彼らへ派遣するように要請した。[2]そこでラケダイモン人は秋口になって三千の同盟軍の重装兵を送った。この中の五百名は当時新しく建設された都市トラキスのへラクレイアから来たものであった。しかしスパルタの将軍エウリュロコスが指揮官になり、彼と共にスパルタ人であるマカリオスとメネダイオスも従軍した。

一〇一 軍勢をデルフォイに集めると、[1]エウリュロコスはオゾリスのロクリスに使者を送った。これはナウパクトスに行くのにここが通り道だからであると同時に、彼らがアテナイから離反することを望んでいたからでもあった。[2]とくに彼にロクリスのアンピッサ人が協力を惜しまなかったが、これは彼らがポキス人の敵意を非常に恐れていたからであった。そこで彼らはまず人質を出し、他の者で敵襲を受ける恐れのある者たちにも人質を出すことをすすめた。そこで最初に隣国のミュオニアがそれに同意し（これはロクリスへの道路で最大難所であった）、それからイプネア、メッサピア、トロポス、カライオン、トリタイア、ヘッソス、オイアンテアがそれにならった。そしてこれらの者たちは全部ラケダイモンの出兵に参加した。しかしオルペは人質は出したが従軍はしなかった。またヒュアイア人は彼らがポリスという名を持つ村を占領するまで人質を出さなかった。

一〇二 [1]ラケダイモン勢は、準備がすべて成って、ドリスのキュティニオンに人質を置くと、ロクリスを通りナウパクトスに向った。そしてオイネオンまで進出した。[2]オイネオンとエウパリオンを奪ったのは、それらが彼らに帰順しなかったからである。アイトリア人はナウパクトスに来て、すでに軍勢を入れて土地を荒し、城壁のない郊外の部分を占領した。それからさらにモリュクレイオンに行き、コリントスの移民でアテナイに味方したモリュクレイオンを占領した。[3]アテナイ人デモステネスは（アイトリア戦以来まだナウパクトス周辺にいたので）この進出を予知し、ナウパクトスをあやぶみアカルナニアに行って説いた。しかし彼のレウカス引き揚げがたたっていて、ナウパクトスに援兵を送らせるのに苦心した。[4]アカルナニア人はデモステネスと一緒に一千の重装兵を船に乗せて送った。これらはナウパクトスに着くとその防備に従事した。この理由はナウパクトスの城壁が長くて、守る者が少なくては防備しきれない恐れがあったからである。[5]エウリュロコスと彼の手勢は、ナウパクトスに救援軍が入ってしまったためそれを占領できないことを知った。しかし彼らはペロポネソスには行かず、今日ではカリュドンと呼ばれているアイオリス及びプレウロン、それにアイトリアのプロスキオンに行った。[6]この理由はアンプラキア人が彼らの所に来て、自分たちと共にアンピロキアのアルゴスとアンピロキアおよびアカルナニアの諸地域を侵略し、それらに勝った暁には、大陸全体がラケダイモンの同盟国になるであろうと言ったからである。[7]これを承知したエウリュロコスはアイトリア人を追放して自分の手勢をこの地方にとどめ、アンプラキア人がアルゴス付近で敗れて救援を必要とするまで動かなかった。

一〇三 [1]冬になると、シケリア島にいたアテナイ人とヘラスの同盟軍は、従来シュラクサイ支配下にいたが、その後それから離反してアテナイの同盟都市となったシケリア先住民(44)と共に、アクロポリスをシュラクサイ勢に取られているシケリアの町イネッサに赴いた。

そして彼らはこれを攻撃したが占領できなかったので引き揚げた。[2]ところがこの引き揚げに際し、アテナイの同盟軍はアテナイより後に引き揚げようとしたが、このしんがりの部隊は城内から出撃したシュラクサイ人に敗走させられ相当数を失った。[3]この後、ロクリスに上陸したラケスとそのアテナイ軍は、カイキノス河畔で救援に来たカパトンの子プロクセノスが率いるロクリス人約三百人と戦って勝利をおさめ武器を略奪して帰った。

一〇四 [1]同じ冬、アテナイ人はある予言に従うという理由でデロス島の浄めを行った(45)。昔、アテナイの僭主だったペイシストラトスも以前に一度この浄めを行ったことがある。しかしそれは全島にわたってではなくて、神域から目が届くかぎりの範囲だった。[2]この浄めの対象はデロス島で死んだ人の墳墓であったが、アテナイ人はこれらを全部取り除き、今後はこの島で誰も死んではならぬし、また子供を生んでもならぬとした。出産や死亡の時にはレネイアに運ばるべしと布告した。レネイアはデロス島の近くにある小島で、昔サモスのポリュクラテスがその海軍力をもって栄えていた頃に、他の島とともにレネイアも占領し、それを鎖でデロス島につないでデロスのアポロンに捧げたことがある。アテナイ人はこの浄めの後に当時初めて五年ごとの祭礼をデロス島に設けた。[3]デロス島はまた昔のイオニア人と付近の島人との大きな集合地でもあった。人々は、ちょうど今日のイオニア人がエペソス祭に行くように、女子供を連れてデロス島に競技を見に来た。そこでは運動、音楽の競技があり、諸都市は合唱隊を提供した。[4]この間の情景は、ここに引用するアポロン讃歌からの叙事詩でホメロスがとくに明らかにしているところだ。

(46)されどデロスでポイボスよ
汝の心のなぐさまりし時
そこに長衣のイオニア人の
つどい来りぬ汝が道に
女人も童もともどもに
そこに汝を覚えつつ
歌に踊りに拳技もて
この者たちの競う時
汝の心は和みたり

音楽の競技があり、運動の競技に人々が集ったことも、前記と同じ詩の中でホメロスは明らかにしている。デロスの女の合唱隊が歌ったあとで、自分自身のことを語っている以下の詩行で神への讃歌を終っている。

(47)さはさらば願くはやさしかれ

アポロンのアルテミスの神々よ
いざみなに我は別れを告げ行かむ
されど忘るなこの我を
誰か旅につかれし地の人の
いずれ来りて問いし時、
「娘よ、誰が来りてこの地にて
上なく甘く歌いしは
上なく歓喜をあたえしは！」
そこで汝ら声揃え告げて答えよ
「そはめしいたるかの人ならむ
峨々たるキオスに住むかの人」と

[6] 以上のようにホメロスは、昔からデロス島には大きな集会と祭礼のあったことを証明している。しかし後代になると、島民やアテナイは捧げ物の犠牲と共に合唱隊だけは送りはしたが、競技や他のそういった行事は絶えてしまった。これはおそらく災禍によるものと思われるが、この時になってアテナイ人が競技を復活し、新たに競馬を加えたのである。

一〇五 [1] 同じ冬、アンプラキア人はエウリュロコスに約束したとおりに軍勢を派遣し、三千の重装兵をアンピロキアのアルゴスに送って、その地に侵入しオルパイを占領した。オルパイは海に突出した岬の上にある堅固な砦であり、アカルナニア人が築いて、以前はその議場に使用されていた所である。この地はアルゴス市からは海岸線に沿って二五スタディオン(48)ある。[2]アカルナニア人の一部はアルゴスの救援に赴き、他の一部はアンピロキアのクレナイと呼ばれる土地に宿陣して、エウリュロコスの率いるペロポネソス軍がアンプラキアに入り込まないように警戒した。[3]彼らはアイトリアのアテナイ人の将軍であったデモステネスに、自分たちの指揮をとってくれるように伝え、またティモクラテスの子アリストテレスとアンティムネストスの子ヒエロポンが率いてペロポネソス近海にいた二十隻のアテナイ船団にも使者を送った。[4]オルパイのアンプラキア人は使者を自分たちの都市に送って、彼らに全力の救援を要請した。これはエウリュロコスの軍勢がアカルナニアを通過できないとか、アンプラキア人だけで戦闘が起きてしまったり、あるいは引き揚げの時の危険を恐れたからである。

一〇六 [1]そこでエウリュロコスとペロポネソス軍はオルパイにアンプラキア人が入ったことを知ると、急遽プロスキオンからの援兵を加えて、アケロオス河を渡りアカルナニアを通って前進した。この地方はアルゴスに人々が救援に行ってしまったので人影がみえなかった。[2]彼らは右手にストラトス市とその砦を見つつ、左手にはアカルナニアの残部を見て進んだ。そしてストラトスの領土を通りピュティアを通過して、メデオンの裾をまわると、最後にリムナイアを通った。その後、アカルナニア人ではないが彼らに好意をよせているアグライスの領土に入った。[3]さらに彼らはアグライスにある山、テュアモス山に到り、それを越えると夜半にはアルゴス領に下り、それからアルゴスとクレナイにあるアカルナニア人の砦の間を秘かに抜けて、オルパイにあるアンプラキア軍と合流した。

一〇七 [1]夜が明ける頃、彼らは一体となってメトロポリスと呼ばれる所に落着き陣を築いた。間もなくアテナイ軍は二十隻の船をもって、アルゴスの救援のためにアンプラキア湾に到着した。その指揮官デモステネスの手にはメッセニアの重装兵二百名と六十名のアテナイ人の弓兵があった。[2]デモステネスは船をオルパイの岬の沖に投錨させた。アカルナニア人と少数のアンピロキア人は（つまり大部分のアンピロキア人はアンプラキア人に武力で押えられてしまっていたので）すでに一緒に到着していて敵対活動の準備をしていた。そこで彼らは自分たちの将軍と共にデモステネスを同盟軍の指揮官に加えた。[3]デモステネスはオルパイ近くに彼らを前進させたが、そこは大きな峡間が敵味方を分けていた。五日間は両軍ともに何の動きもなく過ごした。六日目になって両軍は陣地を出ると戦列をしいた。（ペロポネソス側の戦列は長く敵の戦列の端から出ていたので、）デモステネスは包囲されることを恐れて、伏兵として重装兵と軽装兵約四百人位をくさむらにおおわれた峡間の道に置き、両軍が接触した時にその姿を見せるや敵の背後に廻ろうとした。[4]両軍の用意がなると合戦に入った。デモステネスは右翼をメッセニア人と少数のアテナイ人で守り、他はアカルナニア人がそれぞれの部隊ごとに受持ちの位置を守備した。投槍兵部隊はアンピロキア人であった。一方ペロポネソス軍とアンプラキア人はマンティネイア人を除いて特に一定の順序なく並んだ。マンティネイア人は左翼にいたが、彼らはその翼端よりも少し中央よりに一体となって位置していた。エウリュロコスはその手勢と共に左翼の翼端を守り、メッセニア人とデモステネスに対した。

一〇八　早速彼らは戦闘に入ったが、[1]ペロポネソス軍は翼端で優勢を保持して敵の右翼を包囲したので、待伏せしていたアカルナニア人が立ち上って彼らの背後から攻撃をかけて敗走させた。彼らはそこに踏み止まる力もなく、恐怖に駆られて遁走し、大部分の兵士は殺された。エウリュロコスの部隊と彼らの最精鋭が滅ぼされているのを見て、兵士たちは非常な恐慌に陥った。[2]この勝利の主因はデモステネスと彼とともに守ったメッセニア人によるものであった。一方アンプラキア人と左翼の者たちは自分たちに対峙した者に勝って、アルゴスの方向にそれを追跡した。これらの兵士は勇敢無比な者たちであったが、追撃から戻って来て初めて主力部隊が敗北しているのを知った。[3]その上他のアカルナニア部隊が彼らを攻撃してきたので、ようやくオルパイに逃げ込んだ。しかし彼らは多数の死者を出し、マンティネイア人以外は全員が算を乱して敗走した。マンティネイア人だけは戦列をよく整えて後退した。そして戦いはおそくになって止んだ。

一〇九　[1]ペロポネソス側はエウリュロコスもマカリオスも殺されたので、翌日メネダイオスが指揮をとった。しかしここに滞まっていては陸からは包囲され、海からはアテナイ船に締め出されてしまい、引き揚げるとしてもどんな方法をとるべきかということで、この大敗北の後では彼も困惑した。そこで彼は協定条約をデモステネスとアカルナニアの各将軍に申し入れて、同時に死体の引きとり方も要請した。[2]アテナイ側は死体を返し戦勝塚を立てて、彼ら自身の死者をほぼ三百名引きとった。引き揚げについての協定は公には結ばれなかったが、デモステネスとアカルナニア人の幕僚はマンティネイア人やメネダイオス人および他のペロポネソス軍のめぼしい指揮官と秘密裡に協定を結んで、彼らが早急に帰国できるようにした。これはアンプラキア人と多くの傭兵を孤立させて、とくにペロポネソス人がこの地方の[3]ヘラス人によって自己の利益のみを考える裏切り者としての非難を受けるように仕組んだ。彼らは死体を引きとるとできるだけ早く埋葬して、約束された帰国を秘かに計画していた。

一〇　[1]一方、デモステネスとアカルナニア人に、アンプラキア人がオルパイからの第一報に従って、その結果を知らずに、オルパイで戦闘中の部隊を救援しようと全兵力で都市を出てアンピロキアを行軍中であると知らせがとどいた。そこでデモステネスはただちに手勢の一部を前もって伏兵としてその交通路に送り、かつまた要所を事前に押えておく者も送った後、他の装備をもってそれら先発隊の援助に赴いた。

一一　[1]この頃、協定のできていたマンティネイア人は野草採りと薪とりを言いわけにして、小人数に別れて市門を秘かに出ると、初めは言いわけどおりに草や木を集めていたが、オルパイから遠ざかると急いで帰途についた。[2]アンプラキア人とそこに居合わせた他の者たちは一緒になってついて行ったが、彼らが去って行くのを知ると駆けより彼らを捕えようとした。[3]アカルナニア人は最初は彼らが何の密約もなく去って行くものと思い、ペロポネソス人と同じように追いかけた。そこでペロポネソス人とは了解ができていることを知らせて槍を投げないように制止しようとした自分たちの指揮官を、彼らは裏切り者であると信じ込んで槍を投げた。結局、ペロポネソス人とマンティネイア人は逃亡し、アンプラキア人だけが皆、処刑された。[4]しかしペロポネソス人とアンプラキア人とを区別するのには多くの論争と困難が生じた。殺されたアンプラキア人の数は約二百に上ったが、残りの者はアグライスの国境に逃れた。しかしアグライスの境界線まで来ると、アグライスの王サリュンティオスはペロポネソスの盟邦だったので彼らを引き受けた。

一一二　[1]この間、自分たちの都市から出発したアンプラキア人はイドメネまで来ていた。そこには二つの高い丘があった。デモステネスから送られた先発隊が、夜陰に乗じて平地の陣地を秘かに出るとその高い方の丘を占領して、そこに宿営した。(低い方の丘にはすでにアンプラキア人が占領していたのだった。)[2]デモステネスは夕飯後、夜になるとすぐに残りの軍勢を連れて出発した。その後手勢を半分にしたデモステネスは自らそれを率いて侵入口に向い、残りの半分をアンピロキアの山を通って前進させた。[3]そして暁と同時に彼は、まだ眠っていて事態を予知せず、しかもデモステネスの手勢を味方だと考えていたアンプラキア人を急襲した。[4]これはデモステネスがメッセニア人を先頭に立たせ、ドリス方言で話すように命令したからで、このために歩哨の警戒心を解き、(49) その上まだ暗くて相手がはっきり見えなかったためである。[5]このようにしてデモステネスが敵を攻撃すると、たちまち敵は敗走して多くが殺された。残った者は山へと逃げ道を求めたが、[6]この道も前もってデモステネスの手で占拠されていた上に、アンピロキア人にとっては自分の領土なのでその地の理に明るく、重装兵に対して軽装備で抵抗したのに反して、アンプラキア人は地形に無知でどこに行ってよいのか見当がつかないため、峡間に落ちたり、前もって待ち受けていた伏兵にあって命を落とした。[7]逃亡のためには人々は手段を選ばなかった。ある者はあまり離れていない海に向って走り、合戦の最中に沖を通っているアテナイ船にむかって泳いで、差しせまる恐怖に、もし殺されなければならないのならば、異語族や憎いアンピロキア人の手にかかるよりは船にいるアテナイ人に殺されたほうがましだと考えた。[8]アンプラキア人はこのような被害をこうむったので、自分たちの都市に難を免れられた者は大勢の中でもごく少数であった。アカルナニア人は死体から物品を略奪して戦勝塚を立て、アルゴスに帰った。

一一三 [1]このアカルナニア人にその翌日、オルパイからアグライスに逃げたアンプラキア人から使者がきて、最初の戦闘以後に戦死した人の死体の引きとり許可を要請してきた。

これは彼らがマンティネイア人および他の同盟軍と戦場を離れた時に盟約を結んでいなかったからである。[2]この使者が都市から来たアンプラキア人の武器を見てその数の多いのに驚いたのは、彼がその敗北を知らず、それらは自分たちだけのものであると考えたからである。[3]ある者はこの使令はイドメネから来た者と思ったので、なぜそのように驚くかを聞いて、さらに何人ぐらい殺されたと思うかと尋ねると「だいたい二百」と答えたので、訊いた男が「武器はそれだけではないようで、[4]一千以上ある」と言った。そこで使令は「ではそれらは我々と一緒に戦った者たちではない」と答えた。「いや、もし昨日イドメネで戦ったのがおまえたちであったとすればこれらはお前たちのものにちがいない」と言うと、「一昨日の退却の時には戦ったが、昨日は戦わなかった」と答えた。「しかし昨日確かに、「我々はおまえたちの都市から救援に出て来たアンプラキア人と戦った」と言うと、[5]これを聞いた使者は自分たちの市からの救援が全滅してしまったことに気づき、悲しみに打ち挫かれた。そして現状の災難の重大さに仰天し、何もせずに死体を引き取ることも忘れて帰ってしまった。[6]この被害は、ヘラスの一都市が同じ期間に受けたものとしては、この大戦が始まって以来、この時に到るまで最大の規模であった。(50)死者の数をここに私が記録しなかったのは、その市の規模に対して死者の数が信じられないほどに多いからである。ともかく、私が思うには、もしもアカルナニア人やアンピロキア人がアテナイ人とデモステネスに説かれたように、アンプラキアを彼ら自身で取ろうとすれば取れたであろうということである。しかし今やアテナイ人がそれを取ってしまったのでは、彼らにとっては今までの近隣よりもさらに危険な状態をもたらすことになるまいかと彼らは恐れた。

一一四 この後、[1]アカルナニア人は戦利品の三分の一をアテナイに与え、残りを諸都市で分配した。しかしこのアテナイへの分け前は航海中に盗まれてしまった。現在アテナイの社に捧げられてある三百組の重装兵装具はデモステネス個人に与えられたもので、彼がそれらを持って帰ってきたのである。彼にとってアイトリアの敗北以後の帰国も、このような功績で危険なものではなくなり、[2]二十隻のアテナイ船団はナウパクトスに帰った。アテナイ人とデモステネスが帰国すると、アカルナニア人とアンピロキア人はサリュンティオス王とアグライス人の下に逃げていたアンプラキア人とペロポネソス人や、とくにサリュンティオス王からオイニアダイに移っていた亡命者と条約を結んで帰国の自由を約した。[3]そして今後百年は、アカルナニア人とアンピロキア人は以下のような条約と盟約をアンプラキアに結ぶことにした。すなわち、アンプラキア人はアカルナニア人と共にペロポネソスに出兵しない。またアカルナニア人もアンプラキア人と共にアテナイには出兵をしない。両国は相互に救援しあい、アンプラキア人はアンピロキア人に属する領土、人質などを返還する。アナクトリオンはアカルナニアの敵であるからこれを援助しない。[4]以上の条件で盟約を成立させ戦争は終結した。この後コリントス人はその警備隊をアンプラキアに送った。それは三百の重装兵からなっており、エウテュクレスの子クセノクレイデスが指揮官であった。彼らは難儀の末、大陸経由でアンプラキアに到着した。以上がアンプラキア事件のあらましである。

一一五　シケリア島のアテナイ人は、この同じ冬、船を降りてヒメラに上陸した。これに呼応したシケリア先住民も内陸からヒメラの境界まで侵入した。その後、アテナイ人はアイオロス諸島に渡った。そしてレギオンにアテナイ船団が帰ると、アテナイの将軍イソロコスの子ピュトドロスが、今までラケスが指揮していた船団の指揮をとることになったことを知った。シケリアのアテナイ同盟軍は航行してアテナイ人にもっとたくさんの船で彼らを助けるようにと説いた。その理由として、彼らの土地がシュラクサイに支配され、しかも少ない船のために海から締め出されて災を受けないように、船を集めて海軍力の増強につとめていると説いた。そこでアテナイ人は四十隻の船に人を乗り組ませて彼らに送るようにしたが、これはかの地の戦争の早期終結を望んだからでもあり、また海軍の訓練にもなると考えたからであった。将軍の一人としてピュトドロスが少数の船とともに派遣され、ついでソストラティデスの子ソポクレスとトゥクレスの子エウリュメドンが主力船団とともに送られる予定であった。ピュトドロスはすでにラケスが指揮していた船団を受け継いで、冬の終りに、ラケス以前に占領したロクリスの砦まで航海したが、ロクリス人との戦いに敗れ帰港した。

一一六　この年の春、以前と同様にアイトネ山から火の河が流れ出して、山の付近に住むカタネ人の土地を荒廃させた。このアイトネ山はシケリア島で一番高い山である。2 この噴火は五十年来(51)のことであったと言われ、シケリア島にヘラス人が住みついてからこの方全部で三回起きたとも言われている。3 以上がこの冬に起きたことであって、トゥキュディデスが記録した戦争の第六年目も終った。(52)

第四巻

一　夏[1]になり穀類の穂が出はじめると、（1）シュラクサイの船とロクリスの船各十隻が、シケリアのメッセネ人の招きでその地に上陸した。そこでメッセネ人はアテナイから離反した。[2]シュラクサイのこの行動は、特にこの地がシケリア島への要路であると考え、いつかまたアテナイがさらに大きな規模の軍勢をもってそこから押寄せないとも限らないと恐れたからであった。一方ロクリスはレギオンと対立しているので、メッセネと手を組んで両側からレギオンに攻撃をしかけようと考えた。[3]ロクリス人がこれと同時に全兵力をあげてレギオンに侵入したのは、彼らがメッセネに救援に来ないように牽制するためであったが、またこれと同時にレギオンを追放されてロクリスにいた者たちがその音頭をとったからでもあった。そのわけはレギオンは長く内乱に悩まされ、その当座はロクリスの侵入を防ぐことができなかったからで、それゆえとくにロクリス人は攻撃をしたのである。[4]ロクリス人は平地を荒して帰国したが、船はメッセネの防備にあたった。そして乗組員の増員さえ計られて、この地域での戦闘への準備がなされた。

二 [1]この春の同じ頃、穀類の稔りが盛りになる前に、ペロポネソスとその同盟諸軍はアッティカに侵入し、宿営して土地を荒した。（この指揮官にはラケダイモン人の王アルキダモスの子アギスがなっていた。）[2]一方アテナイ人は前回と同様に四十隻の船をシケリア島に送り、エウリュメドンとソポクレスが空席になっていた将軍の役を務めた。これはピュトドロスが三人の将軍の中の一人としてすでにシケリア島に先発されていたからである。[3]アテナイ人はこの船団に、航海の途中でケルキュラに寄って、市内にいるケルキュラ人の面倒を見るように命じた。そのわけは、この市内にいるケルキュラ人が山に逃げ込んだ者たちの略奪行為に悩まされていた上に、ペロポネソスの船六十隻はその山にいるケルキュラ人の援助に来ていたからであった。彼らは市内が食糧不足に悩まされていたので、事は簡単に片づくと考えた。[4]また、アテナイ人はアカルナニアから帰還後は官職についていなかったデモステネスの要請に従って、もし彼が望むならばペロポネソスに関してこれらの船を使用する権限を与えた。

三 [1]さてこうして船がラコニアの沿岸を航行している間に、ペロポネソスの船団は、すでにケルキュラにいることが報告された。そこでエウリュメドンとソポクレスはケルキュラへと急行を主張したが、デモステネスは最初にピュロスに入り、それを占拠して必要なことをしてから航海を続けようと主張した。しかしこの案は入れられなかった。ところが彼らが論争している間に、たまたま嵐が起こって船をピュロス湾の中に運んでしまった。[2]そこでデモステネスも一緒にそこへ流されてしまったが、彼はこの場所が防壁を巡らす価値があるとすぐ判断した。そして彼は木材や石材の豊富さおよびこの地とその周囲がきわめて孤立していて自然の地形の有利であることを指摘した。ピュロスはスパルタから約四〇〇スタディオン(2)離れていて、当時のメッセニア領に属し、ラケダイモン人はそれをコリュパシオンと呼んでいる。[3]エウリュメドンとソポクレスが言うには、もしデモステネスがアテナイの公費を使ってピュロスを占領しようとするならば、ペロポネソスには他にもたくさんの孤立した岬があるという点であった。しかしデモステネスにとってはこの地は他と大いに違って見えた。港はあるし、その上古代からラケダイモン人と同じ方言を身につけたメッセニア人が近くに住んでいるので、彼らがそこから出撃してはラケダイモン人を悩ますこともできるであろうし、またこの地は確固たる砦になると考えたのである。

四 [1]デモステネスは将軍たちにも兵士たちにもこれを説得するのに失敗し、後には上級兵士にこの案を相談した。しかし航行不能のために兵士たちが閑に飽きてこの場所に防壁を建ててみようという気になるまでは、何もできずに滞まっていた。[2]そして彼らはこの仕事に手をつけ始めると、石切りのみがないままに拾った石を運んできて、それぞれが組合わさるように積んで並べた。土が必要の場合にも、運ぶ容れものもなかったので、背を前にかがめて土がなるべく載っているように手を後に組んで、土の落ちるのを防ぎながら運んだ。そして[3]ラケダイモン軍の精鋭が到着する前に完成してしまおうと、アテナイ勢はすべてを尽くしたのである。なぜならばその地点の大部分は地勢自体が険しく、防壁を必要としなかったからである。

五 [1]一方ラケダイモン人は当時何かの祭礼に当っていたので、ピュロスの報告が届いてもこれを重大視せず、行ける時に出兵すればアテナイ勢は退去するだろうし、あるいは実力を行使しても簡単に奪取できると考えていた。その上、一部の将兵はいまだアッティカを侵略中であったことも彼らを遅らせる結果になった。[2]アテナイ人はこの地点で大陸に面した部分と壁の必要な部分に防壁を六日で巡らしてしまうと、これを守るために五隻の船をデモステネスに残して、残りの主力船隊をもってシケリアとケルキュラを目指して出航した。

六 [1]一方、アッティカにいたペロポネソス軍はピュロスの占拠されたことを知ると急いで帰国した。このわけはラケダイモンの王アギスにもその配下のラケダイモン人にも、このピュロス事件は彼らに重大な影響があると考えられたからである。その上、彼らが侵入した時期も早くて穀類はまだ稔っていなかったので、ひどく糧食に欠乏し、また例年になく寒波が襲ったので、これも侵略軍を苦しめた。[2]このように種々な理由から彼らは早急に引きあげて、今回の侵略の時間を短かくしたのであった。彼らがアッティカにいたのは、わずか十五日間にとどまった。

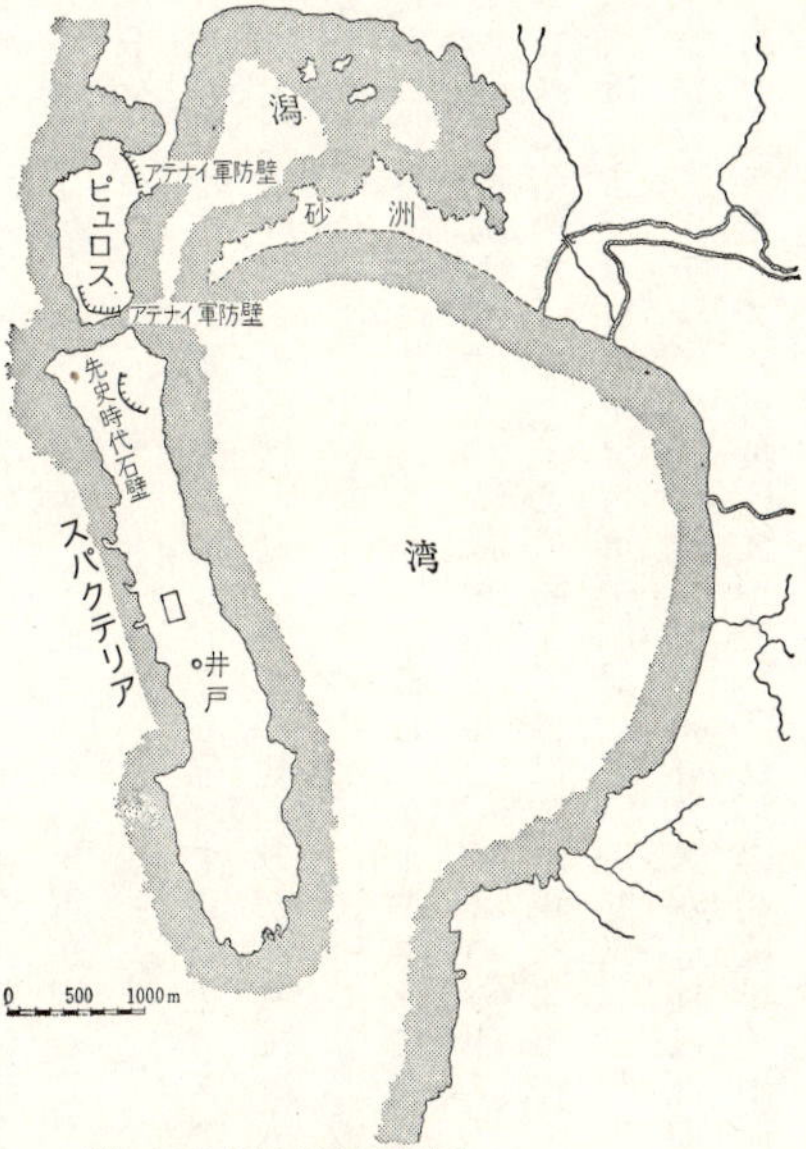

ピュロスとスパクテリア

七 [1]これと同じ頃、アテナイの将軍シモニデス(3)はメンデ人の移民を、トラキアにあるエイオン(4)から戦いの末に追放し、少数のアテナイ人を守備隊から選び、さらに多数の者を同盟軍のなかから選ぶと、この者たちにこの都市を謀叛都市として託した。ところが間もなく、カルキディケとボッティケの両地方からの援軍が到着して、この守備隊を追放し、多くの兵士を討った。

八 [1]ペロポネソス軍がアッティカから帰って来ると、スパルタ人部隊と近隣都市の軍隊はただちにピュロスの救援に赴いたが、他のラケダイモン人の集合は他の遠征から帰ったばかりのことなので早急に捗らなかった。[2]そこでペロポネソス一円に布令を出して、早急にピュロスへ救援に集まるように命令し、ケルキュラにある六十隻の船にもこの命令を伝えた。この船はレウカスの海峡を越えると、ザキュントスのアッティカの船の目を逃れ、ピュロスに着いた。そしてこの時までには陸上軍もようやく出そろっていた。[3]一方デモステネスは、まだペロポネソス軍が航海している間に、二隻の船をエウリュメドンとザキュントスにいるアテナイの船に送って、ピュロスが危機に直面しているからと参戦を要請した。[4]このデモステネスの言葉に従って、これらの船は早速出航した。そこでラケダイモン軍も海と陸から防壁を攻撃する準備を整えた。彼らは、この防壁は短時日の構築物であるし、中にいる人数も少ないので、簡単に陥せると予想していた。[5]また、ザキュントスからアテナイ船の救援部隊の到着も予期していたので、もしそれまでにピュロスを陥せなかったら、港の入口を閉鎖してアテナイ船隊がその中に停泊できないようにする計画もたてていた。[6]つまりスパクテリアと呼ばれる島が湾口の非常に近くに横たわっていて、港を安全にし二つの入口を狭くしていたからである。一つの入口の方はピュロスとアテナイの砦に面した方で、二隻の船がようやく通れる広さで(5)、もう一つの入口は他の陸地に面していて、八隻から九隻が通れる幅を持っていた。島は無人のために未踏の森におおわれていて、長さは約一五スタディオン(6)あった。[7]彼らは港への入口を、舳を海岸に向けた船を互いに接近させてつないで、ふさごうとした。また島から敵が戦いを挑むといけないと考えて、重装兵を島に送り、陸地側の海岸沿いに他の部隊を置いた。[8]このように島も陸地もアテナイ人にとっては敵地となった。(ピュロスの外側には港がないために、アテナイ軍の救援船隊が来ても停泊する所がない。このため味方を助けることもできない状態であった。)このぶんではこの砦には、食糧もあまり貯えられておらず、短時間の準備では、おそらく海戦も包囲攻撃もしなくて占拠できるように見えた。[9]ラケダイモン人は以上のように考えて、全部族からくじで人を選んで、この島に重装兵を上陸させた。他の者たちがこの前にも島に交代で渡っていたが、今回の兵士たちはその最後でそこに居残った。その数は四百二十名とそれに従った農奴たちからなっていた。その指揮官はモロブロスの子エピタダスであった。

九 [1]デモステネスは、ラケダイモン軍が海陸から攻撃をかけようとしているので、彼自身も用意をして自分に残された三重櫓船を防壁の下の柵の中に引き上げた。また船員を上陸させると、あまり上等ではない盾で武装させ、多くの者には柳製の盾を持たせた。つまり、孤立した土地では調達する武器もなかったのである。そしてこれらの盾もたまたまそこに居合わせたメッセニア人の略奪行為を目的とした三十櫂船や軽船から得たのだった。またメッセニア人の重装兵が約四十名いたので、それも他の者と一緒にデモステネスは利用した。[2]そして彼はこの武装兵も非武装兵もともに地勢の堅固な陸地側に面した防壁の上に立たせて、もし平地が攻撃を受けたらそれを防ぐように命じた。彼自身は六十人の重装兵と少数の射手を選んで防壁の外の海辺に出た。この地点は敵が上陸して来る可能性が一番ある所だと彼が考えた場所であった。つまりそこは近づくに困難で石が多く、沖に向って海岸が延びていて、しかも防壁の一番の弱い所ともいえるので、この地点こそ敵を誘うであろうと彼は考えたのである。[3]なぜならば、敵はこの地点ではアテナイ側の海軍力の優勢も防壁の強固さも発揮されないので、もし力ずくで自分たちが上陸すればこの地点を占領できるであろう、と彼らが考えているとデモステネスは思ったのである。[4]それゆえこの地点に海に向って重装兵を置いて、もしできることなら上陸を防ごうと以下のような激励をした。

一〇 「[1]将兵諸君、この危険に直面する同志諸君、この迫りたる期におよんで、諸君をとり巻く危険をいちいち数え上げる智恵者ぶりを誰も発揮してはなるまい。むしろ考えを持たず希望をもって敵にまみえれば、そこにこそすべてを逃れて浮ぶ瀬もあろう。すなわち現状のごとく必要に迫られた時は、打算を捨てて一刻も早く危険に直面することである。[2]考えるに、もしここに踏みとどまる決意をして敵の多勢に士気を失わず、我々の利点を逃すようなことがなければ、我々の側に有利な点が多くあることだ。[3]ここへ上陸して来る敵にとってはこの地勢の悪条件も、我々が踏みとどまってこそ利用できるのであって、我々が退却してしまっては、たとえ地勢が悪く困難はあろうとも、誰も抵抗する者がいなければ上陸は簡単であろう。そうなってしまっては、たとえ我々が敵に損害を与えて彼らが退却をするにも、今度はかえってその退却が困難になるために彼らはさらに頑強に抵抗をして来るであろう。(なぜなら、敵が船の上にいるうちならば我々の防禦も比較的容易であるが、いったん船を降りて上陸されてしまっては彼我は対等に戦わねばならないからである。)[4]また敵が勢力において優っているということをあまり怖れる必要はない。たしかに敵の数は多いが、船を停める困難のために少数ずつしか実際には戦えない。それゆえあの大軍は陸上にあって対等に戦うのではなくて、船上から戦うのだ。そして海上では多くの好機に同時にめぐまれることを必要とする。[5]このように敵の悪条件は我々の数の劣勢を補って充分であると考えられる。しかも同時に、諸君はアテナイ人であるゆえ、敵前上陸を経験でよく心得ており、もし誰かが波打際で敵船接近の恐れにもめげず退却しないで踏みとどまっていると、それを押し返すのがいかに大変であるか理解している者たちではないか。ゆえに今こそ波打際に踏みとどまり防禦につとめ、我々自身もまたこの地点を守り通さなければならない。』

一一　このようにデモステネスが励ますと、アテナイ人は士気をいよいよあげ、海辺に下りて戦列を布いた。[1]ラケダイモン人は陸上兵力と、スパルタ人クラテシクレスの子トラシュメリダスを海将として彼らのもとにあった船四十三隻で防壁に攻撃をかけた。しかも彼らが襲撃したのはまさにデモステネスが予期した地点であった。[2]アテナイ人は海陸両面で防戦し、ラケダイモン人は一度に船を着けられないために少しずつ分れて、他の船は攻撃の番がくるまで休んでいた。[3]それでも彼らは何とかして戦列を破って防壁を奪おうと、必死になって励ましあい、なかでももっともめざましい働きをしたのはブラシダスであった。[4]三重櫓船の船長を彼はつとめていたが、上陸に苦労している折に、少しでも上陸できる機会があっても他の船長や操舵夫が船を傷めることを恐れて慎重になるのを見ると、船を惜しんで敵がここに砦を建てたのを見逃してはならない、とどなり、彼らの船を上陸に邁進させて打ち砕けと命じた。また同盟諸軍の兵士には、ラケダイモンの大恩を忘れて船の犠牲を惜しんではならず、遮二無二船を陸に着けて、敵とその拠点を獲得せよと命じた。

一二　[1]ブラシダスは他をこのように励ますと、自分の船の操舵夫に船を着地させるように迫って自ら舷門に立ったが、いよいよ上陸しようとしているところをアテナイ人に打たれて怪我をした。そして気を失って張り出し桁の上に落ち、彼の盾は海に落ち、流されて陸に運ばれた。この盾は後にアテナイ人が取り上げて、この襲撃の戦勝塚を立てる時に使った。[2]他の者も必死に努力したがどうしても上陸に成功せず、アテナイ人は依然ここに止まり一歩も退かなかった。[3]この時はそれぞれの運命が逆になって、アテナイ人がラケダイモン人の地にあって、ラケダイモン人の船からの攻撃を防禦し、ラケダイモン人は敵化した自領へ船で上陸しようと、アテナイ軍を攻撃したのである。しかしその当時は、ラケダイモン人は主に陸兵で陸戦に最も強く、アテナイ人は海洋民で海軍でその実力を示しているということが、彼らの名声の基礎をつくっていた。

一三 [1]この日もまた翌日も、ラケダイモン人は攻撃を何度か繰り返したが、ついにあきらめた。そして三日目に船を機械製作のための木材を集めるためにアシネ(7)に送った。彼らは、港に面した防壁は高いが、ここが一番上陸しやすい所なので破城槌(8)を使ってそこを取ろうとしたのである。[2]この頃、ザキュントスからアテナイの船四十隻が到着した。これにはナウパクトスからの警備船数隻とキオス人の船四隻が加わっていた。[3]彼らは大陸側と武装兵でうまった島とを見て、また港の中にある船が港外のどこに投描してよいか分らないために、出て来ないので、あまり遠く離れていない無人島プロテ島に航行して夜を明かし、翌日になると海戦の準備をし、敵が外洋で迎撃をのぞむかと考えて出発をした。そしてさもなければ彼ら自身が港に入ろうとも考えていたのであった。[4]ところがペロポネソス人は予期に反して、迎撃に出ても来なければ彼らの入港も前の計画とは異なって妨げず、陸地で(9)待機して船に乗り組み、いったん船が港に入って来たところ、決してせまくないこの港内で海戦をしようと用意をしたのだった。

一四　そこで[1]、これを承知していたアテナイ人は両方の入口から港内に強行して敵に当り、港内に出てきたラケダイモン人の船に舳から当って敗走させ、それを追ったが、短い追跡で多くの損傷を与え、五隻を拿捕し、その中の一隻は乗組員が乗っているままに捕え、さらに陸地を目指して逃げた残りの船にも攻撃を加えた。そして乗り組みが終了していてもまだ海に出ない船も打破した。その上、乗組員が逃げてしまって空船になっている他の船も捕えた。これを見たラケダイモン人は[2]、この敗北にまったく動顚してしまった。とくに島の者たちが彼らから切り離されたので、助けようと重装備のままで海に飛び込み、船を手で押えて引き戻そうとした。そしてこの時には、各人自分がいないかぎり事は成功しないと考えているように振舞った。双方ともに[3]戦闘手段が海陸を逆にしたので船の周辺は大変な騒音に満ちた。ラケダイモン人はしゃにむになって、彼らの戦いぶりはいわば陸から海戦をしているようなものだった。一方アテナイ人は、優勢に乗じて幸運なめぐりあわせをできるだけ利用しようと、船から陸戦を戦った。互いに[4]多くの損傷をもたらしあい傷つけあった後に戦闘を中止し、ラケダイモン人は最初に取られた船は別として、空船は守り通した。双方とも[5]戦場に戦勝塚を立てて死体を返還し、難破船は保留した。そしてただちに孤立した者たちのいる島のまわりに警備隊の船を放った。陸上のペロポネソス人の同盟軍はほとんど集合してピュロスの前にいた。

一五 [1]ピュロスの顛末がスパルタに報告されると、その問題の重大さのために視察団を戦場に送り、その結果を待ってただちに対策をたてることに決議された。[2]そこで島にいる者たちのためにアテナイ軍を逆襲することは不可能であると認めたが、飢えや少人数のために、数で乱暴を働かれて負けるようなことはあってはならないとして抵抗せず、彼らはアテナイ軍の将軍のところに人を送って、もしアテナイ人が同意するならば、ピュロスに関して休戦協定を一応結び、その後アテナイに和平協定設立に関して使節を派遣し、その使節団の早期帰国を計るという案を出した。

一六 [1]アテナイの将軍たちがこの提案を認めると、以下のような休戦条約ができた。ラケダイモン人は海戦に参加した船舶とラコニアにある全戦闘船舶をピュロスに廻航してアテナイ軍に引き渡す。防壁には海からも陸からも武器を持ち込まない。アテナイ人は、島にいる者に陸地にいるラケダイモン人が、一人あてアッティカ量目で二コイニックスに定められた大麦のパン、二コテュレの葡萄酒と肉一片を一日一人分として送り、奴隷にはその半分を送ることを許す。[(10)] しかしこれらはアテナイの監視の下に送るべきこととする。一隻たりともアテナイの許可なくして船を入港させぬこと。アテナイは従来どおりに島の警備を続け、上陸をせず、ペロポネソス人には海陸ともに危害を加えない。[2]以上の条件に対していずれの側の違反も、それをもってこの条約の解消と考える。この条約はアテナイに送った使者がラケダイモン人の帰還する時まで有効とする。交通の三重櫓船はアテナイ人がラケダイモン人に提供する。その帰還をもってこの条約の解消時間とし、アテナイは船舶を受け入れ当時と同じ状態で返還する。[3] この条件で休戦条約が成立した。そして約六十隻におよぶ船舶が引き渡され、使節が送り出された。彼らはアテナイに到着すると以下の要旨を陳述した。

一七　「アテナイ人諸君、[1] ラケダイモン人が我々をここに送ったのは、我々が島の者たちに関して諸君に利益をもたらし、しかも我々にも現状にあってもっとも恥ずかしくないような一つの妥協案に到達するためである。[2] しかしながら、喋々と長論を弄するのは我々の習慣ではなく、簡単にして充分なることを短く述べるのが我々の常だ。けれども重大問題の開陳には好機到来すれば、何をなすべきか長く論述するのは我々にとっても当然のことだ。[3] 諸君はこれらの言葉を敵方の言葉としたり、諸君の無知を啓蒙しようとした言葉であるとすることなく、むしろ智者をして最善の道に思いを至らしめる言葉であると考えるべきだ。

[4] つまり諸君は現在の幸運を上手に利用できる立場にある。諸君は現在勝ち得たものを確保し、名誉と栄光を受け、そして幸いを稀に得た人々がよく陥る災難を逃れることができる。この災難に遇う理由は期待していなかった当座の幸運のためにさらに多くを望むからだ。[5] 良きにつけ悪しきにつけ運命が不定であることは、幸運にまったく信頼を置かない理由として充分である。この結論は諸君の都市においても、またとくに我々の都市において

も、過去の経験から当然といえる。

一八　今日の我々の災難を見て悟ってほしいことは、[1]我々がヘラスで最強国であるという誇りを持ち、かつ昔ならば、現在ここに来て諸君に依願している件と同様な件を他の者に依頼されるほど、さらに強い能力を持っていたと自覚しながら、我々が諸君のところにこうして来ている点だ。[2]もちろん、我々が災いを受けたのは我々の力不足からでも、また侵略の野望のためからでもない。それは計画の失敗によるものであり、これは誰にでも起こり得ることなのだ。[3]アテナイの本来の力と最近になって加えられた力だけでこの幸運が常に諸君の上にあるということはありそうにもないことだ。[4]良識ある者は幸いな結果というものが危険で頼りにならないものであると考え、（また不祥な結果に遭遇してはいよいよ冷静になる。）さらにこのような人は、戦争の範囲を意のままに加減できるものとは思わず、戦いの運がそれを決定すると考える。成功を信じて気をよくするようなことのない人は、そのために失敗することはまれで、まだ幸運が続いている間に戦争を解決するだろう。[5]アテナイ人諸君、諸君は現在我々に対してこのような行動をとるに良い機会に直面している。もしも諸君が我々の言葉をきかず、種々の誤りを犯し、後になって現在の諸君の成果でさえも、結局は偶然の運命のいたずらであったと思われることのないようにしなければならない。

一九　[1]こうしてこそ諸君は力と叡智の名声を後代に残し得るのだ。ラケダイモン人は諸君に平和と同盟と、かつもっとも親密なる相互関係の設定を提案し、その実現のために協定の成立ならびに戦争終結を訴えるものである。そしてその交換条件として島にいる者たちを我々が要求するのは、彼らが何かの救いを得て島を力ずくで逃げきるか、あるいは包囲されたまま負けてしまうか、それを賭けて最後まで戦い抜くのは、我々ばかりでなく諸君にとっても得策ではないからだ。[2]強敵同士が安定した解決を得られるのは、反撃に成功した一方が優勢な戦闘状態のままで、対等の立場を捨て、一方的に宣誓を強制することではない。一方がこのようなことができる状態にありながらも、なお公平に正義を目標として敵を道義の力で圧倒し、敵の予期に反して中庸をもって同意に到達することなのだ。[3]つまり、相手国は非暴力に対して自己防衛する必要がなく、おのれの道義をもって応えなければ恥となるため、協定の条項を積極的に守るからだ。[4]これは小さなことで敵対している者同士より、むしろ重大事で敵となっている者同士の間で実行される。自主的に譲歩した者には積極的に相手も喜んで折れて出て来るものであり、傲慢さには思いの外の危険が伴うものだ。

二〇 [1]公私にわたって諸君を無差別に憎まなければならなくなるような、また諸君も今我々が提案している利点を失わざるを得なくなるような何か引込みのつかない行動を諸君が敵意のために取る以前に、我々の間で協定がいったん妥協されるとあれば、これは両国にとってまことに望ましいことだ。[2]まだ戦いの結果が定かにならないうちに、また諸君の名誉と我々の友情が傷つけられず、さらに我々に致命的な不祥事の起る前に、それをほどよくおさめてこの紛争を解決しようではないか。戦争の代りに平和を選び、他のヘラス諸国からこの災いを取り除こうではないか。そうなれば、ヘラスの人々は諸君こそこの主動者であると考えるだろう。つまり彼らはどちらが戦いを始めたのか分らなくとも、戦争終結に当っては、今やその戦争ではるかに優勢を確保している諸君に感謝が向けられよう。[3]そしてもしも諸君がこれを認めるならば、ラケダイモン人は自分たちの申し込みが強制したものでなく、[4]喜ばれて諸君に受け入れられたものとして、諸君に対する好感は確固たるものになろう。こうしたことにどれほど大きな利点があるか考えて貰いたい。つまり、諸君と我々とに意見の一致が見られれば、他のヘラス諸国は自分たちの従属の位置に甘んじ、大きな尊敬を諸君に払うであろうことを諸君は知らなければならない。」

二一 [1]このようにラケダイモン人は発言した。アテナイ人には、この時までにすでに協定妥結の熱意はあったが反対派によって禁じられてきたとラケダイモン人は考え、この和平の申し入れは喜んで受け入れられ、捕虜も返還されるものと考えた。[2]ところがアテナイ人は、ラケダイモン人を島に置いておけばいつでも自分たちが望む協定は結べるものと考えて、さらに多くを望んだのである。[3]とくに、当時の大衆派の扇動者でもっとも説得力のあった男、クレアイネトスの子クレオンがアテナイ人の意見を引きずった。そして彼はアテナイ人が次のような回答を与えるように説得した。すなわち、島にいる者は降服して兵器を引き渡し、アテナイに収容されること、次に、この戦争でラケダイモン人が獲得したのではなく、アテナイが以前に危機にあった時に協定の妥結の必要があって譲歩した都市であるニサイア、ペガイ、トロイゼン、アカイアをラケダイモン人がアテナイに返還するということ(11)で、この二条件が満されれば島の者たちを返還しようし、双方が適当と思う期限の協定も結ぼうというものであった。

二二 [1]ラケダイモン人はこの回答に対して何の発言もせず、ただ双方の了解がいくように時間をかけて、主張の各点について討議して結論に到達できるよう、彼らが委員を選出することを申し入れた。[2]ところが、ここでクレオンは俄然強硬な声を上げて、誰でも公開を望まず、秘密会議で少数の者と会談をしようとする者が、良からぬことを考えていることは初めから分っていたが、今ようやくそれがはっきりしたと発言し、もしも正しいことを考えているのであったら公開せよと迫った。[3]ところがラケダイモン人にとって、たとえ現在の窮状に押されて譲歩をしたとしても、交渉の不成立の場合に自国の同盟諸都市の感情を害してはならないので、公開交渉は避けねばならない上に、どんな妥当の申し入れもアテナイ人は受理しそうにもないので、そのままアテナイを去った。

二三 [1]彼らが帰国すると、ピュロス休戦協定はただちに解除されることになり、ラケダイモン人は約定に従って船舶の返還を要求した。ところがアテナイ側は、砦壁に協定違反の急襲を受けたとか、ラケダイモン側にはとるに足らないと見えるようなことを理由に船舶を返さなかった。アテナイ側はかえって居丈高になって、協定違反があれば協定は反古であると主張した。[2]こうしてピュロスでは双方の力ずくの戦闘が続けられ、アテナイ側は、昼間は二隻の船を島の周囲でそれぞれ逆の方向に廻航させ、（夜間は、風の強い外洋側を除いて、島の周囲を全船舶が停泊して監視した。しかもアテナイからはこの監視のために二十隻の船が到着していたので、アテナイ側の船の総数は七十隻になっていた。）ペロポネソス側は陸地に設陣してアテナイ側の砦に攻撃をかけ、なんとか島の者たちを救出する機会はないものかとすきをねらっていた。

二四　[1]ちょうどこの頃、シケリア島では、シュラクサイとその同盟諸軍は、用意のできた他の船隊をメッセネの警備艦隊に編入して、そこから戦闘に出撃した。（[2]とくにレギオン人によって領土を侵犯されたロクリス人は、その憎しみからこれに熱心であったが、）[3]一同はアテナイ側に手持ちの船が少なく、援軍の船団はピュロスを包囲していることを知って、海戦を挑むことにした。[4]そのわけは、もし海戦に勝てば、レギオンを海陸から封鎖して容易に落とせると考え、そうなれば情勢は彼らに有利になると判断したからである。すなわち、イタリア側の突端のレギオンとシケリア側のメッセネは非常に狭い海峡で距てられているだけなので、アテナイ船団がそこに入ることも、その海峡の制海権を把握することも困難になるからである。[5]事実、レギオンとメッセネ間の海峡はシケリアと大陸の一番近くなった地点で、ここはカリュブディスと呼ばれて、オデュッセウスが通った所とされている。さらに、テュルセニア海とシケリア海の大洋からこの海峡に海が流れこむので、海峡の狭さとともにその流れは当然恐れられていた。

二五 [1]さてこの海峡で、シュラクサイとその同盟諸軍の三十隻強の船隊は、その日遅く、一隻の商船の航路のことから、十六隻のアテナイ船とレギオン船八隻からなる船隊に対して海戦を余儀なくされた。[2]そしてアテナイ船隊に敗れると、各自はメッセネとレギオンと、それぞれの陣に急遽帰投した。そして一隻の船が失われ、やがて夜のために戦闘はやんだ。[3]この夜、ロクリス人はレギオンを引き揚げ、シュラクサイとその同盟軍船隊はメッセネのペロリスに集結し投錨した。そして陸上部隊と合流した。[4]アテナイ人とレギオン人は追いついて見ると敵船が空になっているので、それらを襲撃した。しかし今度はアテナイ側が船一隻を鉄かぎで攻撃を受けて失い、泳いで逃げようとするアテナイ人たちも失った。[5]この後、シュラクサイ人は船に乗り込んで、その船をメッセネへと海岸沿いに曳航した。そこでまた、アテナイ船が前進して来ると、彼らは船の向きを変えて攻撃をかけ、さらにもう一隻の船をアテナイから奪った。[6]シュラクサイ船隊はこのような海戦を海岸沿いに船を曳航しながら行い、優勢のままメッセネ港に帰投した。

[7]さて一方、アテナイ軍は、カマリナ市がアルキアスとその一派によってシュラクサイに降服すると伝えられたので、その地に急航した。メッセネはこの機会に海陸の総力を投入して、カルキス系の隣国ナクソスに向い、[8]第一日目に彼らを防壁の中に退却させ、その領土を荒し、二日目には船隊をもってアケシネス河口の土地を荒し、陸兵をもってナクソス

市を襲撃した。ところがちょうどこの時、[9]シケリア先住民が山岳地帯から多く救援に下りて来てメッセネに敵対した。これを知ったナクソス人は勇気づけられ、報復のためにレオンティノイやその他のヘラス人同盟諸都市も来援していると自分たちに言いきかせて、突如市内から打って出てメッセネ人に挑戦し、それを退却させた。しかもその上一千名以上の死者を出させた。残りの者も異語族がその逃走途上で急襲して多くを殺したので、命からがら漸く逃げ帰った。[10]そしてメッセネに行った船隊は、後にそれぞれの都市に分散した。そこでレオンティノイとその同盟軍は、アテナイ軍とともにただちに弱体化したメッセネに向かった。アテナイ軍の船隊が、その港を攻撃すると、陸兵はメッセネ市を攻撃した。[11]そこでメッセネ市民は、デモテレスの配下で、敗北の後に警備兵として残されていたロクリス人と共に突然急襲を敢行し、レオンティノイの主力を退却させ、多くを殺した。これを知ったアテナイ軍は船から上陸して加勢したので、メッセネ人は算を乱して再び市内に逃げ込んだ。[12]そこでアテナイ側は戦勝塚を立ててレギオンに帰った。この後、シケリア島のヘラス植民都市はアテナイの介入をまたずに、互いに陸上で攻防戦を繰り返した。

二六　[1]ピュロスでは、まだアテナイ軍が島にいるラケダイモン人を包囲しており、大陸側のラケダイモン人もそのまま滞陣していた。[2]アテナイ軍はとくに食糧と水の不足で警備に苦労した。ピュロスには小さな井戸が一つあるだけなので、大部分の者たちは海辺の砂利を掘ったりして、適当な水を求めて渇をいやしていた。[3]陣地の狭さのために余地がなく、しかも船を繋留しておく場所もないために、陸上で食事をとる船隊と沖合で停泊する船隊とを交替にした。[4]予期以上に時間が経つにしたがって、無人島で汚れた水を数日我慢して包囲さえすればよいものと思っていた者たちは大いに落胆した。[5]この原因は、ラケダイモン人が島へ挽き麦、酒、チーズその他の食糧を運搬する志願者を募集して、もしその供給に成功すれば、高額の報奨を約し、ことに成功した農奴には自由を約束したからであった。[6]そこで、他にも危険を冒す者はいたが、とくに農奴たちは活発で、ペロポネソスの随所から出て、夜の中に島の外洋側に航行した。[7]彼らがとくに風のある時をねらったのは、海からの風があると三重櫓船が周囲に停泊できないので、監視の目を逃れるのが容易であったからである。また彼らがどんな接岸でもできたのは、接岸する船体は賠償されたし、接岸地点を重装兵が守っていたからであった。しかし凪いだ日にこれを敢行した者たちは捕えられた。[8]水を潜って湾を泳いで行く者もいて、縄につけた皮袋に蜜で練った芥子や亜麻仁の砕いた物を入れていた。この者たちは初めのうちは成功したが、後には監視が置かれるようになった。[9]あらゆる方策を講じて一方は食糧を送ろうとすれば、他方はそれを見逃すまいとした。

二七　[1]島のラケダイモン人の困窮と食糧が持ち込まれていることをアテナイ軍は察知して当惑した。そしてやがて冬が自分たちの陣を襲う時期になってしまわないかと恐れた。必要品の補給がペロポネソス周辺では不可能である上に、無人地帯で、夏でさえも充分に補給が届きかねている上に、港がない所なので停泊することができず、しかも監視を諦めてしまえば、彼らは逃亡するか、嵐の日を待って、食糧を運んで来た船を使用し、島を離れてしまうと考えた。[2]そして何よりも一番アテナイ人が恐れたことは、ラケダイモン人がもう何も言って来ないので、何か力になるものを見出したのではないかということであった。そして彼らの申し入れを拒絶しなければよかったと悔み始めた。[3]クレオンは、その申し入れを邪魔したことから人々の不信の目を意識して、使者は本当のことを伝えていないと主張した。そしてその場へ来た者が、もし自分たちが信じられないならば、視察団を派遣するように要請したので、クレオン自身がアテナイ人によってテアゲネスと共にその一員に選ばれた。[4]こうなるとクレオンは今まで非難してきたと同じ主張を続けるか、あるいは反対のことを言って嘘を吐いたことにされると考え、アテナイ人が新手の軍隊を派遣する気運にあることを察して、もし彼らが報告されていることを真実と思うなら、視察団を送ったり、逡巡して好機を逃したりすることをせずに、さっそく敵勢に対して出航すべきであるとした。[5]クレオンは、自分の政敵であって将軍であるニケラトスの子ニキアスを指して、もし指揮官が男なら、普通の用意さえあれば島のラケダイモン人を捕えることはやさしいし、クレオンがもし指揮官であったのだったらそうするであろうと憎まれ口をきいた。

二八 [1]そこでニキアスは、もしもクレオンにとってそれほどにやさしいことであるならば、今もって出航していないとアテナイ人が不満の声を高くしている折から、彼を反撃する好機とも思えたので、思いどおりの手勢を率いて彼らを攻撃してみよとクレオンに迫った。[2]クレオンは初めは言葉の行きがかりで、まさかニキアスが自分に譲歩するとは思ってもみなかったので、ニキアスが指揮権を譲ろうとするのを受け入れていたが、ニキアスが本気だと知って、将軍はニキアスであって自分ではないと主張した。[3]それでもニキアスは承知しないで、対ピュロス戦の指揮権をクレオンに与え、アテナイ市民がその証人となるようにした。大衆はその本性を現わして、クレオンが出航を拒否して前言を取り消そうとすればするほど、ニキアスに辞任を求めて、クレオンが出航することを声を大きくして要求した。[4]クレオンは前言を取り消すこともできず、ついに出航を決意した。しかも彼はラケダイモン人を恐れるから出撃するのではないと言って、市民からは誰も船には乗せずに、現にいるレムノス人とインブロス人を召集し、アイノスから加勢に来た軽装兵と四百の弓兵をもってこれにあてた。そしてこれだけの兵力とピュロスにある軍勢とで、[5]二十日以内で島のラケダイモン人を生捕りにするか、皆殺しにしてみせると言明した。しかしアテナイ人はこれをクレオンの空威張りとして嘲笑したが、それでも市民の中の智恵者たちは、クレオンを失脚させるか、あるいはそれに失敗したら、次善としてラケダイモン人を掌中にすることができるか、どちらか一つは確保できると考えていた。

二九 [1]さてクレオンは国会ですべての手続きをすませ、アテナイ市民が彼の出航を認めると、デモステネスをピュロスにおける僚将の一人として選び、急遽出航した。[2]デモステネスを彼が選んだのは、デモステネスが島に攻撃をかけようとしていることを知っていたからである。これは土地の不便さに将兵が悩まされ、包囲するよりも包囲されている方が楽だと思うほどだったので、危険を積極的に冒そうとしたのである。さらに焦土と化した島は彼らを勇気づけた。[3]この島が焼ける前は、その大部分が木に覆われ、それまで人は誰も住んだことがなかったので、これは敵にとってむしろ有利とデモステネスには思えたからである。つまり大軍を以て上陸しても、隠れた場所からの攻撃を受けて大きな損失を得るばかりだと彼は考え、敵の誤りや状況は木々にかくれて観察できないのに反して、味方の陣地に誤りあればはっきりとみられ、敵がいつ手を出して来るか分らないから、敵の思いのままに突然攻撃を自分たちにかけられると考えた。[4]また、たとえ叢の地帯で接触交戦しても、地勢に明るい小勢の方がよそ者の彼の大軍より優勢になり、大軍は寸断されてしまって撃滅されるのも分らない上に、どこへ加勢に行ってよいか見極めもつかないと考えた。

三〇 [1]そこで、森林地帯で起こったアイトリアでの大敗は彼に多くのことを思い起こさせた。(12) [2]さて、島が狭隘なために、兵士たちは島のはずれの前哨地帯で朝食の支度をしていたが、ある者が別に他意なく森の一部で火をつけると、風が吹いて来て、思わぬ間に森の大部分を焼いてしまった。[3]こうなるとどれほど多くのラケダイモン人が島上にいるかを見渡すことができたが、前には彼らが送った食糧の量から判断して、もっと少人数であろうと想像していただけであった。島に上陸するのもやさしくなった上に、アテナイ人も目覚ましいことをしたいと思っていたやさきだったので、デモステネスは決戦の準備を整えるために、近隣の同盟諸国から兵士を派遣させたり、必要な用意をした。[4]クレオンは、自分の到着を前もってデモステネスに知らせておいてから、自分の要請した兵力をもってピュロスに着いた。同時にまず大陸側の陣地に布告使を送って、彼らがもし望むのならば、危険を冒さず、島にいる兵士とその武器を彼らに手渡すように命じ、交渉の大筋がまとまるまでは、監禁もそれほど厳格なことはないと伝えた。

三一 [1]ラケダイモン人がこれを拒絶すると、一日おいてその翌日の未明、アテナイ側は少数の船に全重装兵を乗り込ませて出発し、朝になる少し前に、外洋側と湾側の両面から島に上陸した。重装兵は約八百で、駆け足で島の前哨の第一線まで辿りついた。[2]一方、ラケダイモン人は以下のような陣容を立てていた。この前哨線には約三十の重装兵が占めており、中央で一番平らな所には、水があったが、ラケダイモン人の主力はそこに位置してエピタダスが指揮をとっており、ピュロス側に面した島端は海からは屹立していて、陸からも攻めるには困難なので、小人数の隊で守っていた。さらにそこには拾った石で築かれた昔の防砦があったので、戦闘で退却を迫られた時には、この防砦が役に立つかもしれないと考えたのである。ラケダイモン軍は以上のような戦列をしいていた。

三二 [1]一方アテナイ軍は、まだ天幕の中で武具をつけようとしていた前哨隊を駆け足で襲って滅ぼした。そのわけはラケダイモン人が彼らの上陸に気がつかなかった上に、アテナイ側の船は慣例の夜の見廻りで停泊地点まで接近したと彼らは思っていた。[2]朝になると他の軍勢も上陸した。すなわち、七十隻を少し上まわる船舶に乗り込んでいた兵士は、下段漕手を除いて、全員がそれぞれの武器を持って上陸し、ついで弓兵八百名とそれとほぼ同数の軽装兵、それに加勢に来ていたメッセニア人とピュロスの砦を警備している者を除いてその周辺警備にあたっていた者たちが全部上陸したのだった。[3]そしてデモステネスの計策は、全体を約二百名ずつの部隊にして中にはそれよりも少ない部隊があったが、高地を占拠させた。これはこのために敵を八方から塞いで窮地に陥れ、正面衝突の白兵戦を避け、両側面から大勢でできるだけ襲撃するためであった。そしてもし敵が正面の者を圧迫すれば背後から射撃をし、さらに左右に攻撃をかけてくれば前後から攻めるようにした。[4]つまりどちらに行こうと敵の背後には常に軍勢があって、とくに彼らは軽装兵にはまったく為すところを知らず、矢、槍、飛礫、石等には離れた所から悩まされて接近をはばまれ、追えば逃げられ、休めば攻撃された。

これがデモステネスが最初に上陸した時からの計略で、それを彼は実行に移した。

三三 [1]スパクテリア島上のラケダイモン人部隊の主力であるエピタダスと共にいた者たちは、前哨部隊が撃滅されて戦況が不利になると、隊列を整えてアテナイ重装兵に挑戦しようとした。それは彼らが自分たちの前方にいたからで、横と背後には軽装兵がいた。[2]そこでラケダイモン勢は重装兵と矛を交えることができず、自分たちの日頃の訓練を生かすこともできなかった。それは、両側から軽装兵が射撃して攻撃してきても、自分たちに接近せずに遠巻きにしていたからである。そして自分たちに一番近寄ってくる部隊を反撃するとアテナイ勢は退却して、後退し、防戦態勢を整えるのだった。つまり彼らは装備が軽いために容易に駆けて逃げ切れ、しかも土地が平坦でなく、今まで無人地帯であったために荒れているので、ラケダイモン人は重装備を持ちながら追いかけることができなかった。

三四 [1]しかし、しばらくの間は双方はこのような戦闘を続けたが、ラケダイモン人はもはや接近して来た敵に対しても強い反撃を加えることができず、自分たちを防禦するのにも機敏でなくなった。それに軽装兵たちは敵に数倍する自軍の軍勢を見ると元気を増し、はじめ上陸した時には、ラケダイモン人に対峙するという観念に捉われていたのにもかかわらず、予期に反して思ったほどの被害を受けなかったので、特別に恐ろしいとは思わなくなってしまった。そこで敵をみくびり、全員が息をそろえて、それぞれの得物で石、矢、槍等を敵に浴びせかけた。[2]喊声をあげて攻撃されると、このような戦闘に慣れていないラケダイモン人たちは大いに恐れ、しかも最近焼けた森の灰が厚く中空に舞上った上に、そのほこりと一緒に多くの人が石や矢を投げたので、ラケダイモン人はほとんど前方が見えなくなってしまった。[3]このように戦闘はいよいよラケダイモン人にとって不利に展開した。そしてついに兜が矢に割られ、盾に当った槍が折れて刺さるようになると、前方は何も見ることもできず、敵の喊声で味方の命令も聞こえず、何も頼りにするものもなくなり、八方の危険に囲まれて、もはやここを切り抜けて助かる見こみも失われてしまった。

三五 そして最後に、[1]ラケダイモン人はあまり同じ所に滞まっていて多くの死傷者を出したので、隊列を固めてほど近い島端の砦まで退却した。ここはラケダイモン人の警備所でもあった。[2]そして一度彼らが譲ったとなると、そこにつけいって多くの軽装兵が声をあげてラケダイモン軍に迫り、後退する兵士を捕えて殺した。しかし多くの者は砦の中に逃げこみ、砦の守備兵と共に襲撃を受けそうな全地点に戦列を布いた。[3]そこで追跡してきたアテナイ軍は、地勢の関係で砦を横手から攻撃することも囲むこともできなかったので、正面から攻撃をかけた。[4]双方は戦いと渇きと太陽の苦痛にめげず、ほとんどまる一日という長い時間を頑張り続けた。一方は中央の平らな場所から相手を追い出そうとすれば、他方はそうはさせまいとした。だがラケダイモン人は以前より防禦が容易になり、側面を巻かれる心配もなくなっていた。

三六 [1]こうして戦いがいつ果てるとも分らない時に、メッセニア人の指揮官がクレオンとデモステネスの所に来て、彼らは難儀をしていると述べ、もしも彼に弓兵と軽装兵の小部隊を委ねるならば、敵の背後に廻って路を見出して、攻撃の突破口を得るであろうと言った。[2]要求した兵力を得ると、このメッセニア人は、敵方に悟られないように秘かに出発し、ラケダイモン人が地形を頼んで守兵を置いておかなかった島の断崖でようやく通れるような所を通って、非常な難儀をしながら隠れて前進した。そして、敵の背後の高所から突然と現われて、不意を打たれている者に攻撃をかけた。この動きを待ち望んでいたアテナイ軍は、これを望見して大いに力づけられた。[3]ラケダイモン人は両側から射撃を受けて、大げさな例をとれば、ちょうどテルモピュライの場合のようで、あの時、ペルシア軍に近道を迂廻されて撃滅されたように、両面の敵には抗する能わず、しかも衆寡敵せず、糧秣の欠乏に弱まった体力ゆえにラケダイモン人が後退すれば、アテナイ人は突撃口を確保した。

三七 [1]こうなるとクレオンとデモステネスは、あと一押しでもすれば、自分たちの手勢がラケダイモン軍を全滅してしまうことを認め、戦闘を止め、軍勢を押え、もし布告使の言葉に従って、現在の窮状に屈して、心を曲げて武装解除に同意すれば、捕虜にしてアテナイに送ろうとした。[2]そこでもしも望むならば武装解除してアテナイに降り、アテナイの指示に従えとラケダイモン側に伝えた。

三八 [1]これを聞いたラケダイモン人の大部分は盾を置き、手を上げて振り、布告に従うことを身振りで知らせた。この後、停戦となって、クレオンとデモステネスはラケダイモン側のパラクスの子ステュポンと会談に入った。ラケダイモン側を初めに指揮していたエピタダスは戦死し、その後を継いだヒッパグレタスは生きてはいたがもはや死体の並べられた中に一緒に横たわっていたので、ステュポンが法に従って、もしヒッパグレタスが傷ついたら指揮をとるように選ばれていた。[2]ステュポンとその随行者は大陸側のラケダイモン人に訓令を仰ぎたいと言った。[3]しかしアテナイ側は誰も島を離れることを許さず、アテナイ人が大陸側から布告使を呼び出して、二、三の質疑が往復された。そこで最後に彼らの所へ大陸側のラケダイモン人から使いがきて、「ラケダイモン人は諸君が恥ずかしくない行動をとることを期待する」とだけ言った。そこで彼らは協議の結果、武器も身柄もアテナイに引き渡した。[4]そこでアテナイ人は、その当日とその夜は監視を置いて警戒し、翌日に戦勝塚を島に立て、その他出航の準備を整え、捕虜を各船長が責任を持って監視するようにした。ラケダイモン側は布告使を送ってきて、死体を引きとって行った。[5]島で殺された者と捕われた者の数は以下の通りである。島に上陸した総数は四百二十の重装兵であったが、そのうち二百九十二名が捕われ、残りは全部殺された。捕虜の中でスパルタ人は百二十名もいたが、アテナイ側の死者の数はわずかであった。このわけは戦闘が変則的であったからである。

三九 [1]海戦から島上の戦闘まで、島にラケダイモン人が包囲されていた期間は、全部で七十二日間であった(13)。[2]このうちの二十日間は使節が協定の下に派遣されていた期間で、その間は食糧の差し入れがあったが、残りの期間は秘かに運び込まれた糧秣で生きていたのだった。それにもかかわらず、島には麦もパンも残されていた。これは指揮官エピタダスが一人分ずつの配給を少な目にしたからであった。[3]こうしてアテナイ軍もペロポネソス軍もピュロスの陣から引き揚げて帰国した。そして二十日以内に敵を捕えて連れて帰ると公言したクレオンの気狂いのような約束が成就したのである。

四〇 この[1]大戦中にヘラスでは、これが一番予期に反した出来事であった。つまりラケダイモン人は飢えにも、いかなる困難にも、負けて武装解除に甘んずることなど絶対にせず、死に到るまで武器を捨てずに戦うと考えられてきたからである。[2]人々は降服した者たちが戦死者と同輩であるとは信じられず、後にアテナイ同盟人のある者が、島からの捕虜の一人を皮肉って、戦死者たちこそが真の勇士ではなかったかと質問をすると、アトラクトス(14)が——すなわち矢が勇士を判別できるのなら、大したものであると捕虜が答えた。この答えの意味は、戦死者は石や矢にたまたま当ったから戦死したという意味である。

四一 [1]捕虜たちがアテナイに着くと、アテナイ人は条約が成立するまでその捕虜たちを牢屋に監禁し、もしその間にペロポネソス軍がアッティカに侵入するようなことがあれば、牢屋から引き出して殺すことに決定した。[2]さて一方、ピュロスの警備も決してゆるがせにされてはおらず、ピュロスの従来の住民であったメッセニア人をナウパクトスからピュロスに送還し、その中で一番適した者たちはラコニアに侵入して土地を荒したが、彼らが同じ方言を使い、敵味方の区別がつかないので、ラケダイモン人は多くの被害を受けた。[3]しかもラケダイモン人は今までに自領を荒された経験もなければ、この種の戦争も初めてであった上に、農奴たちが逃亡して行くので、いずれ革命が地方に起るのではないかと恐れあせった。しかしアテナイにこのあせりを見せてはならないと、使節をアテナイに送ってピュロスと捕虜の返還方を要請した。[4]ところがアテナイ人は好機逸すべからずとばかりに、何度ラケダイモン人が来ても、交渉不成立のまま送り返した。以上がピュロス事件のあらましである。

四二　[1]同じ夏、この事件の直後に、アテナイ軍は八十隻の船と二千のアテナイ重装兵、および馬匹運送船に二百騎の騎兵を乗せてコリントスに遠征した。この遠征にはミレトス人、アンドロス人、カリュストス人等の同盟諸都市の兵士も参加し、ニケラトスの子ニキアスおよび二名の幕僚がともに指揮官となった。[2]夜明けとともに出航し、ケルソネソスとレイトスとの中間でソリュゲイオスの丘に面した海岸に接近した。ここは昔、ドリス人が住みついてコリントス市の住民アイオリス人に戦いを挑んだところである。そして現在、そこにはソリュゲイアと呼ばれる村がある。船団が寄ったこの海岸からこの村は約一二スタディオン(15)ほど離れており、コリントス市には六〇スタディオン(16)、「地峡」には二〇スタディオン(17)の距離にあった。[3]一方コリントス人はアルゴスから前もってアテナイ軍の来襲を報告され、「地峡」以遠のコリントス兵とアンプラキアとレウカスに駐留していたコリントス兵五百を除く、コリントスの全兵力を「地峡」に結集した。そして総力をあげてアテナイ船団の上陸を監視待機したのであった。[4]しかし夜闇に乗じてアテナイ船団は彼らの目を逃れて接岸したので、コリントス側に用意の合図が上ると、コリントス軍はアテナイ軍がクロンミュオンに来る場合も考えて、その半分をケンクレイアに残した後、現場に急行した。

四三　[1]二人の指揮官の一人バットスは（この戦闘では二人の指揮官がいた）、一部隊を連れて防壁のないソリュゲイアを守りに行き、他の指揮官リュコプロンは残りの部隊をもって戦うために留まった。[2]まずコリントス軍はケルソネソスに向かって上陸して来たアテナイ軍の右翼に攻撃をかけ、その後に他の部分に反撃した。戦闘は激しく、白兵戦に終始し、[3]アテナイ軍の右翼とカリュストス軍は（後者は最右翼端に配置されていた）、コリントス軍に抵抗してようやくそれを撃退した。コリントス軍は一度は石壁内に後退はしたが、（このあたりは全体が丘状になっているので）再び上から声高く戦歌を歌いながら石を投げつけて逆襲に出てきた。アテナイ軍がそれに応戦したので、またもや白兵戦となり、[4]コリントス軍の一隊は自軍の左翼を援助してアテナイ軍の右翼を撃退し、これを海岸線まで追跡したが、そこで今度は船からのアテナイ勢とカリュストス勢に巻き返された。[5]しかしこの他の地点では双方とも執拗な戦闘が展開された。とくにリュコプロンのいたコリントス勢右翼は、アテナイ勢左翼がソリュゲイアの村を目標にしていると推測して、これに対して強硬な反撃を加えた。

四四 [1]長時間の戦闘にもかかわらず、双方は共に譲る気配をまったく見せなかったが、ついに（アテナイ側には騎兵隊の援軍があったが、コリントス勢にはそれがなかったために）、コリントス軍は敗走して丘の上に退却し、陣容を立て直して待機した。[2]この退却時にコリントス勢の右翼は多くの死者を出し、指揮官リュコプロンも戦死した。他の戦線でもコリントス勢は退却はしたが、それほど急激な追跡も敗走もみられず、後退すると丘上の陣地で待機した。[3]するとアテナイ軍は、コリントス軍が挑戦してこないので、敵の死体から武具を剝ぎ取り、ただちにそれを使って戦勝塚を立てた。[4]アテナイ軍がクロンミュオンに航行することを恐れて、その防衛のためにケンクレイアに設陣していたコリントス勢の半分にとっては、この戦闘の模様がオネイオン山にさえぎられて見えなかった。しかし空に上った土煙りでその状態を知り、ただちに救援に出て来た。コリントス市内からは、老年隊が戦闘の成り行きを知って応援に駆けつけた。[5]アテナイ軍は全軍が出撃してくるのを知って、ペロポネソスの近郷諸都市の軍勢が来援したと思い、略奪した武具と行方不明の二体を除く自軍の全死体を収容して、急遽船に戻った。[6]船に乗り組むと沖合いの島に渡り、そこから軍使を送って行方不明で残された二人の死体を一時休戦協定のもとで引き取った。この戦闘でコリントス側の損害は死者が二百十二名。アテナイ側のそれは五十名弱であった。

四五　[1]そこで同じ日に、アテナイ勢は錨を上げるとこの島を離れて、コリントス領のクロンミュオンに航行した。この地点はコリントス市から一二〇スタディオンの距離にある。(18) そしてここに投錨するとこの地を荒し、夜営して一夜を過した。[2]翌日、彼らはまずエピダウロスに向って沿岸を航行し、そこに上陸して、エピダウロスとトロイゼンの中間にあるメタナに来ると、その半島の峡部を占領し、防壁を築いた。そして守備隊を設置してから、トロイゼン、ハリエイス、エピダウロスの諸地域を順次に荒した。この後、船団は帰途についた。

四六 [1]ちょうどこのような状態が進行していた頃に、エウリュメドンとソポクレスに率いられたアテナイ船団はピュロスを離れ、シケリアに向う途上、ケルキュラに寄港した。そこでは例の反乱の後にイストネ山(19)にたてこもって、その地方に大きな被害を与えてきたケルキュラ人に対して、アテナイ軍は、街にいたケルキュラ人と共に攻撃をかけた。[2]まず敵の防壁を占領すると、敵は一団となって高地に逃げこんだ。その後、傭兵を全部引き渡した後に、自分たちも武器を捨てて投降し、アテナイ人の指示に従うということに同意した。[3]そこでアテナイ側の将軍たちは、仮休戦協定のもとに彼らをプテュキア島に幽閉した。そして彼らにアテナイへ彼らが送られるまでに、もし一人でも逃亡者が捕えられれば、全員に対して仮休戦協定は失効すると言渡した。[4]ところがケルキュラの公民派の代表者たちはアテナイ人が投降したケルキュラ人を殺さないのではないかと疑って、次のような策略をめぐらした。[5]まず彼らはプテュキア島にいる者たちの友人を秘かに島に送って、そこにいる少数の者をそそのかして、アテナイの将軍たちは彼らをケルキュラの公民派の手に渡そうとしているから、彼らのために用意してきた船に乗ってできるだけ急いで逃げろと、好意をよそおって言うように指示を与えた。

四七 [1]そこで島にいた者はその話を信用して、その船に乗って逃げようとするのを、初めからの手筈どおりに捕えた。[2]そこで仮休戦協定は破られたとされて、島に幽閉されていた者全部がケルキュラ人の公民派の手に渡されたのであった。この成り行きはアテナイ側の将軍たちにも大いに責任があった。つまり、彼らはプテュキアのケルキュラ人をアテナイに護送する役は他の者に任せられないと表明しておきながら、自分たちがシケリア島に行くので、護送する名誉を他の者に委ねた事実は、策謀者の言葉をプテュキアのケルキュラ人が信用するように仕向け、また策謀者自身をも大胆に振舞わせるようにしたのであった。[3]ケルキュラ人はプテュキアの捕虜を手に入れると、一軒の大きな家に彼らを閉じ込めた。そして後に、二十人ずつ一団として、路の両側に並んだ二列の武装兵の間を歩かせた。捕虜たちは互いに繋がれていて、両側に立った者たちがその中に自分の敵を見出すたびに、その者を打ったり刺したりし、また捕虜が少しでも遅れたりすると、一緒に歩いている者が鞭でそれを打った。

四八 [1]このようにして、六十人位まで何も気づかずにその建物から連れ出されては殺された。（彼らはどこか他の牢屋に移動させられるのだと考えていたのだった。）しかし、誰かが真相を明かして、この事実を知ると捕虜たちは、アテナイ人の名を呼び、もしアテナイ人が望むならば、その手で自分たちを殺してくれと頼み、その建物からは一歩も出ないし、また誰も入れないように全力をつくすと言った。[2]ケルキュラ人は無理をして扉から入ろうとせずに、その建物の屋根に上ってそれを壊し、上から瓦を投げたり、矢を射たりした。[3]捕虜たちはできるだけこれをさけたが、大部分の者は敵の射た矢を自らの喉に突き刺して死んだり、たまたまそこにあった寝具から引き出した紐や、着物で作った帯で首を吊ったりした。(やがてこの惨状にも夜が訪れたが)その夜の中に、彼らはあらゆる方法で自殺をしたり、また上からの矢に射られて殺された。[4]夜が明けると、ケルキュラ人は死体を車に積んで市外に運び出して遺棄した。防壁の中に残った婦女子は全部が奴隷に売られた。[5]このようにして、山に立てこもったケルキュラ人は、公民派の人々によって殺され、迂余曲折のあった反乱も、今次大戦中は一応その段落がついた。つまり、反公民派が問題になるほど残されていなかったのである。[6]アテナイ船団は、当初の目的であるシケリア島に航行し、そこで同盟諸軍と合流して戦争を続行した。

四九　[1]夏の終りには、ナウパクトスのアテナイ軍とアカルナニア人は、コリントスの植民都市アナクトリオンを攻撃した。アナクトリオンはアンプラキア湾口に位置するが、内部に裏切り者がでて陥落した。そこでアカルナニア人はアカルナニア全域から人を集めて、アナクトリオンに移住させた。これでこの夏は終った。

五〇　[1]冬に入ると、収税のために派遣されていたアテナイ船の中で、アルキッポスの子アリステイデスが指揮する船が、ストリュモン河畔のエイオンでペルシア人アルタペルネスを捕えた。[2]アルタペルネスはペルシア王から遣わされて、ラケダイモン人の所に行く途中であった。このアルタペルネスをアテナイに護送して、彼の持っていたペルシア王の手紙をアッシリア語から翻訳してみると、その書簡は種々な事項に触れてはいたが、その主旨はラケダイモン人の意図を訊すものであった。つまり、ラケダイモンからたくさんの使節がペルシアに行ったが、誰も同じことを言わなかったので、もし何かはっきりと申し入れたいことがあるならば、アルタペルネスと一緒に使節を自分の所に送ってくるようにと書いてあった。後に[3]アテナイ人は、アルタペルネスを使節とともに三重櫓船に乗せてエペソスまで送った。その地で彼らは、クセルクセス王の子アルタクセルクセス王が最近死んだことを知って（ほぼこの時機に王は死んだ）、帰国した。

五一　同じ冬、[1]キオス人は自分たちの都市の新しく建てた防壁を壊した。これはアテナイ人がキオス人の謀叛を恐れて彼らに命じたものであった。もっともその前にキオス人は、アテナイから両国は従来通りの関係を維持するという誓約を取りつけてあった。そしてこの冬は終った。トゥキュディデスが記録したこの大戦の第七年目も終了した。

五二　夏が始まると、[1]すぐに日蝕があり、新月の頃で、(20)またこの同じ月には地震もあった。[2]さて、主として大陸から集まったミュティレネと他のレスボス島の亡命者は、ペロポネソスから傭兵の援助を得て出陣し、ロイテイオンを奪ったが、ポカイア貨[3]二千スタテールと引き換えに、ロイテイオンには何の害も加えずにそれを返還した。この後、彼らはアンタンドロスに進んで攻撃をかけると、アンタンドロスは内通者のために陥落した。彼らの目的は、以前にミュティレネの支配下にあって、現在はアテナイによって押えられているいわゆるアクタイア市や、その他の諸都市を解放することであったが、とくにその中でもアンタンドロスを奪回することに意を注いだ。ともかく、アンタンドロスを占領すると、そこから近くのレスボス島を攻撃したり、また大陸側にあるアイオリス系の拠点を制するに容易であったからだ。(それにアンタンドロスは、イダ山付近からの木材や、諸物資が豊富で、船舶の建造には好適な地であった。)亡命者は以上のような用意を整えていた。

五三　アテナイ人は[1]同じ夏、六十隻の船舶と二千の重装兵および少数の騎兵にミレトス人やその他諸都市の人々を加えて、キュテラに遠征した。これを指揮したのは、ニケラトスの子ニキアス、ディエイトレペスの子ニコストラトス、トルマイオスの子アウトクレスであった。[2]キュテラはラコニアのマレア岬の沖に浮ぶ島である。ラケダイモン人の周辺民が主にこの島の住民で、キュテラ判官と呼ばれる役人が毎年スパルタから派遣されて来ていた。さらにスパルタは、重装警備隊を送ったりして、常に深い関心をキュテラに払っていた。[3]その理由は、この島にエジプトやリビアからの商船が寄港する上、シケリア海およびクレタ海に面したラコニア沿岸にはキュテラ以外に港がなく、ラコニアが海からの攻撃を受ける地点としては唯一の場所なので、ラコニアのこの種の被害を軽減していたからである。

五四　[1]さて、アテナイ人はこの島に十隻の船と二千のミレトス重装兵をもって上陸し、臨海都市でスカンデイアと呼ばれる都市を占領した。またアテナイ軍は残りの部隊をもって、この島のマレア岬に面した地に上陸し、キュテラの臨海部に向ったが、間もなく、キュテラが全兵力をもって布陣しているのに遭遇した。[2]戦闘になると、短時間は、キュテラ人もアテナイの攻撃に耐えていたが、間もなく退却して、キュテラ市の上部に逃げこんだ。しかしその後、彼らはニキアスとその幕僚に降って、死刑にしないことを条件にアテナイ軍に彼らの身柄を託した。[3]これに先立って、ニキアスとキュテラ人の一部とは交渉が進められていたので、そのために降伏条約は迅速に、かつ現在にも将来にもキュテラに有利なように締結された。さもなければ、キュテラ人はラケダイモン系であることと、ラコニアの海岸に近い島国であるために、アテナイ人によってこの島から追放されるところであったろう。[4]条約成立の後、アテナイ人は湾に面した町スカンデイアを奪い、キュテラに警備隊を残して、アシネ、ヘロスのほか、この海域の大部分を歴訪した。そして約七日の間、随所で上陸し、適地を探しては海岸に夜営し、土地を荒した。

五五 [1]ラケダイモン人は、アテナイ人がキュテラを占領したことを知ると、自国の海岸線が攻撃されることを予期した。しかし、総力をあげてこれに対抗しようとはせずに、地域毎の必要度に応じて、重装兵をできるだけ多く各地方に派遣して、守備に重点をおいた。このわけは、スパクテリアにおける予想外の大被害やピュロスやキュテラを奪われたために、戦争があらゆる面で急速に展開して、彼らの思惑が出し抜かれた形になってしまい、新しい内乱が起ることを恐れたからであった。[2]そこで彼らは従来の習慣に反して、四百の騎兵隊と弓兵部隊を設置したが、彼らは今までにかつてないほどに戦いに臆病になっていた。それは彼らが自分たちの本来の戦法からは異なった海上戦に巻き込まれた上に、平穏にしていることは現実に何かを失っているのと同じように考えるアテナイを相手にしていたからである。[3]しかも短時日に起きた多くの理屈にあわない事件は、完全に彼らの意気を沮喪させて、二度と再びスパクテリアのような非運に見舞われることのないようにと、彼らを臆病にしたのであった。[4]以上のような理由で彼らはいよいよ戦意を失い、いまだかつて経験もしたことのないような災難で、自分たちの考えにも自信をなくしてしまって、どんな動きでもとれば、すべて失敗に終るように思えた。

五六 [1]そこでアテナイ人が沿岸地域を荒しても、彼らは今や拱手傍観して、警備地の近くにアテナイ軍が上陸すると、自分たちは劣勢にあるとして、上述のように消極的態度をとっていた。そしてコテュルタとアプロディティア地域を守って踏み止まっていた唯一の警備隊も、アテナイ側の攻撃に恐慌をきたして、その軽装兵たちは蹴散らされ、彼らは烏合の衆と化し、重装兵に守られて退却した。そして相当数の戦死者を出し、武器も取られてしまった。アテナイ軍は戦勝塚を立てると、キュテラに帰港した。[2]さらにアテナイ勢はここからリメラのエピダウロスに航行し、その土地の一部を荒してから、キュヌリアと呼ばれる所で、アルゴスとラコニアの国境地点へも航行した。キュヌリアは元来ラケダイモン人の所領であったが、アイギナ人が故郷の島から追放された時に、ラケダイモン人はこれをアイギナ人に与えたのである。その理由は、大地震がラケダイモンに起きた時と農奴一揆のあった時に、アイギナがラケダイモンを大いに助けたからでありまたアイギナ人自身はアテナイの支配下にあったにもかかわらず、つねづねラケダイモン側の意見を支持してきたからでもあった。

五七 [1]アテナイ船団がまだ近海を航海していたので、アイギナ人は沿岸に築構中の城塞を捨て、海から一〇スタディオン(21)ほど離れている自分たちの住む市内に引きこんだ。[2]ところが、彼らと城塞の構築に協力していたこの地域のラケダイモンの警備隊は、アイギナ勢の懇請にもかかわらず、市の防壁内に一緒に引き揚げることを拒否し、防壁の中に閉じこめられることは危険であると考えた。しかしアテナイ勢に抵抗するだけの実力はないと考え、高地に入って動きを見せなかった。[3]この頃、アテナイ勢はテュレアに上陸、ただちに全兵力で前進してこれを陥落させた。テュレア市は焼かれ、市内の物資は強奪され、アイギナ人で戦死しなかった者はアテナイに護送された。その中にはアイギナ人と共にいたラケダイモン人指揮官パトロクレスの子タンタロスも、負傷の後に捕えられて含まれていた。[4]さらにキュテラからも移動したほうが安全と思われる者たちを、少数だけアテナイに移動した。そしてアテナイ人はこれらの者たちをキュクラデス諸島に分散し、さらに残りのキュテラ人にはキュテラ貨で四十タラントンを毎年納めるよう課税した。アイギナ人は、彼らに対するアテナイの昔からの憎悪から、捕えられた者たちは全部死刑に処せられ、キュテラ島に彼らと共にいたタンタロスや他のラケダイモン人は牢屋に繋がれた。

五八 [1]同じ夏、シケリア島ではカマリナ人とゲラ人との間に初めて紛争が起きていた。そこで他のシケリアの全都市の代表たちはゲラに集まって、妥協点を求めて会議を開催した。多くの代表が両者をそれぞれ支持したが、各人は自分たちの立場が脅かされているごとく、敵を攻撃したり、自説を主張したりしたので、とくに説得力の強かったシュラクサイの代表でヘルモンの子ヘルモクラテスは、次の要旨を会議に出席した代表たちに話した。

五九「シケリア島の諸君、[1]私が演説をするのは、私の代表する都市が弱小でないからでも、また戦争でもっとも被害を受けたからでもない。その目的は、シケリア全体にとって最善の道と考える私見を公開することにある。[2]まして戦争に関しては、いかにそれが悲惨なものであるかを熟知している者に、誰が喋々と戦いの惨めさをいちいち列挙して、長講を弄す必要があろうか。つまり、何人も無知のために戦争に追いやられる者はなく、戦うことが利益になると考えればこそ、恐怖があっても戦いを避けない。ある者には恐怖よりも戦争による利益が重大に思え、また他の者には目前の損失を我慢するより、戦争の危険を耐えるほうを選ぶ。[3]しかしこのどちらの者たちも時機はずれにこのような行動に出ようとするようなことがあれば、平和を勧告することは大いに役に立つことだ。[4]そしてこの平和こそ、現状にあって我々が賛成すれば、何にもまして我々には価値あるものとなろう。我々が代表する各都市は、最初は自己の利益をよく検討してから戦争に入ったのであり、今は相互に意見を出し合って、平和への道に努力をしている。そしてもし各都市の当然の権利を認めることが不可能となるならば、この会議を散会して、再び戦闘状態に入ればよい。

六〇　ともかくよく考えれば、[1]この総会が各都市の個別的問題のために招集されているのではなく、シケリア全体をアテナイの策謀から我々がまだ救えるか否かの問題を議するためにここに我々が集まっていることを確認しなければならないと私は考える。そしてアテナイこそ私の言葉よりはるかに勝って、我々同士を和解させる力を持っている。すなわち、その力はヘラス世界ではもっとも強く、その船団の少数は今や我々の過ちを虎視眈々として待っている。そして本来の敵である我々を、同盟という美名のもとにうまく利用しようとして、[2]もし我々が互いの相剋を選んで我先きにとアテナイ勢を導入するようなことになれば、彼らは依頼されない所にまで武器を携えて行くであろう。それでは我々は自分たちの資財を費し自らを傷め、ひいては彼らの支配の先導役を自ら買って出ることになり、我々がお互いの戦いで疲弊したところを彼らは見計って、大部隊で来襲し、我々全部をその支配の下におくことになる可能性が大きい。

六一　[1]しかし我々が賢明であるならば、各都市はむしろ新しいものを獲得しようとこそすれ、すでに得ているものを損ってまで援軍を導入して、危険に直面することは避けなければならない。内乱が都市を滅ぼすように、我々が住み、かつ敵に狙われているこのシケリア島全体をも、内乱は滅ぼし得る。しかしそれにもかかわらず、その島の中で、我々は二つに分れてしのぎを削って争っていることを知る必要がある。[2]このことを悟れば、個人は個人と、都市は都市と和解すべきであり、一致協力してシケリア全体の救済にあたるべきだ。また何人もドリス系の都市のみがアテナイの敵であって、カルキス系の都市はアテナイと同じイオニア族であるから安全であると考えてはならない。[3]それは彼らが違った部族であるために、他の部族を嫌って攻撃してくるのではなく、我々が共に享受しているシケリア島の富を奪うために来るからだ。[4]この点はカルキスの諸都市がアテナイに援助を求めた時に証明されている。すなわち、カルキス諸都市は盟邦としての支援をアテナイに送ったこともないのに、アテナイはそのカルキス諸都市の要請に積極的に応えて、協定の規定以上の援助を与えている。[5]しかもアテナイ人がこのように利益を追求し、発展を望む態度は、まったく許されるべきであって、他を支配しようとする態度を私は非難しない。つまり私の非難するのは、唯々諾々として屈従に甘んじる態度だ。すなわち、譲る者を支配し、圧迫する者に抵抗するのは人間の本性である。[6]我々はこのことを知りながら、それに沿った対策をたてないとしたら、また、ここに我々は各都市の代表者として出席しながら、シケリア島内共通の脅威を排除する決意を持っていないとしたら、それは誤りである。[7]我々がもし一致団結すれば、さっそくこの脅威は解消するであろう。つまり、アテナイ勢はその本国から自分たちの意志で出兵してくるのではなく、我々が彼らに要請した援兵として出兵してくるからだ。このように戦争は戦争に終らず、紛争は平和裡に無事に解決される。そうなれば、依頼されたことを理由に悪事を働こうと出兵して来た者たちも、為すこともなく、帰国を拒否する理由を失ってしまう。

六二 [1]以上こそアテナイ勢に対しては賢明な政策と言えよう。[2]そこで、平和がすべての人から最上のことであるとされていながら、どうして我々がそれを求める必要がないだろうか。もし諸君に良いものがあるならばそれを保存し、悪いものがあるならばそれを是正するのに、戦争よりも平和の方がよいと諸君には思えないのだろうか。平和には安全でいよいよ光栄のある名誉があるほかに、戦争の害悪と同様に、述べるいとまもないほどに多くの美点を持っている。この間の事情をよく勘考して、私の言葉に耳を傾け、各人の安全に各自が注意を向けなければならない。[3]もし誰か武力に頼ろうとも、また正義に頼ろうとも、欲することの成就はすべて確かであるなぞと思う者がいるとしたら、期待はずれの結果に落胆しないように知っておかねばならないことがある。それは、おのれに加えられた害に報復しようとした者が、復讐できずに身の破滅を招いた事実や、自らの力を恃んでその増大を計ったために、増大どころか自らが今まで所有してきたものさえ失った事実だ。[4]つまり、復讐はそれが正義であっても、必ずしも成就するとはかぎらず、我々が頼りにならないのは、武力がえてして過信をもたらすからだ。未来を支配する不安定さこそ、すべてを危険に思わせはするが、その反面、不測の未来は我々を一様に恐れさせて、むやみに戦争を起させないといういきわめて良い面も持っている。

六三 [1]この予測し得ない未来への恐怖と、現存するアテナイ船団に対する脅威の前に意気を失い、我々各自が胸に抱いていた計画の挫折も、このような障害の前には当然といえる。ゆえに目前にある敵をこの地から送り返し、我々は私的欲望を捨て、一致団結をしようではないか。もしこれができないならば、和平協定の有効年限をできるだけ長期にとって、各都市間の私的紛争の再発をなるべく遠い将来に持ち越すようにしよう。[2]最後にまとめて言えば、我々一同が私の説に賛成すれば、我々の各自の都市は自由を確保し、その判断で自主的に善行に応え、悪行に報いられる。しかし、もし我々がこの私の言葉を拒けて他の人の言葉に従うならば、もはや問題は他の都市を罰することではなくなり、たとえその争いに勝利を得ようとも、我々は本来の怨敵の味方となり、真の味方とは必要もないのに離反する羽目になるであろう。

六四 [1]そこで、最初に説明したごとく、私はもっとも偉大な都市の代表者であり、防衛よりも攻撃することがその習いではあるが、上述の諸点を考慮に入れて、妥協することをも尊重する者だ。そして敵を傷めるよりも自分自らを損うようなことなく、また勝利を焦って、思うようになるはずもない運命を自分の意志と同じように動かせると思ったりせず、運命のいたずらの前には、合理的な態度をもって臨んで、それを最小限度に食い止めようと考えている。[2]ここに私は、諸君がこの私の態度を見習われんことを期待する。そして敵に強要されることなく、諸君自ら積極的にこの艱難にあたることをのぞむ。[3]内輪の者に対する譲歩は恥でないように、ドリス族がドリス族に対する譲歩も、カルキス族のカルキス族に対する譲歩も、決して名誉を傷つけるものではない。いわんやすべてが隣人同士で一つの地域の住民である上に、海に取り巻かれてシケリアという一つの名で呼ばれる島にいる我々が、互いに譲りあうのは決して恥ではない。思うに時が来れば、また我々は相争って戦いを起すであろうし、また他の時には、会議を開いて平和を楽しむこともあろう。[4]しかし、我々が賢明でさえあれば、我々は常に一致団結して、他国からの侵入者に抵抗し、一都市が受けた被害をもシケリア島全体の苦痛として感じるであろう。そして今後は、島外から援軍や調停者を一切呼び入れることをしてはならない。[5]このようにすれば、一つにはアテナイ船団をこの地から送還することができ、もう一つはシケリア島内の戦争を終結するというこの二つの利点を、我々はシケリアにもたらすことができる。こうしてこそ、将来、我々は自主独立を楽しめると同時に、島外からの侵犯を恐れる必要を少なくすることができる。」

六五 [1]以上の要旨をヘルモクラテスが述べると、シケリア諸都市の代表者たちはこれに賛成して、相互に戦争終結の決議を取り交わして、各都市の所領を保証し、カマリナはモルガンティネの権利を、規定された額を支払って、シュラクサイから買い取った。[2]アテナイと盟約を結んで彼らの援助を要請した都市の代表者たちは、アテナイ勢の責任者に、自分たちが戦争終結に同意するから、アテナイ勢もその平和協定に基づいて行動してくれるように告げた。アテナイ勢はこれを認めて同意した後、その船団はシケリアを去った。[3]しかしこの船団がアテナイに帰還すると、アテナイにいた市民たちは、その船団の将軍であったピュトドロスとソポクレスの二人に追放の刑を科し、三人目のエウリュメドンを罰金刑に処した。その理由は、彼らが収賄をシケリアで受けたから、そこを去って帰国したということであった。[4]アテナイ人は何でもすべてがうまく行っていたので、その幸運に酔い、彼らの向うところ敵する者はないように思い、しかも、できることもできないことも、準備の大小にかかわりなく成就すると考えていた。このような考えの原因は、望外の繁栄にアテナイ人が夢と実力の違いを忘れてしまっていたからであった。

六六 [1]同じ夏、メガラの市民は、アテナイ勢が全兵力をあげて、毎年二度はメガラの領土を侵犯するので(22)、戦争の圧力を直接その肌に感じていた。しかもメガラ自体の内乱のために公民派によってペガイに亡命させられていた人々の略奪行為は、メガラ市内にいる者たちを大いに悩ましていたので、亡命した者たちは、自分たちとアテナイ勢の両方の攻撃でメガラ市を破滅させるよりは、自分たちに公民派が帰国許可を与えて和解した方が良いのにと、お互いに話しあっていた。[2]亡命した人々の友人はこの噂を伝え聞いて、従来にもましてあからさまに、この線に沿って話を進めようと考えた。[3]公民派の指導者たちはこれを知って、大衆はもはや亡命者たちから受けた災害のために自分たちの側についてこないと判断したので、アテナイ勢の将軍アリプロンの子ヒッポクラテス、アルキステネスの子デモステネスに交渉して、メガラ市の開城明け渡しの意志を表明した。これはアテナイ勢よりも亡命復帰者を彼らが恐れたからであった。[4]そしてまず最初にアテナイ勢が長壁を占拠することに同意した。（この長壁は、メガラ市からニサイア港に向かって約八スタディオンほどの長さであった[23]。）アテナイがここを占拠する理由は、ペロポネソス軍がニサイアから救援軍を送りこむのを防ぐためだった。そしてメガラ市を確保するために、アテナイ軍はアテナイ人警備隊のみをニサイアに配置することとし、こうした後に、メガラ市自体も明け渡すことに取り決めた。それは長壁の既定事実があれば、メガラ市民は容易にアテナイ側に味方すると思われたからである。

六七 [1]そこで、双方の協議も、それに伴う実際の準備もすべて完了すると、アテナイ軍はヒッポクラテスを指揮官とした重装兵六百名を、メガラ領のミノア島に夜陰に乗じて上陸させた。そしてその地点からあまり遠くない、メガラの防壁構築に使用した瓦の土を得るために掘り起された溝の中に、アテナイ勢は身を隠して待機した。[2]一方デモステネスを指揮官としたプラタイアの軽装兵とアテナイ遊撃隊からなる別働隊は、防壁にさらに接近したエニュアリオスの神域で伏兵として身を潜ませていた。メガラ市内の者たちは、とくにこの夜に諜し合わせた者以外は誰も、このアテナイ側の動きを察知した者はいなかった。[3]やがて夜が明けようとする頃になって、メガラの内通者は次のような行動を起した。すなわち彼らは以前から門番を手なずけておいて、夜な夜な略奪に行くと称しては、司令官の許可のもとに、二丁櫓船を車に乗せて、壁門を通って海辺まで土壕づたいに行き、そこから船を出すのだった。そして夜明け前に海から帰って来ると、ミノアのアテナイ警備隊に船を発見されてはいけないので、船を港に置いておかずに、またそれを車に乗せて防壁の門を通って市内に入っていたのだった。[4]さてこの夜も、この時までにはすでに車が門の所に来たので、船のためにいつもの通りに門が開かれると、アテナイ人はこれを見て（示し合わせていた通りに）、隠れていた所から立ち上り扉が閉まる前に、車がまだ門の所にあってその閉まる邪魔になっている間にそこに到着しようと、全力をあげて駆けだした。これと同時に、メガラの内通者は壁門の番兵を倒した。[5]そしてまず、デモステネス指揮下のプラタイア軽装兵とアテナイ遊撃隊は、現在戦勝塚の立っている所から駆けだして、すぐに門内に入ると（このわけは、近くのペロポネソス軍が察知したからである）、救援軍と戦ってこれを圧倒し、進攻して来るアテナイ重装隊のために壁門を確保した。

六八　[1]そして壁門に入ったアテナイ勢は、城壁に向って進攻した。[2]そこにいたペロポネソス警備隊もしばらくは抵抗したが、死者が出るようになると、大部分の者は先を争って逃げ出した。これも敵の来襲が夜であった上に、メガラ人の裏切り者とも戦わなければならず、メガラ人全部が寝返ったように彼らには思えたからである。[3]ちょうどこうした折に、アテナイの伝令使が自分の判断だけで、メガラ人の中でアテナイ側につきたい者は武器を捨てろと触れてまわると、ペロポネソス警備隊はこれを聞いて、メガラ全体が彼らに反抗したと考えて、市内に留まらずニサイアへ逃げた。[4]夜が明けると防壁は占領され、メガラ市内は大混乱におちいったが、アテナイ勢と手を組んでいた者や、その計画を支持した公民派の者たちは壁門を開けて、出撃すべきだと主張した。[5]つまり彼らとアテナイ勢とは事前に連絡がしてあって、門を開けたらアテナイ勢がなだれこんでくるが、内通者はそのアテナイ勢に害を加えられないように、それと確認されるような手筈になっていたのである。(油を塗っていることをしるしとしたのであった。)しかも彼らが安心して門を開けることができるのは、すでにエレウシスからも四千のアテナイ重装兵と六百の騎兵が、約束に従って夜中に出発して近くまで来ていたからであった。[6]メガラ人の内通者はすでに油を塗って門の側に来ていると、同志の一人が、一つの集団にまとまって来た反対派に寝返って、陰謀を明らかにした。反対派の者たちは出撃に反対し(つまり、今までもっと力のあった時でも、このような出撃は敢行されたことがないことが理由であった)、これは明白にメガラ市を危険に陥れるものであると主張した。そして、誰かこれに反対する者があれば、実力行使も辞さないと言明した。けれども彼らは、内通者の陰謀に気がついている素振りを一切見せずに、ただ彼らの考えが最良の策であると強調して、壁門の側に留まってそれを守り、内通者が予定の行動に移れないようにした。

六九 [1]一方、アテナイの将軍たちは何か手違いが生じたことを悟って、武力でメガラ市はとうてい落せないと、ただちにニサイアを壁で包囲することにした。つまり、もしニサイアに救援隊が来る前にそれを占領してしまえば、メガラも早速に折れるであろうと考えたのであった。[2]（そしてアテナイからは、早急に鉄や石工およびその他の必要な要員や物資が送られて来た）防壁の構築は、アテナイ勢が占拠していた箇所から始められて、メガラ市の方向に仕事が進められ、そこからニサイアの両側の海岸へと構築された。土壕作りも防壁構築もそれぞれの部隊に割り当てて、メガラ市郊外からは石や瓦を運んできたり、必要とあれば果樹や木々を切り倒した。郊外の住宅も胸壁をつけると砦の役を果した。[3]彼らは一日中この仕事に従事したのだが、翌日の午後になると、壁はほとんど完成に近くなり、ニサイアの中にいた者は食糧の欠乏を恐れ（彼らはメガラ市内から食糧を毎日持って来ていた）、しかもペロポネソスからは早急に救援を望み得べくもないし、メガラ市自体が寝返ってしまったと思ったので、アテナイ勢に以下の条件で降服した。すなわち、武装解除された彼らは、一定額の身代金で自由にされるが、指揮官としてか、あるいはまだ他の役職で彼らと共にいるラケダイモン人の取り扱いはアテナイ人の裁量に一任する。[4]彼らはこの条件で降服すると、ニサイアを明け渡した。そこでアテナイ人は長壁をメガラ市から切り離し、ニサイアを占領して、次の段階への準備を進めた。

七〇　[1]ちょうどこの頃、ラケダイモン人テリスの子ブラシダスはシキュオンとコリントス付近にあって、トラキア進攻への準備をすすめていた。そこでメガラの長壁が占領されたことを知ると、ニサイアにいたペロポネソス人の安否を心配し、またメガラ市が占拠されることを恐れて、ボイオティア人に急遽派兵を命じて、トリポディスコス(24)で自分と合流するように指令した。(トリポディスコスの村はゲラネイア山麓のメガラ領内にある。) そしてブラシダス自身も、ニサイアはまだ占領されていないと考えたので、二千七百のコリントス重装兵、四百のプレイウス兵、それにシキュオン兵六百と、その時までに集められただけの自分に直属の兵を率いて、進撃した。[2] ところがブラシダスにニサイアの陥落の報が伝わったので(その夜、彼はトリポディスコスに入っていたためそれを知ったのである)、三百の兵士を選んで出発し、彼の進出が発見される前に、海岸にいたアテナイ軍に気がつかれぬままにメガラ市に到着した。このわけは、まずニサイアを、策略と同時に、もし可能ならば武力でアテナイから奪回しようとしたからである。しかし何にもましてメガフ市に入って、それを確保することが彼の最大目的であった。そしてニサイア奪回の望みはまだあると言って、メガラ人が彼を受け入れるように要請した。

七一 [1] 一方、メガラ人の一派は、ラケダイモン勢がメガラの亡命者を連れ帰るのではないかと恐れ、他の一派は公民派が上述の恐れのために自分たちを攻撃することを恐れた上に、市内は内乱の様相を呈していたし、アテナイ軍がメガラ市の近くに待機していたので、ブラシダスを受け入れずに、今後の様子を静観することに、メガラ市内の二派は決定した。[2] この両派はアテナイ勢とブラシダスの援軍とが接触して戦闘を始めれば、自分たちは安全でいられると考え、そして勝った方に味方しようと目ろんだのだ。しかしブラシダスはメガラ人説得に失敗すると、残留部隊のところに引き揚げた。

七二 夜明け[1]とともに、ボイオティア軍がブラシダスの所に到着した。ボイオティア人は、ブラシダスがメガラへの援軍を要請する前に、その危険を他人事と思えずに(25)、プラタイアにいた部隊の全兵力をあげて出発したが、ブラシダスからの報告がもたらされると、ますます士気を旺盛にして、二千二百の重装兵と六百の騎兵隊をブラシダスに送って、その主力部隊と共に、再びメガラに戻った。[2]こうして、ブラシダスの現在の兵力の総計は、六千以上の重装兵部隊となった。一方、アテナイ側の重装兵はニサイア付近と海上に配備された。しかし軽装兵は平地に散開していたので、ボイオティア騎兵隊の奇襲にあって敗退し、海岸へと退却した。(アテナイ軽装兵が油断していたのは、今までメガラに救援隊が一度も来たことがなかったからである。)[3]しかしその後は、ボイオティア勢がアテナイ軍の抵抗を受けて、長時間にわたる騎兵戦となり、双方ともに自軍の勝利を主張した。[4]つまり、アテナイ勢はボイオティア騎兵隊の指揮官とその麾下がニサイアの近くにまで接近したところを倒して武具を剝ぎ、死体を確保して、仮休戦条約の下にボイオティア側にそれを引き取らせ、戦勝塚を立てた。しかしどちらも実際には明白な勝利を得たとはされないままに、それぞれ、ボイオティア勢は自陣へ、アテナイ勢はニサイアへと別れた。

七三 [1]しかしこの後、ブラシダスとその手勢は海岸とメガラに接近し、適当な場所を選んで布陣して待機した。これはアテナイ勢がいずれ彼らを襲撃してくることを予期した行動であり、また、その戦闘でどちらが勝つかを、メガラ人が注目していることも承知の上での行動であった。[2]ブラシダスの部隊にとっては、いずれの結果となっても有利であると彼は判断した。つまり、こうして布陣し待機していれば、初めに手を出さずに、また危険を積極的に冒さないでも、明らかにブラシダスには戦意のあることが表明されているので、当然苦労をせずに勝利の栄光を得られるからであり、またこの政策がメガラに対しても極めて有効な政策ともいえる理由は、もしブラシダスの部隊がそこに現われなかったとしたら、彼らは不幸にも戦いに敗れたと考えられて、メガラ市を失ってしまうからであった。[3]しかもブラシダス勢のこの布陣を見れば、アテナイ勢も彼らに挑戦をしてこないだろうし、そうすれば、戦闘をせずにその目的を達成できるとブラシダスは考えたのである。[4]この考えは図星で、アテナイ勢が出て来て、長壁に沿って布陣をしても、メガラ勢は何の動きも見せず、出撃してこなかった。そこでアテナイの将軍たちは、これを攻撃してもその危険に値いするものは何も得られないと考えた。すなわち、従来の目的の大部分を達成した今、戦闘を数的に優勢な敵に対して行わねばならなかったろうし、勝ってもメガラを得るだけで、万一、負けでもしたら、重装兵の精鋭を失うことにもなりかねないからであった。ところがペロポネソス側は現在、戦線にあるのは各都市の小部隊から成っているので、敗れてもそれぞれの主力部隊には影響がないので、士気を盛んにして、危険を冒してこれる状態にあるとアテナイの将軍は判断した。そこで、双方とも互いに仕掛けなかったから、長い間睨み合いが続いたが、まずアテナイ勢がニサイアに引き返すと、ペロポネソス勢も出発地点に帰った。亡命した者たちを支持するメガラ人は、アテナイ勢が戦わなかったので、ペロポネソス勢が勝利を得たものとして、ブラシダスと各都市勢の指揮官に対して壁門を開いて彼らを受け入れた。こうなると、アテナイ側と内通していたメガラ人は大いに苦しい立場に立たされた。

七四 この後、[1]ブラシダスは自軍を各都市に解散し、自分もコリントスに行き、最初の目的であったトラキア遠征への準備に専念した。[2]アテナイ側と通じて活動してきていたメガラ人は、アテナイ勢が引き揚げてしまうと、この事実が知られていることを悟って、すぐ姿を消してしまった。残ったメガラ人は、亡命者を支持する者たちと協議の結果、ペガイにいる者たちの召還を決めた。過去のことは問わない条件で、ただメガラ市の公益のみを考えるという約束であった。[3]しかし彼らが主導権を握るや、すぐに閲兵式を行なって部隊を分けて、自分たちの敵やアテナイ人ともっとも活発に策動したと思われる者たち百人を選びだし、大衆の前に引きだして、強制的に投票させ、これらの者を弾劾して死刑に処した。そしてメガラに極端な寡頭政権を樹立したのであった。[4]この革命はきわめて少数派の人々によって為されたのにもかかわらず、長い間続いた。

七五 [1]この同じ夏、ミュティレネ人は自分たちの計画に沿って、アンタンドロスの要塞を完成に近づけた。そこで、ヘレスポントスにいて貢納金の取り立てに廻っていたアテナイ船団の将軍デモドコスとアリステイデスは（三人目の将軍ラマコスは十隻の船でポントス付近を航海していた)、この要塞を知って、サモス島のアナイアと同じ轍を踏んではならないと恐れた。つまり、サモスからの亡命者がペロポネソスに水夫を送って、その船団で大活躍をし、サモスの市内を混乱に落し入れ、その追放した者たちを引き受けたからだ。そこでアテナイの指揮官たちは、同盟諸都市から兵士を集めて航行し、アンタンドロスから出て来たものと戦って勝利を収め、その市を再び占領した。[2]その後間もなく、ポントスにいたラマコスはヘラクレイア領のカレス河口で、内陸の豪雨の水が突然に洪水となって流れてきたために、船を失ってしまった。そこでラマコスとその麾下は陸路を伝って、アジアに住むビテュニアのトラキア人のところを通って、ポントス海の入口にあるメガラの植民都市カルケドンに到着した。

七六　[1]この同じ夏に、アテナイの将軍デモステネスは、メガラ領から引き揚げた直後、四十隻の船をもってナウパクトスに到着した。[2]その理由は、デモステネスとヒッポクラテスのところにある者たちから、ボイオティアの政体を変えてアテナイのそれと同じように公民政体にしたいという話があったからである。そしてこの運動の首謀者は、テバイから追放されたプトイオドロスであった。[3]そしてこの派のある者たちは、シパイ市に謀叛を起させようとした。(シパイ市はテスピアイ領内にあって、クリサ湾に面している港町である。)そしてさらに昔、ミニュアイと呼ばれたボイオティアのオルコメノスに現在は属しているカイロネイアを、オルコメノスから離反させて、ペロポネソスからは人を雇って、オルコメノスから追放されていた人々にこの都市の主導権を握らせようとした。そしてこの動きにはポキスの一部の者たちも参加していた。（カイロネイアはボイオティアの国境に近い所で、ポキス領のパノティスに面していた。）[4]アテナイ勢はエウボイアに向いているタナグラ領内のアポロンの神域デリオンを奪うことになっていた。そして以上の動きが定められた日に同時に行われるようにした。これはボイオティア軍が各地の防衛に忙殺されて、デリオン救援のために結集することのできないようにするためであった。[5]そしてもしこの作戦が成功して、デリオンに防壁を築けば、たとえすぐに革命をボイオティア地域の諸都市に起すことができなくとも、この地点を押え、土地を荒して略奪をすれば、短い間に人々は徐々に転向して、地方の情勢も一変し、時の経つうちにアテナイ側は反乱した者たちを加える一方、ボイオティアは兵力を統合できなくなって、問題は落ち着くところに落ち着くであろうと、人々は簡単に考えていたのである。

七七 [1]そこで、ヒッポクラテス自身はアテナイからの軍勢を率いて出撃の準備を整え、時が来ればボイオティアに進撃しようとしていた。一方デモステネスがすでにナウパクトスへ四十隻の船で先発したのは、アカルナニアやその他の同盟諸都市から兵員を徴発してから、謀叛を起こそうとしているシパイに向かうためであった。そして彼らにもその挙をあげるために同じ日が知らされていた。[2]デモステネスが到着すると、オイニアダイ市は全アカルナニア同盟によってアテナイの同盟国となることを強制されて、それを受け入れたので、この地域一帯の同盟諸都市を招集して、まずサリュンティオス王とその領民アグライス人に攻撃をかけてそれを屈服させ、その後は時が来るまでシパイへの準備を整えた。

七八 ブラシダスは、[1]この夏の同じ頃、千七百の重装兵を率いてトラキア地方に入り、トラキスのヘラクレイアに到着すると、自分より先にパルサロスの同志たちに使者を送り、自分とその部隊を案内して導いてくれるように要請した。そこで、アカイアのメリテイアまで、パナイロス、ドロス、ヒッポロキダス、トリュンバス等に、カルキディケの外地代表人ストロパコスがやって来たので、彼は行軍を続けた。[2]さらにその他にテッサリアの者たちも彼を案内し、ペルディッカスを支持するラリサからのニコニダスもいた。とくにテッサリア地方を案内なしに、武器を持って通ることは容易なことではなかった。そしてヘラス人と同様に、隣国の領地を許可なくして通行することは、誰にでも疑惑の念を抱かせた。しかも大部分のテッサリア地方の住民はアテナイにいつも好意を寄せていた。[3]それゆえ、テッサリア地方が伝統的な寡頭政体を持っておらずに、公民政体をしいていたならば、ブラシダスはここを通過することはできなかったであろう。しかしテッサリアの反対派の人たちは、全体の許可もないのにテッサリアを通行するのは不正であるとして、エニペウス河より前進することを拒んだ。[4]そこでブラシダスの案内人は、彼らの意志に反してブラシダス一行を通す者ではないが、ブラシダス一行は急にテッサリアを訪れた友人であるから、それを護衛しているのであると告げ、ブラシダス自身も、テッサリアの地方にもまたその人々にも好意を抱いていて、自分たちは敵であるアテナイに向かっているのであって、テッサリアを攻撃しようとしているのではないと言った。そして、テッサリアとラケダイモンとの間にお互いの領土の通行を禁止するような紛争はなかったが、彼らの同意なくしては前進する気もないし、(また前進することもできない)と言って、彼らが自分たちの前進を阻まないように要請した。[5]これを聞くと反対派はそこを去ったが、ブラシダスの案内人たちは、さらに大勢の反対にあうといけないから、休まずに強行軍で通るようにと勧めた。そこでその日のうちにメリテイアを出発してパルサロス(26)に着き、アピダノス河畔に宿陣して、そこからパキオンへ、パキオンからペライビア領へとブラシダス一行は進んだ。[6]この地点でテッサリアの案内人たちは引き返し、テッサリアの支配下にいたペライビア人が、ペルディッカスの領地であるディオンまで案内した。このディオンはオリュンポス山麓にあって、マケドニアのテッサリア領に面した町である。

七九 [1]このようにしてブラシダスは、誰も彼に邪魔をしない前にテッサリアを駆け抜けて、そしてペルディッカスの所に着き、さらにカルキディケ領に入った。[2]つまり、アテナイから離反したトラキア諸都市と、ペルディッカスのアテナイの繁栄に対する恐れが、ペロポネソス勢を動員する結果になったのである。カルキディケの諸国は、アテナイ勢がまず最初に彼らの所に攻撃を加えてくると信じ(それと同時に、まだアテナイから離反していないカルキディケ近隣諸都市も、秘かにペロポネソス軍の招聘に協力していた)、ペルディッカスは明らかな敵意をアテナイに抱いてはいなかったが、昔からのアテナイとの紛争のあることを心配したし、それにもまして、リュンケスタイ人の王アラバイオスを屈服させる希望があった。

[3]その上、最近のラケダイモン人の不幸続きは、その挽回のためにも軍隊の腰を軽くさして、ペロポネソスからの遠征実現を容易にさせたのであった。

八〇 [1]つまり、アテナイ軍はペロポネソスにあって、そこを荒していたので、もしもペロポネソス側が反対にアテナイ同盟諸都市に軍勢を送れば、アテナイの注意をそちらの方にそらせられると考え、とくにペルディッカスとカルキディケがアテナイ勢に物資を補給して引き止めることに熱心なわけは、謀叛を起しているカルキディケ諸都市を助ける意味もあったからである。[2]これに加えて、農奴の一部の者たちはピュロスの現状に呼応して反乱を起こさないとも限らないので、理由をつけて彼らを遠征に送り出してしまうことをのぞんだのであった。[3]しかもラケダイモン人は農奴のその数とその無謀さを恐れて、次に述べるようなことをした。（ラケダイモン人は農奴に対して常に多くの規則をもってのぞみ、厳重な警戒態勢をとっていた。）ラケダイモン人は農奴に声明を発して、この戦いで立派な働きをしたために自由にされるべきだと判断される者たちは自ら申し出るように告げ、彼らをためしたのだ。つまり、自分自身を他にさきがけて自由にするほどの働きがあると思うような者こそ、ラケダイモン人に一番反抗しそうな者たちであると考えたのである。[4]そこで二千名に達する農奴が名乗りでると、頭飾りで解放されたことを表わし、神殿に自由民として入ると、間もなく屠られてしまったが、誰もどんな方法で彼らが殺されたか知っているものはいない。[5]こうした時だったので、ラケダイモン重装兵七百名をブラシダスに送ることに積極的になり、そしてペロポネソスの他の地域からも、報酬で人々を釣っては遠征軍に加えたのである。

八一　[1]ブラシダスが自発的に遠征することを申し入れもしたが、ラケダイモン人は（カルキディケ諸都市がブラシダスを望んでいたのも事実である）、スパルタにとってすべての面で活発であったブラシダスのような男を派遣することにした。そして後には、彼の外国での功績はラケダイモンにとって非常な利益となった。[2]ブラシダスが一応、正義と中庸をもって諸都市に対処したので、多くのアテナイから謀叛する都市を獲得したが、そればかりでなく策略を使って得られた都市もあった。それゆえ、ラケダイモン人が結局戦争終結を願った時に、彼らは平和の条件として返還したり要求したりするに足る多くの地域をペロポネソス側に確保することになった。この時代のブラシダスの人徳と叡知については、シケリア戦後になると、それを経験した者たちはますます感じて、話しに聞いた者もそれを信じるようになり、とくにアテナイ同盟諸都市はラケダイモン人に対する魅力を彼のために大いに感じたのである。[3]それは、スパルタ人の中で外征して、これほど良い名声を得たのはブラシダスが最初であったので、他のスパルタ人もブラシダスのようであるような、希望的印象を一般の胸に強く残したからであった。

八二　さて、[1]ブラシダスがトラキア地方に着いたと知るや、アテナイ人はペルディッカスを反乱の首謀者であると考え、さっそく彼を敵視した。そしてこの地域のアテナイ同盟諸都市に対する警戒を厳重にした。

八三　[1]ペルディッカスはブラシダスとその軍勢を得ると、ただちに自分の手勢をこれに加えて、隣国のマケドニア人のリュンコス地方の王、プロメロスの子アラバイオスに向かった。ペルディッカスとアラバイオスの間が紛糾していたので、彼はその征服を欲したのである。[2]ブラシダスの軍隊と共にペルディッカスがリュンコス地方に突入しようとすると、ブラシダスは、開戦の前に一度アラバイオス王の所に行って、できたらラケダイモンと同盟を結ぶように交渉してみたいと言った。[3]このわけは、もうすでにアラバイオス王はブラシダスに、もしブラシダスが仲介するならば交渉に応じる用意のあることを申し入れて来ていたからであった。そしてカルキディケの使節団もそこに同席して、ペルディッカスに対する恐れを忘れてはならないと彼に諭して、自分たち自身へのブラシダスの熱意を確実なものにしようと努めた。[4]それと同時に、ペルディッカスから来た者たちはラケダイモン人に、ブラシダスが自分の周囲の多くの地域をラケダイモンの同盟に引き入れるので、このことからあたかもブラシダスはペルディッカスと同等の立場でアラバイオス王の件も処理しているようだと言った。[5]さらにペルディッカスは、自分が敵として指摘した者を攻略してもらうためにブラシダスを連れて来たのであって、アラバイオス王との紛争の調停人としてではないとした。また自分が全兵力の半分を持っているのに、ブラシダスに勝手にアラバイオス王と手を結ばれてしまっては困ると発言した。[6]しかしブラシダスはこの言葉に従わず、話し合いの結果、アラバイオス王の領土を侵犯する前に協定を結び、軍隊を引き揚げてしまった。この後ペルディッカスは、ブラシダスから不当の扱いを受けたとして、糧秣補給をするのに必要量の半分を支給する代りに三分の一に減らした。

八四 [1]同じ夏、ブラシダスは時を移さず、(27)葡萄の穫り入れの少し前に、カルキディケの兵士を率いてアンドロスの植民都市アカントス攻略におもむいた。[2]アカントスではブラシダス受け入れ問題は二派に分れた。一派はカルキディケ勢と共にブラシダスを誘致した派であり、他の派は公民派であった。しかし、穫り入れ前の野にある農作物を失うことを恐れて、大衆はブラシダスだけを受け入れて、その言い分を聞いてから協議することに賛成して、ブラシダスを入れた。ブラシダスは（ラケダイモン人としては話が非常にうまかったので）、一同の前に立って以下の要旨を述べた。

八五 [1]「アカントス人諸君、ラケダイモン人が私とこの軍勢を派遣したのは、我々が開戦当時に宣言した、ヘラス解放のためにアテナイに挑戦するという名目の筋を通すためである。[2]諸君を危い目にあわせず、アテナイを短時間で征服しようとする予定が、我々の本国での戦闘のために成功せず、我々がここに来るのがいささか遅れたとしても、今やそれを諸君は非難してはならない。なぜならば、遠征が可能になるやいなや、我々はこうして出てきて、諸君とともに彼らを征服しようと志しているからである。[3]しかるに我々は諸君の歓迎を受けるどころか、諸君が我々に対して門を閉していることは驚かざるを得ない。[4]つまり、我々ラケダイモン人は、諸君が精神的には以前から我々の同盟国であると思い、実際ここに現われれば、積極的に歓迎してくれると考えていたからだ。しかも、他国の領土を何日もかかって通ってくるような危険をあえておかし、万難を排してここに来たのだ。[5]しかるに、もし諸君が何か我々と違った考えを持っていて、諸君自身やヘラス世界の自由への道を阻むようなことがあれば、これはまことに恐るべきことだ。[6]つまり、注目に値する都市アカントスをヘラス世界に誇示し、さらに賢明をもって鳴るアカントス人たる諸君の所に、まず第一に我々が来て拒絶されたとすれば、我々の行く所、我々に反対する者は諸君のみならず、どこへ行こうとも我々に耳をかしてくれる者はいよいよ少なくなるであろう。しかも、我々の掲げる自由に何か不正な要素があるか、もしくは、もしアテナイが来襲したとして、それに報復攻撃を加えるには不足した兵力しか我々が持ってこなかったという理由以外に、諸君が我々を拒絶するもっともらしい理由は私には考えられない。[7]だが私の現有勢力は、私がニサイアの救援に赴いた時に、アテナイ勢が我が方よりも多かったにもかかわらず、我々に直面するのを避けた軍勢であるゆえ、ニサイアにあったのと同規模の軍勢の船団をもってアテナイが今、諸君の攻略に派遣してくるとは思えない。

八六　私[1]は悪を働くためにここに来たのではなく、ヘラス世界を自由にするために来たのである。しかもラケダイモン政府首脳は、私が誘致した同盟都市の自主権を私に保証して誓っている。またこれと同時に私は諸君を武力や謀略で同盟の中に組み入れようとする者ではない。かえって諸君と協力して、諸君がアテナイ従属の軛から放たれるように戦う者なのだ。[2]このように私は確実な証言を諸君に与えているのであるから、私に対する諸君の疑いや、わが軍の能力に対する諸君の疑いに、私は大いに異議を申し立てる。[3]またそれと同時に、諸君の奮起を希望してやまない。さらに、私が諸君の中の特定の一派に都市を渡すのではないかと、自分の個人的な敵を恐れて消極的になるような者が諸君の中にいるならば、この点についてもまったく安心してもらいたい。[4]つまり、まず私は内乱の一派を助けるために来たのではないし、また、もしも諸君の習慣を無視して、私が公民派を寡頭派に渡したり、少数派を多数派に渡したりしたならば、それは私が提唱する真の自由からはほど遠いことになると信じているからだ。[5]このような状態は他国に支配されるよりもはるかに辛いことであろうし、そうなれば我々ラケダイモン人は感謝の代りに恨みをかい、誉れと名声の代りに非難を受けるであろう。そして我々がアテナイを攻める根拠としているいろいろの悪徳を我々も隠し持っているとするならば、その悪徳を隠さない者たちよりも、もっと我々は憎むべき存在となろう。[6]すなわち、率直に武力をもって欲望を満たす方が、甘言をもって欺くよりその人間の恥とはならないからである。それは、前者の行動が運によって与えられた武力を理由に許しもできようが、後者は単に悪意に満ちた策謀でしかありえないからである。

八七　このように、[1]我々は自分たちに関することに最大の関心を寄せるものであって、我々ラケダイモン人の行動と言葉とを較べた時に、我々にとって言動を一致させることがもっとも有利であるという信念を諸君は抱かざるを得ないであろう。ゆえに、私が先ほど述べた誓言より信頼できるものはないのだ。

[2]以上のような私の見解に対して、もし諸君は自らの非力を理由に、友好的であれば災害を受けずに救われるとしたり、諸君の自主権が必ずしも危険に直面していないのではないとして、それを保護できる者に与えることが当然であって、不本意の者に強制して受けとらすべきでないと言うのであれば、この地にある神々や英霊の照覧の下に、私がここに来た善意も受け入れられないゆえ、諸君の地方を荒すこともあえて辞さないつもりだ。[3]しかもこのような行動をとっても、私は道理を踏みはずしたとは考えないであろう。そのわけは、まず第一に、もし諸君が我々に味方しないならば、諸君がアテナイに支払う税金で、諸君に好意を持つ我々が被害を受けないようにする必要があり、第二には、諸君の振舞いのために他のヘラス諸都市の解放が妨げられないようにする必要があるからだ。ラケダイモン人にとってこれらの点を守るためには、前述の行動も決して道理にはずれてはいない。[4]さもなければ、ラケダイモン人は主権奪回を望まない人々に貢献することができなくなっ

て、その行動の意義をまったく失ってしまうであろう。[5]我々は帝国樹立を望んでいるのではなくて、むしろ他の帝国の崩潰に努力をしているのだ。そして、もしすべての都市に主権をもたらそうとする我々の行動の邪魔をする諸君を我々が黙認するとすれば、他の多くのヘラス諸都市に我々が罪を犯すことになる。[6]ゆえに諸君はこれらの諸点をよく検討して、ヘラス世界解放運動草創の一員となり、限りない名誉を獲得するように努力すると同時に、自己の損害を免れ、すべての都市に諸君の光栄ある名をとどろかさなければならない。」

八八 [1]以上の要旨をブラシダスは述べた。そこでアカントス人の公民派と寡頭派の両方から多くの意見が出されたのちに、秘密投票が行われた。そしてブラシダスの巧みな話術に影響されたのと、まだ穫り入れ前の農作物に対する懸念から、多数決でアテナイからの離反を決めた。これとて、アカントス人は、ブラシダスがラケダイモン政府首脳から取りつけたという誓言、すなわち、ブラシダスが誘致した同盟都市は主権を失わないという言葉を信じたからで、このようにしてアカントス人はブラシダスの軍勢を受け入れたのであった。[2]その後間もなく、アンドロスの植民都市スタギロスもアテナイ同盟を離脱した。以上がこの夏に起こった事である。

八九 [1]さて、ボイオティアの諸地域はアテナイの将軍ヒッポクラテスとデモステネスに恭順することになっていた。そこで冬になるとすぐにデモステネスは、船で自分がシパイに着く日と、ヒッポクラテスがデリオンに着く日とを同時にする計画を立てた。ところが両者が進攻すべき日時について誤差があったために、デモステネスが先にシパイに到着してしまった。デモステネスはアカルナニア勢とこの地方の多くの兵士を連れて行ったが、ポキスのパノティスのニコマコスはこの計画をラケダイモン人に洩らし、ラケダイモン人はボイオティアにこれを知らせたので、デモステネスは何もできなかった。[2]全ボイオティアから救援隊が集結したので（これは、ヒッポクラテスはボイオティアの地に未だ侵入して、それを荒していなかったからできたのである）、シパイとカイロネイアは確保されてしまった。そこで市内にいた内通者たちは、この計画に蹉跌があったと通報されたので、何の動きも見せなかった。

九〇　[1]一方、ヒッポクラテスはアテナイ兵ばかりでなく市内にいた居留人や外人を率いて、全兵力でアテナイを出発したが、デリオンに着いた時はすでに時遅く、ボイオティア勢はシパイから引き返して来ていた。そこでヒッポクラテスは、布陣してから、〔アポロンの神域である〕デリオンの周りを次のような方法によって壁で囲んだ。[2]彼はまず土壕を神域と神殿のまわりに掘った。それからこの土壕から、壁の代りに土を盛り上げ、その周りに矢来を組んだ。神域周辺からは葡萄の木を切ってきたり、また付近の建築物からは石や瓦を運んできて使用した。このようにあらゆる方法を講じて、土手を高くするようにした。適当な場所には木の胸塔を建てた。[3]またかつてあった廻廊家屋が壊れて、神域の建物の残されていない所にも胸塔を建てた。この工事はアテナイ出立後三日目に開始され、四日目は終日工事に費された。そして五日目の夕飯時になってようやく大部分が完成された。[4]そこでアテナイ勢は、デリオンから約一〇スタディオンほどアテナイの方角に後退した。軽装兵の大部分は即刻帰途についたが、重装兵はそこに留まって待機していた。ヒッポクラテスは防塁に残って、警備隊の配置や防塁の未完成部分の完工の指揮をとっていた。

九一 [1]この数日の間に、ボイオティア勢はタナグラに集結していた。そして諸都市の部隊が全部そろった頃、アテナイ勢が帰途についているとの報告を受けた。そこで十一名いる汎ボイオティア連盟長官のほとんどが、アテナイ勢はすでにボイオティア地域外に出てしまっているからと、戦闘を勧告しなかった。それにもかかわらず（この頃、アテナイ勢はオロポスとの境界線付近にあって、武器を備えて待機していた）、テバイからの汎ボイオティア連盟長官で、アイオラダスの子パゴンダスは、自分自身が総司令官であったことから、リユシマキダスの子アリアンティダスと共に戦闘を希望し、危険を冒した方がよいと考えた。そこで彼は、全軍がいっせいに持場を離れる必要のないように各部隊ごとに彼の前に召集すると、ボイオティア勢がアテナイ勢に攻撃をかけて争うべきであると説き、以下の要旨を述べた。

九二 「[1]ボイオティア人諸君、アテナイ勢がボイオティア領外に出ているのであれば、それに攻撃をかけるのは不適当であるという考えは、汎ボイオティア連盟長官たちの頭のなかに浮ぶべきことではない。そのわけは、アテナイ勢は隣国からこのボイオティアに侵入して防塁を構築し、我々を滅ぼそうとしたのであるから、彼らがどこで捕捉されようとも、どこからか侵入してこようとも敵対行為をするかぎり、彼らは我々のれっきとした敵だからである。[2]そしてもし誰かがこの機におよんでこの問題を安全の観点から取り上げるならば、その心を入れ替えなければならない。つまり、領土というものに対する考え方が、圧迫を外国から受けている国と、力の増大のために他国を侵犯しようとしている国とでは違っているからである。[3]そして外敵の侵入にはその領土の内外を問わず防衛に当るのがボイオティア伝来の習わしである。ことにその侵犯者がボイオティアと境を接するアテナイであれば、ますます行動を起こさなければならない。[4]一般に隣国間の外交では、力の均衡こそ自由を保障するものであって、当面の敵のごとくに、近隣諸国ばかりでなく、遠隔の国まで征服しようとする相手には、最後まで抵抗の力をゆるめてはならない。（対岸のエウボイアや多くのヘラス諸都市の隷属させられた姿こそ、我々にとってよい教訓である。）そして他の者たちは隣国の侵犯に対して、国境紛争として部分的戦闘をすることもできようが、我々の場合は、一旦、一つの国境が破れたとなれば、ボイオティア全体の浮沈にかかわる問題であって、国境をうんぬんする場を失ってしまう。なぜならば、国境線が一度崩されれば、アテナイ勢がなだれ込んで来て、我々の持っているものすべてを持って行ってしまうからだ。[5]このように、我々は他の国よりもさらに危険な隣国を持っているのである。現在のアテナイのごとき強力な国は、静かにしている国や、自領の中でだけは自信をもって抵抗できても、領土外には先制攻撃をかけるのも、またたとえ好機が訪れても戦争を自ら始めることも逡巡するような隣国には、ますます大胆に圧力をかけてくるものである。6 その例として我々が知っているのは、ボイオティアに内乱があって、アテナイにその支配を許してしまった時に、我々がコロネイアで彼らを打破したために、(28) 今日に到る安定をボイオティアに樹立できたことである。7 このことを忘れず、年長者は昔の功績に劣らないように心がけ、若い者は当時の英雄の子として生れつきの稟性に恥とならないように努めるべきである。アポロンの神域の周りに無法にも防塁をめぐらした者どもに対抗する我々の上には、神助があるであろう。しかも聖なる犠牲も我々に吉兆を知らしている以上、彼らに向って戦いを挑み、侵略して欲望を満すには、ここを去って、抵抗しない者の所に赴かねばならないことを知らしめなければならない。戦いによって常に自己の自由を守り、不当に他を隷属することのない高邁な我々から、手痛い反抗を受けずには去れないことを悟らせなければならない。」

九三 1 以上のようにパゴンダスはボイオティア人を説いて、アテナイ勢に抵抗することを説得した。そこで彼は急いで軍勢とともに出発し（その日の午後も大分おそくなっていた）、アテナイ勢に接近した。しかし彼らは丘をはさんでアテナイ軍に対陣したために、相手を見ることはできなかった。パゴンダスは布陣を終ると戦闘準備を整えた。2 さて、デリオンの神域付近にまだいたヒッポクラテスに、ボイオティア来襲の報が届くと、彼は軍勢に伝令を送って布陣をするように命じ、自分自身も間もなく出て来た。デリオンには三百の騎兵隊を残し、万一の襲撃にそなえてその警備隊となるようにした。そしてボイオティア人を厳戒して、戦闘の好機を逸しないように注意した。[3]ボイオティア勢はこの防衛軍に対し布陣し、好機を見計って丘の上に姿を現わし、各部隊の攻撃態勢を整えて待機した。重装兵は約七千、軽装兵は一万名を越え、それに一千の騎兵と小盾兵五百名がいた。[4]テバイ勢とその連盟部隊が右翼を占め、中央にはハリアルトス、コロネイア、コパイス、その他コパイス湖周辺の部隊が位置し、左翼にはテスピアイ、タナグラ、オルコメノスが位置した。そして各翼に騎兵隊と小盾兵隊が配属された。[5]テバイ勢は二十五重列の隊形を形成し、その他はそれぞれの状況に応じて戦列を整えた。以上がボイオティア軍の規模とその準備である。

九四　[1]アテナイ重装兵は八重列の隊形で並んでいた。その数はボイオティア勢に匹敵し、騎兵隊は両翼に配属された。常備軽装兵がこの場にいないのは、アテナイ市がこれを養成したことがなかったからである。敵勢よりも多くの者がアテナイ正規軍については来たが、これらの者は武装をしておらず、それもアテナイ市にいた外人や市民から徴用された者たちの一部であった。しかもこの集団とて、すでに帰途についてしまっていたので、この戦場にはその姿をみせていなかった。[2]隊列が整って、いよいよこれから交戦しようとする時に、将軍ヒッポクラテスはアテナイ軍の戦列の間を廻り、その勇気を鼓舞して次のように言った。

九五　[1]「アテナイ人諸君、私の注意が短いのは、勇敢な兵士にはそれを長くのべる必要がないからである。また勇者に勇を鼓舞する必要もないから、これはただ諸君に注意を喚起するにとどまる。[2]他領で不必要な危険を我々が冒していると決して誰も思ってはならない。すなわち彼らの領土で戦おうとも戦闘は我らのためであるからである。つまりもしわが方に勝利があればペロポネソス勢はボイオティア騎兵隊なくしてはアッティカ侵入ができなくなるゆえ、我々のボイオティアの獲得と彼らの侵略からのアテナイの解放はこの一戦にかかっているわけである。[3]ゆえに諸君は一人一人がヘラス一と自負する光栄あるアテナイ市にふさわしく、敵と勇敢に戦わねばならない。かつてオイノピュタのミュロニデスと手を組みボイオティア勢を打破りボイオティアを占領した祖先の名を諸君は汚してはならない。」

九六　[1]このようにヒッポクラテスは激励すると戦場の中央まで前進したが、他の大部分はまだそこへ到着していなかった。そこでボイオティア人は、パゴンダスの短い激励の後に、戦歌を歌いながら丘の上から攻撃を始めた。アテナイ勢も反撃に移り馳け足で突撃を敢行した。[2]両軍の翼端は川に邪魔されて交戦しなかったが、他の部分では盾と盾が相打つ激しい白兵戦となった。[3]ボイオティア軍の左翼は中央の辺りまでアテナイ人に圧迫され、この部分ではテスピアイ勢がもっとも大きな被害を受けた。テスピアイ勢は最後まで踏止どまったので、最後には狭い所に囲まれ、手と手で戦う乱闘の後テスピアイ勢は、殲滅された。アテナイ側は円を作ってテスピアイ勢を攻撃したため、彼我の区別がつかなくなり誤って味方を殺したりした。[4]この部分ではボイオティア勢は敗退し、まだ戦闘を続行している他の部隊の方に逃走した。ところがテバイ勢のいたボイオティア軍の右翼ではアテナイ勢に対して優位にたって初めのうちは徐々ではあったがアテナイ勢を圧迫して、執拗に食いさがった。[5]こうした戦況の時に、パゴンダスは、ボイオティア軍左翼の苦戦を助けるために丘を廻ってアテナイ側からは見えない地点から騎兵の二部隊を送った。そしてこの騎兵隊が突然と丘上に現われると勝っていたアテナイ側の左翼は、新手が攻撃して来たと大いに狼狽した。[6]そしてこの騎兵隊の攻撃とテバイ勢の前進によってアテナイ勢の両翼の戦列が乱されてしまうと、全体が浮き足だって敗走しはじめた。[7]デリオンや海岸を目指して逃げる者、オロポスや、パルネス山へ向う者など、それぞれ我が身の安全を求めて遁走した。[8]アテナイがその踵を返した時に攻撃に加わったロクリスとボイオティア人の騎兵隊を主力としたボイオティア勢はアテナイ軍を急追して、アテナイ人を倒した。[9]しかし夕闇が迫ってきたので、多くの者はようやく危地を脱した。その翌日になるとオロポスやデリオンに逃げた者たちも（敗北にもかかわらずこれらの地点はアテナイ側が確保していたため）そこに警備隊を残し船で帰国した。

九七　[1]ボイオティア軍は戦勝塚を立て、自軍の死体を集め、敵の死体からは武具を剝奪してから警備隊を置いてタナグラに戻り、デリオン奪回の用意を怠らなかった。(29) [2] アテナイ側から死体引き取りのために派遣された使者が、ボイオティアから来た使者に行き会うと、後者は自分がアテナイから帰って来るまで何の交渉も許されないとアテナイの使者に言って、引き帰らせた。そしてボイオティア使節団は、アテナイに着くと、アテナイがヘラスの慣例を破って悪事を働いたと、ボイオティア側の主張を強調した。[3] すなわち、他領に侵犯した者も、その土地の聖域には手をつけてはならないという慣例をアテナイ人は無視して、あたかもデリオンが神域ではないごとくに、防壁をめぐらし、その中に起居し、あまつさえ神事以外には用いられたことのない水を引いて使用していると非難し、[4] そこに祀られている神とボイオティア人のために、臨在の神々とアポロンの照覧の下に神域から退去しない限りは、アテナイ人の死体の引き取りは許せないと言明した。

九八 [1] この使者の発言を聞いたアテナイ側は、今度はボイオティアにアテナイの使者を送って、神域には何の害も加えておらず、将来も自発的に加える意志のない旨を伝えた。つまり、アテナイ勢はデリオンを占拠しようとして侵犯したのではなくて、他からの危害を防衛するためであったと主張し、[2] しかも、占領された土地の祀りごとは、その占領地域の大小にかかわらず、占拠した者ができる範囲で、土地の習慣に従って守るのが、ヘラスの掟であるとした。[3] その証拠に、ボイオティア人も含めて、多くの人々でさえも、他の土地からやって来たのであって、彼らが武力で土地を奪ってそこに住みつき、昔は他族の神域であった所を、現在は自分たちの神域としている事実を指摘し、そして、もしアテナイ人が現在のボイオティア領をもっと獲得しておいたら、それを所有していたであろうから、現在占拠している土地も、強制されない限り、自分達の領土として、そこから退去する意志はないと主張した。[4] 水に関しては、必要に迫られてそれを引いたのであって、決して聖水を軽視したわけではなく、アテナイ領に先に侵略して来たボイオティア勢を防衛する手段であったとした。[5] とくに戦争や緊急の場合には、必要に迫られた行動は、神の前にすべて許されるのが当然であると言った。[6] それゆえにこそ、祭壇が不本意に罪を犯した者たちのためにあるのであって、違法者の汚名は、必要もないのに罪を犯した者の上にこそ被せられるべきで、罪を犯さざるを得なかった者に被せられるべきではないと言った。[7] そして、聖域をアテナイ人の死体と交換しようとしているボイオティア人の方が、当然の要求を申し込むにあたって、聖域からの退去を条件とする必要を認めないアテナイ人よりもはるかに不浄であるとした。[8] そして、ボイオティア人はアテナイ軍に対する退去命令を撤回し(つまり、アテナイ軍は武力で獲得して自領となった地点に居るに過ぎないから)、慣例に基づき仮休戦条約を結んで、死体引き渡しをすべきであると申し入れた。

九九 [1] これに対してボイオティア側は、もしアテナイ軍がボイオティア領内にいることを認めるならば、そこを撤退してから死体を引き取るべきであって、その反対に、占拠地点を占拠者の領域と主張して譲らないならば、アテナイ領下にあるオロポスの戦場にアテナイ人の死体があるのだから、それを引き取りたければ勝手に引き取ればよいものを、力ずくではそれもできないでいるではないかと反論した。しかもボイオティア側はアテナイ領に関して交渉しているのではなかったのであるから、ボイオティア領をアテナイ勢が撤退してから、要求しているものを引き取るべきであると回答したのは当然の成り行きであった。アテナイの使節はこの回答に接すると、交渉を打ち切って帰国した。

一〇〇 [1]そこでボイオティア側は、メリス湾から、ボイオティア軍の槍兵と弓兵、それに前日の戦闘の後に加わったコリントス重装兵二千、および、ニサイアを引き揚げて来たペロポネソス警備隊とメガラ勢からなる一軍を、デリオンにただちに送った。そしてその防壁に種々な攻撃をかけた。しかし結局は次のような方法でこれを破った。[2]まず大きな木を縦に二つに割って、中をくりぬき、そのくりぬいた二つを筒になるようにきっちり合わせ、その先端に鎖で鍋を吊し、その鍋に向って木の筒の先から鉄筒を延ばして、木部の大部分を鉄板で覆った。[3]そしてこれを遠方から車に乗せて、敵の防壁でも、材木と蔦が特に多量に使用されている部分の所に引張って行き、そこに接近した所で、巨大なフイゴをその木の筒の下に置いて、その中へ風を送り込んだ。[4]風は筒を通ってその先端に吊してある鍋に吹き込み、そこにあった硫黄とタールをかけた木炭に吹きあたったので、大きな炎が上った。そしてこの火が防壁に移ると、防壁の上にいたアテナイ警備隊は、いたたまれず退却し、防壁はボイオティア側の手に落ちた。(30) [5]アテナイ勢の一部は殺され、二百名が捕虜となった。(31) しかし、大部分のものは船に逃れてアテナイに辿りついた。

一〇一 [1]デリオンが陥落したのは前回の戦闘から数えて十七日目であったが、この事件を知らずに、死体引き取りに関して、すぐに再びアテナイの使令がボイオティアに来ると、ボイオティアは前回の回答に反して、今度は死体を引き渡した。[2]この戦闘におけるボイオティア側の死者は五百を少し下まわる程度であったが、アテナイ側は将軍ヒッポクラテスを含めて一千人弱を失い、その他軽装兵および輜重兵等多くの死者を出した。

[3]さて、この戦闘の後、シパイに航行してそれを落そうとした策略に失敗したデモステネスはすぐにアカルナニア勢、アグライス勢およびアテナイ重装兵四百を乗船させて、シキュオンに上陸しようとした。[4]しかし上陸が完了する前に、シキュオン軍が強い抵抗に出てきたので、退却を余儀なくされた。そして船に向かって後退する間に兵士たちは殺されたり捕えられたりした。そこでシキュオン側は戦勝塚を立て、仮休戦条約の下に死体を返還した。

[5]デリオンでこのような動きが見られていた頃、オドリュサイの王シタルケスはトリバロイに出兵し、戦いに敗れて戦死した。

一〇二 [1]同じ年の冬、ブラシダスはトラキアの同盟軍を伴って、ストリュモン河畔のアテナイ植民都市アンピポリス(32)に向かった。[2]今日この都市が所在するこの地方は、以前、ミレトス人アリスタゴラスが、ダレイオス王の手を逃れてここを占領しようとして、エドノイ人に撃退された地方である。それから三十二年経た後に、アテナイが一万余のアテナイ人と有志の者をこの地に送ったが、これまたドラベスコスでトラキア人に滅ぼされてしまった。[3]さらにこれから二十九年後に、再びアテナイ人は、ニキアスの子ハグノンが都市創立者となる予定でこの地に向い、エドノイ人を追い出して、従来は「九路」と呼ばれていたこの地方をようやく奪った。彼らは、今日のアンピポリス市から二五スタディオン(33)離れていて、ストリュモン河口に面した商港エイオンを占拠し、そこからこの地に侵攻した。この都市がハグノンによってアンピポリス(34)と名付けられた由来は、ハグノンがこの都市の位置を、ストリュモン河が都市の両側を流れ、陸地からも海上からもよく望見できる所に決めたからであった。

一〇三 [1]さてブラシダスは、カルキディケのアルナイ(35)を発ち、この都市に向って進軍した。その日の午後おそく、ボルベ湖の水が海に流出している地点にあるアウロンとボルミスコスまで来た。[2]彼らが到着した時には天候は荒模様で小雪さえちらついていたが糧食を摂ってから、夜行に移った。これはこの挙に呼応する手はずになっている者以外、アンピポリスにいる者の目をかすめるのに好都合と、ブラシダスはかえってこの状態を歓迎したからであった。[3]つまり、(アンドロスに属する植民都市)アルギロスの住民とその他の者は、ある者はペルディッカスに、他の者はカルキディケ人たちにそそのかされて、この挙に呼応することになっていたからである。[4]とくにアルギロス人は近隣の都市で、常にアテナイから疑いの目を持って見られており、従来からアンピポリスを狙っていた都市である。そこでブラシダスの侵入を好機と、前々からアンピポリスの中にいる仲間と連絡して、アンピポリスの市中から内応するように働きかけた。そしてブラシダスをアルギロスに迎えると、その当夜にアテナイに叛旗をひるがえして、夜の明ける前にストリュモン河の橋まで軍勢を導いた。[5]アンピポリス市はこの橋の地点からまだだいぶ離れていたし、それに現在あるような城壁もなかったので、警備が手薄になっていた。しかもそこには手引きする者もいたし、嵐の上に突然攻撃をかけられては警備兵もひとたまりもなく退けられた。そこでブラシダスは橋を渡ると、アンピポリス郊外の全居住地域を占拠してしまった。

一〇四　[1]ストリュモン河の渡河が市民の気がつかないうちに突如として行われた上に、市外にいた多くの者が捕えられ、ある者たちは市内に逃げ込んで来たので、アンピポリス市内は大混乱に陥り、とくに市民たちは互いに疑心暗鬼の状態となった。[2]事実、もしブラシダスが市外地の略奪を望まず、直接アンピポリス市に対して行動を起したならば、アンピポリス市は陥落していただろうといわれている。[3]しかし彼はその場に留って、市外を荒して、市内の内応者からの反応を待っていたが、何も起きなかったので、行動を起こさなかった。[4]一方、市内の反内応者たちは主動権を握って、市壁の即時開門をおさえ、アテナイからの配属司令官エウクレスの同意の下に、タソス島にいた、彼の僚将でこの書の著者であるオロロスの子トゥキュディデスに連絡をし、来援を要請した。（このタソス島はパロス人の植民都市で、アンピポリスからは半日の航程(36)の地点にあるが、）[5]トゥキュディデスはこの報に接すると、直ちに配下の七隻の船をもって急航し、できることならばアンピポリス市の落ちる前にそこに着こうとした。しかしもしそれが不可能なれば、エイオンだけでも先取しようと考えていた。

一〇五　この頃、[1]ブラシダスがタソス島から援軍の船のくることを恐れて、できるならばアンピポリスを早く占拠してしまおうと焦っていたのも、トゥキュディデスがトラキアのこの地方の金鉱採掘権(37)を持っていて、陸側の実力者たちを動かすことができるのを知っていたからである。トゥキュディデスが到着すれば、アンピポリスの市民は、海からもトラキア地方からも、トゥキュディデスが同盟軍をまとめて来るものと信じて、服従しなくなることを、ブラシダスは恐れたのである。[2]そこでブラシダスは比較的に穏健な条件で、次のような宣言をした。すなわち、市内のアンピポリス人およびアテナイ人で、在来通りの財産を保有し、アンピポリス市内に留まることを希望するものは、それを許され、またこれを希望しない者は、自己の財産とともに、五日以内にアンピポリス市を退去できるとした。

一〇六　[1]ブラシダスのこの宣言を聞くと、とくに市内にはアテナイ人の数が少なく、大部分の者たちは方々からの寄り集りであった上に、市外で捕虜となった者の血族がたくさんいたし、それに加えて市内のアテナイ人たちは他の者たちよりも大きな被害を受けるもの

アンピポリスとエイオン

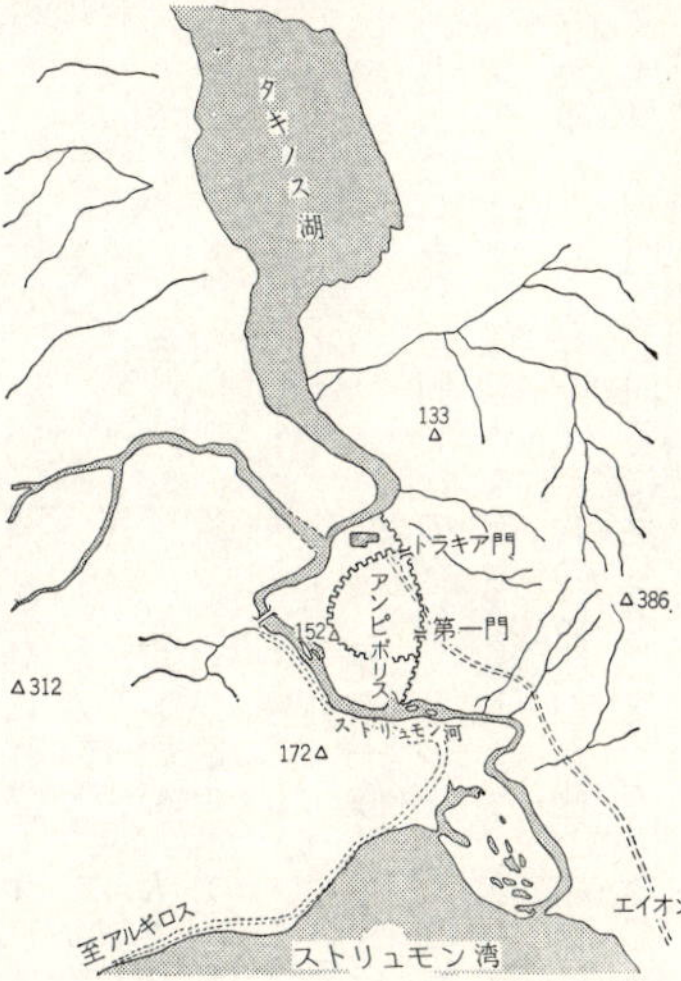

と思い、また援軍もすぐに来るとも考えられなかったので、アンピポリス市を去ることに反対しなかった。しかも、他方では大衆は市民権を剝奪されることもなく、意外にも危険に曝されずにすむので、市民たちは考えを変えた。[2]そしてブラシダスに内通していた者たちは、大勢が現状にさからい始め、人々がアテナイ派遣司令官の言葉に従わないようになったのを見て、公然とブラシダスの宣言を肯定し、支持したので、その条件のままで受諾することに市民の意見が一致した。[3]このように市中の者たちがアンピポリス市の引き渡しをした同じ日の夕刻、トゥキュディデスとその船団はエイオンに入港した。[4]ブラシダスはアンピポリス市を獲得すると、その夜ただちにエイオンを取るために出て来た。それゆえトゥキュディデスの船団が急遽この地に来ていなかったならば、ブラシダスはエイオンも夜明けと同時に落してしまっていたであろう。

一〇七 [1]この後、トゥキュディデスはエイオンを固めて、今日とも明日とも知れないブラシダスの攻撃に備えると同時に、ブラシダスとの条約の下にアンピポリス市から落ちて来た者たちを受け入れた。[2]一方、ブラシダスは多くの船をもって突然河を下り、エイオンに現われ、市壁から河に向って張出している高地を押えて突破口を確保しようとして、陸上からも兵を送ったが、いずれの試みも成功しなかった。そこで彼はアンピポリス市の備えに専念した。また、[3]エドノイ人の都市ミュルキノスも、エドノイ人の王ピックコスが自らの子供ゴアクシスと妻ブラウロに殺害されると、ブラシダス側に降り、その後間もなく、ガレプソス市、(38)オイシュメ市も、(39)ともにタソス人の植民都市なので、彼に与した。そしてペルディッカスも、これらの都市の降服後まもなく到着して、ブラシダスの行動に加わった。

一〇八 さて、[1]アンピポリス陥落はアテナイ人に大きな衝撃を与えた。とくにこの都市がアテナイ人にとって、船材の輸入と貢納金の面で、きわめて重要であったばかりでなく、たとえテッサリア人がラケダイモン人をストリュモン河畔まで手引きをして、アテナイ同盟諸都市の所にまで到達せしめたのであったとしても、アンピポリス市の橋さえ占拠されることがなかったならば、上流にはこの河の広大な湖があり、下流のエイオンにはアテナイの三重櫓船団が監視しているので、それ以上進攻することは不可能であったからである。しかし当時の事態ではもはや、ラケダイモン軍に容易に進攻されると考えたからであった。[2]しかも、アテナイ同盟諸都市の同盟離脱も大いに憂慮されたのである。それは、ブラシダスが自分は穏健な考えを持った人であるという印象を人々に与えていて、自分はヘラス解放のために派遣されたと力説しているからであった。[3]事実、アンピポリスの陥落を知ったアテナイ傘下の諸都市は、ブラシダスの寛大さを経験してますます同盟脱退に熱心になり、秘かにブラシダスを通じてその来援を促し、それぞれ同盟脱退の名乗りを最初にあげようと焦っていた。[4]そして実際には後になって如実に示されたアテナイの実力をこれらの諸都市は過小評価していたので、恐れを感じなかったのである。彼らは先行きの安全を考慮することなく、ただ不確実な希望的観測にのみ頼って事態を判断したが、これも人間の常とするところで、人は欲望には盲となって望みにかまけてしまって、知性を頼りに好まないことでも受け入れるという態度をとらないものなのである。[5]こうした諸条件に加えて、アテナイはごく最近にボイオティアで大敗を喫していて、ブラシダスがまことしやかに、アテナイ軍はニサイアにいたブラシダス自身の一軍にさえ攻撃を加えて来ようとしなかったと言いふらしたので、諸都市は自信を得て、アテナイ軍は決して彼らのところには攻撃をかけてはこないと信じたのであった。[6]しかし何にもまして目前の欲望を果すことと、初めてラケダイモン人が本腰を入れて立ち上ってきそうな気配とに、彼らは完全に同盟離脱に踏み切る腹を決めたのである。これを知ったアテナイ側は、短時日の間に冬期であったにもかかわらず警備兵を諸都市に送った。一方、ブラシダスもラケダイモンに増兵の派遣を要請し、彼自身ストリュモン河に造船所を建設する準備を進めた。[7]しかしラケダイモン人上層部の彼に対する妬みと、スパクテリアの捕虜の返還および戦争終結を望む気運のために、彼らはブラシダスの要請を拒否した。

一〇九 [1]同じ年の冬、メガラ人はアテナイ人が占拠していた長壁を奪い、それを崩した。

ブラシダスはアンピポリスを奪取した後に、盟友諸軍を集めて、アクテと呼ばれる半島に進攻した。2この半島はクセルクセス王の築いた運河(40)からエーゲ海に突出していて、高山アトス(41)がその突端にある。3さらにこの半島上には都市が少なからずあって、サネ市はこの運河に沿ったアンドロスの植民都市で、エウボイアの海に面している。その他にもテュッソス、クレオナイ、アクロトオイ、オロピュクソス、ディオン(42)の諸都市がこの半島にある。4これらの都市には異語諸族が混住し、二種の言語が使用されている。カルキディケ民族の要素もいくらかはあるが、大部分はかつてレムノス島やアテナイに散在したテュルセノイ族系のペラスゴイ人およびビサルティア人、クレストニア人、エドノイ人等で占められている。そして彼らはそれぞれ小さな都市を構成して、そこに住んでいた。5これらの都市の大部分はブラシダスに味方したが、サネ市とディオン市は抵抗したので、ブラシダスはそこに留まり、その軍勢はこの地を荒した。

一一〇 1さらに、アテナイ警備隊が駐屯していたカルキディケのトロネ市がブラシダスに服従しないことを知ると、ブラシダスはさっそくこの市に赴いた。トロネの解放を目指す少数の者が市内からブラシダスに内通して、彼を招いたのである。まだ夜も明けぬうちにトロネに到着したブラシダスは、トロネ市から約三スタディオン(43)ほど離れた所にあるディオスクロイ社に軍勢を留めた。2内通者以外のトロネ市民とアテナイ警備隊はこれに気がつかなかったが、内通者たちはブラシダスが来ることを知ると、少数の者は秘かに市外に出て、その到着を見張っていた。そして彼らはブラシダスの到着を知るや、短刀を帯びた七人の軽装兵を仕立てた。（初めには二十名用意したのであったが、この七人だけが市内に潜入する勇気をもっていた。隊長はオリュントス人リュシストラトスであった。）彼らは海に面した市壁を通り抜けることに成功すると、元来この市は丘の上にあったが、さらにその上の一番高い塔で見張りをしていた守備兵の目を掠めて彼らに接近し、それを倒し、カナストライオン(44)に面した壁門を開いた。

一一 [1]ブラシダスは他の兵士と共に少し接近したが、またそのままそこに留まって、まず百名の軽盾兵を先発させて、門が開かれ、合図が上げられたらいつでもただちに闖入する用意をしていた。[2]軽盾兵たちは時が経って行くので変に思い、少しずつトロネ市との距離を縮めて行った。一方、トロネ市民の内応者は潜入隊と共に工作を続け、裏門を開き、市場に通じる門の閂を壊してそれを開き、まず侵入軍の一部を裏門に迂廻させてそこから潜入させて、何も知らないでいる市民を前後から突然攻撃して驚かせようとし、かねてから示し合わせてあった合図の狼煙をあげるや、残りの軽盾隊を市場に抜けられる門から導き入れた。

一二 [1]この合図を見るとブラシダスは手勢に、喚声を上げて一挙に突撃するように命じ、市内の者たちを大いに慌てさせた。[2]そして時を移さずブラシダス勢の一部は門を突破して侵入し、他の者たちは、城壁修理の岩石運搬用に市壁の側面に建てられてあった木造の桁を渡って、市内に突入した。ブラシダスとその主力は、高地から安全にトロネを占拠しようと、市の丘の頂上をただちに奪取し、そこから下に向って攻撃をかけた。他の者たちは市中のあらゆる方角に拡がった。[3]

一一三 トロネ市の奪取が始まると、何も知らない大衆は慌てふためくばかりであったが、内通していた者たちは、ブラシダス勢が侵入するとすぐ、これと合流した。[1] 一方、(市場で寝ていた五十名のアテナイ重装兵)が、この奇襲に気がついた時には、すでに少数の者たちが敵の手にかかって倒されていた。[2] そこで他の者たちは海に向かって警備中の二隻のアテナイ軍船に逃れたり、あるいは陸を伝って逃げたりして、レキュトス指して落ちのびた。このレキュトスはアテナイ勢が保持していた砦であって、トロネ市の一角から海に向かって突出しており、トロネ市とは狭い地峡で結ばれている。[3] アテナイ側に好意を持つトロネ人の一部の者たちもこの地に逃げ込んだ。

一一四 朝になると、トロネ市は平静を取りもどした。[1] そこでブラシダスはレキュトスに逃げ込んでアテナイ人の中にいるトロネ人に対して声明を発し、希望者は何の懲罰もなく復帰が許され、市民権も確保されるとした。またアテナイ人には使令を送って、トロネはカルキディケ諸邦に属するから、所持品をまとめて休戦条約の下にレキュトスからの撤退を求めた。[2] しかしアテナイ勢はこれを拒否する一方、死体片づけのため、数日の休戦を要求した。ブラシダスは二日間の休戦に同意した。この間にブラシダスもアテナイ側もともに、それぞれの近在の家屋の防備を強化した。[3]そしてブラシダスはトロネ人を集会に召集して、アテナイ側に加担した者に関しては、何の懲罰もなく、またこれと同様にトロネ市陥落に内応した者たちも、裏切り者として悪者扱いはされてはならないと言った。（その理由として、この行動の動機が金欲やトロネ市の奴隷化ではなく、この都市の公益と自由のためであったからである）と説明した。さらに、こうした挙に係わり合わなかった者たちが、無関心だったからといって、同じ恩恵に浴せないと考えてはならないとも言い、このような者たちやトロネ市や、またその市民の一人たりとも、傷つけるために自分は来たのではないからであると言った。[4]そしてこのためにアテナイ側に逃亡した者たちに声明を発したのは、彼らのアテナイに対する好感は、何らブラシダスの彼らに対する心証を悪くするものではないことを明らかにするためであったとも言った。さらに彼らがラケダイモン人を試してみなければならなかったといって、自分たちの反感を買うはずもなく、今後誤りがないようになればますます好意を得るであろうし、現在は未知の者に対して怯えているにすぎないとも言った。[5]そして安定した盟邦になるようにあらゆる努力を命じ、今後の不正行為は許せないが、過去のことはラケダイモン人にトロネ人が不正行為を働いたというよりは、むしろトロネ人の方がはるかに優勢な他の力によって迷惑をこうむった側なのであるから、ブラシダスに対して何か反抗した行為がトロネ人にあったとしても、それは理解さるべきものであると説いた。

一一五　以上[1]のような言明をしてトロネ人を元気づけると、アテナイ側との休戦期限切れを待って、レキュトスに攻撃を開始した。アテナイ勢は貧弱な壁と建築物の胸牆にたよって防戦し、その日[2]一日は持ちこたえた。翌日になってラケダイモン側が火炎装置を引き出して来ようとしたので、アテナイ勢は木造の囲いに火がついてはいけないと考えて、火炎装置が置かれそうな箇所で、一番攻撃をされやすいような場所に兵力を集め、その箇所に面して木造の塔を砦の上に建てた。ところが、水を張った瓶や酒壺をいくつもその上に運び上げたばかりでなく、たくさんの大きな石も持ち上げ、さらに多人数がこの塔に上ったので、大変[3]な重みを受けたこの塔は、突然大音響とともに崩れ落ちた。近くにいてこれを目撃したアテナイ人たちは恐怖よりもむしろ悲嘆に打ちのめされたが、遠方にいた者たちは——とくに一番この地点から離れていた者たちは——、すでに早くもこの一角が敵の手に渡ったかと勘違いして、浜辺に向って走り、船へと逃れた。

一一六　ブラシダス[1]はアテナイ勢が逃げて行くのを知り、倒壊事件を見ると、手勢を防壁に向かわして、間もなくこれを占拠し、その中にいた者たちを捕え次第に殺した。このよ[2]うにして、この地点をあとに船舶に逃れたアテナイ勢はパレネに送られた。（さてレキュトスにはアテナ女神殿があるが、ブラシダスはこの防壁に攻撃をかけようとした時に、一番乗りをした者に三十ムナの銀貨を与えると発表していた。）しかしながら後にこのレキュトスが落ちたのは、個人の人間の業以外の何かであったと考えて、この三十ムナをアテナ女神殿に寄進し、防砦を崩して取り壊し、全体を神域として残した。[3]この冬の残りの期間をブラシダスは今までに獲得した地点の整備につとめ、さらに新しい侵略の計を進めた。こうして冬が終ると同時に、今次大戦第八年も終った。

一一七 [1]次の夏の季節が始まり春が来ると、ラケダイモン人とアテナイ人は一年の休戦条約を結んだ。この条約を締結したアテナイ側の考えでは、このようにして時間を稼いで、ブラシダスがこれ以上アテナイ同盟諸都市をアテナイから離反させる前に、態勢を整えようとする意図と、同時にもしこの和平政策が成功であったら、さらに長期の休戦条約に持ち込もうとする腹があったからである。一方、ラケダイモン側の考えでは、アテナイ側から今まで心配していたことが実際に起ることを恐れて、一旦この休戦で敗勢の苦しみからひと息つければ、ラケダイモン側にも譲歩する気運も出てきて、長期講和を結び、ラケダイモンの捕虜返還に同意できると観測したからであった。[2]とくに何はともあれ、ブラシダスがまだ優位に立っているので、捕虜返還問題に関してはラケダイモン人に優先権を与えなければならなかったが、これ以上ブラシダスが戦果を収めれば、それは捕虜返還問題をますますこじらせて不可能にする一方、事態がこうなれば、ラケダイモン人は危険を冒しても勝つためにはアテナイに真向から対立することになるからであった。[3]そこでラケダイモン人とその同盟諸国⑮とによって以下のような休戦条約文が成立した。

一一八 [1]ピュトのアポロン神殿およびその予言に関する件。何人も各自その慣習に従いこれに接近する者に安全通行権を付与する。2 なお本件はラケダイモン人と本会に出席したその同盟諸国の認定を経たるも、ボイオティアおよびポキス両国に対し声明を発し、その協定を求めるに最大の努力を払うことを要する。3 当神殿神財に関する件。アテナイおよびラケダイモンは公明正大にそれぞれの慣習に基づき、また他の希望国もすべてその慣習に基づき、その不正の摘発に努力する。4 以上の諸件についてはラケダイモンおよびその同盟諸都市の認定を経た。ラケダイモンおよびその同盟諸都市は、アテナイがこの休戦条約に同意の際は、現在各国保有領土の所有をそのまま保証するものと認め、コリュパシオン[46]にある者はブプラス[47]およびトメウス地方内に止まり、キュテラ[48]にある者はラケダイモン同盟諸都市との交渉は、その主唱国の彼我を問わず、これを許さず、ニサイア[49]およびミノアにある者は、ニソス[50]の神殿の門よりポセイドンの神殿に達する街道および当ポセイドン神殿よりミノアの橋に達する街道の立ち入りはこれを禁止する。（またメガラおよびその同盟諸国もこれを禁止する。）アテナイが獲得したミノア島はアテナイの保有権を認める。ただし他のいかなる国との通商権も、これを否認する。トロイゼンに関しては、アテナイ側が設定した点に従って、現在両国が所有している領域をそのまま認める。5 海上権に関しては、自己の沿岸および同盟諸国沿岸を航海する限り、ラケダイモンおよびその同盟諸国は軍船を除く、櫓船にして五十トン未満[51]の船の航海はこれを妨げない。6 戦争終結および法裁定のための使節、大使およびその随員のラケダイモンおよびアテナイ間の往来は陸海ともにその頻度にかかわらず、これを妨げない。[7]休戦条約有効期間中は両国とも、亡命者の身分の市民、非市民にかかわらずこれを受け入れない。[8]両国間の紛争は諸国共通の慣習に従って法的解決に付し、実力行使を避ける。[9]ラケダイモンおよびその同盟諸国は以上の諸条項を議決した。アテナイ側にさらに善にして正しき案文ある場合には、ラケダイモンに人を派してそれを示し、ラケダイモンもその同盟諸国も正しき提案には反対のあることなかるべし。[10]またアテナイが現在我々に希望するごとく、使節は全権を持って派遣されるべし。

[11]民議会決議。アカマンティス区民の当番。パイニッポスの書記役により、議長はニキアデス。ラケスがアテナイの隆運の名の下に、ラケダイモンとその同盟諸国が同意し議決せる休戦条約案に則り、休戦の(52)動議を提出した。[12]アテナイ民議会はこれを決議し、その期間を一年とし、エラペボリオン月の第十四日目をもって条約発効日とした。[13]この期間にあっては、戦争終結の事務処理のために、両国間の使令・使節の往来を認める。[14]民および将軍は民議会を招集して、戦争終結に関する大使派遣の基本方当番区針となるべき和平交渉の議事を最優先とする。駐在のラケダイモン使節団はただちにアテナイ議会において一年休戦条約の誓いをたてるべきこと。

一一九(53)　[1]以上の条件で、ラケダイモンとその同盟諸都市は、スパルタ暦のゲライスティオス月第十二日目に、アテナイとその同盟諸都市と休戦条約を締結した。[2]この条約締結にあたり誓いを立てた者は以下の通りである。ラケダイモン人、エケティミダスの子タウロス、ペリクレイダスの子アテナイオス、エリュクシライダスの子ピロカリダス。コリントス人、オキュトスの子アイネアス、アリストニュモスの子エウパミダス。シキュオン人、ナウクラテスの子ダモティモス、メガクレスの子オナシモス。メガラ人、ケカロスの子ニカソス、アンピドロスの子メネクラテス。エピダウロス人、エウパイダスの子アンピアス。アテナイ人、ディエイトレペスの子で将軍のニコストラトス、ニケラトスの子ニキアス、およびトルマイオスの子で将軍のアウトクレスである。[3] 以上のような休戦条約が締結されると、その有効期間はさらに恒久的な和平条約の成立を見るべく、両者はその会議を終結した。

一二〇 [1] 人々が休戦条約成立のために往来をしていた期間に、パレネ半島の一都市スキオネ(54)がアテナイ傘下から離脱して、ブラシダスの下に走った。ペレネのスキオネ人は元来ペロポネソスの出で、大部分はトロイアから、アカイア人が遭遇した嵐に運ばれてこの地に来た者たちが住みついたのであると主張した。[2] 同盟離脱をスキオネ人がすると、その夜のうちにその地に向って、ブラシダスは海を渡った。彼の前に、彼に好意を寄せる三重櫓船を先発させ、彼自身は小さな船に乗って、この三重櫓船の後について行った。ブラシダスの考えでは、万一彼の船より大きな敵船に遭遇した場合に、この三重櫓船が彼を防いでくれると考えたのだ。つまり、敵の三重櫓船は小さな船に攻撃をかけてくるより、同格の三重櫓船に向う方がむしろ当然で、その間に小さい船に乗った自分は逃げられると考えたのである。さて[3]、ブラシダスはスキオネに到着すると、集会を招集して、アカントスやトロネで発言した内容と同様な趣旨を述べ、それに加えて、スキオネ人はもっとも高い称讃に値すると言った。つまり、それはアテナイ勢によって、ポテイダイアで切断されてしまっている半島パレネにありながら、しかもスキオネ市自体の離れ小島的な存在にもかかわらず、明らかに自分たちの権利である自らの幸福を無気力に座して、なるがままに安閑として待つことなく、自発的に自由を求めて行動を起こしたからであると言った。そして、この行動は彼らがこれよりもさらに重大なことでも勇気をもって立ち向える証しであるとも言った。そしてブラシダスの考えのように問題を解決する時が来れば、スキオネ人を真実にもっとも信頼のおけるラケダイモン人の盟邦と見なし、礼節をもって遇するであろうと言った。

一二一　そこで[1]スキオネ人は、このブラシダスの言葉に大いに意気をあげた。そして以前にはこの挙に不賛成であった者たちでさえも、一同ひとしく士気を増し、戦争の遂行に熱意を示した。そしてブラシダスとその一行を歓迎し、ブラシダスをヘラスの解放者として、スキオネ議会は彼に金の冠を与えた。市民たちは花輪を捧げて彼を飾り、ブラシダスがあたかも運動競技の勝利者であるかのごとくに取り扱った。[2]ブラシダス自身はただちに、少数の警備隊をスキオネに残すと、再び海を渡ったが、間もなく増員した軍勢を引き連れてスキオネに現われ、スキオネ勢とともにメンデとポテイダイアの攻略計画を立てた。これは、アテナイ勢がこれらの都市を島国都市と同様に見なして援軍を送ると、ブラシダスは考えたので、彼らが来る前に先着していたかったからである。その上、これらの都市には内応者のいることも彼に報告されていた。

一二二 [1]そこでブラシダスがこれらの都市を掌中に収めようと工作しているところへ、休戦条約の成立を知らせる三重櫓船が到着し、この船にはアテナイ人のアリストニュモスとラケダイモン人のアテナイオスが乗っていた。[2]そして軍勢がトロネに帰って来ると、彼らはブラシダスにこの旨を伝えた。トラキアのラケダイモン同盟諸国はすべてこの条約を了承し、[3]アリストニュモスもこれに同意を与えたが、スキオネだけは日数から数えて、休戦条約成立後にアテナイ同盟から離脱したとして、スキオネをラケダイモン同盟として認めることを拒んだ。ブラシダスは、スキオネの同盟離脱は条約成立以前であったと強く反対の意見を述べ、スキオネを手離さなかった。[4]そこでアリストニュモスはこの件に関してアテナイに報告をすると、アテナイはただちにスキオネ攻略の態勢を整えた。これに対してラケダイモン側は、使節をアテナイに派遣し、アテナイの行動は条約違反であるとし、ブラシダスの言を信じてスキオネのラケダイモン同盟加入に固執はしたが、この問題を法的に解決する態度をとった。[5]しかし法的調停はアテナイ側の望むところではなく、海洋都市までが、役にも立たないラケダイモンの陸軍力に頼って、アテナイから離反する価値があると考えているのかと、感情的になって、早急に攻撃することを望んだ。[6]しかも実際にはこの離反は、アテナイが主張したとおりで、休戦条約成立後二日目に、スキオネ人は同盟離脱をしているからであった。ただちにこの問題は会議に付せられ、アテナイ人はクレオンの説に従って、スキオネを攻略し、スキオネ人の殺害を決したのであった。そこで他の問題から解放されていたアテナイ人は、スキオネ攻略の用意に専念した。

一二三　この頃、[1]パレネ半島上にあって、エレトリアの植民都市であったメンデがアテナイ同盟を離脱した。そしてこれをブラシダスは承認した。この明らかな条約違反行為も、ブラシダスはアテナイ自身がすでに条約違反をしたと主張して、不正行為ではないと考えていたからである。[2]この事実はメンデ人の行動をさらに積極的なものにした。そのわけは、ブラシダスの意図が彼らに有利であるとの観測と、ブラシダスがスキオネを見捨てなかった事実、さらにそれに加えて、離脱派が少数で、ここまで事を運んでしまった以上は中止することもできず、そうかと言ってぐずぐずしていると彼らだけが浮び上ってしまうという恐れがあったので、大勢の意志に反しても事を押し切ってしまわなければならなかったからであった。[3]これをすぐに感知したアテナイ人はますます激昂して、この両都市への攻撃準備を整えた。[4]敵の来襲を予期したブラシダスは、スキオネとメンデ両市の婦女子をカルキディケのオリュントス市に収容し、そこへポリュダミダスを指揮官として五百のラケダイモン重装兵と三百のカルキディケ軽盾兵を派遣した。そしてスキオネとメンデに残った者たちは、アテナイ勢の来襲も間近いとして、共同してその防衛準備を整えた。

一二四 一方[1]、ブラシダスとペルディッカスはこの頃、リュンコスのアラバイオス王に二度目の攻撃をかけた。ペルディッカスは配下のマケドニア兵力とその地域出身のヘラス重装兵を率い、ブラシダスが率いたのは、ペロポネソス人の残存部隊に加えて、カルキディケおよびアカントスその他それぞれの実力に応じた兵力であった。ヘラス重装兵の総数は約三千に達し、一千に近い騎兵隊の大部分はマケドニアとカルキディケの部隊によって占められ、それに残りの異語族の大きな一団があった。彼らは[2]アラバイオス王領に侵入するや、これに抵抗する勢力に遭遇し、これと対陣した。両軍[3]の歩兵は双方ともそれぞれの丘上に拠って、間に平地を挟んでいたので、騎兵隊がまずそこへ駆け降りて交戦した。それからブラシダスとペルディッカスは、すでに丘から騎兵隊と共に降りて来て待ち受けていたリュンコス重装兵に対して、痛撃を加え、これを追い落し、多くの損害を与えた。その他の者は高地に逃げのびたが、そのあとは何の活動もみせなかった。この後に[4]ブラシダスとペルディッカスは戦勝塚を立てた。ペルディッカスの考えでは、さらにこの後二、三日ここに留まり、ペルディッカスが雇って到着する予定になっていたイリュリア人を待ってから、さらにアラバイオス王領の諸集落に攻撃をかけて進軍しようとしたが、これに反してブラシダスはメンデが気がかりで、自分がもどる前にアテナイ船団が襲って被害を受けてはならないと考えた上に、イリュリア人も到着しないので、これ以上の侵攻に気が進まず、かえって引き揚げることを望んでいた。

一二五　ちょうどこの両者の意見が相違しているところへ、イリュリア人[1]はペルディッカスを裏切ってアラバイオス王に味方したと報せが入った。そこで好戦的な敵に対する恐怖から、両者ともに今は引き揚げが上策と考えたし、これ以上の前進には両者の意見が対立していては、何も成果は得られなかったであろう。夜になるとマケドニア勢と異語族の大部分が、大軍によくありがちの原因の分らぬ恐怖に襲われ、味方の何倍もの敵が襲ってくるという錯覚に陥って、突然と浮足立つと、そのまま本国に向って帰ってしまった。ペルディッカスも初めはこれに気がつかなかったが、これを知るや、（ペルディッカスから遠くに離れて宿陣していた）ブラシダスに知らせがとどく前に退陣しなければならなかった。[2]ブラシダスは夜明けと同時に、マケドニア勢の退却した事実と、イリュリア勢およびアラバイオス勢がまさに突撃してこようとしている事実とを知った。そこで重装兵を方形の隊形に組み、その中に軽装兵の一団を入れて囲み、退却しようと考えた。[3]そしてもしも敵が射撃して来たら、もっとも若い兵士に突撃をするように命じて、自分自身は三百の精鋭とともにしんがりを守って退却し、追撃の急鋒を阻もうとした。[4]そして敵の接近する前に、以下のような要旨をもって兵士を励ました。

一二六　「ペロポネソス兵士諸君[1]、孤立させられ、異語族の大軍に直面した諸君が恐怖を抱いていることを疑わなかったならば、私は現在のごとく諸君に指示を与え、さらに激励はしない。しかし、味方に棄てられ、多数の敵に対している現在、注意と激励の意味で、ごく簡単にもっとも重要な点だけを諸君に納得してもらいたい。[2]戦場における諸君の勇気がいちいち僚軍の存在の有無に左右されるべきではなく、勇気は常に諸君の内にあって、敵の多勢に恐れを抱いてはならない。我々の体制は敵のそれとは異なり、多数が少数を制することなく、少数が多数を押えるものであり、しかもその権力を得たのが、戦いに勝つこと以外の何ものでもなかったからである。(55)[3]諸君は異語族に対する未経験から彼らを恐れているが、マケドニアとの争い、およびこの私が推測し、他から聞き知ったことから、異語族は決して恐れるに足りないものであることを知らなければならない。[4]表面は手強く見えても実際には弱力の敵兵は、真実を知った相手をますます勇気づけるものであり、一方真に安定した勇気のあるものに対して、その真価に無知の者はかえって猛々しく刃向ってくるものである。[5]目前の敵は、その数で外面的には恐ろしくもあり、その大喊声は耐えられないほどだ。しかもむやみに振りまわしている武器は威嚇的であるため、無知の者には切迫した恐怖感を与える。しかし、踏み留まっている敵と鉾を実際に交える段になると、彼らはこうした印象とは異なってくる。一定した戦列をもたない彼らは敗勢に立たされた時に、持場を放棄しても恥となることもなく、逃げても攻めても名誉にかかわらず、勇気を疑われもしない。(一人ひとりが独立して勝手にふるまうのであるから、助かるためという理由がいかなる行動をも正当化する。)ゆえに彼らは諸君を威嚇している方が、実際に戦うより頼りになると考える。さもなければ、今の状態の代りに挑戦してきていたであろう。[6]このように、彼らの見せているものはすべて空威かしに過ぎず、耳目に訴えているだけだ。ゆえに攻撃には応戦し、時を計って、整然とした隊列を保持しつつ引き揚げてこそ、諸君は安全地域に早く到達するであろう。またあのような烏合の衆は、第一撃に耐えるような敵には、遠方から今にも来襲するように威嚇して、空威張りをするが、敵の攻撃に怯むような者に対しては、安全につけいり、気勢を上げて追跡してくるものであることを、今後は諸君も悟るであろう。」

一二七 [1]ブラシダスはこのように兵士を励ますと、後退を開始した。これを見た異語族は大喊声と噪音をあげて押し出して来た。彼らが逃げると思い、これを捕殺しようとしたのである。[2]ところが彼らがどこから攻撃をかけようとも敵の遊撃隊の抵抗を受けた。ブラシダス自身も選抜隊を率いて、追撃軍の圧迫を食い止めた。こうして追撃の第一波を、敵の予期に反して撃退した後は、来る敵を受けては反撃しつづけ、敵が退けば味方も退くという戦法が繰り返された。そしてついに異語族勢の大部分はブラシダスと共にあった部隊を平地に放置すると、自分たちは、一部の部隊だけをその場に残して、それをヘラス軍の追跡隊とし、他は逃げるマケドニア勢に向かって走り、当るをかまわず切り倒した。そして彼らはアラバイオス王領に入る二つの丘からなる隘路に着くと、それを占拠した。このわけは、この道を通って退却する以外に、ブラシダスには他の道のないことを彼らは知っていたからである。そしてまさにこの地点にブラシダスがさしかかると、この隘路を彼らは包囲して、ブラシダスを他から切り離そうとした。

一二八　[1]これに気がついたブラシダスは手勢の三百に、比較的に容易に取れると考えられる方の丘にできるだけの速力で走り、隊列を組まずに、そのままですでにそこに先着している異語族勢を丘から追い出して、現在ブラシダス一隊を包囲している主力部隊と合流させるなと指示した。[2]そこでこの一隊は丘上の敵に突進してこれを破り、ヘラス軍の大部分は難なくこの地点に進めた。つまり、異語族勢はその高地から彼らの部隊が追われ、しかも主力部隊が到着しないので、彼らももはや最前線を去って逃げているのであろうと考えたのであった。[3]さて、ブラシダスがいったん丘を占領すると、行軍は安全になり、その日のうちにまずペルディッカス領の町アルニサに到着した。[4]兵士たちはマケドニア勢の戦線放棄行為に憤慨していたので、夜の慌てた退却にありがちな、遺棄物品やくびきについたままの牛が道路に残されているのを見ると、牛をくびきから外して倒し、物品は着服した。[5]この時以来、ペルディッカスはペロポネソス勢を敵として考えるようになり、理屈では反アテナイ政策のためにも根深い憎しみをペロポネソス側には抱かなかったが、四囲の状況に迫られて、アテナイと急遽手を結んで、ペロポネソス勢を追い出そうとした。

一二九　[1]ブラシダスはマケドニアからトロネに帰って来ると、アテナイ勢がメンデを押えてしまっているのを発見し、パレネに渡ってメンデを救える見込みはないと考え、トロネの守りを固めて行動を控えた。[2]これと同じ頃、準備を整えていたアテナイ勢は、リュンコスにいた者たちとともに、メンデとスキオネに渡った。この軍団は五十隻の船のうち、十隻はキオス船が占め、一千の重装兵と六百の弓兵隊はアテナイ人で形成され、一千人のトラキア傭兵およびこの地方の同盟諸軍の軽盾兵がこれに加わっていた。そしてニケラトスの子ニキアスとディエイトレペスの子ニコストラトスが指揮の任に当っていた。[3]ポテイダイアを出発した船団はポセイドンの神殿に面した地点に着岸し、アテナイ勢はそこからメンデに向かった。メンデ人は三百のスキオネ救援隊とペロポネソスの援勢とともに、合計七百名の重装兵をもって、ポリュダミダスを指揮官として市外の丘上に陣を張っていた。[4]ニキアスはメトネ人の軽装兵百二十名とアテナイの重装選抜隊六十名および弓兵隊全員を引き連れ、近道を丘上の敵に向かって上り、それを占拠しようとしたが、途次負傷したので強行できなかった。一方ニコストラトスは別の遠い道を使って、残りの全兵力で無理押しに、難しい丘上の敵に向かって進んだので、混乱に陥り、からくもアテナイ勢は全滅を免れたのであった。[5]この日の戦闘ではメンデ人とその同盟諸軍は一歩も譲らなかったため、アテナイ軍は引き揚げて宿陣した。そこでメンデ勢も夜になると、自陣に引き揚げた。

一三〇 [1]その翌日、アテナイ勢はスキオネ側に廻航して、その郊外を占拠したが、終日誰もこれに対して抵抗に出てくるものがなかった。（これはスキオネ内部自体が紛糾していたからである。）しかし三百のスキオネ勢は、夜になってメンデから帰って来た。[2]翌日の朝になると、ニキアスは半分の兵力を率いると先頭に立ってスキオネ陣前方の地帯を荒した。

一方ニコストラトスもポテイダイア人が守っていた上門に、残りの兵力をもって迫り、スキオネ市に対して布陣した。[3]ところが（ちょうどその箇所の壁内に、メンデ人およびその他の援勢軍の武器が置かれてあったので）、ポリュダミダスは隊列を整え、メンデ人に戦闘行為に出るように命令した。[4]ところが民衆派の一人が反抗的態度で自分は壁外には出ないし、また戦闘も好まないと抗弁したので、ポリュダミダスがその男を引き倒して撲ったのをきっかけに、民衆もこれに逆上し武器を取ると、ペロポネソス人とそれに同調していた民衆派の者たちに打ってかかった。[5]攻撃を受けた側は、事が公然であった上に、この挙がアテナイ勢と示し合わせて起こされたと考えたので、市門がアテナイ人に向かって開かれるのを恐れて、たちまち逃げだした。[6]その場で殺されなかった者たちは、前から占拠していた市内の砦に逃れた。一方アテナイ勢は、（この時にはすでにニキアス一行も本隊に帰って来てメンデ市に接近していたので）いっせいに前進し、何の条件の取り決めもないままに門を開いたメンデ市に乱入し、あたかも武力で侵入したごとくに市内を荒しまわり、アテナイ勢の指揮官たちも殺戮を止めるのに苦労した。[7]アテナイ側はメンデ人の従来の主権を認め、メンデ人自身の手によって今回の叛乱の主謀者と彼らが見なすものを裁く司法権を与えた。市内の砦に籠った者たちに対しては、砦の両側から海に到るまで壁を築き、警備兵を置いた。アテナイ勢はメンデ問題をかたづけると、スキオネに向かった。

一三一　[1]その間にスキオネ勢とペロポネソス勢は、スキオネ市の前面にある高地を固めていた。この高地はスキオネを包囲するにあたっては取っておかなければならない地点であったからである。[2]アテナイ勢はこれに向かって強襲をかけ、敵を破り、占拠者を追い出して、ここに戦勝塚を立て、スキオネ包囲壁の構築準備にかかった。[3]アテナイ勢がこの作業を始めてから間もなく、メンデの砦に閉じ込められていたスキオネ隊の援軍は、海岸側にアテナイ整備隊を破って逃れ、夜半にスキオネに到着するや、大部分の者はアテナイ包囲陣を逃れてスキオネ市に入り込んだ。

一三二 [1]スキオネ市の包囲壁工事が進行中に、ペルディッカスはアテナイの将軍たちに使令を送り、アテナイと盟約を結んだ。この条約はリュンコス撤退に関するブラシダスへの反感のためで、事実この条約の交渉は、その事件直後に始められていた。[2](ちょうどこの頃、ラケダイモンのイスカゴラスがブラシダスの所へ陸路で到着しようとしていたので、)ペルディッカスはその軍勢と装備の行く手を妨害し、テッサリア地方にさえも寄せつけなかった。これはニキアスの指示にもよるが、ペルディッカス自身もアテナイに信用を得る必要があったし、またペロポネソス軍が自分の領内に近寄ることを好まなかったからである。[3]そこで彼は常に友交を保ってきたテッサリア地方の指導者たちを使用した。しかしイスカゴラス自身はアメイニアスおよびアリステウスとともに、ブラシダスの所に到着した。彼らはラケダイモンから実情調査に派遣されていたので、元来の習慣とは異なって、スパルタから若い指導者を連れて来て、この地方の諸都市の長に任じ、現地に居合わせた者の登用を拒けた。そこでブラシダスはクレオニュモスの子クレアリダスをアンピポリスの長に、ヘゲサンドロスの子パシテリダスをトロネの長に、それぞれ任じた。

一三三 [1]同じ年の夏、テバイ人はテスピアイ市の親アテナイ化を理由に、その市壁を崩した。これはテバイ人にとって年来の望みでもあったので、テスピアイ市の壮年期の精兵がアテナイとの戦争で失われてしまった時にこそ、容易に実現できた。[2]同じ年の夏、アルゴスのヘラの神殿が焼失した。原因は尼のクリュシスが火をつけた灯明を飾冠の傍に置いたが、居眠りをしたために飾冠に火がついて、全部燃え上るまで気がつかなかったためである。[3]クリュシスはアルゴスを恐れて、その夜のうちにプレイウスに逃げ込んだ。そこでアルゴス人はパエイニスという者を、このような場合のならわしに従って尼僧に任じた。クリュシスが逃亡した時は、今次大戦開始後八年九カ月半のことである(56)。[4]この夏の終りに、アテナイ人はスキオネの包囲壁を完成し、そこに警備隊を残して、他の者は帰国した。

一三四 [1]冬の間は、条約に従ってラケダイモンとアテナイは平穏を保ったが、マンティネイア市とテゲア市はそれぞれの同盟都市でありながら、オレスティスのラオドケイオン(57)で交戦した。しかし勝敗は決定されなかった。つまり両軍とも相手の一翼を破って、双方が戦勝塚を立て、戦利品をデルフォイに送ったからである。[2]双方とも大きな被害を受けたが、勝敗が決定しないうちに夜となり、戦闘は中止された。テゲア勢はそのままその夜をそこで過ごし、ただちに戦勝塚を立てたのに対し、マンティネイア勢はブコリオンに帰陣して、その翌日に戦勝塚を立てた。

一三五 [1]同じ冬、すでに春も近くなってから、ブラシダスはポテイダイアに襲撃を企てた。夜半にポテイダイアに到着すると、ブラシダスは発見されないままに梯子を市壁にかけた。つまりブラシダスは、警備兵の警鈴(58)の交代の間を利用したのである。しかし市壁を登る前にすぐに感知されてしまったので、夜明けを待たずに急遽引き揚げた。[2]そしてこの冬は終り、トゥキュディデスが記録した今次大戦の第九年も終った。

第五巻（一―二四章）

一　[1]夏になると、一年間休戦条約はピュティア祭の時までには、すでに期限切れとなっていた(1)。条約有効期間中に、アテナイはデロス島からその住民を移住させた。この理由は、まずデロス人が神事に際し、昔のある掟に反して穢れを犯しており、さらに先述(2)の墳墓を移動して浄める行事を徹底して行なうには、この島の住民の移動をし残したとアテナイ人が考えたからである。そこで、パルナケス(3)が彼らにアジアのアトラミュッティオン(4)を代替地として与えたので、各自そこに移住した。

二　[1]休戦条約の期間が切れると、クレオンはアテナイ人にトラキア地方出兵を説得して、アテナイ重装兵(5)千二百にアテナイ騎兵三百、それに同盟軍諸兵を加え、三十隻の軍船をもって出発した。[2]まず最初にスキオネに寄り、まだこの都市は包囲されたままであったので(6)、そこの警備兵の中から重装兵を引き抜いて自軍に加え、トロネ(7)市からあまり離れていないトロネ領のコポス港に入港した。[3]そこで彼は敵の逃亡兵から、ブラシダスがトロネにおらず、さらに市内の兵力も物の数ではないことを知ると、アテナイ船十隻に港内(8)廻航を命じ、クレオン自身は陸兵を伴ってトロネ市に近づいて行った。[4]やがてクレオンはトロネ市を囲む市壁に到着した。この壁は、ブラシダスがトロネ市の外郭部も市の一部とするために市壁を張り出して作ったもので、従来の壁の一部を破壊して、全体をもって一つの市としたものであった。

三 [1]この市壁を守っていた、ラケダイモンの将軍パシテリダスとその警備隊は殺到するアテナイ勢に応戦した。しかし彼らはじり押しに押された上に、廻航してきた船十隻も港に入って来た。そこでパシテリダスは、敵船の軍勢が無防備のトロネ市に攻撃をかけ防壁を占拠すれば彼自身釘付けにされてしまうと考えたので、そこを離れると、駆け足でトロネ市内を目指して戻り始めた。[2]ところが船からのアテナイ勢はこれよりも前にトロネ市に着いて、それを占領してしまっていた。アテナイの陸上部隊も、パシテリダスの後についたまま一挙に以前の市壁を崩した所から突入して白兵戦を展開し、多くを生け捕りにした。捕われた者の中には指揮官のパシテリダスも含まれていた。[3]ブラシダスはトロネの救援に向かったが、その陥落を知るとトロネ市から四〇スタディオン位の地点まで来て引き返した。[4]クレオンおよびアテナイ勢は港に面した所と市壁に面した所に二つの戦勝塚を立てた。また婦女子は奴隷にし、ペロポネソス人やその他一人のカルキディケ人もいたがそれをも含めて、全部で七百人をアテナイに送付した。しかし、後に休戦条約が彼らの間に成立すると、ペロポネソス人は送還され、他の者はオリュントス人によって彼らの捕虜と一対一の割合で交換され、釈放された。5 同じ時期に、ボイオティア人はアテナイの国境近くにあるパナクトン(9)を策略で落した。6 クレオンはトロネに警備隊を置くとアンピポリスに向う予定でアトス山麓を周航した。

四 1 同じ頃、アテナイより派遣された第三人目の使節としてエラシストラトスのパイアックス(10)は、二隻の船をもってイタリアおよび(11)シケリアに出航した。2 その理由は、以下の経緯によるものであった。アテナイ勢が条約に従ってシケリアを去ると、レオンティノイ人は多くの者を市籍に入れ、その公民派が土地の分配を企てた。3 そこでこれを知った少数派はシュラクサイ勢を召喚して、公民派を追放した。すると追放された公民派は各自それぞれ離散したが、少数派はレオンティノイ市を捨て、荒れるに任せ、自分たちはシュラクサイ市にその市民として移住した。4 ところが後になるとこの移住した中のある者たちは不満を抱き、シュラクサイを去り、ポカイアイと呼ばれるレオンティノイの一部の地区と、その砦であったブリキンニアイを占拠した。そこへ多くの追放されていた公民派が同志としてやって来て合流し、この砦に拠って敵対行為に出た。5 これを知ったアテナイ人は、シュラクサイが勢力の拡張を狙っている折から、ポカイアとブリキンニアイに拠っている者たちと、それにできるならば他の地域にいる者をまとめてアテナイの同盟軍に引き込み、シケリア人たちと共同してシュラクサイに挑戦し、レオンティノイの公民派を救助する考えで、パイアックス一行を派遣したのである。[6]パイアックスはシケリア島に着くと、カマリナ市とアクラガス市を同盟都市にしたが、ゲラ市では反対にあった上に、他の都市も同意する見込みのないことを知って旅を続けず、シケロイ人諸都市の間を通ってカタネ市に戻り、道すがらブリキンニアイに立寄り、彼らを励ましてアテナイに向って帰途についた。

五 [1]パイアックスはこのシケリア島往復の途次、イタリアの諸都市とアテナイとの友好条約締結についての会談を持ち、またメッセネから追放されていたロクリス人にも遇った。このロクリス人は、シケリア勢との条約が成立後にメッセネに内乱が起きた時に、メッセネ人の一派が移民としてロクリスから招いた者たちで、メッセネは一時はロクリス人の支配下にあったのである。[2]パイアックスはこうして遇った者たちが帰って来るのに何の妨害もしなかった。そのわけは、ロクリス人と彼の間にアテナイに味方するという同意が成っていたからである。[3]ロクリス人は、アテナイがシケリア諸都市と条約を結んだ時に、それに加わらなかった唯一の都市で、当時でさえ、もしもロクリス人が隣国にあって彼らの植民都市であるヒッポニオンとメドマに対する戦争の圧迫を感じてさえいなかったら、アテナイと手を結びはしなかったであろう。パイアックスは後にようやくアテナイに帰国した。

六 [1]一方クレオンはトロネから出航し、アンピポリスに周航して以来、エイオンを基地としてアンドロスの植民都市であるスタギロス(12)市に攻撃をかけたが、それを落せず、タソスの植民都市ガレプソス(13)市を強襲してこれを獲得した。[2]さらにペルディッカスに使節を送って、条約(14)に基づいて、彼とその軍勢の出動を求め、またこの他トラキア地方のオドマントイ王、ポレスにも使節を送り、トラキア雇兵をできるだけ多く引き連れて来るように要求し、クレオン自身はエイオンに留まって待機した。[3]これを知ったブラシダスは、自らこの動きに対峙してケルデュリオンに待機した。この地はアルギロスの一部で、ストリュモン河に面した高台にあって、アンピポリスから近いために、クレオン一隊の動きはブラシダスの観察を逃れられなかった。つまりブラシダスは、クレオンがブラシダス勢の小勢なのを見くびり、現勢力のままでアンピポリスに攻撃を強行するであろうと予測していた。[4]そこでブラシダスは、ただちにトラキア雇兵千五百にエドネスの軽盾兵と騎兵とを全員召集し、さらにこれにミュルキノス(15)とカルキディケの軽盾兵千を加えてアンピポリスに向かったのであった。[5]この地にブラシダスは全部で二千の重装兵と約三百のヘラス騎兵隊を集めていた。ブラシダスはこれらの中から千五百程をケルデュリオンの手許に置き、残りをクレアリダスに託してアンピポリスに配置した。

七 [1]さて、クレオンはその間じっと待機していたが、ついにブラシダスが予測した行動に出るように迫られたのであった。[2]つまり、待機に飽きた兵士たちが、自分たちの指揮官が敵のあれほどの経験と勇気に比して、どれほど無能力で臆病な態度を見せるかと考え、また元来クレオンに従いて来たのは本意ではなかったなどと考えだしたからである。そこでこの不平を耳にしたクレオンは、同じ所に留まっていて兵士たちの気勢を殺いではならないと、陣を発って前進した。3 そしてピュロス攻略で味をしめて自信を持っていた手をクレオンは用いたのであった。ともかく、クレオンは誰も彼に刃向って抵抗してくるとは思ってもいなかったので、偵察をするために高台に上ろうと言った。そして兵数の増加を待っているのは、戦闘を無理強いされた場合に勝利がおぼつかないからではなく、アンピポリスを八方から攻めたてて一挙に落すためであると言っていた。4 そこでアンピポリスに面した高地にクレオンはやって来ると、そこに手勢を配置して、自分自身はストリュモン河の沼湖やアンピポリス市のトラキア側の状況を観察した。5 アンピポリス市の壁上には人影もなく、また敵が壁門を開いて打って出てくる様子も見られず、壁門はすべて閉されていたので、いつでも好む時に戦わずに後退できるとクレオンは思っていたのだった。そして破城装具(16)を持って来なかったことを悔みさえして、これほど無防備ならばアンピポリスは落せたと思った。

八 1 一方、ブラシダスはアテナイ勢の動きを察知するとただちに、自らケルデュリオンを降り、アンピポリス市にやって来た。2 しかしアテナイ軍に対して反撃や迎撃に出て行かなかった。これはブラシダスは自軍の装備に自信がなく、アテナイ側が優勢であると判断したからである。これもアテナイ側の数的優勢を意味していたのではなく(17)(つまり数的には双方はともかく均衡していた)、質的に優っていると判断したので(つまりアテナイ勢の精兵がレムノスおよびインブロスの強兵とともに戦場に来ていたからである)、策略で攻撃しようと用意をしたのであった。そこで、まずもってもし敵に味方の数や戦闘準備の動きを示してしまっては、敵がそれを見ないで現状を軽んじることがないので、いよいよ相手にしにくくなると考えた。[3]ブラシダスは百五十の重装兵を選び、残りをクレアリダスに託した。そしてもし敵に援軍が来てしまってからでは、このように孤立した形で敵勢を捕捉することはできないと判断して、アテナイ軍が後退する前にそれを自ら急襲しようとした。[4]そこで、将兵を激励し、計策を明かそうと全員を集めて次の要旨を述べた。

九 「ペロポネソス人諸君、[1]我々が勇武をもって自由を常に保持してきた国柄の国民であり、またドリス族である諸君が、かねがね勝利を得てきているイオニア族とまさにいまや鉾を交えんとしている事実を、これ以上縷述する必要はない。[2]しかし、全力をもって臨まず、一部の兵力でまず戦おうとするこの表面上の劣勢によって、諸君が勇気を失うことのないように、ここに用いる戦法を述べる。[3]まず、敵が我々を見くびっていると思えるのは、我々が彼らに抵抗して誰も出て行かないと思っていればこそ、あのように高地に上ったのであり、今でも秩序もなくまわりを見まわしているばかりで何の注意も払っていないからだ。[4]しかし、敵のこのような弱点を認めると同時に、自己の力の限界を心得て、正面から隊列を布いて正攻法で襲撃することなく、現状に即して臨機応変の戦法を用いる者こそ、勝利を得る公算が大きい。[5]それゆえ敵を完全にたぶらかし、味方に寄与する策略こそ最上の誉れを得るのだ。[6]敵は不用意に大胆のようだ。しかも思うに敵はあの地点を占拠することより引き揚げることを考えて、気を許しているから、敵が緊張する前に、自分は手勢をもって機先を制し、できれば敵の中央に突撃をかける。[7]そしてわが隊が敵に襲いかかって、恐怖を予期通りに起すのを見たならば、クレアリダス、お前はお前の手勢とアンピポリス隊およびその他の同盟都市軍を率いて、突然に門を開いて出撃し、できるだけ早く交戦状態に入れ。[8]敵は直面して戦っている相手よりも新手の来襲の方が手強く見えるものであるから、この作戦こそ敵を恐怖に巻込む成算が十分に立つ。[9]スパルタ人はスパルタ人にふさわしい勇者となり、同盟軍兵士諸君、諸君は雄々しく彼らについて行け。積極的な戦意、誇り、上官の命令に絶対服従が三徳であることを知って、この日こそ諸君に自由をもたらし、ラケダイモンの同盟都市となるか、あるいはアテナイの奴隷となれば、たとえ幸いにして死や隷属が諸君に臨まずとも従来に増した圧迫を諸君は受けて、諸君が他のヘラス諸都市の自由解放運動への躓きとなるかの分れめの日であることをよく心得なければならない。[10]事の重大さに鑑み、決して諸君の女々しい振舞いは許されない。一方、この私は隣人に訴えるばかりが能にあらず、自ら行動して実際にその勧告するところを示そう。」

一〇 [1]ブラシダスはこう言うと、自ら隊列を整え、クレアリダスに託した残留部隊を、トラキアと呼ばれる門の脇に配置し、出撃の際にはそこから打って出るように命じた。[2]さてブラシダスはケルデュリオンを下り、市内のアテナの神殿に入り、犠牲を捧げたのが外部からも観察されたので、（ちょうど視察を終えて去りかけていた）クレオンの所に、敵の全兵力が市内に見られ、多くの騎兵や歩兵が門の所で出撃待機をしていると伝えられた。[3]この知らせに接したクレオンは高地に上って状況を見たが、援軍の来る前には交戦を望まなかった上に、早急に退去ができるとも判断したので、後退の合図を上げるように指示するとともに、左翼の方角へ移動している隊にエイオンに退去するように命じた。もっともこれ以外には方法がなかったのであるが。[4]そしてまだ時間に余裕があると考えたクレオン自身は、右翼も方向転換させて、兵士の無防備な右半分を敵にさらしたままで後退を始めた。[5]さてアテナイ軍のこの動きを好機と見たブラシダスは、自分の麾下と他の諸隊に「敵はひとたまりもない。動揺が槍や兜の動きで判る。あの動揺こそ敵の攻撃に耐えられない者の徴しである。誰か、命じた門を開いてくれ、勇を鼓して突貫しよう」と言った。[6]こう言うとブラシダスは防柵の門を越え、当時あった長壁の第一門を通ってまっすぐの道を全力をあげて駆け出した。この道の坂が一番急になった所には、現在戦勝塚が立っているが、そこを通るとブラシダスは、無秩序から恐怖に呑まれてしまっているアテナイ勢に対して突撃を敢行し、このブラシダスの勇猛さに度を失ってしまったアテナイ勢の中央部の踵を返させた。[7]これと同時にクレアリダスは、命じられた通りに、手勢を伴ってトラキア門から出撃し、アテナイ勢を攻めたてた。[8]この結果、突然両側面から思わぬ攻撃を受けたアテナイ勢は、たちまち混乱に陥り、エイオンに向かっていた左翼はすでに移動していたので、すぐに主力から切り離されて敗走した。[9]そこで、ブラシダスは退却するアテナイ勢の右翼に向かって前進する途上で負傷したが、アテナイ勢は、彼が倒れたのにも気がつかなかった。ブラシダスは近くにいた者に助けられ、後方に運ばれた。アテナイ勢の右翼はいくらか持ちこたえはしたが、クレオンは初めから踏み留まるつもりはなかったので、すぐに逃げ出し、ミュルキノスの軽盾兵に捕われて殺された。しかしクレオンと共にいた丘上の重装兵たちはクレアリダスの再三の攻撃に耐えた。ミュルキノス人とカルキディケ人の騎兵と重装兵が彼らを取り巻き、槍の猛射を浴びせてようやく敗走させた。[10]こうしてついにアテナイ勢が総崩れとなり、カルキディケ勢の騎兵や軽盾兵の手から逃れるや、ある者たちは命からがら四方の丘へと四散して走り、残りの者はエイオンに辿りついた。[11]一方、ブラシダスを助け出した者たちは戦場を離れて、ブラシダスがまだ息のあるうちにアンピポリス市内まで彼を運んだ。しかしブラシダスは、麾下の兵が勝ちつつあるという報を耳にしてから間もなく、息を引きとった。[12]クレアリダスの一隊も追撃から戻って来て、敵の死体から武具を剥奪し、戦勝塚を立てた。

——[1]この後、武具をつけて正装した同盟軍全員は、公費でブラシダスを市内の、今日では市場になっている所の前に埋葬した。アンピポリス人はこの墓の周りを囲い、ブラシダスを英雄として生贄を捧げ、競技礼や年ごとの犠牲式をそれ以来営んでいる。また、彼らはブラシダスをアンピポリス市の創立者と決め、ハグノンの建築にかかるものを破壊し、ハグノン[18]がアンピポリスの創立者であるとする記憶を残すようなものを一切取払った。つまりアンピポリス人はブラシダスこそ彼らの救済者であると考えたばかりでなく、現在の状況からアテナイを恐れて、ラケダイモンとの条約を大切にしたからであった。つまりアテナイとの敵対関係は、ハグノン尊崇を不愉快なものにすると同時に、何の利益も彼らにもたらすものではなかったからである。[2]こうして彼らはアテナイ人に彼らの死体を返還した。アテナイの死者は約六百であった。しかしこれに対抗した側の損害は七名であった。この理由は戦闘形態が異状であったからで、闘争が上に述べたごとく、はずみと早まった恐慌で起きたからであった。[3]アテナイ勢は死体を引き取ると帰路についたが、クレアリダスの軍勢は留まってアンピポリス市の事後処理に当った。

一二 [1]夏が終ろうとする同じ頃に、ラケダイモン人ランピアス、アウトカリダス、エピキュリダスはトラキア地方の援軍として、九百の重装兵と共にトラキアのヘラクレイアに航行し、好ましくないと思われた諸点を改め、処理した。[2]ところが彼らが手間どっているうちに前記の戦闘があり、この夏は終った。

一三 [1]冬になるとただちに、ランピアスの一行はテッサリアのピエリオン(19)まで侵入したが、テッサリア人の反対に遇い、しかも援軍の目的であるブラシダスも死んでしまった上に、アテナイ勢は敗退し、ブラシダスの計画を遂行する自信もなかったので、機会を逸したと考えて、帰途についた。[2]しかし彼らが帰国した最大の理由は、彼らが国を出る時に、もはやラケダイモン人の意見が和平に傾いていたことを知っていたからであった。

一四 [1]アンピポリス戦とランピアスのテッサリア撤退の直後に、双方とももはや戦いから手を引く状態が出現し[20]、両陣営ともに和平を求める意見を持つにいたった。それはアテナイ側としてはデリオンで痛められ、ひきつづきアンピポリスでも敗れたので、以前には当時の好調に勝算ありとして和平交渉を拒否しうるほど自己の力に対して持っていた自信も今は失われてしまっていたからである。[2]それと同時に、アテナイ同盟諸都市がアテナイの躓きに、好機到れりとばかりに一挙に同盟離脱行為に出る憂いもあって、ピュロス戦の後に和平を好条件の下で結ばなかったことを悔みもしていた。[3]一方、ラケダイモン側としても、この戦いはアッティカ領に侵入して土地を荒しさえすれば数年でアテナイの力を挫けると考えた予測に反した結果となり、しかもスパクテリア島事件のように、それまでスパルタに起きたことのないような災いに遇い、ピュロスとキュテラからは領土を荒された。しかもこれに加うるに農奴の逃亡が相次いで頻発し、落ちのびた者たちが現状に乗じて、外部から以前[21]と同じような反乱を起す可能性が常にあった。[4]さらに、アルゴスとの三十年休戦条約[22]がこの年に満期になり、アルゴスはキュヌリア[23]が返還されない限り条約の更新を拒否しているので、アルゴスとアテナイと両者を同時に敵に廻して戦えないと判断した。また、ペロポネソスの都市の中にはアルゴスに組する都市が出てくる疑いもあったが、事実、この事態は実際に生じたのであった。

一五 [1]このような理由から、双方ともに和平条約を結ぶべきであるという結論に達した。

特にラケダイモン人側がスパクテリア島上の者の復員を強く望んだのは、彼らが支配階級であり、かつまたその血族であったからである。[2]そこでラケダイモン側は、スパクテリア陥落直後に和平交渉を開始したが、アテナイ側は好調の折から、ラケダイモンと対等の立場で講和を結ぶことは承知できなかった。しかしデリオンでアテナイ側が敗れると、ラケダイモン側は今度こそアテナイも弱腰になったと判断して、一年間休戦条約をすぐに取り決めた。そしてこの一年の間に、さらに長期の和平条約を結ぼうと望んだのである。

一六 [1]さてクレオンとブラシダスはともに反和平論者で、ブラシダスは幸運に乗じて戦争で名声を得ようと望み、クレオンは、世の中が落着いてしまうと己れの悪行が明るみに出て、自分の行う誹謗も信頼されなくなると考えていたのであったが、アテナイがアンピポリスで敗れ、この両者が戦死してしまうと、それ以後、両陣営の指導権を握ろうとしていた者は、ラケダイモン側ではパウサニアス王の子プレイストアナックスであり、アテナイ側ではニケラトスの子で将軍の間ではもっとも今まで幸運であったニキアスであった。この二人は平和を望み、ニキアスはまだ災難に遇わずに恥をかかないですんでいる間に、今までの幸運を確実なものにし、現在の負担から自分自身を解放しておいて、アテナイ人の負担もなくし、アテナイに災害をもたらさなかった指導者としての名を未来に留めたいと望んだ。このために彼は危険に近よらず、運に賭けるようなこともせず、危険を生まない平和を望んだのであった。一方、プレイストアナックスは自分の復位にとかく批判の声があり、自分の復位が法を犯して成就されたものと考えられていたために何か不都合な事件がラケダイモンに起ると常に自分の所為にされるので、平和を求めたのであった。[2]すなわちラケダイモン人は、プレイストアナックスとその兄弟アリストクレスがデルフォイの女予言者を説いて、後からしきりに何度も訪ねて来るラケダイモン人の使いに、主神ゼウスの半神の子の末裔を外国から故国に召還しないかぎりラケダイモン人は銀の鋤で野を耕すことになると言わせたと非難するのである。[3]そしてさらにラケダイモン人が言うには(24)、アッティカ領からプレイストアナックスがスパルタの軍勢を引き揚げたのは収賄によるものであるという非難から、リュカイオン(25)にプレイストアナックスが亡命者として逃れて、ラケダイモン人を恐れて住家の半分を主神ゼウスの神殿にして住んでいたが、時経て追放後十九年目に、ラケダイモン人を説得して、ラケダイモンが最初の王を設けた時と同様な踊りと犠牲をもって自らを王位に復位させたというのである。

一七 [1]このような非難に困惑したプレイストアナックスは、平和になれば、不祥事も起らず、捕虜を取り戻すこともでき、自分自身も世間の攻撃の的にならなくて済み、戦っている間は指導者はどうしても失政の誹りを受けなければならないと考えたので、平和条約の締結に熱意を示したのである。[2]そしてこの冬の間は会議に費やされ、春になると布令がラケダイモンから各都市に出され、アテナイとの交渉に有利な立場に立てるように、各都市にアッティカに橋頭堡を築設する準備を促した。そして和平交渉会議では多くの駆引きが互いに取り交わされたあげく、双方ともに戦いで獲得したものは返還する条件で和平条約を結んだ。ただしアテナイがニサイア[26]を保持したのは、テバイ人がプラタイアは武力でテバイに降ったのではなく、両者の合意の結果であったとして、プラタイアのアテナイ返還を拒否したので、アテナイ側もそれならばニサイアの場合がそれと同じであるとしたからであった。そこでラケダイモン人は味方の同盟諸都市の代表を召集した。（そしてこの動きに不賛成であった）ボイオティア、コリントス、エリス、メガラを除く全都市が平和を票決した。彼らは以下の条約草案を作成し、これをアテナイに対して誓約し、アテナイ側もラケダイモン側に対してこれを誓約したのであった。

一八　[1]「アテナイ人、ラケダイモン人および同盟諸都市は以下の条文を各都市別に誓約した。[2]共同神域に関しては、慣例に従い、犠牲を捧げ、予言を受け、祀り事を志す者の海陸の往来の安全を保障する。デルフォイのアポロン神殿とその神域およびデルフォイ人の自主権を認める。すなわち自主権とは、自国の慣例によって課税権、司法権を施行することを指す。[3]本条約はその有効期限を五十年とし、アテナイおよびその同盟諸都市と、ラケダイモンおよびその同盟諸都市の間に締結されたるものにして、この有効期間中は海陸を問わず条約違反および傷害行為を禁ずる。[4]ラケダイモンおよびラケダイモン同盟諸都市は、アテナイおよびアテナイ同盟諸都市に対し、またアテナイおよびアテナイ同盟諸都市は、ラケダイモンおよびラケダイモン同盟諸都市に対し、すべての方途、工作による敵性軍事行動を禁じる。相互に紛争の生じた場合は、法に則り、条約に従い合意点に達すべきこと。
5 ラケダイモンはアテナイにアンピポリスを返還する。ただし、ラケダイモン人がアテナイ
に返還した諸都市の去就はその都市自身の意志に一任し、諸都市の貢納金率はアリステイ
デスの規定額[27]をもってその貢納額とし、諸都市の主権を認める。この貢納金の義務に遅滞
なき限りにおいて、本条約締結後のアテナイの諸都市に対する軍事行動を禁ずる。上記の
諸都市に該当する都市はアルギロス[28]、スタギロス、アカントス、スコロス、オリュントス、
スパルトロスの諸都市である。以上の諸都市は中立都市として、ラケダイモンおよびアテ
ナイのいずれにも属さない。ただし、該当都市が同意する限りにおいて、アテナイが上記
諸都市と盟約を締結する承諾を得ることを妨げない。6 メキュベルナ人[29]、サネ人、シンゴス
人はそれぞれ在来の地に居住し、オリュントス人およびアカントス人もこれにならうもの
とする。7 ラケダイモンおよびその同盟諸都市はパナクトンをアテナイに返還する。アテナ
イはラケダイモン、コリュパシオン[30]、キュテラ、メタナ、プテレオン、アタランテを返還
し、また、アテナイの獄舎およびアテナイ支配地域下の獄舎にあるラケダイモン人捕虜を
ラケダイモンに全員返還する。さらにスキオネで包囲されているペロポネソス勢とその地
域にあるペロポネソス同盟諸軍を解放し、さらにブラシダスの当該地域に派遣せる軍勢お
よびラケダイモン同盟諸軍の兵士でアテナイの獄舎またはアテナイ支配地域下の獄舎にあ
る者は釈放する。これと同様に、ラケダイモンおよびその同盟諸都市はアテナイおよびア

テナイ同盟諸都市の捕虜を釈放する。[8]スキオネ、トロネ、セルミュレおよびアテナイが支配する他の地域に関しては、アテナイの意志により決定される。[9]アテナイはラケダイモンおよびその同盟諸都市に対し、各都市ごとに誓約を立てる。各都市ごとに十七名の代表はそれぞれの都市ごとにもっとも犯し難い誓約を立てる。誓約の内容は次の通り。「この条約と誓約を誠実に違反することなく履行することを誓う。」同様の誓約がラケダイモンと同盟諸都市とによりアテナイになさるべきこと。[10]この誓約は各年、双方により確認更新さるべきこと。この条文の石碑をオリュンピア、ピュティア、「地峡」、アテナイのアクロポリス、およびラケダイモンのアミュクライオンの神域に建立すべきこと。[11]いかなることに関するも、アテナイおよびラケダイモンのいずれの側に付加または削除さるべき条件の生じたる場合は、誓約に則り、法的に合議の上、双方の了解の下に決定さるべきこと。

一九 [1]本条約の発効は、ラケダイモンにおいてはプレイストラスが督視官の年、アルテミシオス月第二十七日とし、アテナイにおいてはアルカイオスが執政官の年、エラペボリオン月第二十五日[31]とする。[2]下記の者が本条約の誓約式に連なった。ラケダイモン側、プレイストアナックス、アギス、プレイストラス、ダマゲトス、キオニス、メタゲネス、アカントス、ダイトス、イスカゴラス、ピロカリダス、ゼウクシダス、アンティッポス、テリス、アルキナダス、エンペディアス、メナス、ラピロス。アテナイ側、ランポン、イストミオニコス、ニキアス、ラケス、エウテュデモス、プロクレス、ピュトドロス、ハグノン、ミユルティロス、トラシュクレス、テアゲネス、アリストクラテス、イオルキオス、ティモクラテス、レオン、ラマコス、デモステネス。」

二〇 [1]この条約の成立を見たのは、冬が終り春になった時で、ディオニュシア祭[32]の直後であった。それはアッティカ領への第一回侵犯と戦争開始以来より十年目に数日程過ぎた時であった。[2]年代は季節によって数えらるべきで、この方法を信用して、過去の事件の年代の目印に地方ごとの執政官や他の要職者の名前を頼りにしてはならない。なぜならこの方法では、ある事件が要職者の在職中の初めとも中頃とも、いつ頃に起きたのか確実を期せないからである。[3]しかし本書に採用されてきた方式のように夏と冬とを数えると、つまり各年の半分ずつの期間にしてとってみると、今次戦争開始以来では十の夏と同数の冬とが数えられることを悟るであろう。

二一 [1]さて、ラケダイモン人は、(自分たちが捕獲してきた土地や囚人をまずアテナイ側に返還する取り決めになったので)、ただちに捕虜を解放し、イスカゴラス、メナス、ピロカリダスの使節をトラキア地方に送って、クレアリダスにはアンピポリスをアテナイに返還するように命じ、他の都市にも条約の諸項を守るように命じた。[2]しかし彼らは条約に不満を持っていたので、この命に従わなかった。そしてクレアリダスもカルキディケ人の意志に迎合して、自分には彼らの力を押し切ってアテナイにアンピポリスを返還することはできないと言った。[3]そして彼自身みずから使節たちと共に急遽アンピポリスを発ってラケダイモンに向かい、もしイスカゴラス一行が自分の不服従を非難した場合には抗弁しようとし、それと同時に、この条約をまだ解約する余地があるか打診しようとした。しかし条約は最終的に決定されてしまっていることを知ると、ラケダイモン側のアンピポリス返還の要請と、もしそれが不可能ならば、少なくともアンピポリスにいるペロポネソス人の引き揚げを命じた要求を持って、再びアンピポリスに急いだ。

二二 [1]ラケダイモン同盟都市の中でその代表がラケダイモンに居合わせて、しかもこの条約を拒否した都市に対して、ラケダイモン人はその受け入れ方を要求した。しかし彼らは以前と同じ理由でこれを拒け、条約の改善を主張した。[2]そこでラケダイモン人は自分たちの要求に応じない代表を送還し、アテナイと同盟条約を結ぶことに決定した。つまり、ラケダイモン人はアルゴスがアンペリダス(33)とリカスの平和条約更新の交渉を拒絶したが、彼らにアテナイと手を結ばせなければ彼らを少しも恐れる必要はないし、しかもアテナイとラケダイモンが結ばれて、他のペロポネソス諸都市とアテナイとの同盟の望みが断たれれば、ペロポネソスの諸都市も静かにしているだろうと考えた。[3]そこでアテナイ側から使節が送られ会議が開かれた後に双方は合意点に達し、以下の条件で同盟条約を締結した。

二三 [1]「次記の条件の下にラケダイモンとアテナイは五十年同盟条約を結ぶ。ラケダイモン領土が敵により侵犯された場合、またはラケダイモン人が攻撃を受けた場合は、アテナイは全力をあげ、可能な限りの方途をもってラケダイモンを援助する。また、万一ラケダイモン領土を荒した都市は、ラケダイモンとアテナイ両都市の敵と見なされ、両都市からの誅罰を受け、その敵との和解は両都市の合意の下に進められる。以上の諸項に則し、これを遵守し、これに違背なきこと。[2]アテナイ領土が敵により侵犯された場合、またはアテナイ人が攻撃を受けた場合は、ラケダイモンは全力をあげ、可能な限りの方途をもってアテナイを援助する。また、万一アテナイ領土を荒した都市は、アテナイとラケダイモン両都市の敵と見なされ、両都市からの誅罰を受け、敵との和解は両都市の合意の下に進められる。以上の諸項に則し、これを遵守し、これに違背なきこと。[3]奴隷の暴動がありたる場合は、アテナイはラケダイモンを全力をあげて援助すること。[4]本同盟条約は先の講和条約に対して誓約せると同じ者をもって誓約するものとする。本条約の誓約は毎年行われるものとし、ラケダイモン代表はディオニュシア月(34)にアテナイに、アテナイ代表はヒュアキンティア月(35)にラケダイモンに赴くものとする。[5]本条約文刻記の碑を両都市に建立すること。その建立地は、ラケダイモンはアミュクライのアポロン神殿、アテナイはアクロポリスのアテナ神殿とする。[6]ラケダイモンおよびアテナイの何れかに本同盟条約改正の要を生じたる場合は、何事によらず両都市とも誓約に違背なく処理すべきこと。

二四　[1]本条約を誓約せるラケダイモン側代表は次の通り。プレイストアナックス、アギス、プレイストラス、ダマゲトス、キオニス、メタゲネス、アカントス、ダイトス、イスカゴラス、ピロカリダス、ゼウクシダス、アンティッポス、アルキナダス、テリス、エンペデ

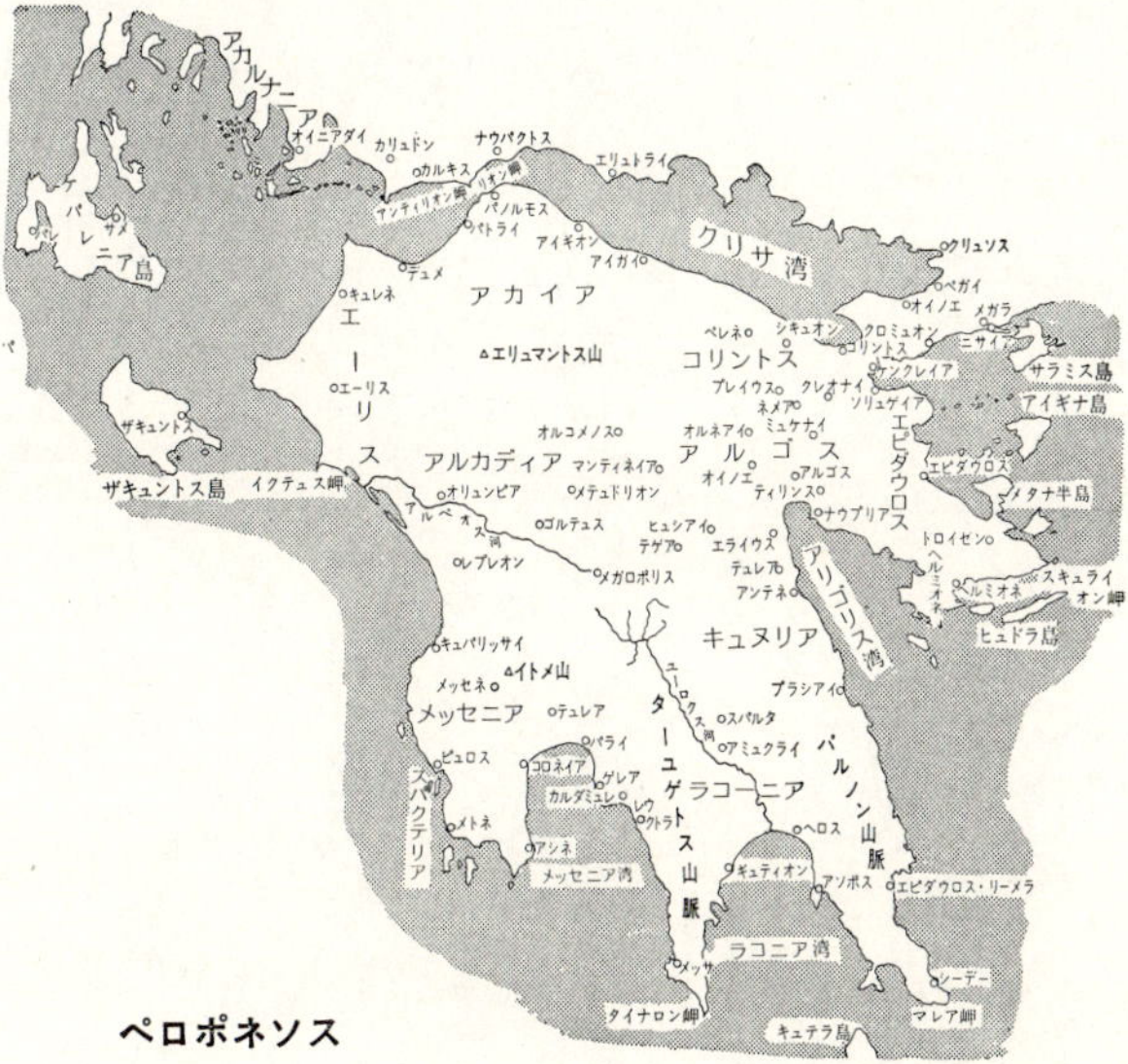

ペロポネソス

イアス、メナス、ラピロス。アテナイ側代表はランポン、イストミオニコス、ラケス、ニキアス、エウテュデモス、プロクレス、ピュトドロス、ハグノン、ミュルティロス、トラシュクレス、テアゲネス、アリストクラテス、イオルキオス、ティモクラテス、レオン、ラマコス、デモステネス。」

2 この同盟条約は講和条約締結後、間もなく成立した。そしてアテナイ側はスパクテリアで捕えたラケダイモン捕虜を返還した。かくして第十一年目の夏が始まり、十年間続いた前期大戦はここに記録されたことになる。

訳註

第一巻

(1)『歴史』という題名は便宜上つけられた名で、原文にはない。また、八巻に分けられたのも原作者の手によるものではない。各巻はアルファベット順でAの巻、Bの巻とされているので、正しくは数字で第一巻、第二巻とするよりは「イの巻」「ロの巻」とすべきであろうか。

(2)ただちにとは一体何時のことであろうか？　西暦前四三一年三月頃にペロポネソス戦争が始まったのであるが、その翌月からでも書き出したのであろうか？　それとも数年経ってであろうか？　ともかく、戦争が始まると同時に書き出したのではないことは明らかである。恐らく戦争勃発と同時にその記録を取り始めたと解するのが妥当であろう。

(3)ヘラスとはギリシア人がギリシアを呼ぶ名前。ギリシアはイタリア人がボイオティアのグライアという一地名からヘラス全体を指して呼んだ名である。前一〇〇〇年頃にギリシア人はイタリアのキュメに植民都市を建設したが、その人々の中にボイオティアのグライアから来た一群があって、最初にグライア人に逢ったイタリア人はその名で他のヘラス人も呼ぶようになった。

(4)ギリシア人はギリシア語を使用しない民族をバルバロイと呼んで自分達と区別した。バルバロイの語は、今日の「野蛮人」(バーバリアン)が持つ未開人という語感は持っていないので、異語族と訳出した。

(5)原文に「これより以前」とあるが、何より以前なのか「これ」が指しているものが判然としない。

(6)（　）括弧は原作者がつけたのではなく、この訳が依っているオックスフォード版の編者が理解を助けるために挿入したもので、この訳もそれに従った。

(7) 他の面とは何の面であろうか？　原文からは不明である。

(8) トロイア戦争は前十二世紀とされている。

(9) デウカリオンは、ギリシア神話ではプロメテウスの子で、ピュラーがその妻となっている。

(10) ペラスゴイがどのような民族であったか判然としないが、古代ギリシア人にとっては、ギリシア人がギリシアに入る前にギリシアにいた先住民を総称して、ペラスゴイと呼んだようである。アテナイのアクロポリスの北側にペラスゴイの建物の遺跡がある。

(11) 小アジアのことを指す。

(12) ラケダイモンはスパルタの別名であるが、スパルタより正式な呼び名を必要とする時に用いられる。ただし、ホメロスではこの区別はない。

(13) 小アジアを指す。

(14) この伝説は現存のホメロスの中にはない。しかし、アポロドロス（Ⅲ・10・9）に語られているので、この話がトロイア遠征の伝説の中に昔にはあったことは確かである。テュンダレオスはラケダイモンの王でヘレネの父に擬されている。テュンダレオスは自分の娘ヘレネが選んだ婿の権利を守ることをヘレネの求婚者たちに誓わせた。

(15) エウリュステウスはティリンス市の王でヘラクレスに有名な十二の難行を与えた人とされている。エウリュステウスはヘラクレスの子供達を殺そうとしてメガラ（当時はアッティカの一部となっていた）に来て殺されたとされている。

(16) これらの人々の血族関係は次のとおり。

ペロプス（子：ニーキッペー、クリュシッポス、アトレウス）

ペルセウス
｜
ステネルス×ニーキッペー　　クリュシッポス　　アトレウス
｜　　　　　　　　　　　　　　　　　　　　　　｜
エウリュステウス　　　　　　　　　　　　　　アガメムノン

(17) アトレウスとサイエセテースが共謀してクリュシッポスを殺害したといわれている。
(18) ペルセウスは一説には最後にアジアに行き、ペルシアの王となったともいわれるが、ここではティリンスの王となってミュケナイの創建者であったとする説をとっている。
(19) イリアス第二巻五七六行および六一〇行以下参照。
(20) イリアス第二巻一〇〇―一〇一行参照。
(21) イリアス第二巻一〇八行参照。
(22) イリアス第二巻五一〇行参照。
(23) イリアス第二巻七一九行参照。
(24) イリアス第二巻四八四―七六〇行参照。
(25) イリアス第二巻七一九―七二〇行参照。
(26)(27) 同じことを二度繰り返しているのは、推敲の不充分を示すが、その原因は何であったろうか？
(28) イリウムはトロイアの別名。
(29) 僭主とは非合法的手段で都市の政権を握った個人を指す。しかし、いわゆるタイラントの語が後に持ったような、暴君、圧制君主等の悪人の意義は持っていない。
(30) 長さ約三六メートル、幅約六メートルの軍船で、大体二百人位が乗れた。巡航速度は四ノットから五ノットで最高速度は七ノット位まで出たらしい。普通の航行の時は帆を上げたが、交戦の時には、主帆は降して小さな帆を上げ、櫂で漕いだ。漕手がどのような配置に坐って船を漕いだか判然としない。三重櫓船には、寝食する場所がなかったので、その航続距離は非常に限られていた。
(31) イリアス第二巻五七〇行参照。
(32) 在位前五五九年—前五二九年。
(33) 在位前五二九年—前五二一年。
(34) 本文第三巻一〇四章六節参照。
(35) 前四八〇年。
(36) この戦争の起きた正確な年代は不明であるが、おそらく前七世紀後半か前六世紀前半であったろう。
(37) 在位前五二一年—前四八六年。
(38) 前四九〇年。
(39) 本文第六巻五四章から五九章まで参照。
(40) 古代ギリシア人は黙読ということを知らなかった。独りで読む時も音読をした。
(41) アルテミシオンの海戦、サラミスの海戦、テルモピュライの陸戦、プラタイアの陸戦を指す。
(42) 神殿の祭壇に縋った者は、神聖不可侵とされ、その掟を破って哀願者に暴行を加えた者は瀆神の罪に問われた。
(43) 他国人と紛争が起きて裁判に持ちこまれる場合、その裁判の様式は自国とその他国との間に結ばれている協定の中に規定された方途に従い、ある場合には被告側の国内で裁判が行われたり、他の場合には原告側の国内でそれが取り扱われたりした。また、裁判官の構成も協定の内容にしたがって、双方の国から同数の裁判官を出しあう場合もあれば、一方の国だけが裁判官の席を全部占めることもあった。ここでコリントス人が主張している点は、ケルキュラがその地形が孤立していることを利用して他国との裁判に協力せず、自国で一方的に裁判官を構成して他国人を裁いている上に、ケルキュラ人は他国へ行く必要がないので、他国で他国人の法廷にケルキュラ人が立つ必要のないことである。つまりコリントス人はケルキュラ人が、不当の利益を裁判でうけていると強調しているのである。

(44) ケルキュラの建設は前七三四年と伝説は伝えている。

(45) 前四四〇年―前四三九年。サモスはアテナイに対して謀叛を起したが、ケルキュラはコリントスから離反したに過ぎないので、このコリントスの論旨は不正確である。

(46) 後の会議とは、翌日の会議の意味であろう。

(47) 相互防衛協定は、相互に外部からの侵略は防衛し合うが、外部への遠征には協力しない。本文第五巻四八章二節参照。

(48) アイスキュロスの悲劇「ペルシア人」では信号にラッパが用いられているが、ここではどのような種類の信号が使用されたか、定かでない。

(49) 船衝戦法とは敵の船列の間を通り抜けて敵船の後に出て、敵船が向きを変える前に、その艫なり胴体なりに自分の船の舳を衝突させて敵船を破壊する戦法を指す。

(50) ペルディッカス二世はマケドニアの王であったが、その在位年限は四十四年間とも二十三年間とも言われて定かでない。しかし少なくとも前四三二年以前から前四一四年以後まで王位にあったことは確かである。

(51) 一スタディオンが約一七七メートルであるから六〇スタディオンでは約一〇キロ強である。

(52) 前四九〇年にアテナイ軍は少数のプラタイア軍と共に、ペルシアの大軍をマラトンで迎撃して大勝を博した。

(53) 前四八〇年にヘラス連合軍はペルシア艦隊をサラミス沖で撃ち、ペルシアの侵略を撃退した。

(54) しかし、このことは、アテナイが同盟諸都市との協定裁判を全廃して、すべての裁判をアテナイの国内に全部移してしまったことを意味していない。協定裁判が不公平なので国内に公平な裁定機関を設けたら、訴訟好きであると非難を受けたと言っているに過ぎない。

(55) 祖父レオンテュキダスが前四七六年に追放された後を襲ってラケダイモンの王になったがそれがいつ頃か判然としない。そして前四二七年頃まで在任したらしい。

(56) 督視官は毎年五名スパルタ市民より選ばれ、ラケダイモンの司法、行政および道徳を取締り、二人の王の目付役、補佐役として活動する。王は毎月督視官に法に従うことを誓い、督視官はその誓いに対して、王を支持することを誓うのである。遠征の際には、一人の王に二人の督視官が目付けとして従った。

(57) 演説者の名前が記されていて、その父親の名が記されていないのはこのステネライダスと他二名だけである。

(58) ミュカレの顚末はヘロドトス第九巻九九—一〇七に詳しい。

(59) レオテュキデスは他の同盟軍と共にヘレスポントスまで行くが、ペルシア軍が使用した大橋がすでに破壊されているのを見て、アテナイ軍とイオニア諸軍を残し引き揚げた。ヘロドトス第九巻一〇六および一一四を参照のこと。

(60) セストスはダルダノス海峡の入口にあって、アジアとヨーロッパの分岐点として非常に重要な場所に位置している。

(61) トロイゼン、アイギナ、サラミス等にアテナイ人は婦女子を疎開させていた。ヘロドトス第八巻四一を参照。

(62) 原文では、「他の者たち」とは後から来たテミストクレスの同僚の使節団員を意味しているが、それでは話の辻褄があわないので、おそらく「(使節団員とは別の) 他の者たち」の意であろう。

(63) アリステイデスは（前五二〇年頃生れ、四六八年頃没している）マラトンの戦い、サラミスの戦いで活躍した将軍である。従来はテミストクレスの競争者として、性格も行動もきわめて対照的なものとプルタルコスなどによってされて来たが、このアテナイ防壁構築には両者が協力しているような姿が見られる。しかし、この事実はこの二人が競争者でなかったことを示すのではなく、かえって競争者であったがゆえに、相互に牽制するようにアテナイ市民によって選ばれたのであろう。

(64) ペイライエウスはアテナイ市から南に約六キロ離れた岬である。カンタロス港の他にゼアとミュニキア港もあり、アテナイの海軍港、貿易港として発展した。ペルシア戦争の後にはアッティカの首都をアテナイ市からここに移す案も出たほどである。ペイライエウスとアテナイ市は長壁で結ばれており、住民には革新派が多かった。これは海軍が多数の大衆を必要としたために、ペイライエウスでは大衆の力が強かったためである。

(65) 前四九三年─前四九二年にテミストクレスが執政官《アルコン》になったとはハリカルナッソスのディオニュシオス（ローマ古代史、第六巻三四・一）が伝えるところであるが、この年代に対して二つの根拠から疑問が提起されている。まず、前四八〇年に新人の擡頭として迎えられたテミストクレスがそれより十二年前にすでに執政官の位置を占めたこと、第二に前四九〇年代にアテナイ海軍の重要性を認めることはきわめて困難であったであろうという二点である。この疑問をさらに深める一面として、もし、テミストクレスが前四九三年に執政官になっていたら、それ以後、前四八〇年までの彼がどんな活動をしていたかまったく判らないので理解し難いということが挙げられる。

テミストクレス当時の執政官は、毎年九人を市民の間から籤で選び、その第一人者がエポニュモスと呼ばれ、そのアルコンの名がその年の年号となった。エポニュモス・アルコンは主に行政を司ったが、次の執政官バシレウスは宗教祭礼を主に監督し、ポレマルコスは軍事面を主にその役目とした。残り六人の執政官は司法を主にしテスモテータイと呼ばれた。

(66) 今日、残存するペイライエウスの壁の中に砂利や瓦が入っている壁で、トゥキュディデスの説明とは異なっている。もちろん、現存の壁は前三九五―前三九一年に再建されたものであるが、一部を除いては、石ばかりで構築された壁のあった跡が見られないのは、トゥキュディデスの思い違いを示すものであろうか?

(67) すなわち、アテナイ市のこと。

(68) パウサニアスは前四七九年から従兄であるスパルタ王プレイスタルコスの摂政として活躍、プラタイアの戦いではギリシア軍司令官。

(69) おそらく前四七七年頃であろう。

(70) デロス同盟は前四七七年にアテナイによってできた。その初期の目的はペルシアの再来に備えて同盟諸都市から出資された公庫を作って、武器、財力を貯えるにあった。公庫の所在地は初めはデロス島にあったが、ペルシアからの危険がなくなるとともに前四五四年頃、アテナイに移された。同盟諸都市からの徴税の監督には、ヘレーノタミアイと呼ばれる十人のアテナイ人が毎年えらばれた。納税した都市は、エーゲ海のイオニア諸島、エウボイアの諸都市、小アジアのアイオリアおよびイオニア諸都市で、今日、前四五四年から前四一五年までの毎年の各都市の納税表が不完全ながら残されている。初期には約二百六十五の納税都市が数えられる。そして最初の予算では四百六十タラントンの徴税を期待したらしいが、実際には四百タラントンを下廻ったようである。しかし前四五四年に公庫がアテナイに移され、アテナイ帝国の機構として利用されるようになると徴税高は、千から千五百タラントン位までになり、納税都市国家の数も三百位に達した。

(71) ミュティレネに前五〇〇年頃に生まれた歴史家。彼の作品として二五の題名が残されている。ヘラニコスはトゥキュディデスが言及した唯一の歴史家である。ヘラニコスが彼の歴史をいつ発表したか判明すれば、トゥキュディデスのこの言及もそれ以前に書かれるはずはないので、この箇所が書かれた年代を推定する手がかりになるのであるが、ヘラニコスの発表年代が確定できないので、判然としない。

(72) キモン（前五一二年頃生る。前四四九年没）はマラトンの戦いで将軍であったミルティアデスの子で、クレイステネスの孫を妻として、アテナイの反民主派の主流であった。前四七七年には将軍となり、デロス同盟の設立に努力した。前四六一年には貝殻追放になり、前四五一年に帰国すると、スパルタと五カ年休戦条約を成立させ、前四四九年にキュプロスに遠征してその地で死んだ。

(73) この地震の起った年は正確にしえないが、前四六四年頃かと思われる。

(74) ヘイローテスは国家が所有したスパルタの農奴である。ドリス方言を話したが、ドリス民族侵入以前の住民がドリス人に征服されて農奴となったのであろう。彼らはメッセニア、ラコニアにいて、その数はきわめて多く、スパルタ人を常に脅かした。その状態を反映して、毎年、督視官はヘイローテスに対して宣戦を布告し、ヘイローテスの間に密偵を放って、彼らの反乱を防いでいた。

(75) この派兵は前四六二年頃であろうか？ 前四八〇年から前四三〇年までを記したトゥキュディデスの五十年記（一巻八九章―一一八章）は年代が不明確で、一つ一つの出来事の年代を確定することはほとんど不可能である。これはトゥキュディデスのこの箇所における目的が、年代順に出来事を記すところになく、アテナイの力がこの五十年間にどう発達したかを述べるにあったために、この問題に関りのない資料が全部捨てられた結果であろう。

(76) このレオクラテスは、プラタイアの戦いの折に、アリステイデスとミュロニデスと共に将軍の一人であったのと同一人物であろう。

(77) 老年隊は五十一歳から五十九歳まで、若年隊は十八歳と十九歳である。

(78) このミュロニデスはプラタイア戦の時の将軍とは別の人物であろう。

(79) トゥキュディデスの言葉に従えば、ここでアテナイは二百五十隻の船と五万の兵士を失ったことになり、その損失から較べて、トゥキュディデスがこの事件に割いた紙数は非常に少ないといわなければならない。これをとってみても、トゥキュディデスの意図が、アテナイの力の性質をここで書き表わすことが目的であったために、エジプトにおけるこの失敗が不当に軽く扱われた感を与えるのであろう。トゥキュディデスが見たエジプトにおけるアテナイ敗北の歴史的意義は、戦争の性質が海戦から陸戦に変ったためアテナイが敗北した点にある。すなわち、トゥキュディデスはここに、アテナイ海軍力の発達に伴うその陸軍力の弱体化を見たのであろう。そしてそこに海洋国としてのアテナイ帝国の一つの発展段階を見出したようである。

(80) トゥキュディデスの理想的英雄、ペリクレスの初登場である。彼は前五〇〇年頃生れているから、この時を前四五二、三年とすれば四十七、八歳の男盛りである。これから前四二九年に彼が没するまでの約二十五年間の輝かしい業績が、少年そして青年としてのトゥキュディデスの眼前に展開されたのであった。

(81) デルフォイには全ギリシアの信仰の中心であるアポロンの神殿があった。デルフォイ人は常に独立した共同体を欲していたが、ポキス人は自領にデルフォイを包含しようと常に望んでいた。

(82) エレウシスは、アッティカの一都市で、アテナイの北西約一五キロの所にある。穀物の女神デメテルの神域があって、そこでエレウシス秘教が栄えた。エレウシス秘教に関しては本文第六巻二八章一節の注(59)を参照のこと。

(83) ギリシアの公民政治に関しては、本文第二巻三七章一節の注(46)を参照。

(84) サルディスはエフェソス、スミュルナ、ペルガモン等からの街道の交差点にあって、さらに小アジアの内部へ通じる道の起点となっている重要な都市で、当時はペルシアの総督の居住都市となっていた。

(85) ピッストネスは駐リディア・ペルシア総督、本文第三巻三一章一節を参照。

(86) この九人の僚将の中には、悲劇作家のソポクレス、弁論家アンドキデスの祖父アンドキデス、対ケルキュライア戦（五一章四節）の将軍の一人であったグラウコン等がいたことが知られている（アンドロティオーン断片四四aとエウリピデスの悲劇レーソスのスコリオンによる）。

(87) このトゥキュディデスは歴史家でもなければ、寡頭派の指導者で当時は貝殻追放になっていたメレシアスの子トゥキュディデスでもない。

(88) ハグノンは、アテナイ帝国崩壊時の大立物、テラメネスの父であって、前四三七年にはアンピポリスの創設者となり、前四三〇年にも将軍をつとめている。

(89) ポルミオンはアテナイの名提督。

(90) トレポレモスとアンティクレスについては何も知られていない。

(91) 八カ月間と書いてあるが、いつから八カ月なのか判然としない。包囲陣が完成してからか、ペリクレスがカリアから帰って来てからか、それともこの事件の始まり以来を指すのであろうか。

(92) 前四三二年八月頃。

(93) 原文は、「準備に一年しかかからなかった」という意味にも「準備に一年もかかった」という意味にも取れるのであるが、全体の論調がラケダイモン人の行動の遅さを主張しているのだから、開戦を決定しても用意に一年もかかったとする方が自然のようである。

(94) 前六四〇年度のオリンピック競技の勝者とされている。

(95) この大祭は毎年アンテステリオンの月（つまり現在の暦の三月頃に当る）に行なわれた。

(96) アレイオパゴスからアクロポリスへ上ろうとする入口のすぐ手前にある。

(97) スパルタのアクロポリスに銅製の社とアテナの像があった。

(98) 暗号文のスキュタレーは同じ太さの棒が二本作られ、一本は遠征する司令官に、他の一本は督視官に渡され、督視官が暗号文をその司令官に送る時に、パピルスの帯をその棒に巻きつけて、その上に文を書き、パピルスだけを遠方の司令官に送ると、司令官はそのパピルスを自分の棒に巻いて読むものである。棒も暗号文書も、両方ともスキュタレーと呼ばれた。

(99) ローマ時代の地誌学者パウサニアスの地誌第三巻八ノ二によると、この詩はシモニデスの作といわれている。

(100) テミストクレスが大陸に着く少し前にアルタクセルクセスが王位に即いたとなっているが、アルタクセルクセスの即位は前四六五年であるので、この点から見ればナクソス島の包囲は前四六六年頃としなければならない。ところがナクソス島の反乱は少なくとも前四六八年にあったエウリュメドンの勝利以前でなければならないので、前四六九年頃とすると、年代的に辻褄が合わなくなってしまうのである。前四六五年はタソス島の包囲があるので、ナクソスとタソスが間違えられたのではないかという説もあるが、この箇所は判然としない。

(101) トゥキュディデスがこの話を書いた主な理由は、パウサニアスとテミストクレスのペルシアに対する態度の違いを強調したかったからであろう。そしてこの両者の相違はスパルタとアテナイの精神構造の根本的相違を表示しているようにトゥキュディデスの目には映ったのであろう。

(102) スパルタの外人追放令は以前から存在したもので、スパルタは在留外人の居住を認めなかった。

第二巻

(1) これ以前はペロポネソス戦争への序文であるという意味。

(2) 今までは戦闘は休みであったが、この後は休まずに続いたという意味であろう。しかし実際には前四二二年に和平条約が成立して、前四一五年まで一応アテナイとスパルタの間では平和が守られていたので、ペロポネソス戦争には大きな休みがある。それ故この部分が書かれたのは少なくとも前四二二年以前であったと推測される。

(3) ギリシア各都市において異なった日付けで一年が始まる太陰暦を手懸りに確実な年月の表記を定めることはトゥキュディデスにとって大きな問題であった。アテナイでは毎年の年号を首席執政官の名で表わしていたが、太陰暦によっているために、夏に戦い、冬に休む、いわゆる自然暦に従ったギリシア人の戦闘を伝えるには不便であった上、アテナイの執政官の名で年代を示したのでは、アテナイ以外の国との年代の関連が失われてしまう恐れがあった。それ故開戦第一年目をエウボイア、アルゴス、スパルタ、アテナイの年号の四点で相関的に固定してから、それ以後を夏と冬とにわけて記述し、夏、冬、の一対を一年として順に番号を振って行く方法を取ったのである。絶対暦のなかったギリシア、年を名前で呼んで数で呼ぶことを知らなかったギリシアにおいて、これはまったく画期的考案として高く評価されなければならない。

(4) 三十年条約は前四四六年に結ばれた。本文第一巻一一五章一節参照。

(5) ヘラニコスが〝ヘラの巫女達〟と呼ばれる本を書いているので、トゥキュディデスはそれを参考にしたのであろう。ヘラの神殿は、アルゴス市から北東約八キロのところにある。クリュシスはこの神社を逃げ出すまでそれから八年半の間ここにいた(本文第四巻一三三章三節参照)。

(6) テバイ人がプラタイアに入ったのは、春になると同時であったと書いてある。つまりそれは三月初旬ということになるが、執政官の任期の終るのは七月上旬なので、ここは四カ月ほど残っていたとすべきである。写本の誤りとは思えないので、トゥキュディデス自身の誤りであろう。

(7) 本巻一九章一節にペロポネソス軍のアッティカ侵入はテバイがプラタイアに入ってから八十日後に起ったとトゥキュディデスは書いている。ところがこのアッティカ侵入は一巻一二五章にスパルタ同盟都市会議後一年たって行なわれたとある。スパルタ同盟都市会議は、ポテイダイア戦後、間もなく行なわれたのであるから、ポテイダイア戦の六カ月後にテバイ人がプラタイアに入ったのでは、アッティカ侵入前五カ月位にならねばならない。いずれかの数字が間違っていることになる。

（8） ボイオティア連盟は十一の地域からなっており五世紀にはそれぞれの地域から一人ずつ代表を出した。ピュタンゲロスとディエンポロスはその中の二人である。
（9） 市街戦で女や奴隷が喊声をあげながら瓦をはがして投げる場面は第三巻七四章一節にもある。
（10） 前四三一年四月七日が新月であったから、このプラタイア侵入は四月五日か六日の夜であったろう。
（11） 七〇スタディオンは、一スタディオンを一七七メートルとして一二・三九キロであるが、テバイからプラタイアまでの道程は約一二・五キロである。
（12） 従来のペロポネソスの船の数およびこれ以後のそれとを見ると、この五百隻はでたらめに大きな数なので写本の間違いとしてとる以外にない。もしトゥキュディデスが書いたとしても、その理由が見当らない。
（13） 中立を守る時の習慣とされた条件である。
（14） ヘロドトスはその第六巻九八章一―三でデロス島に地震が起ったと書いている。トゥキュディデスはこれを無視しているわけである。
（15） ここでトゥキュディデスはスパルタの人気がギリシア中にあったと書いているが、「歴史」の他の部分から見ると、アテナイが大部分の好感を得ていたようである。ペロポネソス戦争開始当時のアテナイの人気はきわめて興味のある研究課題でもある。
（16） 本文第一巻一三九章三節を参照。
（17） これは戦争開始の正式な、そして伝統的な表現である。ヘロドトス第五巻九七章三節、アリストパネスの「平和」四三五―六行、クセノポンの「ギリシア史」第二巻二章二三節、サルスティウスの「ユグルタ戦争」等を参照のこと。

(18) 交友関係にあるとは、外国人同士が互いの国を訪ねた場合に、その友人の家に居留し、受け入れ側はその友人が自分の国にいる限りその友人の面倒をみるという約束された関係を指す。

(19) 本文第一巻九六章二節によると前四五四年にはアテナイは年収四百六十タラントンが同盟諸都市から税としてあがったとされているが、ここでは前四三一年には六百タラントンの年収があるとある。差額百四十タラントンはどこから出ているのであろうか？ とくに前四三三―前四三二年の収入が約三百九十タラントンであったことが、アテナイ貢金表から判断でき、一年間に二百十タラントンもの増収は多すぎるので、六百タラントンの数字を信じない学者や、この数字は現金収入ばかりでなく、物納その他を換算して加えてあるのだとする学者もいる。

(20) アクロポリスの前門は前四三七年頃に工事が始められ前四三二年頃に中止された。

(21) 金と銀の価値は一四対一であった。すなわち純金四十タラントンは銀で五百六十タラントンである。

(22) 徴兵の最年少隊は、十八歳と十九歳のアテナイの市民からなり最年長隊は五十歳から五十九歳であった。

(23) 三五スタディオンは約六キロ強である。四三スタディオンは約七・五キロ、四〇スタディオンは約七キロ、六〇スタディオンは約一〇キロ。トゥキュディデスによれば、アテナイは約三一〇〇〇メートル（一スタディオンを約一七七メートルとして）の防備すべき城壁を持っていたことになる。これを一万六千名の警備兵の数で割ると、一人が一・八メートルずつ防備したことになる。ただし交替制であれば持場の広さは交替頻度の数に比例して広くなるわけである。

(24) アッティカでは大きな木が育たなかった。従って木組にする材木はマケドニア方面等からの輸入に頼らなければならなかったため、木製品は貴重品であった。

(25) この祭礼はヘカトムバイオーン月の第十六日頃にあった。ヘカトムバイオーンは大体七月頃である。
(26) この祭は、アンテステリオン月の第一日目から十三日目であった。アンテステリオン月はほぼ三月頃に当る。
(27) ペラルギコンがどこにあったのか、その場所は判然としない。
(28) おそらく前四三一年五月二十三日～二十六日頃であったろう。
(29) クロピア地区の所在地は判然としていない。
(30) アカルナイはアテナイ市から北へ約一〇キロほど離れている所である。本文第二巻二一章二節を参照のこと。
(31) アカルナイ地区が三千名の重装兵を持っていたとするのは、種々な点から不可能な数とされて来た。最大千位であったと考えられるが、この誤りを写本の途中でできた偶然の誤りとする説とトゥキュディデスの故意の誤りとする説とがある。
(32) 本文第一巻一一四章二節を参照のこと。
(33) 本文第二巻二〇章四節ではアルキダモスがアカルナイ人は自分達の領土を荒されると意気銷沈して出撃して来ないのではないかと考えたのに反して、アカルナイ人はここで一番強く出撃論を主張している。
(34) ペロポネソス軍は、東と東南に進んだことになる。
(35) ペロポネソス沿岸へのアテナイ船団の出航は、前四三一年六月上旬であったろう。
(36) 前四六四年頃のことであろう。
(37) この日蝕は前四三一年八月三日五時二二分頃にアテナイでは見られた。
(38) ソリオン、パライロス、アスタコスの所在地は判然としない。

(39) 本文第一巻六一章四節でポテイダイアにアテナイは三千の重装兵を送ったとされている。しかし、さらに同巻六四章二節で、千六百の重装兵がポルミオンと共に派遣されたとしているが、おそらく最初の三千名の半分は包囲陣地を構築してしまった後に引揚げたと思われるので、ここに書かれている三千名の重装兵は第一回に派兵された中の千五百名とポルミオンの千六百名のことを指しているように思われる。
(40) F・ヤコビという学者は、この国葬のしきたりは前四六五年以前にはアテナイでは行なわれなかったとして、これを「伝統のしきたり」とトゥキュディデスが呼んだのは誤りであるとした。しかし、他の学者のある人達は、それ以前にも国葬の行なわれた形跡があるとして、トゥキュディデスを弁護している。だが訳者は「伝統のしきたり」と訳出される原語「パトリオス・ノモス」を「長い伝統に培われたしきたり」という意味にしか受けとらないところに誤りがあって、「祖国アテナイの恒例のしきたり」の意味に解すれば、たとえ国葬が前四六五年以後に新設されたしきたりでも、トゥキュディデスの筆の誤りとは呼べないと思っている。ただし、マラトンの戦没者のみを例外とするのは誤りである。
(41) 二日間は骨が安置されて三日目に国葬が執り行なわれるの意。
(42) すなわち、アテナイ市北西の市壁の外にあるケラメイコスのことを指す。
(43) 本文第一巻二章五—六節を参照のこと。アテナイ人は自分達がアテナイの先住民であると考えて誇りを持っていた。しかし、ペリクレスがここで強調している理由は、その誇りのためというよりは、むしろ同じ国民が一カ所に安定して居住することがその国の力を発展させる一つの大きな要因であると考えたからである。
(44) すなわち、前四九〇—前四八〇年代にペルシアに抵抗した人々を指している。
(45) これは物質的に自給体制の整った都市の意味ではない。アテナイは多くの輸入物資を必要とした。ここでは戦争時にも平和時にも、その環境に対処するために欠けるものがないという意味である。

(46) 原語「デモクラティア」をあえて公民統治と訳出したのは、ペリクレスの意味する「デモクラティア」は、全市民が法的に平等の権利を持つと同時に、個人で有能な者が全市民によって全市民から選出されて公職につくことであるゆえに、今日の「民主主義」が主張するような主権在民を根本義としていないからである。

(47) スパルタは外人の居住を禁止していた。

(48) ここでペリクレスは、アテナイ女性一般の心得を述べているのではなくて、この年の国葬で未亡人となった女性の心掛けを述べているに過ぎないから、この言葉をもって当時のアテナイ婦人の社会的地位一般を判断してはならない。

(49) 十八歳で成人と認められた。

(50) もちろん、トゥキュディデスは、史的循環論を信じていたわけではない。彼は、いわば、化学的反応のようなことを考えていたように見える。つまり条件が同じならば人間は同じ反応を示し、それが異なれば人間の反応も異なるということである。そして史家の役目はその反応の法則を種々の史的条件を通して描出するにあるとしたようである。本文第一巻二二章四節と第三巻八二章二節を参照のこと。

(51) この疫病の病名は判然としない。チブス、はしか等が考えられるが、いずれもトゥキュディデスの描写に必ずしも一致しない場合がある。疫病はその発生のたびに形体の変ることがあるので、病名の決定はトゥキュディデスの描写からのみでは不可能のように思える。

(52) 前四一二―前四一一年から前四〇九―前四〇八年までの事件を指す。

(53) 前四〇七年、ペルシア王ダリュウスの子、キュロスはサルディスに来てスパルタの海将リューサンドロスに逢い軍資金を手渡した。
(54) スパルタの海将は、スパルタ陸上部隊の指揮官としてのスパルタ王に与えられた権限に匹敵する権限を船隊に対して持っていて、その任期は秋に始まり秋に終る一年間であった。
(55) この間の事情はヘロドトスの「歴史」第七巻一三七章に詳しい。
(56) 七十日間の労働は少し長すぎるので写本の誤りであろう。
(57) この年、大角星が初めて見えたのは、前四二九年九月十八日の未明のことである。
(58) アナポス河の所在地は判然としていない。
(59) 昼には陸が暖かく、夜には海が暖かくなるので、日の出の後は、陸に向って風が吹き、日没後は海に向って風が吹く。ナウパクトスのような狭い水路では両岸へ空気の移動があるので、それを償うために朝になると湾内から湾外へ風が吹き出す。
(60) 約一二三九メートル。
(61) 船衝戦法とは、自船の舳を敵船の船腹にあてて沈没させる攻撃方法である。船列攪乱法は、敵船の横を通り抜ける際に、敵の櫂を傷めて航行不能にさせておいてから、敵船の背後にまわって攻撃をかける攻撃方法である。また旋回戦法とは敵船の直前で突然に左右いずれかに旋回した後に敵船の船腹を目がけて戻ってくる戦法である。
(62) 命令伝達の手段のとぼしかった当時では、秩序と静かさが戦場における重要な条件とされた。
(63) 敷座は、漕手が敷いて、体がすべらないようにする。櫓綱は櫓の柄の所に巻きつける紐状の皮で、船べりから櫂が落ちないようにし、かつそれを握りよいようにするためにあったようである。
(64) ドナウ河のこと。

(65)　丸船とは交易に使用された船のことであるが、この船足は日中は約一二〇キロ、夜半は約一〇〇キロの距離を航行できたとされている。四昼夜では約八八〇キロの距離が航行できることになるが、この距離はアブデラからドナウ河までの沿岸の距離にほぼ等しい。

(66)　ヘロドトスは、人間は一日平均三七キロ位は旅行できると考えた（ヘロドトス「歴史」第四巻一〇一章二節）。十一日間歩くと四〇七キロ歩くことになるが、アブデラから、ドナウ河口までの陸上の距離は約四二〇キロであるから、トゥキュディデスはその距離を少し短く考えていたようである。

(67)　アルケラオス王の在位は前四一三年から前三九九年である。

(68)　キュロスの所在地は判然としていない。

(69)　マケドニア北西部のボッティアとカルキディケ半島のボッティケの区別をしなければならない。ボッティアの住民が後に移住して居住した所がボッティケである。

(70)　ポルミオンがアテナイに帰国したのは前四二八年の早春であった。そのアテナイは疫病に弱り、ペリクレスを前四二九年の秋には失っていた。

第三巻

(1)　前四二八年五月中旬であったろう。

(2)　ペロポネソス軍のアッティカ滞留は約三十日位でもあったろうか。そうなればレスボス諸都市のデロス同盟離脱は六月下旬であったと考えられる。

(3) レスボス島にはミュティレネ、アンティッサ、ピュラ、エレソス、メテュムナの五都市があった。メテュムナは民主政体であり、ミュティレネは寡頭政体であった。

(4) 外地代表人とは、外国の都市に委嘱されてその国の権益を自国内で守った人を指す。つまり当時は駐在外交官を派遣する制度がなかったので、相手国の市民にその仕事を依頼した。

(5) レスボス人もボイオティア人もアイオリス系民族であり、アイオリス方言を使用した。

(6) レスボスのデロス同盟脱退がアテナイにとって異常に重大であった理由は、エーゲ海におけるデロス同盟の中でレスボス島とキオス島のみがアテナイから独立を許されていたからである。

(7) クレイッピデスについては何も知られていないが、偶然に彼の名の書かれた陶片が多く発見されている。これらの陶片は恐らく前四四三年頃に彼が貝殻追放の対象となった時の遺物であろう。

(8) アテナイの名海将ポルミオンの消息は、前四二八年の早春にアテナイに帰投して以来(本文第二巻一〇三章一節)杳としてその行方を断ってしまう。

(9) ドリエウスはオリュンピアでは三回勝利を博している(前四三二、前四二八、前四二四の各年)。彼はロドス島人ではあったが、革命で故郷を追放されてトゥリオスの市民になった。オリュンピア以外イスミアやネメア等の祭礼でも勝利を得た天才的運動家でピンダロスは彼を第七オリュンピア勝歌で歌っている。

(10) 実際にはレスボスその他がスパルタとの同盟から前四七六年に脱退したことでスパルタは対ペルシア戦から手を引くことを決意したのであった。

(11) しかしアテナイが初期に落したのは、強大都市ナクソス、タソス等であった。

(12) 前四二八年八月中旬には葡萄やオリーブの実の収穫があり、穀類も穫入れにかかる時季である。

(13) ソロンはアテナイ市民をその収入によって四階級に分け、その果す役目をそれぞれの階級によって決めた。五百メディムノス（約二六キロリットル）の穀類か、それに相当する金額の収入のあった者から五百メディムノスと呼ばれる階級を作った。次に三百メディムノス（約一五キロリットル）の収入の者をヒッペイスの階級に編入し、二百メディムノス（約一一キロリットル）の収入の者の階級をゼウギテースと呼び、最後に二百メディムノス以下の収入の階級をテーテスと呼んだ。しかしソロンの時代の組織区分がこの時代になってもまだ残っていて使われていたことは興味深いことである。

(14) この章は元来偽作でトゥキュディデスの手になるものではないとされたり、あるいは彼の作であるとしても第二巻五六章以下に挿入されるはずの章であったとも言われたりしてきた。その理由は主にここに数えられている船の数が前四三〇年のそれで前四二八年の状況にはあてはまらないと考えられるためである。しかし、トゥキュディデスがここにこの章を書いた理由はミュティレネ人のアテナイには船が不足しているという説（第三巻一三章三―四節）に対する反証としてこの時期にはアテナイの所有した船舶数は、開戦当時（前四三一～前四三〇）から増えこそすれ減ってはいないことを証明するためである。故に恐らくトゥキュディデスは前四三一～前四三〇年当時の船舶総数をここに記して、それとの比較において現在のアテナイ勢力を描出しようとしたのであろう。

(15) 漕手と戦闘員は通常は別の者があたった。ただしホメロス時代は一人が両方を担任するのが普通であった。

(16) 市民からの徴税はこれが初めての企てではない。そしてこれは財産税で所得税ではなかった。

(17) リュシクレスはペリクレスの死後、実権を握り、ペリクレスの妻アスパシアの面倒をみたとされている。

(18) 一軍の最高司令官が戦死するのは、第一線に出て実際に戦うのが最高司令官の義務の一部であったからだ。将軍が自己の軍隊の後方にあって指揮をとるようになったのはアレクサンドロス大王の父フィリッポス以降のことである。

(19) 上塗りが施こされていない天日瓦の壁が長い風雨に耐えられるはずもないので一体、実際にこの箇所がどのようになっていたのか、理解に苦しむ所である。

(20) 瓦の壁の正しい数を把握するのに、どうしてたくさんの者が同時に数えなければならないのであろうか。

(21) 約五メートルである。

(22) アンドロクラテスの所在地は判然としない。

(23) 約一キロから一・二キロの距離。

(24) エリュトライもヒュシアイも現在その位置が確認されていない。

(25) 四二七年二月下旬のことであろう。

(26) エンバトンの地点は確認できないが、エリュトライはキオス島に面した大陸側の岬である。

(27) ピッストネスは前四四〇年以来ペルシアのリディア総督であった。

(28) ミュオンネソスはテオスとレドベスの間にある半島。

(29) クラロスはエペソスとコロポンの中間にある。

(30) ディオドトスに関してはほとんど何も知られていない。

(31) ミノア島の位置は確認されていない。

(32) ヘロドトス第八巻一章一節を参照のこと。

(33) ヘロドトス第九巻二八章六節を参照のこと。
(34) 約六〇平方メートル。
(35) 約三〇平方メートル。
(36) トゥキュディデスは、人間の本性は普遍であって、与えられた環境にしたがって、一定の反応を示すと考えたらしい。言葉をかえれば、トゥキュディデスは、ペロポネソス戦争という環境の中で、人間がどのような反応を示すか、その反応の普遍的法則を史実を通して描出しようとしたように見える。
(37) イストネの丘の位置は確認されていない。
(38) ラケスはアリストパネスやプラトンの作品の中にも登場する人物で、前四六九年に生れ前四一八年にマンティネイアで戦死をしている。
(39) カロイアデスについては何も知られていない。
(40) ヒッポニコスの父カリアスは前四四六—前四四五にスパルタへ使節として赴いている。また、ヒッポニコスの娘ヒッパラテーはアルキビアデスの妻となった。
(41) 約七キロメートル。
(42) 約三・五キロメートル。
(43) 約一四キロメートル。
(44) シケリア先住民とは、ギリシアの諸都市がシケリア島に移民する前から住んでいたシケリアの土着の人々である。
(45) アテナイがこの浄めを行なった動機は、一つには疫病が熄んだ感謝であろうが、もう一つの動機はデルフォイのアポロンがペロポネソス側に味方しているので、アテナイ側のアポロンの神殿を宣伝するためでもあったろう。
(46) ホメロスのアポロ讃歌一四六―一五〇行。
(47) ホメロスのアポロ讃歌一六五―一七三行。
(48) 約四・五キロメートル。
(49) アンプラキア人はコリントスからの移民であるために、ドリス方言を使用していた。
(50) この部分をトゥキュディデスは、前四二〇年以前に書いているのであろう。つまりそれ以後にはさらに大きな死傷者を出した戦闘があったからである。
(51) トゥキュディデスの言によると前回の噴火は前四七五―前四七四にあったことになるが、アイスキュロスの「縛られたプロメテウス」に前四六八年頃の噴火が記されている。
(52) なぜ次の春に起きた噴火事件を、前の年の冬の記録の中にトゥキュディデスは収録したのであろうか。

第四巻

(1) 西暦前四二五年四月中旬。
(2) 約七一キロ。
(3) このシモニデスについては何も知られていない。
(4) このエイオンは、もちろんストリュモン河畔のそれとは別の都市であるが、その所在地は不明である。
(5) もし従来の推定通りに、スパクテリア島が現在ペロポネソス西岸にあるスパギア島であり、かつ、トゥキュディデスの言う「港」が、今日のナバリノ湾であるとするならば、北側の入口はトゥキュディデスの描写通りであるが、南の入口は八隻や九隻の船が通れるどころか、その幅は約一三〇〇メートル近くで、全ペロポネソス船団をもってしても、この入口を塞ぐことは困難であろう。この誤りの原因として三つの可能性が考えられる。第一はスパクテリアを今日のスパギア島と推定する点に誤りがあること、第二はトゥキュディデスが現場の地勢に不案内であったこと、第三に写本伝承上の誤りとする三つであるが、どの一つに断定するにも十分の論拠がない。

(6) スパクテリア島の長さは一五スタディオン(約二六五五メートル)ではなく、二四スタディオン(約四二四八メートル)である。

(7) アシネはメッセネ湾西岸にあるアクリタス岬、すなわち今日のガッロ岬にあったと推定される。

(8) 本巻二三章二節によると、アテナイ側の船の数は、二十隻の増援船団を加えて七十隻になったとあるので、本節の数は、五十隻とするか、またはデモステネスと共にピュロスに残されていた船三隻を考慮に入れて(本巻五章二節および八章三節を参照のこと)、四十七隻とすべきであろう。

(9) ナバリノ湾は南北に全長約五、六キロ以上もあり、東西の幅も同様の広さをもっている。トゥキュディデスはこれを港と呼んでいるが、実際には湾と呼ぶべきであろう。

(10) 一コイニックスは約一リットル。一コテュレは約四分の一リットル。

(11) これらの都市がアテナイに渡されたのは、前四四五年に成立した三十年講和条約の締結の時である。第一巻一一五章を参照のこと。

(12) 第三巻九七—九八章を参照のこと。

(13) ピュロス戦の時間表はほぼ次のようであったと推定される。

五月一—五日頃、
アテナイ船団の出航。
五月六—十一日頃、
アテナイ船団のピュロス到着。
五月七—十三日頃、
アテナイ軍は無活動のまま滞留。
五月十四—二十日頃、
ピュロス防砦の完成。
五月十九—二十九日頃、
ピュロス海戦。
七月二十八日頃、
アテナイの民議会。
八月五—十日頃、
クレオンの勝利。
クレオンの勝利を仮に八月八日とすると、ピュロス海戦は五月二十九日に行われたことになる。

(14) アトラクトスは矢の蔑称で「軸」の意。
(15) 約二〇〇〇メートル強。
(16) 約一〇キロ強。
(17) 約三・五キロ。

(18) 約二一キロ強。
(19) 第三巻八五章参照。
(20) 前四二四年三月二十一日のこと。
(21) 約二キロ弱。しかし実際には五・五キロの距離がある。
(22) 第二巻三一章三節を参照。
(23) この長壁はアテナイの構築になるものである。第一巻一〇三章四節を参照。この長壁の長さは約一キロ強である。
(24) メガラ市より北西七キロの地点で、メガラ・コリントス街道とボイオティア街道が結ばれる所にあった村。
(25) アテナイにメガラを押えられると、ボィオティアはペロポネソス諸都市との連絡を断たれ、アテナイがボイオティアを侵犯しても、ペロポネソスからの救援を期待できなくなる。
(26) ペライビア領はテッサリア地域の最北部になる。パキオンの位置は定かでない。
(27) アカントスはアクテ半島北東部の付け根にあたる所にある。
(28) 前四四七年に、ボイオティア勢がそれまでに許してきたアテナイの支配的勢力をコロネイアの戦いで打破したことを指している。第一巻一一三節参照。
(29) 戦場となったデリオンの場所ははっきりと分らないが、この戦いにソクラテスやアルキビアデスが参加していたことが、プラトンやプルタルコスの作品から知られている。
(30) 防壁を火で攻める戦法はプラタイアの場合にも用いられた。第二巻七七章参照。
(31) この捕虜は四二一年のニキアス平和の成立時までボイオティアに抑留されていた。第五巻三五章五節参照。
(32) ヘロドトス「歴史」第五巻一二四—六章を参照。
(33) 約四・五キロ。
(34) アンピポリスの「アンピ」は「両側」の意であり「ポリス」は「都市」の意である。だが実際にはストリュモン河はこの都市の北、東、南の三方をめぐって流れている。
(35) アルナイの所在地は確かにされていない。
(36) 約八〇キロ強。
(37) マルケリノスの「トゥキュディデスの生涯」一四—一六章参照。
(38) アンピポリスより東南一七キロ地点にある。
(39) オイシュメ市の所在地ははっきりしていない。
(40) 四八〇年にペルシア王クセルクセスがギリシアを征服しようとした時に築いた運河で、アクテ半島の東岸の付け根のところにあたるアカントス市から、その西岸のサネ市に運河が切られている。
(41) アトス山は約二〇三三メートルの高さ。
(42) これらの都市の所在地は判然としない。
(43) 約五五〇メートル。
(44) カナストライオンはパレネ半島の東部。
(45) パルナッソス山麓にあるアポロン神殿の所在地デルフォイの古い名前がピュトであったところから、デルフォイのアポロンはピュトのアポロンと呼ばれた。
(46) コリュパシオンはピュロスの別名。第四巻三章二節、第五巻一八章七節を参照のこと。

(47) ブプラスとトメウスの地域は判然としない。
(48) 第四巻五三章以下参照。
(49) 第三巻五一章、第四巻六九章、七三章、一〇九章一節を参照。
(50) ニソスの神殿がニサイアの壁門の側にあったことは分るが、その所在地は判然としない。ポセイドンの神殿の所在地も不明。
(51) 五〇トンと仮に訳出したが、原文では五十タラントンとなっている。ただし五十タラントンがどのような規模を表わすものか不明である。
(52) 前四二三年三月三日頃であろう。
(53) アテナイ暦のエラペボリオン月第十四日と同日。
(54) スキオネの確かな所在地ははっきりしていないが、パレネ半島の南東部であったと考えられる。前四二一年には、アテナイ軍によって、スキオネ市は完全に地上から抹殺されてしまった。第五巻三二章一節を参照。
(55) つまり、ブラシダスの軍隊が保持する力というのは、多数を倒して少数者が得た結果の力であるから、現在、多数の敵に直面しても恐れることはないという意味であろう。
(56) クリュシスは大戦開始時にすでに四十八年間の職歴をもっていたと、第二巻二章一節にあるから、この火災は在職五十六年九カ月目に起きたことになる。つまり彼女は少なくとも七十歳以上の高齢になっていたことになる。
(57) ラオドケイオンの所在地は不明。
(58) 歩哨は歩哨であることを知らせるために鈴を鳴らして歩いた。

第五巻（一―二四章）

（1）ピュティア祭は八月から九月にかけて行なわれる。一年間休戦条約は西暦前四二三年三―四月に締結されているから（第四巻一一七―一一九章参照）、この休戦条約の期限が切れても、約五カ月位は休戦状態が続いたのであろう。

（2）トゥキュディデスが自著内での前後引照をしているのは、本節と第六巻九四章一節だけである。本節の引照は第三巻一〇四章を指している。すなわち前四二六年の出来事に言及しているわけである。

（3）パルナケスはヘレスポントス地域のペルシア総督。第二巻六七章一節を参照のこと。

（4）アトラミュッティオンは小アジア沿岸のレスボス島に面した都市である。

（5）この遠征は比較的に短期間で、十月半ばには終っているので、本節の出兵の時期は八月下旬と思われる。

（6）スキオネ攻略に関しては第四巻一三三章四節を参照のこと。

（7）トロネ市はブラシダスによって四二四年に占拠された。第四巻一一〇―一一六章を参照のこと。

（8）この港はコポス港のことではなく、トロネ市の市港のことである。

（9）パナクトンの所在地は知られていない。

（10）パイアックスは反アルキビアデス派の一人としてプルタルコスのアルキビアデス伝一三章に描かれている。アリストパネスの「騎士」一三七七行もパイアックスに言及している。

(11) 前四二四年の条約を指す。第四巻六五章一—二節を参照のこと。
(12) 第四巻八八章二節を参照のこと。
(13) 第四巻一〇七章三節を参照のこと。
(14) 第四巻一三二章一節を参照のこと。
(15) ミュルキノスはエドネスの一都市で、アンピポリスの北方にある。
(16) たとえば城壁を登るための梯子など。
(17) 本節は本巻六章三節と矛盾する。
(18) ハグノンがアンピポリスを創立したのはこれより十五年前のことである。第四巻一〇二章三節を参照のこと。
(19) ピエリオンの所在地は不明である。
(20) デリオンのアテナイ側敗退は前四二四年のことである。第四巻九六章参照のこと。
(21) 前四六四年に地震があった時に農奴が反乱を起した。第一巻一〇一—一〇二章を参照のこと。
(22) この条約に関してトゥキュディデスは何の説明もしていない。しかし前四二一年に三十年休戦条約の期限がきれるとあるのだから、この条約は前四五一年か前四五〇年に締結されたものと考えられる。
(23) キュヌリアはラコニアとアルゴスの境にある。第四巻五六章二節を参照。
(24) 第一巻二一章一節を参照のこと。プレイストアナックスのアッティカ侵犯は前四四六年であった。
(25) リュカイオンはアルカディアでラコニアに接した地点にある。メガロポリスの平地の西端にあたる。
(26) 第四巻六九章三節を参照のこと。
(27) 前四七八—前四七七年に決められたデロス同盟の貢納金のことを指す。

(28) アルギロスに関しては第四巻一〇三章三―四節と第五巻六章一―三節を参照のこと。スタギロスに関しては第四巻八八章二節と第五巻六章一節を参照のこと。アカントスに関しては第四巻八五―八八章を参照のこと。スコロスに関してトゥキュディデスは他に何も語っていない。その所在地も不確かである。オリュントスとスパルトロスに関しては第四巻七九章以降にブラシダスの活躍とともに言及されている。この両市の反アテナイ行動は前四三二年のデロス同盟脱退以来である。

(29) メキュベルナはオリュントス南東約四キロメートルの海岸線にある。サネはアテー半島のつけ根の所にある。シンゴスはシトニア半島の北東部の海岸にある。

(30) コリュパシオンはラコニアにおけるピュロスの別名。キュテラに関しては第四巻五三章を参照のこと。メタナに関しては第四巻四五章二節を参照のこと。プテレオンと呼ばれる都市が四、五カ所あるため、このプテレオンの所在地は不明である。アタランテは前四三一年にアテナイに占領されたロクリス沖の小島である。

(31) 前四二一年四月十一日頃とされている。

(32) デュオニュシア祭の終るのはエラペボリオン月第十三日と考えられている。

(33) アンペリダスについては何も知られていない。リカスに関しては本巻五〇章四節その他に言及されている。彼はスパルタにおけるアルゴスの外国代表員であった。

(34) この同盟条約の発効は、講和条約の成立一年後ということになる。

(35) ヒュアキンティア月がいつ頃であるか判然としない。

【ロ】

【モ】

【ラ】

【ミ】

【ム】

【メ】

【ヘ】

【フ】

【ヒ】

【ネ】

【ノ】

【ハ】

【ナ】

【ニ】

【ト】

【チ】

【テ】

【セ】

【ソ】

【タ】

【サ】

【シ】

【ス】

【ケ】

【キ】

【ク】

【カ】

人名・地名索引

（ローマ数字は巻数，アラビア数字は章・節数を示す）

【ア】

本書は『世界古典文学全集11』（一九七一年一月、筑摩書房刊）を
文庫化したものである。

暗殺者教国　岩村忍

政治外交手段として暗殺をくり返したニザリ・イスマイリ教国。広大な領土を支配したこの国の奇怪な活動を支えた教義とは?（鈴木規夫）

増補 魔女と聖女　池上俊一

魔女狩りの嵐が吹き荒れた中近世、美徳と超自然的力により崇められる聖女も急増する。女性嫌悪と礼賛の熱狂へ人々を駆りたてたものの正体に迫る。

ムッソリーニ　ロマノ・ヴルピッタ

統一国家となって以来、イタリア人が経験した激動の歴史。その象徴ともいうべき指導者の実像とは。既成のイメージを刷新する画期的ムッソリーニ伝。

資本主義と奴隷制　エリック・ウィリアムズ　中山毅訳

産業革命は勤勉と禁欲と合理主義の精神などではなく、黒人奴隷の血と汗がもたらしたことを告発した歴史的名著。待望の文庫化。（川北稔）

中華人民共和国史十五講　王丹　加藤敬事訳

八九年天安門事件の学生リーダー王丹。逮捕・収監後、亡命先で母国の歴史を学び直し、敗者たちの透徹した認識を復元する、鎮魂の共和国六〇年史。

増補 中国「反日」の源流　岡本隆司

「愛国」が「反日」と結びつく中国。この心情は何に由来するのか。近代史の大家が20世紀の日中関係を解き、中国の論理を描き切る。（五百旗頭薫）

世界システム論講義　川北稔

近代の世界史を有機的な展開過程として捉える見方、それが〈世界システム論〉にほかならない。第一人者が豊富なトピックとともにこの理論を解説する。

インド文化入門　辛島昇

異なる宗教・言語・文化が多様なまま統一された稀有な国インド。なぜ多様性は排除されなかったのか。共存の思想をインドの歴史に学ぶ。（竹中千春）

中国の歴史　岸本美緒

中国とは何か。独特の道筋をたどった中国社会の変遷を、東アジアとの関係に留意して解説。初期王朝から現代に至る通史を簡明かつダイナミックに描く。

大都会の誕生

喜安朗 川北稔

都市型の生活様式は、歴史的にどのように形成されてきたのか。この魅力的な問いに、碩学がふたつの都市の豊富な事例をふまえて重層的に描写する。

共産主義黒書〈ソ連篇〉

ステファヌ・クルトワ／ニコラ・ヴェルト 外川継男訳

史上初の共産主義国家〈ソ連〉は、大量殺人・テロル・強制収容所を統治形態にまで高めた。レーニン以来行われてきた犯罪を赤裸々に暴いた衝撃の書。

共産主義黒書〈アジア篇〉

ステファヌ・クルトワ／ジャン＝ルイ・マルゴラン 高橋武智訳

アジアの共産主義国家は抑圧政策においてソ連以上の悲惨を生んだ。中国、北朝鮮、カンボジアなどでの実態は我々に歴史の重さを突き付けてやまない。

ヨーロッパの帝国主義

アルフレッド・W・クロスビー 佐々木昭夫訳

15世紀末の新大陸発見以降、ヨーロッパ人はなぜ次々と植民地を獲得できたのか。病気や動植物に着目して帝国主義の謎を解き明かす。（川北稔）

民のモラル

近藤和彦

統治者といえど時代の約束事に従わざるをえなかった18世紀イギリス。新聞記事や裁判記録、ホーガースの風刺画などから騒擾と制裁の歴史をひもとく。

台湾総督府

黄昭堂

清朝中国から台湾を割譲させた日本は、新たな統治機関として台北に台湾総督府を組織した。抵抗と抑圧と建設。植民地統治の実態を追う。（檜山幸夫）

増補 大衆宣伝の神話

佐藤卓己

祝祭、漫画、シンボル、デモなど政治の視覚化は大衆の感情をどのように動員したか。ヒトラーが学んだプロパガンダを読み解く「メディア史」の出発点。

ユダヤ人の起源

シュロモー・サンド 高橋武智監訳 佐々木康之／木村高子訳

〈ユダヤ人〉はいかなる経緯をもって成立したのか。歴史記述の精緻な検証によって実像に迫り、そのアイデンティティを根本から問う画期的試論。

中国史談集

澤田瑞穂

皇帝、彫青、男色、刑罰、宗教結社など中国裏面史を彩った人物や事件を中国文学の碩学が独自の視点で解き明かす。怪力乱「神」をあえて語る！（堀誠）

ヨーロッパとイスラーム世界　R・W・サザン　鈴木利章 訳

〈無知〉から〈洞察〉へ。キリスト教文明とイスラーム文明との関係を西洋中世にまで遡って考察し、読者に歴史的見通しを与える名講義。（山本芳久）

図説　探検地図の歴史　R・A・スケルトン　増田義郎／信岡奈生訳

世界はいかに〈発見〉されていったか。人類の知が全地球を覆っていく地理的発見の歴史を、時代ごとの地図に沿って描き出す。貴重図版二〇〇点以上。

同時代史　タキトゥス　國原吉之助訳

古代ローマの暴帝ネロ自殺のあと内乱が勃発。絡みあう人間ドラマ、陰謀、凄まじい政争を、臨場感あふれる鮮やかな描写で展開した大古典。（本村凌二）

明の太祖　朱元璋　檀上寛

貧農から皇帝に上り詰め、巨大な専制国家の樹立に成功した朱元璋。十四世紀の中国の社会状況を読み解きながら、元璋を皇帝に導いたカギを探る。

歴史（上・下）　トゥキュディデス　小西晴雄訳

野望、虚栄、裏切り――古代ギリシアを殺戮の嵐に陥れたペロポネソス戦争とは何だったのか。その全貌を克明に記した、人類最古の本格的「歴史書」。

日本陸軍と中国　戸部良一

中国スペシャリストとして活躍し、日中提携を夢見た男たち。なぜ彼らが、泥沼の戦争へと日本を導くことになったのか。真相を追う。（五百旗頭真）

カニバリズム論　中野美代子

根源的タブーの人肉嗜食や纏足、宦官……。目を背けたくなるものを冷静に論ずることで逆説的に人間の真実に迫る血の滴る異色の人間史。（山田仁史）

帝国の陰謀　蓮實重彥

一組の義兄弟による陰謀から生まれたフランス第二帝政。「私生児」の義弟が遺した二つのテクストを読解し、近代的現象の本質に迫る。（入江哲朗）

交易の世界史（上）　ウィリアム・バーンスタイン　鬼澤忍訳

絹、スパイス、砂糖……。新奇なもの、希少なものへの欲望が世界を動かし、文明の興亡を左右してきた。数千年にもわたる交易の歴史を一望する試み。

交易の世界史（下）　ウィリアム・バーンスタイン　鬼澤忍訳

交易は人類そのものを映し出す鏡である。圧倒的な繁栄をもたらし、同時に数多の軋轢と衝突を引き起こしてきたその歴史を圧巻のスケールで描き出す。

フランス革命の政治文化　リン・ハント　松浦義弘訳

フランス革命固有の成果は、レトリックやシンボルによる政治言語と文化の創造であった。政治文化とそれを生み出した人々の社会的出自を考察する。

戦争の起源　アーサー・フェリル　鈴木主税／石原正毅訳

人類誕生とともに戦争は始まった。先史時代からアレクサンドロス大王までの壮大なるその歴史をダイナミックに描く。地図・図版多数。（森谷公俊）

近代ヨーロッパ史　福井憲彦

ヨーロッパの近代は、その後の世界を決定づけた。現代をさまざまな面で規定しているヨーロッパ近代の歴史と意味を、平明かつ総合的に考える。

イタリア・ルネサンスの文化（上）　ヤーコプ・ブルクハルト　新井靖一訳

中央集権化がすすみ緻密に構成されていく国家あってこそ、イタリア・ルネサンスは可能となった。ブルクハルト若き日の着想に発した畢生の大著。

イタリア・ルネサンスの文化（下）　ヤーコプ・ブルクハルト　新井靖一訳

緊張の続く国家間情勢の下にあって、類稀な文化と個性的な人物達は生みだされた。近代的な社会に向かう時代の、人間の生活文化様式を描ききる。

はじめてわかるルネサンス　ジェリー・ブロトン　高山芳樹訳

ルネサンスは芸術だけじゃない！　東洋との出会い、科学と哲学、宗教改革など、さまざまな角度から光をあてて真のルネサンス像に迫る入門書。

増補　普通の人びと　クリストファー・R・ブラウニング　谷喬夫訳

ごく平凡な市民が無抵抗なユダヤ人を並べ立たせ、ひたすら銃殺する――なぜ彼らは八万人もの大虐殺に荷担したのか。その実態と心理に迫る戦慄の書。

叙任権闘争　オーギュスタン・フリシュ　野口洋二訳

十一世紀から十二世紀にかけ、西欧では聖職者の任命をめぐり教俗両権の間に巨大な争いが起きた。この出来事を広い視野から捉えた中世史の基本文献。

大航海時代　ボイス・ペンローズ　荒尾克己訳

人類がはじめて世界の全体像を識っていく大航海時代。その二百年の膨大な史料を、一般読者むけに俯瞰図としてまとめ上げた決定版通史。（伊高浩昭）

20世紀の歴史（上）　エリック・ホブズボーム　大井由紀訳

第一次世界大戦の勃発が20世紀の始まりとなった。この「短い世紀」の諸相を英国を代表する歴史家が渾身の力で描く。全二巻、文庫オリジナル新訳。

20世紀の歴史（下）　エリック・ホブズボーム　大井由紀訳

一九七〇年代を過ぎ、世界に再び危機が訪れる。不確実性がいやますなか、ソ連崩壊が20世紀の終焉を印した。歴史家の考察は我々に何を伝えるのか。

アラブが見た十字軍　アミン・マアルーフ　牟田口義郎／新川雅子訳

十字軍とはアラブにとって何だったのか？　豊富な史料を渉猟し、激動の12、13世紀をあざやかに、しかも手際よくまとめた反十字軍史。

バクトリア王国の興亡　前田耕作

ゾロアスター教が生まれ、のちにヘレニズムが開花したバクトリア。様々な民族・宗教が交わるこの地に栄えた王国の歴史を描く唯一無二の概説書。

ディスコルシ　ニッコロ・マキァヴェッリ　永井三明訳

ローマ帝国はなぜあれほどまでに繁栄しえたのか。その鍵は〝ヴィルトゥ〟。パワー・ポリティクスの教祖が、したたかに歴史を解読する。

戦争の技術　ニッコロ・マキァヴェッリ　服部文彦訳

出版されるや否や各国語に翻訳された最強にして安全な軍隊の作り方。この理念により創設された新生フィレンツェ軍は一五〇九年、ピサを奪回する。

マクニール世界史講義　ウィリアム・H・マクニール　北川知子訳

ベストセラー『世界史』の著者が人類の歴史を読み解くための三つの視点を易しく語る白熱の入門講義。本物の歴史感覚を学べます。文庫オリジナル。

古代ローマ旅行ガイド　フィリップ・マティザック　安原和見訳

タイムスリップして古代ローマを訪れるなら？　そんな想定で作られた前代未聞のトラベル・ガイド。必見の名所・娯楽ほか情報満載。カラー頁多数。

ちくま学芸文庫

歴史《れきし》 上《じょう》

二〇一三年十月十日　第一刷発行
二〇二五年七月十日　第三刷発行

著　者　トゥキュディデス
訳　者　小西晴雄（こにし・はるお）

発行者　増田健史
発行所　株式会社　筑摩書房
東京都台東区蔵前二―五―三　〒一一一―八七五五
電話番号　〇三―五六八七―二六〇一（代表）
装幀者　安野光雅
印刷所　株式会社精興社
製本所　株式会社積信堂

ISBN978-4-480-09563-3 C0122